主　编　袁　军
副主编　胡立敏　严　婕

编　委　刘张奕　陈沛庆　李　辰　张若欣
　　　　曹　劫　叶艾婧　陆顺吉

华东师范大学第二附属中学

课题引领型育人实践
探索纪实

期待晨晖

主　编　袁　军
副主编　胡立敏　严　婕

上海三联书店

目　录

砥砺科研攀高峰

创业方知征途远

衣褐百姓相扶将

家国情怀伴我行

留下坚实的脚印

回顾篇:"晨晖"走过的路

引领高中生自觉确立理想信念的实践探索

华东师范大学第二附属中学党委书记　袁　军

2018 年是华东师大二附中建校六十周年。六十年一甲子,立德树人、追求卓越是二附中文化的传承,更是二附中人不忘育人初心的坚守。

从金沙江路校区到枣阳路校区,再到现今张江晨晖路校区,从创校劳动到自主教育,再到"六个百分百",从"创校精神"到"金牌精神",再到"晨晖精神",尽管有着不同时代的烙印,有着不同的主题,二附中人的育人探索和实践永不止步,与时俱进,不断创新,走出了一条追求卓越的特色育人之路。

华东师大二附中创办于 1958 年,那是"高举三面红旗""大跃进"的特殊年代。用首任校长毛仲磐的话说,创校初期是"白手起家,艰苦创业,勤俭办学",但学校的广大教师"朝气蓬勃,积极向上,团结一致,向着一个目标前进:遵循党的教育方针,全心全意为国家培养社会主义革命和社会主义建设人才,为办好二附中奉献自己的青春"。

建校初期,创业艰难,但坚持学生德智体全面发展的办学方针不可动摇,用勤劳双手建设校园、下乡劳动、理想教育、开展丰富多彩的文体活动,给那个时代的学子留下了最为深刻的附中生活的烙印,而 1960 年学校参加上海市文教系统群英会,1963 年成为上海市重点中学是对当时学校办学成绩的最好肯定。

1978 年是中国改革开放元年,也是二附中发展史上具有里程碑意义的一年,经历了"文革"磨难后的二附中,被光荣地命名为教育部部属重点中学,附中园迎来了改革的春天。在邓小平教育"三个面向"方针指引下,在学科教学改革的同时,学校开展"中学思想政治道德大纲"的实验,探索把思想品德教育寓于活动和教学之中。学生党建工作走上正轨、德育社会实践活动形成系列、综合理科实验和文科实践活动探索,不仅成为当时学校德育工作的亮点,也为二附中未来的育人实践作出了基础性、探索性贡献。

进入 90 年代,二附中学子开始走出国门屡屡在国际学科奥赛中为国争光,二附中也成为上海市首批课程改革整体试验学校,根据时代要求和学生实际,学校提出了"优秀+特长""追求卓越,培养创造未来的人"等办学理念和目标,确定了"科技教育与人文教育相结合""学科课程与活动课程相结合""统一要求和个性特长相结合"的办学策略,开始构建具有二附中特色的德育工作体系,探索提高德育工作实效性的工作路径。通过开展学生自我教育、自我评价、自我发展的"三自"教育,树立"四个示范群体"(政治上要求上进的学生党建示范群体;发扬"金牌精神",品学兼优的示范群体;在逆境中不断成长成才、自强不息的示范群体;不断注重人格完善的团队干部示范群体),逐渐形成了二附中"自主教育、主动发展"的育人模式和相应的实践操作体系。在此期间,学校在全国率先推出了百分百学生做"小课题"研究,百分百学生参加学生社团的举措。

世纪之交,二附中迁至浦东张江,在这片改革开放的热土上,二附中人又开始了素质教育的探索和改革实践。在申报上海市首批实验性示范性高中过程中,争创"德育金牌"成为每个二附中人的价值追求,在德育"真正像盐溶化到汤里一样溶化到学校的各种教育教学中"的理念指导下,开展"润物细无声"的"学科德育"研究,"基于网络的高中生道德自律评价体系"研究,进行德育课程化和育德机制探索,逐步构建了"六个百分百"素质教育育人模式,为培养创新拔尖人才奠基。学校被评为全国未成年人思想道德建设先进集体和全国教育系统先进集体。

在进入新世纪、全面推进素质教育的新时期,我们清醒地认识到:二附中作为一所名校,青年才俊荟萃,他们应当在将来成为全面建成小康社会、建设社会主义现代化强国的领军人物和主力军。二附中学生有"才",但更重要的是他们的思想道德状态,这在一定程度上决定着才为谁用以及如何用这个大问题。因此,基于"育才先育人"这一核心理念,引导学生自觉树立正确理想信念和价值追求必然成为学校的责任和不断探索的主题。于是,晨晖党章学习社团应运而生。

晨晖党章学习社团起步于2005年一个班级内部的党章学习小组,2007年后发展为华东师大二附中校级党章学习社团,列入学校德育课程,并成为学校党建的特色工作。十二年来,在晨晖指导老师胡立敏老师的带领下,通过营造自由宽松、自主管理、自我磨砺、自觉提升的氛围,引领晨晖社团的同学思考"一辈子怎样做人"的问题,以贴近时代、贴近社会、贴近青年学生的专题调研为主要载体,开展形式多样、富有内涵的社会实践活动,启迪培养学生的群众观点、实干精神、创新思维和责任意识,指导学生能够放眼历史、民族与社会,有时代责任与理想追求,学会关注社会民生,成为有理想、有本领、有担当的有志青年,形成"脚踏实地,敢于摸天"的晨晖精神。晨晖的实践,传承二附中六十年来一以贯之的办学理念和育人追求,并根据时代的特点和要求,引领高中生自觉确立理想信念的实践探索,取得了可喜的成果,得到了社会的热切关注。

本书是继《党旗映"晨晖"》(2013年4月华东师大出版社)后,总结了二附中高中党建工作中探索性的做法,全面反映进入新时代,晨晖党章学习社团——晨晖学院的活动实践。上编以纪实的形式,记录了晨晖在党的十八大至十九大召开之前社会实践的主要成果。时任上海市委书记的韩正同志曾复信批示,高度评价了晨晖的社会实践课题报告,鼓励同学们"把青春梦融入中国梦","为今后走出校园报效祖国、服务人民打好基础"。中编为已经走出校园的晨晖校友访谈。校友们以真挚的情感和朴实的话语,从不同的侧面谈到晨晖的精神"引领",读来令人动容。下编分三阶段全面具体展示了晨晖的成长历程,具有可持续性可操作性的特点。

"青年兴则国家兴,青年强则国家强。"晨晖迎来新时代,我们要传承二附中追求卓越的办学理念,坚持"育才先育人",融汇新时代的丰富内涵,与时俱进,不断创新,砥砺前行。

纪实篇

"晨晖"在引领什么

一名教书匠的心里话

胡立敏

在中学里做了几十年，算是一名老教书匠了。细想一下，遗憾的事儿还真是不少。归纳起来主要有两件：一是口口声声"教书育人"，其实几十年来，琢磨的大都是如何"教书"。至于如何"育人"，嘴巴上没少讲。实际上，讲的基本不着调，做的更是近于荒唐，误人子弟不少。二是教过的学生，数量上大概超过"弟子三千"了，但是所谓大师型领袖型的"栋梁"之才，还在理想的子宫里未见孕育出来。浸淫儒家思想，我怀揣培育"国之重器"的理想，自诩"焚膏油以继晷，恒兀兀以穷年"，或许这辈子就是个劳碌命。我想诸多同行同仁一定和我一样，怀有同样的职业愿景。

所谓"时势造英雄"。悲催的是，大半辈子了，没有留意学生中可否有马云那样的"外星人"，对吹捧那些读书乌七八糟却混得风生水起的"X概念"懒得啰嗦。偶尔冒出一星半点思想的火花，也倏然湮灭在尘土之中。

2001年调进二附中，仿佛找到了"橘生淮南"的感觉。干活，吃饭，吃饭，干活，心安理得过日子。只是令人遗憾的两件事，倒像是两块大石头，压在心头，愈来愈沉重。不知谁说过，压力就是动力。2005年做班主任，神奇地受到启迪，涌现出新的希望，在高三（10）班成立了晨晖党章学习小组。正如古人所言"不塞不流，不止不行"，偃塞困堵之处必有奇状异景。于是源头活水，点点滴滴，绵绵絮絮，缕缕汩汩，历经十几年，借团队之力，形成了**"课题引领型育人实践"**的探索，并且以《晨晖社：引领高中生自觉确立理想信念的实践探索》为课题项目申报，获得了上海市2017年教育成果一等奖。

"课题引领型育人实践"怎么理解？

讲个小故事吧。

陈沛庆和陆煌蕾的故事

2016年1月6日，为了纪念习近平总书记批示"公正为民的好法官、敢于担当的好干部"时代楷模邹碧华一周年,《"燃灯者"邹碧华》一书的作者——人民日报社上海分社副社长李泓冰和邹碧华先进事迹宣讲团成员郝洪,走进二附中,与晨晖社一起开设党课,宣传邹碧华的先进事迹。上海人民出版社总编辑王为松、上海人民美术出版社社长温泽远,分别向二附中同学们赠送了《"燃灯者"邹碧华》和《法治"燃灯者"邹碧华》。时任华师大党委副书记、副校长任友群,二附中校长戴立益,党委书记李志聪等出席并讲话。

宣讲会上晨晖社两位同学的发言,引发了热烈反响。一位是晨晖社2017届总联络员陈沛庆,他洋洋洒洒地讲了近20分钟,谈到邹碧华现象之于法制、社会、校园建设等诸多方面的个人看法,呼吁社会各界投射目光于小人物。陈沛庆面对沪上教育界、新闻界和出版界的"大咖"们,神情淡定,思路清晰,言谈举止引起与会嘉宾一致赞叹。更让人意想不到的是,2016届高三一位女生陆煌蕾竟然直接提问王为松,她劈头一句"王为松老师,我们都很喜欢毛尖和她的作品"。一句话,满座欢笑。王为松惊喜异常,急忙回身应答。这时,很多人才知道闻名海内外的华师大教授、作家毛尖和上海人民出版社总编辑王为松是上海文化界教育界的一对模范伉俪,王为松和毛尖一向恩爱有加。陆煌蕾的提问"一石激起千层浪",活跃了气氛,推动宣讲会形成高潮。

陈沛庆和陆煌蕾是二附中晨晖社的优秀学员,他们阳光洋溢的生命状态、开阔的视野和敏锐的政治观察力,得益于二附中学习环境的熏陶和基础文化的积累,也得益于参与晨晖社会实践课题的锻炼。陈沛庆是《"老三届"的故事》课题的策划人,陆煌蕾参与《向小人物学习》课题并且撰写了《媒体人的新闻理想》子课题报告。通过参与晨晖社组织的社会实践,他们认识到自己的能量和价值,重新为自己定位,并且有了新的收获。

陈沛庆凭借高考和综合素质考察的优异成绩如愿进入北大。陆煌蕾把自己的高考志愿由华师大调整到北大,奋力一搏,考进了北大中文系。进了北大,陆煌蕾就报名参加女生篮球队运动训练,最后战胜协和医学院女篮,拿到了北大中文系历史上第一个女篮冠军。北大中文系和陆家几代人乐翻了天。

这样让人开心的小故事,在晨晖党章学习社团有很多。

晨晖社策划实施高中生社会实践课题,借鉴了专业学术研究的做法,强调结论的独创性,更强调实施过程的实验性、操作性和示范性。晨晖社社会实践课题重心在社会科学,课题探究遵循求真务实的科学态度,提倡"敢于摸天"的创新精神,牢记"向小人物学习"基本宗旨,不忘初心,传承优良品质,进而引领确立正确的理想信念。

不妨再讲几个小故事,用晨晖同学的亲身感触,对"课题引领型育人实践",作个笺注。

邵子剑的故事

邵子剑,2009届晨晖社校友,完成社会实践课题《改革开放三十年的亮点、凹点和焦点》,在二附中入党。沉稳,睿智,意志坚定,业余围棋五段。北京大学地球与空间科学学院地球化学专业,2013年赴新疆支教一年,2015年作为北京大学国际关系学院研究生赴西藏支教一年,2016年北京大学学生年度人物,第十一届中国青年志愿者优秀个人奖获得者。2018年上海市委从高校毕业生中严格遴选的百名党政机关选调生之一,现就职于上海市委宣传部。

高三了,才真正成了晨晖人。高二的时候,在晨晖,我们基本属于旁听者,参加参加活动,听听学长们在做些什么。到了高三,我们才自己做些事情。我印象很深,当时老胡要求我们做一个课题,叫《改革开放三十年的亮点、凹点和焦点》,还编成了一本书。作为高中生,能够做一个如此气势恢弘的课题,是真的很不容易。现在看着当时还略显稚嫩的文字,我不禁觉得老胡是一个非常有思想、有觉悟的人,常常能够抓住时代星空中最闪亮的星,让我们去摘。偷偷告诉你们,后来上大学的时候,我的政治课论文大多都来自我在二附中晨晖时候写的课题里的文章,还都拿了挺高的分数。

不容置疑的是,二附中的岁月很大程度上开拓了我们的思维,尤其是进入大学以后,我会有一种自然而然的感觉,觉得自己已经在这片自由的土壤里锻炼了很多东西,尤其是思维、眼界和意识。面对北大的百团大战,我没有丝毫的惊奇感和新鲜感;面对做课题、做研究、做讨论,我也没有任何的畏惧感和紧张感。因为这些经历,我在美好的高中时代就已经经历过了。

(节选自邵子剑《行走在边疆的路上》)

胡嘉仲的故事

胡嘉仲,2007届晨晖社校友,曾获全国中学生物理竞赛一等奖、2007年国际中学生物理竞赛金牌。宽厚,大气,踏实,晨晖社的熏陶改变了他做"牛顿第二"的初衷,进而崇拜邓稼先,在二附中入党。高二即被清华大学数理基科班录取,学业和科研成果斐然,成为麻省理工学院博士、芝加哥大学博士后。目前从事冷原子物理研究。

我认为晨晖对我最大的影响在于对我思维的锻炼和培养。我现在每天的工作虽然就是拧螺丝、搬仪器、转开关等,但在繁重的体力劳动之后,我总是爱一个人坐下来然后静静地思考问题。有时会思考一些历史哲学问题,有时会思考一些科学问题,还会想一些经济学原理。首先在晨晖数年让我养成了爱思考的习惯,哪怕有时想法并非那么成熟,但是一点一滴的积累使得我可以不断地努力和前进。

同时在晨晖社团我还学会了如何辩证地去思考问题。尤其在国外游学期间,很多西方人用一种狭隘且愚蠢的偏见去看待事情时,我往往能够更早地看见事物的本质与正反两面。在学习中、工作中,辩证思想往往让我能够更透彻地看见事物动态的本质和原理,从而更快地去发现和解决问题,并且在实践中去总结经验,去检验真理。我认为我早年的人生经历是对我信仰的一种历练并使之升华。

在二附中时,我就开始接触马克思主义哲学,之后清华的四年我又投入到这个方向的钻研和学习中,读了许多书。本科后的时光我又走过了许多地方,见到了许多人。我坚定了人生信仰,愿将自己的一生投入无尽的革命事业中,无愧于当初许下的誓言。我很感谢当年在晨晖的经历,它使得我能够百尺竿头,更进一步。

（节选自胡嘉仲《晨晖最大的影响在于思维的培养和锻炼》）

吴佳俊的故事

吴佳俊,2010届晨晖社总联络员,清华大学叉院高才生,研究方向为计算机视觉。儒雅,沉静,具有极强的创造潜质,被视作"清华男神"。现为麻省理工学院博士生,致力于探索、解释和复制人类的智能,已发表多篇具有突破性成果的论文。

晨晖的每一届成员都会进行一项课题研究。我们当时的主题是"90后"一代主体价值观研究。高二时,大家根据这个主题,选择了一些具体的方向,分小组做了调研。高三时,恰好我们几个竞赛班的同学有多一些课余时间,所以承担了汇总整理调查报告的任务。

预想中整理和汇总报告应该是一件简单的工作,实际上它的复杂程度和难度都超过了我们的想象。各个子课题的形式、内容都各有侧重,很难统一。这些子课题各有亮点,但从中提炼中心思想,并理清每个子课题和中心思想的关系并不容易。

但这也是一次难得的锻炼机会。通过和指导老师的许多交流,我们感受到"追求卓越"的二附中精神和晨晖精神。我们也几易其稿,力争提高报告质量。通过这次课题训练,我也从中学习了课题研究的基本方法。虽然这是一项社会科学课题,但研究方法的训练,对我后来的计算机科学的研究也有很大启发。我想其他撰稿组成员也有类似的感受。

（节选自吴佳俊《让 AI 学会了物理力学》）

张骏超的故事

张骏超,女,2009 届晨晖社校友,执着,刚强,目标清晰。高考志愿全部填写了法医专业,华中科技大学同济医学院法医病理学 & 法医毒理学博士,多次获得三好研究生标兵、优秀研究生干部、十佳党员的称号和甲等奖学金。参与法医病理检案与医疗纠纷文审检案百余起,其中亲自完成的检案达 50 余起。

很多人小时候的理想职业应该都是科学家吧,毕竟小孩子天真无邪都认为自己会做出卓越的贡献。然而随着年龄的增长和对自我能力的认识,可能越来越多的人并不知道未来该走哪条路。所以大部分人高考的时候,选择了报考热门专业或者听从了家人的建议。

我觉得我是幸运的,早在高一的时候,就开始思考自己究竟想做什么,二附中晨晖社提供了这么一个独立思考的园地。晨晖社活动的过程,帮助我增强了独立思考的能力,并使我学会了从不同的角度看待问题。

因为我性格直率,做事认真,身边其实也有不少人或开玩笑或认真地给过建议,诸如让我发展自己擅长的新闻主持为职业。但对于新闻本质的思考给了我新的启发。新闻追求时效性,也追求真实性,可是传媒行业的一些不良风气,到底能不能带来真正可靠的信息呢?

追求真实的途径有很多,而我在这之中发现了法医这门学科。在查询了相关资料后,我觉得这就是我想要的能够离真相最近的地方。后来,在晨晖社团活动中,大家聊起了理想,当我说出想选择法医专业的时候,有同学疑惑,但也有更多的人感到新奇。最令我庆幸的是,晨晖社胡立敏老师一开始就非常认可,对我给予了极大的肯定和支持。他的认可不仅令我坚定了对法医职业的追求,更在我父母因为传统观念而持反对意见时,帮助我解放了父母固化的思想。因而,高考填报志愿的时候,我义无反顾地将所有学校和专业都填写了法医相关。

当时,重点高中填报医学的学生都不多,更不要说法医学,何况女生?

我想,这就是人生选择的初心吧。

(节选自张骏超《一些感想》)

我时常想这样一个问题,我们将会怎样死去?

在法医的领域里,我已看过不少的生离死别。

因而难免问自己,我将会如何死去?

寿终正寝或者飞来横祸?

没有人能预料明天和意外哪一个会先到来。

但是我们都知道,我们终将走向死亡。

······

我会逃吗? 会吗?

不,我不会!

因为做一名优秀的法医,做一名揭示真相、维护正义的女法医,

是我的初心,是我最初的梦想,是我最深的执念,

是我生命的劫,更是我生命的缘分。

因而——

我终将行走于刀口之上,

解开死亡的真相,演奏生命的乐章!

(节选自张骏超《2016 年 9 月在华中科技大学三好研究生标兵评选现场的演讲》,演讲赢得了全场老师和同学们的热烈掌声)

故事必定是故事,故事只能说明过往。我喜欢向前看,更寄希望于未来。

喜欢巴勃罗·聂鲁达的一句诗:"爱情太短,而遗忘太长。"一旦有了感情,其实是难以忘怀的。我已退休几年了,晨晖的工作要交给年轻的老师接手。2018 年 5 月,晨晖学院成立,二附中德育工作迈上了一个新平台。

晨晖社团的同学正值青春年华,他们将"青春梦融入中国梦",历经岁月磨砺,若干年后涌现出一批又一批各个领域的拔尖人才,令人向往和期待。

二附中校门前有一条路,叫晨晖路。本来,学校门前视野开阔,阳光明媚。2006 年高三(10)班成立的党章学习小组,就起名叫"晨晖"。后来,老板们在晨晖路对面造了一幢幢高层商品楼,挨肩靠背,巍峨壮观。房地产遮挡了二附中校门灿烂的阳光,曾经的晨晖路,一去不复返。

沐浴在晨晖之中的校园,难道仅仅是奢望吗?

晨晖,色彩绚丽,富有朝气,是自然界最令人期待的景象;晨晖,寄托着中国教育工作者对未来的期望;晨晖,象征着新时代一代新人的茁壮成长。

期待"晨晖",表达了"晨晖人"发自肺腑的心声。

二附中建校 60 年来,办学理念是追求卓越、培养创造未来的人,总目标是为培养德才兼备的人才奠基。现任校长李志聪一直强调:"我们选拔了全上海同龄人中前 1‰—2‰的人,如果这些人被我们培养成了'精致的利己主义者',心中只有自己,没有国家,没有民族,那么我们的国家就没有希望,我们的民族就没有未来。因此,培养学生的家国情怀、社会责任是我们这些所谓名校的历史使命,也是二附中多年来一贯重视理想信念、家国情怀教育的原因。"

李志聪校长所说的理想信念、家国情怀的培养,涵盖了"课题引领型育人实践"的全部内容,二附中举学校团队之力,率先进行引领理想信念有效途径探索,具有实验性、示范性和可持续性的特质。

2007 年 8 月,习近平同志特嘱上海市委办公厅给晨晖社团回信。党的十八大和十九大召开之前,俞正声同志、韩正同志亲自给晨晖同学复信批示。领导同志的鼓励,为晨晖社团的探索注入了强盛的活力。十几年来,晨晖党章学习社团的成长,一直得到各级领导和社会各界的倾心呵护,我作为晨晖社团一名普通的指导教师,为多年来关注、支持二附中晨晖党章学习社团的同志和社会各界人士点赞!

2006 年至今,"课题引领型育人实践"有效途径的探索,历经小组—社团—学院三个阶段,已经初见成果了。一批又一批的晨晖学子成为校园行为规范的"标杆","晨晖"成为二附中"育才先育人"办学理念的品牌,"脚踏实地,敢于摸天"的"晨晖精神"得到了师生普遍认可。

囿于功底浅薄,理论上不可能讲得透彻。在实际工作中,我切实而深刻地体会到"晨晖"有以下四个鲜明特征:

一是"晨晖"坚持价值引领的"颜色"。

2007 年 8 月 22 日,习近平同志特嘱中共上海市委办公厅给"晨晖"回信中说:"你们积极学习党章和党的理论、立志成为青年马克思主义者很有意义。"

习总书记高瞻远瞩,为"晨晖"的发展指明了前进方向。"一辈子怎么做人"一直是"晨晖"坚持讨论的中心话题。通过学习和实践,很多同学明确了自己的政治理想,立志成为一名青年马克思主义者。十二年来,晨晖党章学习社团培养学员 380 人,发展学生党员 120 人,2015 年以来培养入党积极分子 14 人,绝大部分同学高中毕业后进入国内外一流大学深造。经过十数年的磨砺锻炼,一大批"晨晖"学子在国内外人文、科技领域崭露头角。

二是"晨晖"坚持社会实践课题的"方向"。

追求真理的志向、求真务实的态度、端正严谨的学风以及诚实纯净的品质,仅仅靠"传道受业解惑"是远远不够的。理想信念的萌芽往往只能在社会实践的磨砺中才能生根,"晨晖"很多同学对此深有感触。迄今为止,"晨晖"已经完成的社会实践课题有:

高中学生党建可作为——五份调查问卷及数据分析(2005 年)

关注城乡结合部民工子弟学校的孩子们——浦东新区杨园小学学生思想状况调查报告(2006 年)

"晨晖"是什么颜色?(2006 年)

重视建设培养青年马克思主义者的创新型环境(2008 年)

对改革开放三十年若干社会现象的思考(2009 年)

"90 后"一代主体价值观探究(2010 年)

向"党的十八大"致敬(2012 年)

党旗映"晨晖"(2013 年)

向小人物学习(2016 年)

老三届的故事(2017 年)

"晨晖"满园(2018 年)

落脚在基层(2018—2019 年,已进入展示审稿阶段)

上述社会实践课题由主课题和子课题组成,经历了讨论立项、策划主体、分组负责、实地考察、收集材料、磨砺初稿、撰写报告、汇编成册一系列严格的程序,少则半年,多则超过一年,同学们利用暑寒假和平时课余时间,亲力亲为,克服了太多的困难,付出了太多的精力,非常不容易!

课题从高中学生视角,直面现实,关注时代潮流,关注未来发展,关注普通百姓,不回避热点焦点问题,敢于表达青年的看法,有的甚至填补了社会科学课题的某些空白。由一群高中学生完成的课题报告,虽然不免稚嫩,但汇编或出版以后,在社会上获得了良好的反映,一些主流媒体报道并给予积极评价。

三是"晨晖"坚持自主教育、自我磨砺的"原则"。

"晨晖"的活动原则是:自由宽松,自主教育,自我磨砺,自觉提升。推选学生联络员,实行自我管理。"自主教育,自我磨砺"是"晨晖"保持青春活力的生命线。这条生命线十几年来,朝气蓬勃,愈发健壮,滥觞于二附中"和谐民主"校园文化的清流。思想智慧孕育出师生共同成长的一方园地,"晨晖"奋力耕耘,将二附中校园文化发挥到极致。理想信念的引领，不能走灌输教条的老路，也不能靠"廉价鸡汤"去瞎忽悠。提供一个相对自由宽松的平台，激励年轻的生命自我碰撞，萌生强烈的内驱力，进而确立一生为之奋斗的理想信念。思想解放而富有活力的社团，自有其特殊的魅力，"桃李不言，下自成蹊"。

四是"晨晖"坚持凝聚教师团队的"合力"。

"晨晖"是二附中学生党建工作的重要阵地。党委领导，团委协调，委派指导教师。优秀教师群体，特别是党员教师行为示范所形成的团队合力，对学生心灵的发育蕴含着极其丰厚的营养。二附中李志聪校长始终认为，教师的视野、格局和胸襟，决定着学生的视野、格局和胸襟。在质优学生相对集中的学校，保持一流教师团队的稳定性是培养拔尖创新人才的基础。师者风范，春风化雨，潜移默化，在校园内无影无踪而又无处不在。二附中校园内外，无论是特级教师、高级教师、首席教师还是年轻老师，都把"晨晖"当作自家孩子，热心呵护，精心培育，有求必应，无私奉献，为"晨晖"的健康成长提供了温暖有力的支撑。

我有幸参与"晨晖"的一些工作，绵薄之力，甘苦自知。只是希望二附中这条"育才先育人"的路，能够得到更多人的理解、支持和参与，"撸起袖子加油干"，踏踏实实地走下去，越走越宽，走出一条培育一代又一代英才巨匠的大道来。

当下高考改革紧迫，社会期望高涨，课业繁重，学生难教，教师的饭碗，愈来愈难端了。有人会说，"教书"尚且不易，遑论"育人"？

姑且酸上一句《尚书·无逸》的古训吧："君子所，其无逸。先知稼穑之艰难。"人性相通，自古而然，看你走的是哪条道了。

我说的是心里话。

2019年2月于蚌埠淮河南畔

（作者为晨晖党章学习社团指导教师）

向小人物学习

——2016 年社会实践课题报告（节选）

提　纲

一、缘起：扣好人生第一粒扣子

执笔：刘张奕　吴越　徐恩泽

2016 届同学学习了习近平总书记 2014 年"五四"在北大师生座谈会讲话："青年处在价值观形成和确立的时期,抓好这一时期的价值观养成十分重要。这就像穿衣服扣扣子一样,如果第一粒扣子扣错了,剩余的扣子都会扣错。人生的扣子从一开始就要扣好。"

习近平总书记说的"人生第一粒扣子"是什么？为什么"如果第一粒扣子扣错了,剩余的扣子都会扣错"？很显然,这"人生第一粒扣子",是学校教育最核心最本质的内容,是教育学生担当社会大任时应具备的核心价值观。

"人生的扣子从一开始就要扣好",习近平总书记说到了问题节点上。

学习扣好人生的第一粒扣子,就是要学会做人,养成最基本的纯正品质,学会担当。

榜样在哪里？向谁学习？

晨晖社在讨论中认识到,虽然进了名校,但自诩精英还是底气不足。即使将来跻身精英阶层,也还是离不开衣食父母。我们只是一群涉世未深的孩子,面对喧嚣功利的现实,免疫功能尚不健全。社会是一本大书,平平凡凡普普通通的民众才是最朴实最好的老师。

——向小人物学习,向社会基层一线的劳动模范学习,向普通的人民群众学习。学习他们质朴的品质,学习他们的做人立世,学习他们"至少应正直、诚实、乐于助人,忠于自己所爱的事业,忠于自己的民族和国家"(摘自俞正声同志给晨晖的回信)。

脚踏实地,眼光向下,从小处做起,到基层去。于是,晨晖社就有了这样一个暑假社会实践课题的设计。

这个课题实践,对二附中杰出人才的培养,或许能提供一些新的思考。

若将此水为霖雨,更胜长垂隔路尘
——社会造就了怎样的小人物

字典对"小人物"下了如此定义:地位不高,没有名望的普通人。这是一个非常贴近生活的名词。

而我们,身处这个平凡的世界,其实大多也都只是众多小人物中的一个。的确,他们不能如成功企业家在市场中驰骋,不能站在镜头之前为世人所知晓,更不能像国家领导人那样统领国家大局,引领时代建设。对于这些普普通通的小人物而言,他们只是有着一份普通的工作,在这个平凡的世界中过着平静的生活。在这个社会之中,他们只是看起来微不足道的小角色。

但小人物也是人物,与任何人一样地感受着日月星辉、风霜雨露,凭借着自己点滴的汗水去追寻那或许遥不可及的理想。"雨浸风蚀的落寞与苍楚一定是水,静静地流过青春奋斗的日子和触摸理想的岁月。"路遥在《平凡的世界》里如此感慨。但那又如何?为时代与理想勤勤恳恳付出过汗水的人,值得我们尊敬与学习。

我们的身边从来都不乏小人物,他们可能只是普通的社区医生、工厂的岗位工人、大学里普通的讲师、退休多年的老党员或者默默无闻却总是站在第一线的媒体工作者。然而就是这种表面的平静背后,这些小人物又有着许许多多的不同与闪光之处,至少比起那些整日庸碌无为之辈,他们做得更好。鲁迅在写给赖少麟的信中说:"巨大的建筑,总是由一木一石叠起来的,我们何妨做做这一木一石呢?我时常做些零碎事,就是为此。"

或许小人物就是这个社会的一木一石,他们如同伟岸的隐者,以自己的方式,不怨尤,不放弃,平凡而顽强地付出着,奋斗着,在这碌碌的社会中散发出属于自己的光亮。"不积跬步,无以至千里;不积小流,无以成江海。"小人物这种精气与神韵,我们没有理由不向他们表达敬意。

纸上得来终觉浅,绝知此事要躬行
——为何社会发展需要小人物

社会是一个庞大而复杂的整体,需要各类人共同构建。社会的发展需要栋梁椽木,也需要砖瓦沙土;需要严密复杂的机器构件,也需要每一颗小小的螺丝钉。而这些后者的庞大集合，便是我们生活中的小人物。

因为小人物的存在，我们社会的金字塔才得以稳定。远观此塔，相信最美的还当属那些平凡生命的闪光点。奥斯卡·王尔德曾说："有许多品德美好的人，如渔民、牧羊人、农夫、做工的人，尽管他们对艺术一无所知，但他们，才是大地的精华。"小人物看似普通却不可或缺，看似平凡，却有着可贵的品质。对于这个社会而言，小人物的价值，不仅存在于物质层面，更能影响社会的精神层面。

在物质层面上，小人物为社会带来了巨大的劳动价值。考虑到我们的科技尚未达到一个高度发展的程度，如果一个社会只有做大事的大人物，而没有人愿意做底层的劳动者的话，社会将无法前进。所谓经济基础决定上层建筑，用通俗的话来讲，我们需要有人来为我们的衣食住行提供保障。"人之所以与其他动物不同，是因为劳动。"马克思也认为是劳动者为社会的正常运转提供了能量，他们对于社会的物质基础有着毋庸置疑的作用。

小人物对于这个社会更大的价值在于精神引领，这也就解释了为什么我们每年五一都要评选全国和地方的劳动模范。不需要过多溢美的辞藻修饰，劳模们根植于生活，服务群众，贡献社会，他们的诸多精神品质本就值得我们去发扬。敬业爱岗、恪尽职守、一丝不苟……这些看似朴实无华实则难能可贵的品质，对于社会的其他成员而言，都有着积极的影响，也有利于构建社会更加和谐美好的精神文明。

物质进而精神，小人物通过自己的勤恳付出，与社会精英共同塑造了当今社会脚踏实地、积极向上的价值观，用时下流行的话来讲，他们为这个社会带来了满满的正能量。

愿子笃实慎勿浮，发愤忘食乐忘忧
——小人物精神对于青年学生的意义

诚然，我们的学习之路还有五年甚至更长，工作距离我们确实遥远。但小人物们小到一言一行，大到年复一年坚持在工作岗位的精神品质，其实也有诸多值得我们从现在做起、学习与借鉴的地方。

先从我们中学生的现状谈起。晨晖社 2010 届的同学曾在对"90 后"一代主体价值观探究的课题中指出"90 后"一代理性并且倾向于实用主义，大多表现出一种态度：什么对我有用，我就要什么；对我没用的，那就等到具体情况再看了。这样实用主义的想法，确实在当代社会功利性极强的价值观下容易形成。而小人物身上责任为先、私利在后的品质，无疑对我们这一代人是一种警示，也是一种启迪。

人生的扣子从一开始就要扣好,榜样是谁? 自然不是娱乐明星,不是"国民老公",也不是西方价值观标榜的普世英雄,他们在民众之中,在千千万万辛辛苦苦普普通通的小人物之中。因而向劳动模范中的小人物学习,学习"扣好人生第一粒扣子",成为这两年来晨晖社学习思考的主题。

"向小人物学习,扣好人生第一粒扣子",首先是对自己负责。高中毕业后我们中学生多已成人,需要完全对自己负责了,对于未来我们要有更加明确的规划,无论是在专业还是职业选择上,我们都要选择自己最适合走的一条路。这些劳模与小人物来自不同的岗位,通过对他们的走访了解,我们对于不同的岗位价值都将会有更加深入的认识,这对于我们规划好我们的未来是有着重要帮助作用的。

"向小人物学习,扣好人生第一粒扣子",更是对社会负责。

学习小人物的核心价值,在于对社会的担当。他们在工作上数十年如一日、一丝不苟的态度,正是我们在学习过程中需要拥有的。在高中,我们都已满 16 周岁,法律责任的承担也意味着我们需要肩负起更多对于社会的担当与责任。学习小人物,学习用自己的力量去帮助他人,进而奉献社会,这对于我们而言也有着更为重要的现实意义。

时代赋予我们这一代人以重任,追求高远的理想是我们从小接受的教育。但事实上,并不是所有人都能成为大人物,也并非所有人都需要成为大人物。相反,社会需要更多的劳模式的小人物,在小人物们的身上才最能学习到我们这代人所共需的精神品质。

诚然,青年学生需要有高远志向才会努力奋斗,但我们的教育、我们的社会价值观不应将"高远"的志向限定于拥有多少财富、拥有怎样的社会地位,而是应当放得"从容"一些,提醒我们那些小人物的人生同样精彩,同样富有意义。

其实,大师原本是小人物。

爱因斯坦原是瑞士伯尔尼专利局雇用的试用人员。26 岁时发表量子论,完成《论动体的电动力学》,独立而完整地提出狭义相对性原理,开创物理学的新纪元。华罗庚初中毕业就读职校,中途退学回家帮助父亲料理杂货铺,20 岁在上海《科学》杂志发表《苏家驹之代数的五次方程式解法不能成立之理由》,轰动数学界。还有无数的例子证明,小人物中不乏杰出人才,青年时代养成朴实良好的品质,对成就一生事业是多么重要!

所以,向小人物学习,是我们高中时期的重要一课。

2016 届"晨晖"党章学习社团课题组

2016 年 3 月

二、《向小人物学习》社会实践课题主报告

执笔：张江校区　高三(2)刘张奕　高三(5)陆煌蕾　高三(7)吴佳雯

紫竹校区　高三(1)王佳禾　陈天瑜　陆楚珺　高三(2)张乔柔　陈逸凡

1. 小人物界定

界定(1)

如何定夺一个人的大小,究其本大概还是由比较而得的。那么放在什么维度进行比较,与谁进行比较,用怎样的标准来比较,就是难以避而不谈的话题了。

显然,首当其冲的就是维度的选择。当人作为个体出现在时间和空间的维度中,毫无疑问是渺小的。然而,作为沧海一粟的存在,人们却有着改变世界的能力,这体现了人作为社会动物,其影响力所发挥的巨大功效。那么所谓的小人物,不仅仅指他在历史进程中、在宏观改变中的微小,更是指他有限的影响力。我们生活中的平凡人,往往不具有撼动天地、一人所指众人所向的能力,那么我们中的绝大多数其实就是小人物。

其次,比较的对象极大程度上决定了比较的结果。倘若我们将平头百姓与元帅将军来比较,那么孰大孰小不言而喻。难道泱泱大众都是小人物吗?当然不绝对。与其严苛地划定一个小人物的亘古不变的指标,不如将一切都交给大众舆论——民心自有定夺。我们认为,小人物的界定,并不是绝对的,发于畎亩的大人物比比皆是。除非是身边的熟人,我们认识小人物,也往往是在他们成名后。难道他们自此就变成了大人物了吗?许多人尽管一朝成名,也还是洗不脱他们身上市侩的烙印。在名人效应过后,他们仍旧过着他们的小日子,至多影响着他们周遭的小环境。他们没有呼风唤雨的资本,或者说他们也从未想过能一呼百应,能凭一己之力改变世界。

小人物和大人物本质区别之一就在于此——小人物甘于做小人物。

小人物不以自己是小人物为耻,也不把成为大人物视为一生唯一的追求。小人物不是野心家,即使历史巧合将其置于了社会的高位,他们也能够安然笑看身后的风景。区别于自认为是大人物,从而有"王侯将相宁有种乎"的质问,小人物出身卑微,纵使有一天成就了一番大事业,也只将自己当作通向伟岸的路基。并且,小人物的发光发热是个人力量的展现。将其置于社会聚光灯下,只是将其光热放大罢了。而大人物的力量,必须依凭利用外力,驾驭众人,以社会关注为依托,以人心所向为倚靠,假以高大上

的口号旗帜,只有如此,大将军才能运筹帷幄。假使无兵无卒,那也难成气候。可见,小人物与大人物从本质上就有着较大的差别。

那么,如何评判一个人是否是小人物呢?显然,出身和成就的区分就显得淡薄无力。那么,不妨细窥他们的生活,以此来勾勒他们渺小而伟岸的灵魂。小人物过得都是些小日子,市侩的拣择中却往往可见人性最纯粹的荣耀。尽管他们可能世故,但圆滑的灵魂保留了一些无法割舍的美好。他们善良,他们敬业,他们无私,其实他们可能只是碰巧被安排在这样的一个岗位上,他们只是做着自己的事,恪尽职守。但恰恰是这样的平凡无奇,却是平稳和谐发展的社会的中流砥柱。难道这样的小人物不重要吗?倘若没有他们,这个世界也难有力挽狂澜的大人物!

界定(2)

说起小人物,人们会想起另一个相对的概念"大人物"。把他们放在一起对比,便可以明确一下对于小人物的定义。说起大人物,人们很容易便会想到普京、扎克伯格、比尔·盖茨、马云,等等。他们处在社会金字塔的顶尖,甚至可以说是顶尖中的顶尖,他们以一人之力改变着这个世界,他们的影响力遍及全球。

而讲到小人物,我们首先联想到的是起早贪黑的环卫工,是尘土满面的建筑工人,是剃头理发师、站街交警、捏粉笔老师,有人还会想到那些在深秋街头扫地的阿姨,抑或是每天在食堂中帮我们打饭的大叔,再或者,是在路边寒风瑟瑟发抖等待救助的流浪者或者跳广场舞的大妈。就好像如果有一天,他们消失了,也没有人知道。

小人物总是与平凡、忙碌、默默无闻联系在一起。小人物最本质的特征是来自基层,生活在基层,挣扎在社会的金字塔的下层,他们无力以个人的力量去创造一个时代,他们不是 boss,不是 CEO,不是决策者,他们可能矮小,可能不算富裕,但他们也有理想,有欲望,有情感,尽管处在各种不同的岗位上做着一些相对平凡的工作,但他们中间真的可能隐藏着一批真汉子和女强人,说是藏龙卧虎也不过分。

大人物,叱咤风云,挥一挥手便风生水起;小人物,默默无闻,埋头苦干也鲜为人知。但是这大小是个很模糊的概念,到底何为大何为小,眼界不同,定义便不同。

就我们的课题而言,大小不是以知名度而定的,而是以能努力进取、持之以恒地奉献、坚守信念来区分的。所以说,小人物既可以是工作在被人忽略的岗位上的奉献者,比如社区医生、"小巷总理",也可以是有些名气的人,比如劳模、媒体工作者。相比于大人物的风光无限,他们或许并非能够影响社会发展走向的人物。据来自百度百科的小人物的解释:"无足轻重的或无甚价值的而且通常是小小的或次要的某人或某物。"

传统意义上的小人物,确实是渺小的。但在自己的岗位上,安守着自己的渺小,坚守自己的职业，在一定程度上尽到个人最大力量，并且经营好自己的家庭，从这个意义上讲，小人物这一最庞大的社会群体，对社会的发展，具有巨大的力量。

某种意义上，我们永远都是小人物，一辈子会默默坚持自己的工作。大人物的领导和决策固然重要，但如果缺失了普通小人物的支持和行动，结局往往不会好。

那么问题来了，我们所采访的劳模到底算不算小人物？抛开劳模这一光环本身，就他们所做的工作而言，基层一线的劳模还是小人物。如今的劳动模范多少算是名人了，但其实劳模这样的奖项设立的初衷，本身就是奖励那些在普通的各行各业的岗位上表现出色的劳动者，这些人在获奖前一定是普通人，获奖后也不会有太大的差异。

即使是劳模，依然不足以凭借个人的力量去改变这个世界，他们的影响力大多产生在某个行业里，甚至只是在他的周围，影响力是有限的。今天我们去谈向小人物学习，是因为他们身上有许多值得我们发现的闪光点，是因为从这些小人物的身上我们找到了无数普通人的鲜活缩影。通过向这些劳模的学习，从我们所采访的小人物中，可以剥离出一些优秀的小人物所拥有的特质，也可以反映小人物生存的困惑。

也许，平凡而不平庸，正是这些小人物吸引我们的魅力所在。

界定（3）

小人物，首先得是人物。

"人物"，在字典上定义是：在某方面有代表性或具有突出特点的人。

而大众概念里的人物"大小"概念，取决于一些普世的价值观。小人物，小的是他们事业的平凡，小的是他们的权力，小的是他们的名声，小的是他们的财富……

小人物不是完人，他们也有一些和我们一样的毛病，他们也是要喜怒哀乐柴米油盐酱醋茶过日子的人。那种动辄把劳模描绘成克己奉献油瓶倒了不去扶的故事，听众怕是不多了。小人物中的优秀人物，自然拥有一处或多处突出的地方。

向小人物学习的第一点，就是要认清他们的"小"，因为那也是我们的"小"。他和我们一样在社会中跌打滚爬，他们也有生活的困扰。

但不可否认的是，他们的精神以及所带来的行为的些许积极意义，造就了小人物的"人物特性"。他们一点一滴多于常人的奉献，逐年累积，最终形成大人物所难以企及的品质。

但我们还是认为他们"小"。我们从小受到的教育是：科学家、领导人、大型全球企业的创始者才是大人物。我们从小就幻想着，以财富权力为准绳，渐渐地试图在精神上把自己拉离平凡的个体，一夕登天，一夜暴富，拍着胸脯说："看，这才是大人物！"

设定好大人物形象的同时，顺便把自己的周围社会鄙弃成"小"老百姓的生活，可悲吗？

向小人物学习，在现实中不是一件大快人心的事。即使是小人物本身，也希望他的后人超越自己，成为社会的中坚力量，成为大人物。这有什么错吗？

向小人物学习，首先要改变观念。

我们偶尔听说劳模的事迹光鲜亮丽，然后就急急忙忙去采访查明真相，却从来不去想如果我当了理发师会不会像他一样。家长甚至会奚落："你看，如果你选和那谁一样的专业，你就会得不到好的科学奖以及奖金。如果你打算做个理发师，即便你每天都做好事，养活你自己都很难。"

我们站在象牙塔内，即使像晨晖社组织的这样的社会实践也不一定得到家长和同学的认可，更多人觉得能够看到这些社会风景并且适当评说就足够了。屈服于环境氛围，屈服于自己的无力，转而更加努力地去读书，谋求个人更好的发展。

渴求走得更远，脚下却被束缚，这是一个悖论，我们陷入两难之中。

达到了一定文化层次的人，会去思辨，会去俯视思考低层次的生活现实。但是，文化层次越高，反而越易陷入困惑。自己无法去改变命运，别人也不能帮他改。这就是我们对生活的真实反馈与感想。

其次，向小人物学习，要建立人与人之间良好的联系。

人类是独立的个体，个体互相影响。

尽管社会是个人与人十分靠近的无形范围，但随着时代的进步，人与人之间的隔膜愈来愈厚。足不出户带来的对媒体信息的怀疑愈深，黑色中介的肆虐，加上各管各的行事作风，正在把人们逐渐瓦解成孤立个体，自我世界的膨胀导致大同世界成为遥远的梦想。

我们无法真正做到向小人物学习，一方面是因为心里在怀疑他们是否名副其实，一方面也是对于人的不信任的加深。"噶好的人，啥地方寻去？瞎七搭八！"

当代中国社会价值观异变的现实随处可见，潜意识里一些质朴的美德与善行，渐渐绝迹。"黑夜给了我黑色的眼睛"，有人却用它躲避光明。

在某种意义上，坚守小人物"小"的特质，是推动社会进步的精神之源。

2. 小人物的特质

敢讲真话

上海高考语文阅卷组一位资深负责人，在批评高考作文出现"大量华丽的'伪文章'或粗鄙的网络文风"时，愤慨地指出大多数学生敷衍成文，写出的作文只是"正确的废话"。

"童言无忌"的古语,现在看来也不可信了。

晨晖社引导和鼓励学生脚踏实地,解放思想,敢于展望世界未来,敢于挑战大师权威,尊崇"各美其美,美人之美,美美与共,天下大同"的学术境界,营造维护一方年轻人思想自由碰撞的园地。就是在宽松有序的氛围中,提倡说真话、说实话、说心里想说的话。

我们知道,做到这一点很难。

这一点在媒体行业的调查中印象最深。讲真话本来是媒体最重要的道德基石,一个优秀的记者真的能让人感动的,是披露真相,说出真话。《看见》(2013 年广西师大出版社出版,作者柴静)中提到记者不顾生命危险去非典医院中采访,让病人们非常感动,他们将真实的情况反馈给社会群众,作为民众的眼睛和真心的代表,他们也肩负着将社会美好的一面——将人性的关怀,给予无人可倾诉的受害者与在困苦中挣扎的人群。

毫无疑问,媒体人最令人动容的一点就是,哪怕在采访过程中遇到不配合的闭门羹乃至暴力袭击,都依然无畏地将真心交付出去。在这种时候,好奇心的坚持不是为了挖别人的痛处,而是为了将那些社会小人物的心声真正放大传播给社会聆听。

人文上的无私职业从来都是崇高的。媒体人在自己反省的同时,带动着社会各员一起去反省,其任之重不言而喻。他们所坚持的理智与真实,是治疗这个社会诸多心病必需的明目。看清了社会的角角落落,人们才会在思想意识上有所触动,去试图改变旧有的观念。

有良心的媒体人,是小人物的最佳代表。身为小人物,引导所有的人去关注更多的小人物的命运,自发地去改变那些处于困境中的小人物的境况,从而获得自身精神的提升。

敢于担当

何谓担当?

以志愿者为例。志愿者精神无比重要,它不仅仅通过各种志愿活动,切实地帮助有困难的人,更能形成社会的一种氛围。著名社会学家鲍曼说:"现代社会的首要特点是机械化生产,进而是产生了机械化的社会秩序,疏远了人与人之间的关系。"志愿者精神给了我们得以重构机械化社会秩序的契机,使我们人与人之间,即使素昧平生也能多一份关爱。

那么究竟什么是"志愿者精神"? 不同的人有不同的理解,很多时候我们会提到"奉献、友爱、互助、进步"这几个关键词。我们也会想到联合国对志愿者精神的界定:

"服务、团结的理想和共同使这个世界变得更加美好的信念。"这些都是十分恰当的,但我们不妨更深入地进行一番探究。

其实,所谓"志愿者",其核心在于"志愿"二字。

"志愿",从字面上看就是"出于志向,自愿参与"。自愿参与首先意味着一种主观能动性,是发自内心的想要去做,而非因为各种利益、得到各种物质上的奖励或是受到某种命令而去做。换句话说,志愿者是由自身道德或理想驱动了他们的行为。

成为志愿者,需要一份脚踏实地贴近社会的努力,需要担当的勇气。

作为一名退休多年的老同志,一个小人物,王佳军老先生用自己的行动,诠释了什么是担当,什么叫真正的志愿者精神。志愿者讲求的是一个人放弃自己休息的时间,去为他人排忧解难。学生群体有着做志愿者的条件和志愿,但要让青年人学会做好志愿者,更加考虑他人,这就需要老一辈在精神上予以引领。

王佳军老先生的例子,经过传播可能会对一些做志愿者的同学产生一定的积极影响。但一个人的力量远远不够。只有每个人在思想上受到触动,反馈到行为上,在信任的基石上,建立起人与人之间互帮互助的纽带,找到自己在这个时代在这个社会应该处于的位置,才能真正发自本心地去奉献心力,去做志愿者,去担当社会责任。

做不到和媒体人一样不顾安危地奔赴前线去记录、反馈、传播,我们至少可以以个人之力服务于社会。对于小人物而言,这是体现在他们身上的敢于担当的精神。他们自身,也有一种强烈的责任感,一种对于自身岗位的坚守。他们在自己的岗位上,尽可能奉献出自己所有的东西,就算这些奉献不能给他们带来什么,甚至他们还可能面临来自各个方面的压力,但是他们依然坚守在这里,不退缩。有人说他们是为了梦想,是为了奉献群众,为了回馈社会。当一名志愿者,并以之作为实现自我价值的方式,对待自身,对待自己的热爱与尊重,是很难得的。

其次,在他们面对自身职业发展的问题时,我们可以看到他们对此是有自己的不满的,但是更多的,不是懈怠,不是在遇到问题的时候选择退出,而是直面,希望能够用自己的坚守给这个行业以活力。我们也可以理解为,他们在为这个行业的未来做打算,希望能够用自己的努力给这个行业储存更多的东西,比如技术,比如活力。这样的精神是我们所要学习的。

明代大才子唐伯虎尚有"铁肩担道义,生为人杰;巨笔著文章,死亦鬼雄"的心志,我们更应该切实学习小人物敢于担当的精神品质,将来服务人民,造福社会。

不忘初心

我们一位女同学,去实地采访了一位全国劳模,他是一位私营理发师,俗称"剃头师傅"。采访过程可是没少"闹心"。

这位名叫殷仁俊的劳模，颜值一般般，看上去文化程度不高，说话翻来覆去总是那么一两句。他做的是手艺活，乍一看，怎么也和全国劳模沾不上边。其实想来或许这位劳模的内心，也是很矛盾的，他是一个普通外地男人，在上海养家糊口的担子也不轻。被冠上这"劳模"的名号后，只是想做好事的初心遭受各种质疑。甚至有人出言"出名为目的""作秀""名不副实"，等等。他似乎会戴着一张名为"全国劳模"的面具，即使面对的采访者是一位高中女学生，他也是小心翼翼，仿佛有无数双眼睛在注视着他的一言一行。但这样一来，倒使二附中这位目光犀利的女生，更加怀疑这位劳模有点儿"二"。

周围的老人们，拼命想为这个尴尬的好人开脱，拿出报纸来，开列他做的好事，一二三四甲乙丙丁，老人们受人之惠，也属好心之举。越是如此，显得这位劳模越"二"。

这位没多少文化的理发师，本就是个普普通通的老好人，他无偿为街道里的老人剃头理发，已经寒暑不断地做了二十六载，他说这件小事他还会继续做下去，他诚心诚意地想为这个社会做一点事。他告诉我们的同学，他还学会了发照片，呼吁更多人来为社会做出奉献，这事本身的目的该是单纯的，但他确实害怕舆论和媒体的宣传。他在取得同学的信任后，主动用自己的摩托车送采访者到地铁站，一再嘱咐文章写好后，千万要给他看看。这一个小小细节，你看出了什么？

一位普通的理发师，葆有善良诚实的初心，并且在生活的重压之下，在喧嚣的世俗风气中，默默地坚守着。这种不忘初心的品质，正是千千万万小人物珍贵的特质。

真心希望我们的社会，应该给予每一微不足道的善行一点点真诚的信任与支持。

正如刘慈欣老师说过，质疑与彼此怀疑是一个文化毁灭的起始。这话当然是夸大了讲的，唯一不可磨灭的真理是：不信任是社会冰冷的始作俑者。

令人欣慰的是，还有无数不忘初心的好人在。

脚踏实地仰望星空

温家宝同志做总理时，与同济大学学生谈道："一个民族要有一些关注天空的人，他们才有希望；一个民族只是关心脚下的事情，那是没有未来的。"我们认为这话说得很精辟，但我们觉得把两方面联系在一起，还会有新的解读。

小人物脚踏实地，由于处于社会基层，他们在自己的岗位上默默地发光发热，既是为了自身的生存，也为社会进步付出了实际行动。

小人物同时又是带有理想主义色彩的，他们始终相信生活且热爱生活，拥有坚持向善的品质。他们坚守传统的思想行为，拥有个人独特的兴趣或追求。我们接触的采访对象，多是乐呵呵的面孔，没有那种故作的清高和卖弄的玄虚。

因为是小人物,他们必须脚踏实地,用实际行动解决生活和工作上的难题,空话大话救不了他们。对于普遍流行的重学术科研、轻教书育人的大学教育观念,陈琳老师用她的实际行动做出了反驳。她虽然年轻,但懂得教书育人的真正含义。她在思考怎么把枯燥的理论和鲜活的现实结合,给学生们上些什么课,怎么讲得有趣生动。

然而,支撑着陈琳实际行动的,是她对教师职业的热情和一份社会责任感,"注重培养学生的思维方式,拓宽学生的视野,增强他们的社会责任感"是陈琳老师的目标,是她所认为的上好"毛泽东思想和中国特色社会理论体系概论"这门课的意义。在陈琳老师的理解中,这门课是"有关中国人作为一个整体的群体价值选择及其实现途径的课程,也是关于中国主流意识形态和公共政策的普及课"。她对于自己的教师身份与责任有很清晰的认识,支持着她行动的,正是这份责任。她说"大学正是价值观形成的关键时期,鲜明的讨论能给大家提供更清晰的思路和宽广的视野,也有助于中国社会走出当前的价值观迷失"。

大学"青椒"陈琳老师显然不仅"关心脚下",更在"关注天空"了。

脚踏实地地仰望星空,也是坚守新闻理想的媒体人的缩影。

传统媒体的优势依然稳固存在,但稳固是建立在不断地创新上的。陆煌蕾同学所采访的上海报业集团,正是凭借信息渠道的优势和深度的分析,同时将传播形式向移动媒体转变,仍然是媒体业中的重要力量。在新媒体冲击下的传统媒体人,用实际行动站稳脚跟。而SMG的臧熹在交流中提到,用对于新闻真实性和权威性极为重视的态度,去拓宽电视行业的媒体渠道,加强与观众的互动。

无论是否奋斗在一线,媒体人都怀揣着新闻理想。"报道不是多而杂就好,应该推崇少而精。精确与深度是报纸等传统媒体的优势,不可放弃",这是他们的共识。提供优质的新闻、深度的解读,写出受众想看的东西,让读者自取所需。这些平凡的小人物,在全媒体时代的新闻理想是简单的:以真实为前提,赋予定制化与个性化。然而,正是这样看似简单平凡的新闻理想,传递着最朴素简单的力量。

可不可以这样认为,每一个优秀的小人物,都是脚踏实地的理想主义者。正是这样的特质,使他们有别于那些整天混迹于俗世的庸众。

载舟覆舟

普陀区房管系统曾有个叫徐虎的水电工,以"辛苦我一人,方便千万家"的服务精神,被评为"感动中国"的人物。现在徐虎是上海西部企业集团物业总监,撑起了一条大船。还有3次荣获全国劳模的李斌,原是上海电气液压气动有限公司液压泵厂数控操作工,现在成长为一位专家型杰出技能能手、新一代智能型工人的楷模,当选为上海市总工会副主席。在社会创新转型中,由小人物成为擎天巨柱的例子,不胜枚举。

怎么看呢?

小人物对于社会的推动作用是毋庸置疑的。小人物往往最先感受到时代的变革,他们用他们的实际行动构筑了一个时代,同样,也推动着一个时代。他们面对新事物的冲击,最先回应;小人物们的回应,在整个大环境之下看似微不足道,但每个小人物的变革力量,积累起来却能有质的飞跃。小人物形成的一种正能量,能不断地提升小人物自身的社会价值,也推动社会不断进步。

当然,我们肯定小人物的力量,肯定他们自身变革的力量。不过这样的肯定,是有条件的。小人物的力量诚然巨大,但倘若施加力量的方向或者方法错误,或许会是致命甚至是毁灭性的。无论是"小蚊蝇"亦或是声名显赫的"大老虎",贪腐蜕变既有其客观因素,更多的是其主观因素。

所以,在青年时代树立正确的价值观,对每一个人来说,都是极其重要的。

小人物由于生存艰难,对社会气候极其敏感,也极其需要全社会的悉心关爱。"蓝天下的关爱""红丝带"活动、救济流浪人、精准扶贫……必然会得到亿万民众的拥护。小人物们伸开双臂,拥抱这样和谐温暖的社会。

中华民族保家卫国、反抗外来侵略的历史,惊天地,泣鬼神,是血写的丰碑。一旦发生重大的自然灾难,千千万万小人物就像平静的大海,陡然涌起排天巨浪,汹涌澎湃,组织救援,志愿服务,捐赠爱心。2008年9月18日汶川大地震造成重大伤亡,损失惨重。全国人民携手抗灾,把灾难的影响降到最低。

只有真正地深入实地,踏踏实实地向小人物学习,才能体味到小人物的精神力量,从而提升自己的思想认识水平,认识到养成正确价值观的紧迫性和重要性。

例如,我们课题论文中概括的上海反恐警察忠诚而静默的品质,平时不显山不露水,到了关键时刻,却能爆发出克敌制胜的战斗力。通过社会实践,我们对此有了清醒认识。

平时默默无闻的小人物,不愧为抗击天灾人祸的钢铁长城,英雄好汉!

当然,官员腐败的严峻性,不能不使人想到唐代魏徵当年"载舟覆舟,所宜深慎"的警句。

3. 小人物生存的困惑

行业的集体困境

行业转型,是新时期无法避免的困惑。作为20世纪工业革命的基地,上海的制造业如纺织、船舶、钢铁、机械业等无可避免地受到巨大冲击,行业中的小人物,首当其冲。

现实无情,小人物在自己的岗位上奋斗和付出,无力扭转整个行业的困境。

比如,传统媒体行业受到内外冲击,正在面临新的洗牌。网络传播等新媒体对于用户阅读习惯甚至价值观的改变,极大冲击了原本生存环境就在不断被压缩的传统媒体。新闻传播方式途径的改变,尽管所谓形式上的创新,如传播形式向新媒体嫁接、推出移动客户端,甚至放下身段拼"八卦"拼"颜值"拼"娱乐至上",但能否在激烈的互联媒体时代,与技术和受众均占优的新媒体竞争? 站稳脚跟尚且不易,变革创新更是未知数。同时,其内部自身面对的挑战也不容小觑。

有人说,马克思主义不是革命家的专利,马克思主义诞生于工匠之中。这话可能有点道理。世界是人类的手创造的,科学离不开工匠的双手。但目前就上海而言,2015 年高中录取率高达 98%,谁愿意把孩子送去当一个工匠呢? 比如,钳工。

钳工这个角色是一个既需要专业技术,劳动量又较大的工作。在互联网时代,人们大都追求一种高能低耗、高科技、低劳动力的工作,因此 IT、金融等行业呈火爆状态。对于像胡双钱这样的钳工,一干几十年,生活却艰难。试想如果没有获得全国劳模,如果没有央视《大国工匠》这样类似的节目,那么,以胡双钱为代表的靠手艺靠长期积累的劳动技术为社会默默奉献的人,是很难被我们大众熟知的。不仅仅是胡双钱,他所代表的技术工人,都有着高劳动力、低收入的特征。而在互联网时代,我们不是不需要人工。完全依赖机器,在一段时间里是不可能实现的。钳工这一类的角色,在中国近阶段的发展中,是不可或缺的。而当下年轻人确实有些苦不愿意吃,也吃不了苦。比起上一代,我们这一辈的经历的确少许多,所以导致了对苦难的承受力相对较低,以至这个行业缺少接班人,缺少能将手艺继承下去的人。

有了 3D 打印,有了无人机,有了机器人,还要不要钳工、电焊工、模具工、瓦工、木工……呢? 谁去学呢? 谁去做呢?

这难道不是行业的集体困境吗?

外界压力的捆绑

默默无闻时的小人物所受的压力,大多来自行业的困境、工作压力和生活负担。"养在深闺人未识",难自弃说不上,但也图个清静。一旦获奖获赏,媒体曝光,为人所知,日子就不那么好过了。

他们面对的外界压力,比一般想象的复杂得多。首先,社会聚光式的关注,打乱了小人物的原有生活节奏,让他们手足无措。表彰劳模,本质上是对在岗位上付出的小人物的肯定和关怀,然而不合时宜的过度宣传,乃至于炒作,扭曲了小人物的原型,扰乱了他们原本的生活。捆绑和强加的光辉是小人物不应背负的。人们总是热衷于"造神",小人物的可贵,在于他们平凡中闪光的真实人性,而不是被强加的光环塑造成一座大爱无私的伟岸雕像去供人瞻仰。

人无完人,人性的光芒是因为真实而动人的。过度的渲染违背了表彰的初衷,小人物的生活也被无奈捆绑住。同时,错误的过度渲染,不仅无法挖掘出小人物真正的特质,也使人们对小人物产生了误解。变了味的过度消费,让人们产生疲劳,更产生怀疑,进而否定,形式化的宣传起到相反的效果。

小人物是平凡的,他们原本是默默无闻的,是许多人的缩影,人们本该很容易地从他们身上找到共鸣。小人物原本有自己的生活,却被舆论捆绑,面对失去自己本真并被"无形的隔膜"阻碍的困境。

人们是真的不愿意去接受这个社会好的一面,还是只是不甘心有人比自己优越呢？总有人质疑劳模的奉献精神,当"罪魁祸首"——夸张的媒体浮现出来时,人们才会意识到,劳模真的有比自己更加出色感人的地方。但这过程中,有多少劳模要承担巨大的压力,背负众人的期许,或是坚定地面对怀疑鄙夷的失去社会信任感的人群。

猜忌多了,做好事的人就愈来愈少了。

以劳模殷仁俊为例,身为个体经营户,他的生活不受保障,却仍然坚持 26 年每月一天理发不收费的善举。殷仁俊之为劳模,名副其实。小人物的"小"我们必须看到,我们要体谅这些艰难生活在社会基层的人。一遍又一遍相同的赞美之词,其实也是他们心上的枷锁。这份赞美与荣誉束缚着他们,他们本身愿去奉献。但到头来,初心的热是否会因此冷却,却是一个值得去反思的问题。

我们认为外界压力对小人物的捆绑,在于此。

大环境下的价值观迷失

当下的中国,面临着艰难转型时期。"价值观迷失"是大学"青椒"陈琳老师在接受访谈时谈到的一个问题。公众对于群体价值选择及其实现途径,对于公共政策和中国主流意识形态的了解,缺失了认知的动力。这不仅仅是处在价值观形成关键时期的大学生的迷茫,也是整个社会的迷茫。固然"追溯传统"已然回归主流视野,但传统文化的精神价值,从口号和物化的宣传中回归到日常生活,回归到公众的言行上,还很遥远。

媒体从业人员,毫无疑问是各大行业中最为忙碌的一员。他们在关于媒体行业的调查中对于这样的问题感触最深刻：

（1）良心——可否依然保留：他们要去挖掘很多丑闻绯闻、负面社会新闻，只为了满足社会人群的好奇心，这实在是有悖于很多从事新闻媒体人员的初心：他们想要真实真诚地用良知来把人们不曾知晓的事情诉说出来，而不是为了哗众取宠。

（2）竞争——良性还是恶性：媒体正处在纸质、电视、网络三大产业的交锋重区，那些我们看上去光鲜亮丽的主持人，实际上都面临着事业的压力。在这个激进发展的社会里，谁又不是在努力地争取呢？竞争是有负面性的，有些媒体对于民间各种新闻绞尽脑汁、费尽心思地挖掘，不顾及当事人、受害者、群众的感受，这其实已然在给媒体这个行业的职业道德素质抹黑了。

（3）挣扎——社会之不可言说究竟可不可说：之所以提媒体人的困惑，因为他们中的有些困惑，其实也是对社会十分关心的理智群众的困惑，他们也将视线聚焦在小人物身上，有着和我们同样的疑惑。

但就像著名女记者柴静在《看见》里提到的那样："它们没有被呈现，这是一个新闻媒体的'政治正确'。我们叙述了一个事情的框架，但只是个简陋的框架，以保护大众能够理解和接受这个'真相'。"

现在很多事情也在逐渐被曝光，贪官污吏、黑心厂家、变质食品等，从带有娱乐性质的小说到国家的反腐、扫黄打黑等政策一一呈现，我们确定媒体已经在起着前所未有的巨大作用。但同时媒体也在想，撇去政治因素，有些说多了的话，对民众是不是不好。因为一半的真相带来的误导性比不说还要严重。

在无法保证对民众完全开诚布公之时，媒体也只能选择把能说的真话都说出来。他们的内心依然在做着"说"与"不说"的挣扎。

加重的个人生活负荷

小人物的工作是平凡的，他们大多生活在这个庞大社会结构的最底层，生计是他们始终脱不去的烦恼，即使是看似光鲜的职业，也离不开经济烦恼。

像陈琳老师这样的"青椒"，在中国大学里有很多。在大学工作，听上去是光鲜的、稳定的。然青年讲师的工作压力大、工资低，导致了许多优秀的年轻教师"出走"，他们夹在教授和学生的间缝中，不受足够的重视，生活负担又重。

许多新闻记者、编辑、策划、主创还有更下层的校对、印刷工等，都是一个个连成线的点，他们串起了媒体行业的黄金时代。但为了新闻理想，他们也背负着巨大的生活负担，尤其是底层记者所承担的工作压力和生活压力。

对于钳工这类工人而言，工资收入低是他们最明显的弱势，靠手艺吃饭，每天的工作都和钢板螺丝刀在一起,和坐在办公室里吹吹空调相比,的确是辛苦了不少。同样的状况也发生在居委会的工作人员当中,他们的生活是比较艰苦的。从报告中,我们可以看出,首先薪资不够高,导致一些有志青年望而却步。在报告中,我们了解到,他们工资属于上海市的中低水平,随着消费水平的上升,难免囊中羞涩。另外,他们的工作是比较繁复的。相对于一般白领来说,他们每天除了要对着电脑处理数据,还要走访孤寡老人送去来自居委会的关爱。最后,作为一个小区的"管理层",很多应得的权利没有获得,也有很多本不属于他们职权范围内的事情送上门,影响了工作效率,也给别人带去了不必要的麻烦。

总结下来,职权不明确,薪资不对称。这会一定程度上浇灭年轻人的热情,减少一代又一代年轻人能够给这里带来的热情与新鲜。能够坚守在这个位置上的人,都是能吃得起苦的人。

放眼全社会,这些人其实是一个小缩影。他们在自己的岗位上,默默无闻地做这些工作,不被人关注,薪资相对较低,做的事情也是很多人都不愿意做甚至有些抵触去做的事情。这些小人物承受的,不仅仅是养家糊口的压力,随之而来的是这份职业带给他们的责任感。就像胡双钱师傅希望有人能够继承他的所做,中国大飞机的制造不能没有钳工,不能没有精密部件的人工操作。就像居委会的"60后""70后",他们希望有人能够上手,能够尽自己可能,提高居民的生活质量。但是现实却让他们无奈,这些事情自身的苦自身的累,还有来自经济上的无奈,让他们进退两难。

小人物日益加重的个人生活负荷,应该引起全社会的关注。

4. "学有榜样"的意义

"追求卓越"不可忽视的内涵

华师大二附中是一所秉持"追求卓越"教育理念的名校。立在校园里的"卓然独立,越而胜己"的石碑,诠释了"追求卓越"的内涵,成为师生的精神追求。

"卓然独立,越而胜己",涵盖了"追求卓越"内涵的全部吗?

我们社会里,有许许多多的人,特别是千千万万社会基层的小人物,难以"胜己",更难以"独立","追求卓越"对芸芸众生来说,无疑是一句空话。就是自诩精英的二附中的毕业生,也有很多普普通通的"工薪阶层",发财致富的、出人头地的,也在少数,跻身国家民族杰出人才的,目前还没有。

我们是热爱学校的一群,请不要怀疑。我们是思考的一群,请不要误读。

我们可能从未想到认认真真地做一个社区医生有多少无奈;我们可能从未想到镜

头下的主播不是动动嘴皮子就行了,他们也承受着相当大的压力;我们可能从未想到做一个小小的零件比我们日夜思考数学题还需要花费心思……是的,我们忽略的、瞧不上眼的、以为轻松的职业,却被一群普普通通的小人物,认认真真演绎成别致的样子。我们惊奇,我们敬佩,我们赞叹,但我们从来没想到过成为他们中的一员,他们的社会角色离"追求卓越"似乎遥远。

我们确实更要努力去学习,这样的"从未想到"已是一种很好的学习。向小人物学习,我们学到的不仅仅是刚才所提到的那些重要的品质与态度,做这个课题的过程也是一种学习。

我们学会走进社会基层,与不同的小人物相处,学会为各种问题主动寻找答案。我们通过这个课题的机会接触着这个社会,看到了一个个小人物的矛盾与坚守。我们看到了个体的不易与体制上的一些问题。这个课题给我们打开了一扇窗,让我们对社会有了更加深入的思考,让我们对"追求卓越"的理念有了更全面的解读。或许,通过这个课题实践,我们成长了,获得了一份珍贵的成人礼。

谨以此向"追求卓越"的校训致敬。

脚踏实地,眼睛向下

为什么要向小人物学习?因为我们也觉得自己极其渺小。

这个世界很大,不乏卓越的大人物。但是那些平凡的普通人,他们才更接近于我们的生活,每一个人都能从他们身上找到点滴缩影。有人说"不想成为元帅的士兵不是好士兵",每个人都想成为不平凡的人,但是最终,人们必须连成一片,成为丰厚的土壤,才能培育出天才。

种庄稼,要靠丰壤;育人,也是同理。

其实"向小人物"学习的思想,从古至今始终植根于中华文明。儒家文化中的"三人行,必有我师""择其善者而从之"就体现了这一点。然而在现今这个权、名、利糅杂的时代,对于"成名"的趋之若鹜,一度让青少年的成功哲学受到一定的影响,而失之偏颇。

习总书记发出了"扣好人生第一粒扣子"这一精神指引,为我们中学生世界观的塑造描绘了阔远的蓝图。

对于中学生来说,这一时期对自我的职业规划和人格定位是至关重要的。那么,怎样的定位是最适宜的呢,又该向谁借鉴呢?在信息泛滥的时代,各行各业的名人、各式各样的成功哲学充斥着中学生的认知。确实,这个时代需要大人物,但每一个大师背后都有着不可或缺的小人物的助力。向小人物学习,无疑是以基层的辛苦不易,向中学生阐释了高楼广厦亦需一砖一瓦垒砌而成的道理。人人都想出人头地,做一个屈指可数的大人物,这无可厚非。但只有体悟了小人物孜孜不倦的真谛,也许才能高人一等。向小人物学习,给予充满优越感的我们一次认清自己的机会,学会戒骄戒躁,学会做一个普普通通的人,学好这一门重要的人生之课。

当你真正走近小人物后,你或许会对眼前的真实有些措手不及。小人物就是小人物,未经包装,不加粉饰,完完整整,本本真真,他的灵魂赤裸裸地展现在你面前。看惯了那些大人物的华丽外表,我们似乎开始对人性完满的假象司空见惯,殊不知,到底人无完人。最初接触他们,我们有点鄙夷那些弱小的灵魂,甚而漠视他们灵魂中最本真的灿烂。一开始的拒绝是这个时代蛊惑的遗毒,但再走近一点,你会发现小人物身上的弱点何尝不是他们真实的证明,有着不完美的可爱。向小人物学习便是一个学会拣择的过程——取其精华,去其糟粕。借此,认识并认可人性的亮点,并以此为参照,逐步纠正和修改自身的不足。

借由向小人物学习的契机,我们可以重新审视周遭的平凡的世界,大概可以学会发现其中更多的精彩。我们无法选择我们的出身——也许我们只是一个平凡人;但我们却可以选择用怎样的姿态面对世界——至少不做一个碌碌无为的庸人。即便我是一个小人物,却也要做一个举足轻重的小人物;即便我终是生活的配角,也要演绎到十分。这是一种跋涉在平凡人生路上的准则,也是小人物从平凡走向不凡的捷径。

当代中学生,以"浮躁、不踏实"闻名,说到底,就是手高眼低,比起务实更喜欢痴人说梦,当然这话是过了。父母、学校的期许与压力让我们腾不出时间和精力来仔仔细细观察分析这个包裹自己的庞大社会,对于中学生而言,我们习惯仰望,我们习惯了畅想遥远的未来。社会上充斥的浮躁,使得中学生也习惯了畅想些大人物式的成功。这个阶段的青少年是热血澎湃充满理想的,但也缺乏了冷静清晰的自省,缺乏对真实生活的认识,更不要提还身处浮躁的社会环境。

但正如在先前定义中提到的,社会的价值观反映在我们中学生的思想状态上,大人要求我们都成为坐拥财富、权力以及名誉、地位的"大人物",小孩如同"家奴",也只能被牵着赶着哄着朝着这个目标目不斜视地进发。

中学生鲜有时间关注时事,更别说采访各个行业的人士。有些人以大人物的偏见势利眼来鄙夷小人物,嘴上说着对这些小人物的敬佩之辞,在现实生活中却依旧茫然,不知道具体应该从什么角度去学习。

你也许会说,我现在的任务是读书,这时候无法效仿这些小人物们啊。

实际上,向小人物学习,并不是要具体地把那些精神力量立马表现在大事情上,而是要在日常中默默地将我们这一代已经逐渐缺失的美德——地从同学们的心底唤醒。向平凡的小人物学习,正是从他们身上认识真正的生活,认识到普通人真实可贵的平凡魅力,从而正视自己的生活和未来,去塑造自己的世界观。

王佳军老先生曾经经历过历史上不少的黑暗时期,但他依然保持着对这个社会的信心。在优越环境里生长大的这一代中学生,无法体会到生活的真正的艰辛痛苦,所以他们不会对这个和平美好衣食无忧的时代表示感激。他们总是希望别人都能无条件相信自己,自己却不肯做出改变的第一步,这是值得反省的。

不做在精神上被隔离的一代,向小人物学习,就是要戳破这一层隔膜,重新感受到社会集体的应有的力量与热量,汲取人民大众身上无穷无尽的正能量。

现在很多的年轻人,看不起这个,看不起那个,最后落得甘做"宅男",每日守在家中,抱怨社会的不公平。我们看到的小人物们,他们安守于自己岗位,正如受访人所表现出的共同的特质,这是很值得我们借鉴的。作为中学生,专注,真的可以带给我们很多。当我们拥有了专注,会有更多的精力放在所做的事上,自然会收获更好的结果。另外,他们对于自己所做的事是热爱的,同时,他们在自己所做的事情中,也有对现状的接受,这反映的是一种内心的安宁。诚然这是需要修炼的。这种内心的安宁能让生活中的艰难软化,不会让人困于牛角尖。在我们自己日常生活中,我们也需要这样的心态,一种直视的态度。与此同时,把目光放远,并不意味着不看重,这意味着关注每件事的过程,努力追求最好的结果,对每件事都全心全意,但是如果结果不好,没有达到期望,也不气馁,而对当前的事情,保持满意。

班集体、校集体、社会群体,我们一步步迈出去,才能逐渐看到一个完整的世界。

学习媒体人的追寻真相的真诚,学习老党员的乐观无私,学习理发师的坚定不移,那些只是我们学习的第一步。当我们真正迈入社会,看到无数的小人物时,从他们每个人的身上,我们都能找到让自己自信自强的理由或者反省改进的契机。

现今的中学生的认知观,一定程度上影响了未来中国社会的价值取向。对我们身边的小人物,只有正视、珍视、仰视,才有可能在社会进程中继续发挥他们的力量。他们在自己的岗位上兢兢业业一辈子,不图飞黄腾达,不求光耀门楣,但他们也需要社会的声音来肯定他们的努力,使他们不心寒。也只有让这群小人物被认可,受尊重,才能使中国社会从整体上提高幸福指数,稳健发展。毛泽东青年时代"粪土当年万户侯"的词句,既表达了气吞天下的英雄豪情,更是向普天下的小人物致敬。彪炳千载的中华民族的奋斗史文明史,是由无数小人物写就的。谁说小人物不是大英雄,不是大大的英雄?

正是小人物身上那些可贵的品质，被真实地传达到了每一个中学生心中，才能真正震撼我们的灵魂，影响我们，帮助我们树立正确的价值观。

我们喜欢听王佳军老先生对我们说的一句话："当你们努力做小人物时，你们就会成为大人物了。"

但愿如此！

远离喧嚣，力戒功利

小人物群体的生存状态，真实地反映社会进步的现状。

在贫富差距渐渐拉大的社会里，小人物由于不掌控资源包括自然资源和人际资源，往往是社会的弱者。

各国有远见的学者和社会人士对社会弱势群体，有着极其精辟的阐述。哈佛大学约翰·罗尔斯教授在其《正义论》一书中提出的"平等自由原则"和"公平机会原则"，其实质是指社会财富的第二次分配，应该"向弱者倾斜"。

习近平总书记在广泛深入的实地考察基础上，鲜明地提出要做到"精准扶贫"，体现出中国政府面对社会难题的担当精神，必将深刻地改变中国的社会结构。

小人物中的模范人物，是这个群体的代表。在我们的社会中，小人物群体基本上可以说是人数最为庞大的群体了，社会发展需要这一批人。我们每个人不可能都是社会的精英，不可能每个人都成为扎克伯格。而社会对待小人物，其现状是不容乐观的。人们总会看到那些比较厉害的人，这就造成了小人物不重要、小人物不被关注的现象。我们也应该理解，我们每个人都是小人物（至少在现在这个年龄层次而言）。而现在所提倡的精英教育，出发点是好的，是希望能在小人物中找到他们的发光点。或许能在看似普通的人中，找到能够成为大人物的人，充分发掘他们的能力。但是一旦超过了一个度，就会导致现在人们对于小人物的轻视。人们都争做大人物，赚大钱，所有人都希望成为精英。但是现实很残酷。做一个小人物，做一个过好自己小家的人又何尝不是一件快乐的事呢？畸形的精英教育，使一些人失去本应该属于他们的东西。在过分追求成为精英过程中，失去了小人物的心态——一种处于低处仍然积极生活、创造生活的心态。作为小人物，能够发现自己的伟大，过好自己的生活，本身就是一种不凡。

向小人物学习，是对当今急功近利社会风气的反思。当所有人都想着如何成为大人物的时候，我们难道不应该向那些"逆行者"致敬吗？有这样一群人，他们是小人物，他们甘于做小人物，他们不奢望多么高高在上的存在，他们兢兢业业，他们乐得其所，他们只想做好自己的分内事。他们无暇炫耀，他们普通平凡，他们身上那份坦然、淡然、泰然的风范，正是现今高速发展的社会所欠缺而亟求的——"你若盛开，蝴蝶自来；

你若精彩,天自安排"。

生者常伴枷锁,小人物,往往是被"小"字给束缚住的,他们没有权力,没有财富,没有名下的企业资产,也没有多少社会影响力。应该说国家给予所有的小人物以相等的话语权,但不知道这些话语权,究竟给小人物们带来了多少收益。撇去造势的不良影响,可以说,构建一个适宜小人物表演的平台,对社会有着积极意义。

小人物们远离喧嚣、力戒功利的群体特质,远远未被社会认识。

我们中的很少人,会关心这些文化层次比自己低或者志向与我们相悖的人,这与现行的教育体制有着直接的联系。

现行教育体制标榜素质教育,其实注重科学素质的培养。尽管当前没有什么明显的缺漏,但实际上这种忽视也经由考试制度传达下来。学生都想出人头地,这种想当大人物就必须好好学习考出个好成绩的宣誓词比任何东西都有号召力,国家本身对精英的选拔就是为了在众多的小人物中找出最恰当的那一些。但人们都忽略了一点,这些精英所奋斗的目标就是为了更广大的小人物能够一同做更好的小人物。

从小人物这个概念,可以推广到平凡人。相比于小人物,平凡人才是这个社会团体的最大多数。就以胡双钱师傅为例,当他被记录在了《大国工匠》中,当他被授予了"全国劳模"这称号以后,相对于其他人,相对于他的工作伙伴来说,他已经是不平凡的了。而平凡人怎样追求自己的梦想,怎样追求自己的人生价值? 其实也是相似的。平凡的人,也许需要我们更多的关注,在平凡的人身上,也有值得我们学习的地方。我们的身边会出现很多大神,也会出现很多普普通通兢兢业业的人,他们都是平凡的但又是不平庸的。他们的不平庸在于他们的不服输、他们的坚持、他们对事业认真的态度。放眼看看我们的家庭中,父母都是平凡的,却辛辛苦苦经营一个小家,努力让家庭中的每个人都过得幸福,这也是他们的不平庸。小人物,平凡人,就在我们身边,而他们同样是不平凡的,同样是我们心目中真正的大人物。

5. 课题实践中的困惑

晨晖党章学习社团坚持课题引领社会实践,在创新型"育苗"模式的探索中,坚持实验了数十年,形成了一整套可供深入研讨的可操作课程,得到了领导和有关教育行政部门的鼓励和认可。学生社会实践已经引起了有关部门的重视,并被列入了学生综合素质考察范畴。但实际上学生社会实践并没有落到实处,基本处于无规划、无指导、无评价的自由随意的混乱状态。为了应付填表,找关系敲图章写假证明的现象,在一些家长和学生中非常普遍。我们对此既无奈,又愤慨。

社会实践是一项需要身体力行付出艰辛努力的工作,我们在探访小人物的过程中,对此有很深切的体会。

亲身去了解所谓小人物的工作生活,实际上是亲身体验三百六十行光鲜表面下的困难,然后再去思考我们能够做些什么,需要哪些改变,需要怎样的包容和理解。

调查采访的过程中,我们遇到过许许多多的困难,有客观因素的障碍,也有主观上的困惑。学习"扣扣子"不是一件容易的事,甚至有时会被视作"另类",因为校园里套"T恤"的同龄人越来越多。

"隧道"通行之难

要见到这些劳模小人物不是那么方便的,即使是联系采访,也是一波三折。比如联系大国工匠胡双钱的时候,就需要得到商飞公司一层又一层的批准;在进行对媒体行业的采访时,又会发生原本采访对象由于事务过于繁忙,而不得不临时更换采访对象的情况。不少人对于自己的课题进行了一次又一次的修改,一次又一次去访谈。由于整个采访过程都在暑假进行,顶着酷暑在这个城市到处奔波,本身就是一件十分不易的事情。此外独自进行联系、走访也是对我们独立处事能力的一次考验。我们在寻找答案的路上,碰到形形色色的墙,有时就好像在"隧道"里前行。比如没办法联系到本人、本人不配合采访等情况,甚至有女生遇到过骗子……幸而指导老师及时提醒,才避免了大的损失。

除了这些客观的"隧道"之外,我们遇到更多的是主观的"隧道"……心理上的矛盾与纠结。我们困惑劳模称号是否名副其实。有的劳模接受过很多记者的采访,说出来的话都是反复准备过的,而且有非常牵强的"根正苗红"的说辞,这些是心里话吗?我们把这理解为,由于得到了劳模的称号而产生的非常淳朴的报答心理,因为面对媒体害怕说错话而产生的自我保护的行为。这样的情况几乎在每个人的采访过程中都遇到过。我们反复思考这些劳模到底与同一行业的其他从业者,有着怎样的不同之处。我们好奇他们在成为模范之后,又是否改变了初心。最突出的是在对全国劳模——理发师殷仁俊的采访中,我们对他因何成为劳模,为何又到处在宣扬他的劳模行为产生了思考。这些思考随着课题的展开而逐步深入。"向小人物学习",并不仅仅指的是要学习我们所看到的一些小人物的优秀品质,整个社会实践的过程本身也是一种学习,一种思考,可能有一种巨大的能量吸引着我们,引导我们穿过条条崎岖的"隧道"去思考现实,思考未来,这对我们而言有着非常重要的价值。

"T恤"越来越多

目前,体现教育公平性的国家行为就是推行考试改革。高考改革、学业水平考试改革、自主招生改革……千条线,万条线,都落在学生的肩头上,高中学生更是首当其冲。刷题刷题刷题刷题,吃喝拉尿倒是其次了。"T恤"一套就是几天,换洗都来不及,"扣扣子"的自然不多了。

更不要提有些校外围墙贴满光荣榜、大头照,校内挂满标语鼓吹"誓师歃血战高考"等光怪陆离的现象,中学德育的空间被挤压逼仄,境况不容小觑!

还有,现在到处大办国际部、国际班、国际课程等,出国留学的高中初中学生逐年递增,放眼望去,扎克伯格的粉丝一团团,"套T恤"的多了,谁还学"扣扣子"呢?

所以,在中学德育工作受到强烈冲击的今天,坚持正确引领,树立榜样标杆,是必要的。

二附中坚持德育为先,老师们极其重视学生党建工作,学校党委多年来形成了一整套严谨而务实的工作程序,为发现和培育青年马克思主义者做了积极的探索,取得了丰硕成果,发展了一批质量过硬的学生党员,产生了很好的社会效果。如现任上海音乐学院党委书记林再勇教授,是二附中当年培养的第一位学生党员。如预备党员邵子剑考入北京大学后,不仅学业优异,还坚持志愿者服务,在完成新疆支教一年的光荣任务以后,又申请到西藏支教,自觉到艰苦环境中磨砺。晨晖党章学习社团十几年来坚持学习实践,作为学生党建工作"育苗"园地,成为很多同学的向往之地。

2015年以来,晨晖社有近十位同学递交入党申请书,学校党委按照程序审查,确定入党积极分子,指定党员老师担当联系人,定期组织谈话,严肃认真地加以培养考察,为大学党组织继续培养考察做好衔接工作。这些做法得到了师生一致称赞。有老师说:"现在坚持在晨晖的同学,个个是真金白银。"

我们认为,高中是"育人"的重要阶段,引导学生树立正确的人生观价值观,必须守得住阵地,拉得起队伍,让学习"扣好人生第一粒扣子"成为每一位高中学生的自觉行为。

6. 榜样就在身边

2016届晨晖社会实践课题将眼光投向社会的各个方面,通过走访在生产第一线的劳动者,获取了第一手的体验。我们深切地体会到习近平总书记所说的"要扣好人生第一粒扣子"的现实意义,就是端正做人品质,树立正确的价值观,为实现中华民族"中国梦"努力奋斗。在这个意义上,奋斗在社会基层的小人物是我们最好的老师,榜样就在我们身边。

课题共提交了八份子报告,每一份调查报告都真实地反映了一个光彩夺目而又个性鲜明的模范小人物形象,每一个人物又有着独特的品质特点,强烈地感染着我们这些青年学生。

如坚守制造国产大飞机的梦想,用一双手做出现代技术无法替代的工艺,钳工胡双钱的朴实执着、精益求精的"大国工匠"精神,堪称时代精神! 刘张奕同学在深刻理解胡师傅追求的同时,也更加明确了自己的社会担当。

以印海蓉为代表的上海一代媒体人,淡泊名利,辛勤工作,孜孜追求新闻理想,葆有职业的纯洁,屏幕上光鲜照人,生活中朴实无华,陆煌蕾同学立志要成为这样的媒体新兵。

晨晖请陈琳老师来校开了一节课,题目是"《共产党宣言》有保鲜期吗",陈琳生动的表达演绎了深邃的哲理,让蒋韵哲同学大开眼界——原来马克思主义思想课可以这么上,《共产党宣言》离我们这么近!

董门杰实地考察宝山区高镜新村居委会的"小巷总理"们,才切实感受到基层工作的繁琐和艰辛,并由此激发他从事社会工作的愿望。2016年自主招生开始后,他第一志愿报了中国人民大学哲学政治学专业,立志做一个让基层能有所改变的小人物。

吴越同学经过较长时间的接触,对老党员王佳军几十年如一日甘做志愿者的初衷产生共鸣,对这位普通的老志愿者产生了崇高的敬意。

而斜土路街道社区医院朱兰医生平凡而折射医疗体制改革新曙光的工作,使朱佳雯同学在医患矛盾突出、儿科医生急缺的当下,毅然决定报考医学院,做一名服务大众的儿科医生。

刘一林、张婧怡同学的课题报告概括出上海反恐警察"忠诚而静默的卫士"的品质定位,可以说是目前理论界尚未触及的观点,具有深入探究的积极意义。我们相信这一提法,会得到战斗在第一线的反恐警察的赞同。

走访私营理发师殷仁俊的赵海俊同学,以前自诩"比较崇尚个人独立,算是一个不完全的个人主义者",全国劳模殷仁俊的事迹确实触动了她,她在课题报告中总结说:"向小人物的学习,绝不是一个课题就足够的。在如今精英教育的浪潮之下,小人物这样一个似乎有些特殊的群体,有着太多内容值得我们去学习思考。"

榜样就在身边,只要你愿意去学。

7. 向小人物学习,必须是接地气的

先回到大人物,大人物是什么样的人? 他只是一个为了让更多的小人物能过得更好的另一个小人物罢了。人生来,无大小,全凭奉献有多少。人们之所以觉得小人物"大",只是因为他站得很高罢了。

引用一句臧克家的诗：

> 他活着为了多数人更好地活的人，
>
> 群众把他抬举得很高，很高。

大人物来自小人物也必将作用于小人物，从这个意义上来讲每个人都注定是小人物。之前看到知乎上有人问"你有没有想过，你可能一辈子都是一个小人物"，感触颇多。有一个回答令人印象深刻："人生还有很长，我最想知道的不是自己未来的样子，因为我从来不怀疑自己未来的样子，我每天都在向那个方向努力。虽然我不能改变世界，但是我也不能让世界改变我，心神安宁，守中如一。"

诚然小人物也有他们自己的困境。单凭理想能够坚守在自己的岗位上吗？医生、记者、警察、教师……这些职业在人们眼中自带光环，带有庄重的神圣感，他们要有责任与自觉；还有胡双钱那样的劳模、基层社区医生……但是，难道投入一个行业能够仅凭自己的理想和奉献精神吗？他们始终是平凡的小人物，热血理想与奉献是高尚的，可是这个社会让他们只能用自己的理想与奉献去支撑自己的工作，这是可悲的。奉献不是理所当然的，当我们赞美他们，发自内心地敬佩他们，从这些平凡的小人物汲取正能量、汲取真善美的时候，我们仍然是在获得，是在索取。我们面对他们的困境，却无力改变，甚至想不到去改变，去做些什么。

小人物的困境，究竟是谁的困境？

但即使有困境，这些小人物也依然在努力改变，他们没有迷失在困境之中，抛开客观因素而谈，小人物们用他们的行动诠释着坚守的内涵，他们的品质依然动人，他们有着许多值得学习之处。

然而我们要以何种方式去向小人物学习？实地访谈了解的实践式学习从晨晖社成员的收获来看是成功的。然而，对于大多数人而言，从别人的采访、报道和宣传中了解仍然是最主要的方式。当下的劳模式宣传和过度渲染乃至"造神"，都极大地激起了人们的反感。

向小人物学习，必须是接地气的，人们对于虚假的崇高是有免疫的。小人物的可贵，在于真实，他们也有缺点，而不是圣人，因为他们是鲜活的人，有血有肉。我们必须要挖掘出最真实动人的那一部分，才能打动人心。

对华师大二附中的学生们而言，这样一个课题多少有些突兀。学校的校训是追求卓越，自入学起我们就接受着精英教育的熏陶。向小人物学习似乎与我们如今所接受的教育是矛盾的。但其实这样一个课题并不是要否定所谓的精英教育，而是给如今浮躁的社会带来些思考，所谓的大人物值得学习，但不论是想成为大人物还是普普通通却能活出人生价值的小人物都首先要学会做好一个小人物。

尽管我们的社会实践由于种种原因,显得粗疏简单不完美,我们的看法也不一定成熟,但我们在认真地做着。整个课题带来的收获颇多,我们从中体会到成长的快乐和辛酸。这个暑假是值得纪念的,我们真实地接触到社会的基层,为未来踏上社会做好了准备。

当然,由于课题在忙碌的高三生活期间进行,难免有些仓促,特别是我们缺少了不少抽样调查的环节而代之以访谈。对于不少问题的思考也因为阅历的不足而多少有些不够深入。对于课题中的一些问题,欢迎大家提出批评并指正。

我们呼吁向小人物学习,你在学习别人的同时,别人也在学习你。在这个彼此学习的社会里,人类才能朝前发展,当精神与物质达到高度的统一时,没有人是渺小的,因为"人"这个字,可以大写。

《向小人物学习》社会实践课题子报告选录

【子报告1】：互联网时代下坚守的那双手——大国工匠胡双钱访谈（节选）

高三（2）刘张奕

人物简介：

胡双钱，中国商飞上海飞机制造有限公司数控机加车间钳工组组长，"德耀中华·第五届全国道德模范"候选人。曾荣获全国劳动模范称号，全国"五一"劳动奖章、上海市质量金奖获得者。在三十年的航空技术制造工作中，他经手的零件上千万，没有出过一次质量差错。

前期调查

在我进行采访之前，我在网上发布了一个简答的问卷调查，从而了解普通人对于大飞机、对于钳工的认知度。问卷共设计7道题，收到有效问卷34份。

1.1　关于国产大飞机与钳工的了解

对于国产大飞机项目，你了解多少？

- 只知道有这件事
- 清楚背后的意义但不了解项目的详情
- 清楚大飞机项目的具体内容
- 完全不了解

在前期的调查中，关于对于国产大飞机的了解度的问题中，大部分的人选择了"完全不了解"和"只知道有这件事"，很明显，对于国产大飞机这一项目，人们普遍是不了解的，只有少数人清楚大飞机项目的内容与意义。当然这一结果反映出来的问题是多方面的，但是很明显，如此低的了解度下，这其中默默无闻的钳工显然是更不被了解的。这在下一个问题中有所体现。

对于飞机制造这样的尖端制造业，

您觉得其中会不会还有手工制造的一些流程？

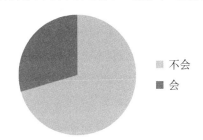

不会
会

在关于飞机制造业中这样的手工制造的环节，较大比例的受访者不认为手工制造会出现在飞机制造业之中，这点胡双钱师傅也是承认的（见采访实录）。由于飞机制造业属于尖端制造业了，在互联网时代的影响之下，人们普遍认为，越是尖端的行业，其自动化程度就越高。这样的认识确实没有错，但是这并不意味着手工制造可以被电脑与数字化机床取代。

您觉得是什么原因阻碍了人们对于这样的岗位的认识？

整个项目属于尖端科技，这样的岗位与之有所不符

目前缺乏广泛的社会宣传与影响

岗位看似低端导致人们认识有些片面

其他

从这样的两个问题中，我们看到了目前钳工，特别是飞机制造业中的钳工在人们心中的认知度是比较低的，这或许会是钳工发展的隐忧。

其实即使是这样的尖端科技，目前有些部件仍需要手工打造，

您觉得"手工"与"互联网时代"之间是否矛盾？

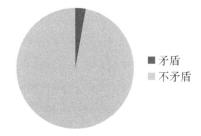

矛盾
不矛盾

您觉得互联网对于这样的岗位是否能带动创新?

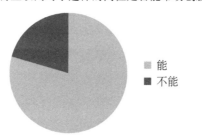

■ 能
■ 不能

那么究竟是什么原因造成了如此低的认知度呢?受访者普遍认为缺乏广泛的社会宣传与正面的影响是主要的原因。这与如今的职业教育体制与互联网的冲击都有关系。

1.2 钳工与互联网的关系

您觉得互联网能否起到正面的宣传作用,从而推动这样的岗位与技术的进步?

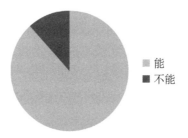

■ 能
■ 不能

在传统意义上,钳工是一项较为传统的工种,与如今互联网时代有些格格不入,那么事实真的是这样吗?

于是在调查中,我还重点了解了互联网与钳工的关系。在钳工的"手工"是否与"互联网"概念矛盾的问题上,多数人选择了"不矛盾",也许是受到了之前问题的引导,受访者在初步知道了这样的岗位之后,大部分人还是认为互联网时代下钳工有存在的必要性。这样的结果应该说是一个比较令人欣慰的结果。

在接下来的问题中,我又询问了互联网会对这样的岗位的影响。在正面的影响之中,很多人认为互联网能够促进岗位的创新,也有很多人认为原有的正面宣传不足的问题能够通过互联网得到解决。在这个问题上,《大国工匠》节目的播出应该说就是一个很好的例子。在今年的五一期间,中央电视台播出了"大国工匠"系列节目,深入报道了八位技艺精湛的传统行业工人,其中就包括了我的访谈对象——胡双钱师傅。

您觉得在未来,这样的岗位是否会出现后继无人的情况?

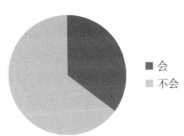

■ 会
■ 不会

节目播出之后,得益于互联网的广泛传播,不仅仅是胡双钱师傅受到了广泛的关注,飞机制造业中的钳工这一岗位也被很多人了解,就像胡师傅在访谈中所说,生活改变了很多。互联网这样的正面影响还是值得肯定的。

但是另一方面,也有不少人有些隐忧,在互联网的冲击之下,越来越多的人不再选择工人岗位,而是选择了与互联网有关的行业,这对于钳工这样的工作会有着不小的冲击。

也许互联网就是一把双刃剑,而在钳工这样的传统领域体现得更为明显,互联网能够促进社会的认可,但也会导致人才的流失。

在这样的挑战之下,胡双钱师傅坚守在钳工的岗位上,一干便是三十年,面对各种各样的挑战,特别是如今互联网时代的到来,他这样的坚守便显得更加难能可贵。

访谈实录:

1. **您最早不是钳工出身,当时是如何克服困难熟悉这个岗位的?**

答:当时"运10"项目招我进技校的时候是做打磨工作,但是不管是什么工种,钳工实际上是基础,这都是要学习的。所以我原来在技校里学的时候已经有点钳工的基础,为我后来进单位做钳工打下了基础,很多基本功原来已经开始练了。而且技校当时是部队编制,还是比较正规的,住在学校里的时候也是军事化管理。那个时候相比现在更为严格,哪怕是最基本的动作也要反复练习,管得很严。而且当时刚恢复高考,职校和高校在不少人眼里没有太大的区别,我父母也觉得当工人比较实惠一点,何况当时工人在社会上的地位还是比较高的。

2. **这些年做下来,您觉得钳工这类工种最需要的职业素养有哪些?**

答:要肯学,肯钻研,要吃得起苦,毕竟这还是体力活,要靠手工,比较累,比较脏。怕苦怕累肯定学不好的,有的人可能来做了一个星期,觉得苦就辞职走了。但我觉得其实不管学什么都是这样,包括读书也是,都是辛苦的。

3. "运10"项目的下马对您有触动吗?

答:我确实很伤心,我印象很深的是当时第三架"运10"被一段段割掉,内心也很无奈。也从那个时候起,因为失去国家支持,我们企业开始走下坡路。但是既是为了生存,也是为了保持这支队伍,我们什么都做,包括电风扇也制造过。

4. "运10"之后,您面对其他企业的邀请,为何选择了留下?

答:当时我周围跳槽的人确实很多,有不少去了东航和上航,那边的待遇要好很多,而且因为他们刚刚成立维修部,缺相关的技术人员,而我们之前也帮空军修过飞机,所以只要是上飞出来的都要。同时有不少私营老板也请我去过,有一个例子,当时一个私营企业做某个器件,请了一个退休的老师傅一直做不出来,我在朋友介绍后也去帮忙试试看,结果成功了,然后老板想要我留下来。我后来说:帮忙是没问题的,但本身我们企业是搞飞机的,我也想一直在这个领域,毕竟我喜欢飞机。而且好在那时候这边还有工作可以做,并不像其他部门完全闲置,可能不算忙,比较清贫,但我毕竟对生活要求不算高,包括我爱人也是,只要过得起日子就可以了。而且在这里也是很开心的,到了私企可能到时候就没这么开心了。在2002年的时候,我获得了上海质量金奖,航空飞行厂邀请我去开座谈会,副厂长接待我的时候,带我去各个部门参观。因为是负责航空电器的,而且也做家用电器,所以他们确实要忙碌许多,效益很好。副厂长给了我一张名片,告诉我:"你需要我帮忙的,来找我。我们单位有个员工获奖但没你含金量高,我奖励他一套房子。如果你在我们单位,我肯定给你更大的奖励。"但我想想还是留在了上飞。

5. "运10"后和美国麦道公司的合作给您积累了哪些经验?

答:确实有很多经验,毕竟他们是成熟的产品制造商,虽然合作时间不长,但是我们也看到了不少值得学习的地方。比如他们先进的管理理念,我们一直在讲"一切按程序办"就是学的他们。有一件事印象很深刻,当时做一批支架类零件,但是麦道即将被波音收购,所以我们要赶着把零件做出来,但是加工支架需要工装来保证精度,而生产工装需要不少时间,所以厂里面就要我们想办法。后来我们就做了一些简易的工装来解决问题,也在时间节点前保质保量地完成了。另外,我们也发现国外的工具比国产的质量要高,国外的工具使用寿命要长很多。不过这两年国产的质量改进了不少,不过还是有点差距。

6. 随着互联网时代的到来,您是否考虑过通过互联网去学习更多的技术?

答:现在确实很注重互联网,我现在也经常通过手机在网上查资料,学习别人的东西。举个例子,有一次做一个零件,开始试做的时候一直做不好,我也很纳闷,然后就想到互联网了,我可以在网上看看别人的经验来借鉴一下,然后一个个排查,最后也查出了原因。互联网能让我更加全面地来看问题,如果只是我自己去想的话,可能有些细节会有所遗漏。有的人可能会说我年纪大了,但我还是蛮喜欢利用这个工具的。

7. 互联网有没有帮助您在工作上有所创新?

答:我会通过网络进行技能培训,我和组里其他人说,我们技能培训可以利用好互联网,比如我们自己做一些东西,在网上下载模型,然后靠我们钳工把东西做出来,以此来练习技能。

8. 互联网让更多的人选择了 IT 行业,您是否会担心后继无人的情况?

答:确实,现在有些人来了没几天就觉得很累,然后就换工作。但是选择互联网也不一定就好,毕竟互联网行业的竞争也是最为激烈的。你终究还是要发挥你的特长,你如果没有这方面特长的话,在这个行业里你注定会被淘汰的。不是说你想做什么就去做什么,你要钻进去,而且你也要有这个能力。当然你还要选择你喜欢的行业,包括你不要去选择你不喜欢的公司。如果你选择的专业你不喜欢,那你肯定学不好。然后你就需要一定的能力和基础。可能有的人动手能力强,动脑能力弱;有的人动脑能力强,动手能力弱。我觉得还是要根据自己的能力选择自己的专业,要摆正自己的位置。

9. 我在前期的调查中发现很多人并不了解这个工作,您怎么看?

答:我在上次《大国工匠》播出后也看了评论,有的人就很惊讶,觉得飞机制造这么尖端的技术竟然还有手工技术人员。不过确实现在很多工序都是靠数控机床来完成的,人们印象中就是机床在作业,工人在旁边监视。往往我们这种角落就被遗忘了,但是我们确实是不可或缺的。现在哪怕是波音或者空客,也都还是有这样的队伍。因为在飞机设计里面,有些地方可能是角度的原因,机器无法完成,只能手工来完成,有些地方必须要人工打磨过渡,以防产生应力集中点。特别像我们的制造业还不如空客和波音,我们的工作量还要更大。但不管怎样,这支队伍还是不可或缺的,毕竟机器还是代替不了人。

10. 五一期间,央视播出了对您的报道,您觉得互联网的传播是否有利于公众的认可?

答:对的,特别是《大国工匠》的播出在社会上反响特别大。现在我的生活、工作等各方面都得到了更多的关心。应该说现在我们企业也变得好很多,大学生也越来越多。我觉得一个企业如果年轻人多、有活力,这个企业一定有朝气。现在报道之后,大家也知道了这个岗位,又是因为大飞机的原因,前景很好,进来的年轻人也多了。

11. 您觉得互联网影响之下,钳工未来会怎样发展?

答:我们现在也在培养新人,在技能方面不断提高。另外就是设备的改良,钳工工作方面工具很重要。然后我们的工作方法也在改进,我们现在在创建"标准工作法",包括打磨钻孔划线等最基本的工序,我们就创建标准工作法让大家按照这个来做,这样就更加保证产品质量。我们会议室也在改造,公司里也会互联网联网,会有产品的通告等。

12. 您儿时很喜欢飞机,您觉得您的梦想如今实现了吗?

答:小的时候我就经常来大场机场看飞机,那个时候感觉有一种神秘感和神圣感,很好奇飞机是怎么飞的。应该说能够参与航空制造业已经实现了我小时候的梦想。当我拿到通知单的时候,只知道企业代码,不知是造飞机的,我去问老师才知道是造飞机的,然后就很兴奋。我拿到通知单就去报到了,报到那天我就一直在机场看飞机,一直看到黄昏才回去,我想这个时候没人来赶我看飞机了。包括第一次拿到飞机制造零件的铝块的时候还有一种神奇感。总的来说,还是很开心的。

13. 您说这些年还是很开心,那会不会有什么遗憾之处?

答:应该说还是有的。有一件事情印象还是很深,当年我们修飞机的时候,我带一个新人,我们在修螺旋桨,在装配的时候应该要固定销子,但是他当时并没有,我也没提醒,销子滑了出来,把零件划出了一道印子。部队里也找到车间领导,虽然不是我做的,但是我觉得我也有责任,也是挺自责的。这件事确实对我触动很大,做事确实要该怎么做就怎么做,不能偷懒。

14. 您觉得中国未来的飞机制造业会如何发展?

答:我们飞机制造业前景是很好的。现在受到了国家连续的支持,不像以前的"运10",现在国家特别重视。比如去年习总书记来我们厂视察,对我们队伍提出来很高的要求,对我们也是莫大的鼓舞。以前说"造飞机不如买飞机,买飞机不如租飞机",现在要把观念转变过来。虽然会有很大的困难,我也相信一定能把这个项目做成的。包括《大国工匠》这样的节目的播出也能体现媒体和国家的重视。

15. 您对于如今高中生对未来职业与专业的选择有什么建议吗?

答:刚才有所提到,要根据自己的能力,选择自己喜欢的专业。我们国家以后发展,可能对于一线工人更加重视,我也觉得以后产业工人也是个不错的选择。哪怕是一线工人也要有信心，要肯学肯钻研，我觉得我自己就是一个很好的例子，只要学好了就能有好的前途。

分析与思考

胡双钱师傅用他的实际行动诠释了什么叫坚守。在采访中，有些细节让我颇为感动。在我刚到达胡师傅所在的厂房的时候，即便作为加工车间，胡师傅也把车间里的这个班组的会议室布置得井井有条，采访中他还提到未来会在会议室里布置好工作进度等各方面的内容。而在采访过程中，时常有同事过来找他，他很顾及我的采访，总是先让同事过会来找。很多细节都表明着胡师傅的严谨与一丝不苟。

在采访前，我其实一直很好奇的是胡师傅面对其他更好的工作邀请，为何能够一直坚守在这个岗位上。采访之后，我得到了答案。在采访中，他一直强调说过得开心就好，也许生活不算富裕，甚至有些清贫，但是能够在自己喜欢的岗位上工作，能有一个安稳的生活，对胡师傅而言也是很幸福了，更何况如今的胡师傅还是国产大飞机项目的一员，这不是和他儿时的飞机梦相符的吗？

人们往往会认为劳模会是很厉害的角色，然而胡师傅却是那么普通，就是那么一个普通得不能再普通的工人，却在钳工这个岗位上一干就是三十几年，这样的坚守如今有多少人能做到？在互联网时代之下，机遇与挑战并存，如今很多人觉得这个工作不合适，没多久选择了跳槽，结果跳来跳去，什么也没能做成。

互联网时代，传统的岗位工人逐渐不受待见，胡师傅在这样的挑战下，坚持做了下来。他觉得钱并不是应该追求的唯一目标，安稳的生活才能带来长久的幸福。互联网带来的快节奏生活让多少人拜倒在金钱之下，又有多少人迷失了自我。胡师傅自小喜爱飞机，他便在上飞制造厂做了几十年，对他而言，梦想已算是实现了，而我们又有多少人还记得儿时的梦想？

我并不是要批评互联网，不是要批评互联网带来的快餐式的生活，而是觉得胡师傅带给我们的思考已经超出了做好一项工作那么简单。诚然，互联网有其好处，即便是胡师傅也在充分利用互联网来助力他的工作。但我们需要做到的是在互联网的浪潮中不迷失自己，坚守自己的梦想，坚守自己的岗位，坚守自己的内心。用严谨的态度做好每一件事情，这就是一种成功。

【子报告 2】: 媒体人的新闻理想(节选)

高三(5)陆煌蕾

新媒体对传统媒体的冲击

联合国教科文组织对新媒体下的定义是:"以数字技术为基础,以网络为载体进行信息传播的媒介。"新媒体是一个相对的概念,是相对于纸媒、电视媒体等传统媒体而言的。数字技术和移动技术飞速发展,通过互联网,通过电子移动设备去获取新闻更加方便快捷,它可以省去广告和定时定点的麻烦,可以避免大页纸张的携带不便,新媒体通过小小的触屏便可直击现场,或是深度了解新闻事件。

毫无疑问,使用新媒体看新闻的人越来越多。就这次问卷调查的情况来看,使用新媒体看新闻的人已经达到了六成,这一比例在年轻人中更高。与此同时传统媒体使用者占比相较我们的估计更低。

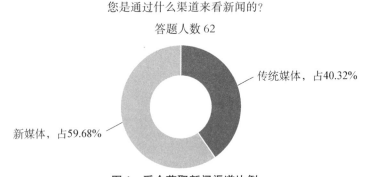

您是通过什么渠道来看新闻的?

答题人数 62

传统媒体,占40.32%

新媒体,占59.68%

图 1　受众获取新闻渠道比例

电视媒体的坚守——对话主播臧熹

电视媒体的自省

走进上海广播电视台,给人的第一感觉是庄严。上海电视台从技术上说,拥有顶尖的播控能力,从内容上说,拥有庞大的新闻网络,在举国关注的重大事件中,能够找到各类权威专家进入演播厅为大家实况解读。然而它的传播仅限于一块电视屏幕,所有的节目都是定时定点播出,观众还要被动看广告。这是在采访中我们得到的一些主观感受。电视在 20 世纪 80 年代正处于全盛时期,那时的收视率可以达到20%,但是现在的收视率已经降到了 7%左右,当然这里排除了通过网络电视观看的受众。

不断探索的革新渠道

电视媒体显然是需要创新的。臧熹说:"我们在继续保持电视优势的基础上,还要不断地筑高我们优势的堡垒。"也就是要继续保证电视的丰富内容,以及不容出错的权威性。需要改变的是电视媒体的传播渠道,要把这个面拓宽。在现阶段,上海电视台推出了自己的新闻客户端,有很多自己的微信公众号,但是得到的关注度还不够,反而有的主播自己的微信号受人关注得多一点。在前期的调查中,我们发现,这些微信号、客户端,很多情况下只是把原来电视播出的内容放到了网络平台上,而实际上这是不符合人们的观看习惯的。就这个问题我们也特别请臧熹谈了看法,他也承认了这个存在的问题,并表示这也是他们重点在解决的问题。他们希望把视频、文字重新编辑成适合网络传播的类型,并加入评论等互动的环节。还特别提到了在大力推广的看看新闻客户端,以及广播的移动应用程序"阿基米德"。

另外,电视台对于新闻采编平台也有所优化。以前采编在不同的系统中分别获取国内、国外等各个板块的新闻,现在所有的新闻都集中在一个系统里,只要加以选择,便可自行编辑成可以播报的新闻。相对原来更加方便,而且可以整体联系。电视台在网上开了一个信息收集系统,只要有人在该网站上举报,记者就有可能实地去采访调查,这就多了一个关注民生的渠道。前往现场的记者可以直接用手机记录现场,然后传回电视台,再选择传到电视上还是传到网页上,或是两边都传。如果是传到电视上,采编人员进行审核,只要视频的质量足够在电视上播放,就进行一系列转码和编辑,然后上电视。相对原来的操作模式而言,这样已经减少了记者回台路上耽搁的时间,能够争取一点时间就争取一点。如果是传到网页上,步骤就不需要那么麻烦,只要语言符合人们手机浏览时的阅读习惯即可。

我们发现,电视行业在保证自己最为权威的内容性的同时,也在不断拓宽自己的传播渠道,不仅仅限于电视,而是向新媒体的方向进展,实现全媒体的传播途径。而且新媒体的渠道更是让一些不太适合或者没有机会在电视上播出的素材有可以为人所知的途径。然而,电视拓宽渠道的效果似乎远不及纸媒。分析其原因我们认为,上海报业集团已经将新媒体的发展作为一个重要的版块,而上海电视台作为一个体量非常庞大的媒体机构,在转型的路上碰到了更多的障碍,收视率在新媒体的冲击下也不断下滑。

网络电视化的新闻理想

臧熹在百忙之中接待了我们,他给了我们很亲切的感觉,我们就在他平时工作的录音棚里交流。在那一排像六角形蜂房一样密密麻麻的录音剪辑室里,我们体会到了一个第一线的新闻工作者日常的繁忙以及镜头底下的幽默洒脱,这不同于镜头前的一本正经。臧熹在与我们的交流中跟我们提到,电视行业的每一位工作者在未来希望能够继续做好自己的本职工作,用一个电视新闻工作者对于新闻真实性和权威性极为重视的态度,去拓宽电视行业的媒体渠道。电视网络化,加强和观众的互动,这是电视行业不断转型的方向。

普通受众看传媒

我的问卷偏向于受众对于媒体的态度以及他们眼中的媒体态度。

经过调查显示,受众对于新闻的诉求还是在于客观和贴切,真实性是非常重要的,这也是新闻工作者努力的方向。

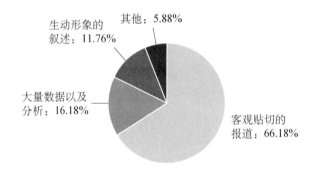

您会更加相信哪一种类型的新闻,生动形象地叙述事件、
客观贴切地报道事件,还是需要很多的数据以及数据分析?
答题人数 68

生动形象的
叙述:11.76%
其他:5.88%
大量数据以及
分析:16.18%
客观贴切的
报道:66.18%

图 2 受众对新闻类型的偏好

除此之外,新闻不应该仅仅转述事实,而是也要有人情味,但不能喧宾夺主,动摇了客观真实的新闻基础。我们设置了问题询问受众希望情感在新闻中所占的比例,而统计结果低于 50%。由此我们认为:受众认为新闻应该首先照顾真实性。

如果说 5 分相当于新闻中情感占了 100％，您认为情感在新闻报道中该占多少的比例？

答题人数 68

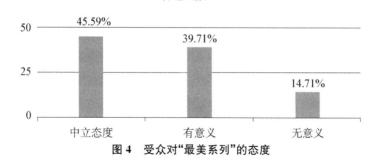

均值 2.24

情感比例

选中人数

情感比例	1分 27.94% 19	2分 32.35% 22	3分 29.41% 20	4分 8.82% 6	5分 1.47% 1	平均分数 2.24

受访人数：68

图 3　受众对新闻报道情感倾向偏好

慢慢搭建信任的桥梁

以前非常火的"最美系列"和悲惨感人的励志故事，您觉得有意义吗？

答题人数 68

50

45.59%

39.71%

25

14.71%

0

中立态度　　　　有意义　　　　无意义

图 4　受众对"最美系列"的态度

"最美系列"无疑是去年的媒体热，对于这样的热潮，39.71％的认为是有意义的，而 14.71％的人显然已经产生了审美疲劳认为没有什么意义，持中立态度者中，有人认为节目过于做作或镜头下的生活不真实。对于这样的说法，报业集团的工作人员认为这不是一个记者两个记者或一篇报道两篇报道能够一下子改变的东西，需要的是每位记者工作时的认真负责，甚至需要一代人的努力才能搭建起相互信任的桥梁。

仍然相信社会正能量

在调查过程中我们发现受众还是呼吁社会正能量的，像《太阳报》这类很大程度上吸引读者眼球、哗众取宠的新闻，受众是不太希望看到的，大家还是希望社会正能量多一些，希望多一些有意义有深度的报道。

例如英国《太阳报》曝光了女王伊丽莎白二世儿时摆出纳

粹手势的视频和照片,事件发生后激起轩然大波

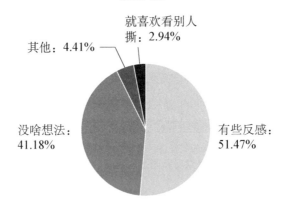

答题人数 68

就喜欢看别人
撕:2.94%

其他:4.41%

没啥想法:
41.18%

有些反感:
51.47%

答案选项	回复情况
有些反感,觉得这有些无聊	51.47%
没啥想法	41.18%
其他	4.41%
就喜欢看别人撕	2.94%

受访人数:68

图 5　受众对八卦新闻的态度

总结和展望

　　媒体工作是一个压力很大但也是极其容易收获成就感的职业,见证历史也参与着历史。不管行业的趋势如何,每一种媒体都不会轻易地消亡,相对于网络的新闻来说,不管是电视还是纸媒,都更具有权威性的优势,但它们也需要不断创新。

　　各种媒体正在融合。传统媒体向新媒体的快捷时效靠近,同时新媒体也注入了传统媒体的权威性与更宽广的消息来源。真实性仍然是每一个活跃在岗位上的媒体人的新闻理想。

　　真实性是做媒体的最应恪守的底线与原则,传播方式只是一种选择,内容是最重要的。在这个恢宏庞大的媒体行业中,每一个小小的媒体人都是至关重要的一环。调查失实或者言论过激都会掀起千层浪,所以每个小人物有着不可忽视的大力量。

这是个共同发展的时代,这是相互融合的媒体时代。媒体行业需要不断创新,也需要所有正在奋斗的媒体人对于新闻理想的执着追求。

【子报告3】：为陈琳式大学"青椒"的成长大开绿灯（节选）
高三(5)蒋韵哲

陈琳是谁

陈琳博士是复旦大学马克思主义学院的讲师。2015 年 3 月 21 日,《新民晚报》以《把"最难讲的课"上得"很精彩"》为题赞扬了陈琳老师独特的教学方式。老师在课上,与同学们力求心灵的互动,通过分享自己的生活经历,以电影、书籍为例深入浅出地将"毛概"这门课娓娓道来。

一、毛泽东思想和中国特色社会主义理论体系概论在中国

参与问卷人数

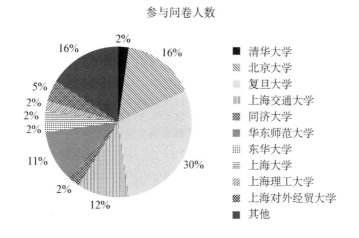

本次调查共收集到有效网络答卷共 44 份。虽然人数并不算多,但由于学校具有较大的分布性,所参加问卷调查的人具有一定的随机性,故此问卷还是具有一定的参考价值。

如上图所示,接受调查的学生中来自复旦大学的最多,北京大学其次。那么,复旦的学生又有多少是了解陈琳老师的呢?

你是否知道复旦大学马克思主义学院的陈琳老师?

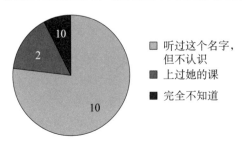

- 听过这个名字,但不认识
- 上过她的课
- 完全不知道

在 13 名受访的复旦大学的学生中,并无一人和陈琳老师相熟,较多的人则是仅仅听说过。在与陈琳老师交谈过程中,我发现陈琳老师其实是一个很有魅力的人,与她探索政治问题着实令我受益匪浅。因此根据上图不难看出大学生们更倾向于去喜欢自己的专业课,与专业课的老师有进一步的交流。而对待"毛概"这门课只是抱有一种"求不挂"、能过就行的心态。

上《毛泽东思想和中国特色社会理论体系概论》的时候你一般在做什么?

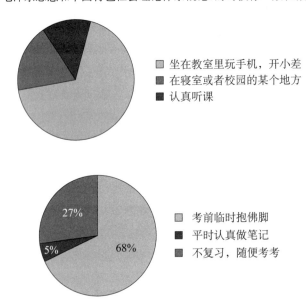

- 坐在教室里玩手机,开小差
- 在寝室或者校园的某个地方
- 认真听课

- 考前临时抱佛脚
- 平时认真做笔记
- 不复习,随便考考

从图中我们可以容易地看出,大部分的学生对于"毛概"这门课都不是特别在意。况且出席率看似那么高只是因为这门课是排座位的,课前老师会记录缺勤学生的名字。不少受访者也指出,这样做的效果却适得其反。

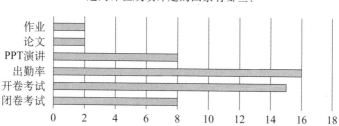

影响《毛泽东思想和中国特色社会理论体系概论》
这门课程成绩评定的因素有哪些?

从图中可以看出,大多数同学对于"毛概"都是持临时抱佛脚的态度。仅有5%的人认真听课做笔记,这是一个很可悲的事实。在调查过程中,"毛概"这门课的平均绩点在3.6(4)分左右。对比出勤率,不难看出"毛概"这门课在同学心中仅仅是一门只要靠着死记硬背就能过的课。

同时,我们可以从上图看到,"毛概"这门课的考察方式较单一,一般以出勤率和开卷考试为主。所以很多同学自然而然地在期末临时抱佛脚来通过考试。

在接受调查的同学中,将"毛概"这门课开设的必要性设置为1—10分,1分为完全没有必要,10分为非常有必要。结果不言而喻,平均得分在3.95分。而学生对于上这门课的老师评分平均为6.0分。很多同学都指出老师上课只是照书本读、布置硬性死板的作业、要记要背的东西实在太多,再加之本身对这门课程没有兴趣,因此"毛概"尽管有6学分,但在大学依然受冷。有小部分人喜欢"毛概"这门课,因为他们觉得能够帮助建立批判性思维、了解近代中国社会发展规律、提高思想认识,更重要的则是老师上课有趣。

二、陈琳老师的"毛泽东思想和中国特色社会主义理论体系概论"

2015年3月下旬,《新民晚报》刊登了一条《把"最难讲的课"上得"很精彩"》的新闻。报道聚焦了复旦大学马克思主义学院如何将"毛泽东思想和中国特色社会理论体系概论"这门"枯燥"的课程上出精彩、上出水平,而陈琳就是那马克思主义学院年轻教师之一。根据我从报纸上了解到的,以及对复旦大学上过陈琳老师的课的大三学生的访谈,发现她上课独具匠心,一般会从热门电影、经典书籍、自身经验入手来展开这门课程的教学。

(一)学生访谈实录

访谈时间:2015年7月10日

访谈方式:微信

被访谈人：陶蓝天，复旦大学 2013 级学生，二附中校友。

访谈内容：

复旦大学"毛泽东思想和中国特色社会理论体系概论"（以下简称"毛概"）这门课程开设情况如何？

答："毛概"一共开设半个学期，每周有三节课。

学长，你的"毛概"课程都是陈琳老师教授的？

答：是的。

你觉得陈琳老师和别的老师上课最大的差别在哪里？

答：陈琳老师很少按照课本上课，更加注重对于课本的批判性思考和对知识的逻辑推演，经常拓展出去讲很多内容。她上课资料包括各种 PDF 文件和电影，所以趣味性很足。

你觉得这门课的意义在哪里？

答：陈琳老师会注重培养我们的思维方式、拓宽我们的视野、增强我们的社会责任感，这是她第一节课就和我们说的。所以，我还是会有兴趣去听。

（二）陈琳老师访谈实录

对于"毛概"这门课本身，作为一名老师，您自己是如何看待这门课程的？您觉得这门课在当今社会有无开设的必要性？

答：这门课有其历史背景和时代背景。我理解这是一门有关中国人作为一个整体的群体价值选择及其实现途径的课程，也是关于中国主流意识形态和公共政策的普及课。作为大学课程，和专业课程相比，其主要特点在于：第一，不是从"西方方法"入手，而是从"中国现实"着眼；第二，和倾向于想要彰显"价值中立"或"价值无涉"的自然科学和社会科学课程不同，这门课有鲜明的价值立场。那么是否需要具有这样特点的课程？我认为对当代中国而言有一定必要性：第一，西方方法必须落在中国现实的土壤，而中国土壤有独特的历史和文化，不同于西方通过专业课就能塑造完整的价值观，中国如果只有专业课，学生可能在走入社会时有一定的分裂感；第二，社会科学的研究方法在今天仍然受到局限，实验由于成本和伦理而无法彻底进行，这就意味着所有的社会科学都必然含有价值判断，大学正是价值观形成的关键时期，鲜明的讨论能给大家提供更清晰的思路和宽广的视野，也有助于中国社会走出当前的价值观迷失之境。

您为什么会选择这一独特的、与众不同的教学方式？

答：也不算是选择，是基于自己的学术背景和积累的自然结果吧，也是自己在回答曾经的自己所茫然的问题。我倒是觉得复旦几乎所有的政治课教师都是各有风采的，我只是其中很平凡的一个。

为什么会有信心相信您能够成功？

答：其实起初很没有信心，是在课堂上复旦同学的反馈和与他们的交流给了自己力量，目前也还在探索吧。很多问题自己也依然在思考。

（三）分析与思考

对于毛泽东概论和中国特色社会主义体系概论这门课本身，我本身是持支持态度的。或许很多人认为，毛泽东思想在当今有什么可讲的，中国特色社会主义与我以后的生活关系有什么交集？对，或许以后你与政治经济毫无关联，但是作为一个中国人，你扪心自问你知道多少关于中国共产党的事实？你真的知道邓小平理论、毛泽东思想、科学发展观么？对党中央的每一次变革又知晓多少？在人生迈入转折期的过程中，是否真正树立了正确的社会主义价值观？是否真正学习到了其中的批判性思维？思想政治素质是我们青年最重要的素质，这也是决定未来中国能否在软实力上成为大国的重要影响因素之一。可是，如果一个人连自己国家的历史、政党制度都不了解，整个国家又谈何成为文化大国？

我自己很喜欢看一些与历史、政治有关的书籍、文章。并且觉得有些东西只要你愿意去记，背起来其实很容易，关键是你有没有决心。因此我觉得"毛概"在大学遇冷，一方面是因为授课教师本身水平不到位——坦白说很多人对这个思想体系认识都不是很到位，还有就是教书方式的死板。而更多的内因则是因为大学大多崇尚读有用之书、学有用之术，再加上懒散成性，更是加深了对一些需要"死记硬背"科目的厌烦。

你是否会因为授课教师的风格、教学方式出众，会去上你所不感兴趣的课程？

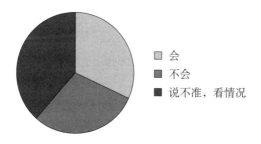

□ 会
□ 不会
■ 说不准，看情况

那么，既然如此，"毛概"是我们永远也绕不过的，不如坦然接受，真正学习待人接物的方法论。同时,陈琳老师的教学方式应值得推广。根据上表,我们不难看出,对待一门自己所不感兴趣的课程,老师授课风格的不同对同学的选择其实也是有着很大的影响。当然,"毛概"课也需要一定的社会实践,让学生将所学的理论运用到生活中,学以致用。

在我与陈琳老师的交谈过程中,我真的很欣赏陈琳老师。她曾在我们二附中讲过《共产主义是否有保质期》。**在一小时之内,她很精练、浓缩而又不失细节地阐明了什么是共产主义、为什么当今我们仍然需要共产主义等一系列有意思的问题。作为一名复旦大学的讲师,尽管默默无闻,但正是她的朴实、努力打动了我。学习小人物,她就是千百位小人物之一。**

像陈琳一样的小人物在中国大学里还有很多,在她们教学发展的路上有太多的"红灯"。作为一名青年讲师,他们或许得不到学生们足够的尊重,拿较低的工资,做最累的活,处于教授与学生两个矛盾的角色之间。或许他们每天盼望的也是下课铃的响起,逃离那些不属于他们的课堂。他们或许不如教授一样能够博得满堂欢呼,往往只能对低得惊人的出勤率诉说苦衷。

相比之下,陈琳老师在复旦大学的境况是幸运的。在那里,她获得了学生们的掌声;在那里,她获得了学校的支持;在那里,她获得了全社会的关注。她虽然天天要带出生不久的孩子,但仍然积极地准备每一堂课,将课堂还给学生们。按照她的想法,她是想让每一个即将步入社会的学生能够对中国主流意识形态和公共政策有一定的了解,能够有广阔的眼界和批判性思维。这种以人为本、关注下一代的精神追求,是让人感动和钦佩的。

三、大学教育制度的若干问题及其思考

记得蔡元培在担任北京大学校长的时候,提出了"思想自由""兼容并包"的办学方针,蔡元培认为大学的性质在于学术研讨、广集人才,超越世俗功名。但当今大学发展已然陷入怪圈,教授比起自己的教学更加关心自己发表了几篇论文,导致了大学学术研究氛围的缺乏。

同时,大学教育也有一定的应试教育成分,很多人看来,通识教育(毛概、马列、军理)、微积分等对将来的生活并没有太大作用。而在中国这些科目是必须要学的,并且占学分的很大比重。除此之外还有一些其他的原因,不妨参照下表。

还有一些人指出,很多实践类的课程老师空谈理论,而他们自己本身不一定有过一线工作经验。还有人认为,中国整体学术自由度就不及外国,对学术本身的重视也不足……

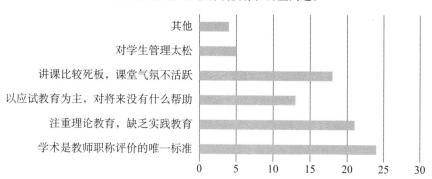

你认为现行大学教育制度存在哪些问题？

从老师的角度来看这个问题，他们普遍认为，就业率涉及整个国家的经济态势、人口结构、劳动力市场情况。就大学教育这块而言，一定程度上存在教育与就业市场需求的脱钩。出勤情况不好，有学生方面急于求成、目的性过强等原因，也受教师方面出于科研考核压力、生活压力等原因而备课不充分的影响。其实大体上是大同小异的。但无论如何，有意思的是陈琳老师的教学风格和方式似乎都可以从一定程度上弥补当今大学教育制度的不足之处，不妨我们来分析一下。

对学生管理太松这一原因，大部分应该归咎于学生主观能动性不强，没有一定自觉学习的能力，大学实际上并没有义务去管理学生的日常学习习惯。学生觉得管理太松往往是因为中国大学比国外大学少了些许的竞争力，毕竟经过高考的选拔，大学的生活环境是很安逸的。而对于国外大学而言，SAT 绝大部分高中生都能通过，因此国外大学的竞争远超国内。所以，对于国内大学不妨可以适当提高学生间的竞争压力，有了紧迫感，自然会觉得大学生活很充实。

对于讲课死板，课堂气氛不活跃以及重理论、轻实践，我认为陈琳老师的教学方式是值得推广的。单从政治类课程来讲，复旦政治课的特色在于结合学术研究和专业探讨，从这个角度看，我认为可以、也应该推广。因为只有当价值观的选择、公共政策的设计与大家真正关切的内容、与大家的专业学习联系在一起的时候，这样的价值观选择才是深刻的，而这样的公共政策设计才是有效的。而对于学生的专业课而言，从生活入手，注重实践也是极其重要的。毕竟专业课决定了未来的职业选择和发展，不提前接触一下又怎么知道是否的确适合自己。

而对于学术科研先于教书育人的思想，陈琳老师是一个很好的反驳。陈琳老师作为复旦大学的一名讲师，愿意去思考给学生们上些什么，怎么讲课有趣生动。她用她自己的亲身事例告诉大家，只有心中装有学生才能真正成为一名优秀的教师。**陈琳老**

师的事例,也再一次震撼了中国大学对于教师的考察标准。学生选课时诚然要考虑师资水平,但我想他们更愿意去选择一位能把课上清楚、上明白的老师。

陈琳老师是辛苦的,是不易的。她作为一名讲师,用自己的默默无闻的坚守去践行她为人师表的决心。她敢于不随大流,选择自己独特的方式去教书,也正表现了她对自己梦想的坚守。我们中国的大学需要更多的"陈琳",需要这样的大学"青椒"去敢于改革现有的大学教育制度。但这样的讲师,在大学里却又是最容易被忽视的。所以,我们应该为陈琳式大学"青椒"的成长大开绿灯,这样才能突破教育瓶颈。

中国大学的教育制度,我认为才刚刚处于发展阶段,同外国著名大学相比较还有很长的一段路要走。但陈琳老师可以说是改革的开端,她能用自己的方式将最难讲的课讲好,我们有什么理由不相信,其他的课会讲不好呢? 关键是有更多"陈琳"式的人能站出来,用他们的教育方式赢得学生们的喜欢,这样才能够改革大学教育制度。

路漫漫其修远兮,吾将上下而求索!

四、小结

通过这次采访陈琳老师的经历,首先让我了解了毛泽东思想和中国特色社会理论体系概论课是什么,提高了我自己的思想政治素质,而思想政治素质是青少年最重要的素质。其次,我在复旦大学采访期间也提前感受到了大学的辛苦生活,了解了大学讲师——那些小人物工作的辛酸苦辣。做最累的活,拿很少的钱,却仍然兢兢业业。我被以陈琳老师为代表的小人物的精神震撼到了。她们甘愿做默默无闻的小人物,从点滴的生活中去践行她们对于教师这一职业的坚守。她们用自己独特的方式,去教书育人,春风化雨。她们真正地把教书当作一种快乐,而不是一种赚钱的方式。她们在大学中或许没有很高的地位,但是大学"青椒"的成长,正是我国大学教育制度改革的开始。

陈琳老师的发展历程是一个个案,但给中国教育改革瓶颈带来了一个突破。她所代表的那些大学"青椒"们让社会看到了中国教育的希望。有那么一批人,她们注重的是学生的发展,她们关注的是课堂的展现。她们能成为,也必将成为中国教育发展转折点上的中坚力量。"为什么我们的学校总是培养不出杰出人才?"钱学森之问深深震撼了我们每一个人的心灵。是啊! 为什么拿诺贝尔生理医学、化学、物理奖的总是外国人?! 对于钱老之问的答案,有人概括为两点。第一是,中国教育目标与外国不同。中国大学的目标是围绕儒家思想,将人培养成君子。而外国大学的目标,是将人培养成科学家和思想家。莱布尼茨也曾言称,中国长于政治伦理道德,西方长于数学、自然科学。终极目的的不同将两种教育距离逐渐拉大。第二是,教育体制内部的问题。教师功利化加剧,一味地实施应试教育、缺乏实践经验等一系列的原因,都是当今中国大学所面临的问题。因此,我们需要像陈琳一样的人站出来,用自己的言行从点滴开始去改变大学的教育制度。

最后,很感谢复旦大学陈琳老师以及华东师大二附中的胡立敏老师对我研究的支持。如有不足之处,也恳请指正和批评。

【子报告4】:"小巷总理"的烦恼——社区基层现状探访(节选)
高三(8)董门杰

摘要:

本次课题主要对当今居民委员会现代转型中的一些困难与基层工作人员遇到的困难进行具体的探索与分析,并借此提出自己的看法与建议——向坚守在基层居委会的"小人物"学习什么?

本课题主要研究了居民委员会在转型中的难题,并对此提出了自己的建议。从身边的普通的工作人员、干部出发,真实地记录那些小人物所要面对的来自家庭与上级的压力和对多个工作的安排与权衡方面的问题,也为将来其他对此类基层干部的研究提供些许参考。

一、研究方式

本次调查采用访谈与考察相结合的方式进行数据采集,然后加以分析归纳并得出结论。本次访谈的各关键词由笔者设计,口头提问并加以记录。其中共有7人参与共同回答,经过同一居委会人员的总结归纳后共收获2份有效结论,分别来自高境二村第一居民委员会与高境一村第二居民委员会。

高境二村简介:位于殷高西路58弄,总建筑面积33000平方米,配套设施齐全,1994年建成,属于老式的大型小区。由于处于中环线外侧房价较低却毗邻各大型超市与交大附中等学校,加之交通便捷,受到居民的欢迎。居民组成以老年人为主,是老龄化较严重的小区。

二、结果与分析:

(一)在采访之前

比较尴尬的是,我在此次采访之前,从未走入二村居委会的大门(尽管居委会就在我家楼下),这也导致了我进入居委会时有些茫然。居委会的每一扇门前,尽是琳琅满目的牌匾,令我不知哪一间才是我的目的地。我试探性穿过人群走上二楼,进入最里面的一间办公室,想当然地认为他们肯定会在最安静的地方办公。

"呦,小伙子啊,你找错啦!"一位有些谢顶的大伯在明白我的来意后为我指明了方向,"他们就在楼下第一间!"

我苦笑一声,谢过大伯,转身向目的地进发。

进入那间办公室,我如同发现了新大陆——与我想象的居委会截然不同!印象中前来咨询问题的青年与老人不见了踪影,取而代之的是桌上比山高的文件。更令我吃惊的是,我所想象的居委会工作就是大叔大婶闲散地接待几名来客,其余时间不过用嗑瓜子聊天加以打发,但在这里,一群青年男女们正在埋头奋笔疾书。虽然偶尔有些玩笑,却不曾停下工作。

"请问你找谁?"离门最近的哥哥(暂且只能这么叫)感受到了我的存在,也很疑惑有外人光顾,向我问道。

我向他们说明了来意及目的后,他的困惑逐渐消退,其他人也放下了手中的工作。

"哦,华师大二附中我知道!好学校啊!"那名事后得知正是居委会主任的哥哥,向坐着的其他人做起了介绍,我有些不好意思,"来来来,坐那儿吧。你慢慢问,不要着急啊!"

(二)具体数据分析

个体访谈【中括号内为经过两份资料归纳总结后的答案】

(1)基本情况:

Q:请问你们的年龄大约是多少呢? 当然可以不透露啦!

A:【7人中有3人为"70后",4人为"80后",其中最年轻的是一位主任,为1988年生。】

Q:请问您的职位是?

A:【主任、党支部书记、普通工作人员。】

Q:请问是公务员吗?

A:哈哈哈,哪有那么高端。我们只是领一份普通工资罢了。

Q:哦,那请问你们工作了多久啊?

A:【"70后"的工龄多在10年之上,而"80后"的工龄则不足10年。】

Q:接下来又是一个敏感问题——请问你们的月收入大约是多少,可以方便透露透露吗?

A:(做了一个鬼脸)【多为每月三千元左右,年终奖励与福利未计算在内。】

(2)关于工作:

Q：请问你们的工作时间大约为哪一时间段呢？

A：如果没有什么乱七八糟的突发事件逼着我们加班的话，从八点半一直到下午四点半吧。

Q：那请问你们在这段时间内干些什么呢？

A：【承接上级派出的各项任务，安排社区的自主的活动（如大扫除、党校学习、联欢等），进入街道走访，视察各项安排的落实情况，看望孤寡老人。】

Q：那你们认为工作强度算大么？

A：一般来说还行吧，就是临近过节了会有些忙。（递给我一颗放在桌上的刚洗好的葡萄）

Q：啊，谢谢，不用了。（吓出一身冷汗）那是不是会不能按时下班呢？

A：那是肯定的啦。

（3）对于未来：

Q：那有没有想过将来的发展空间呢？包括职位与薪酬。（仅对"80后"提问）

A：啊……这个有些难回答啊。可以说，薪酬可能不会有太大的涨幅了，但在居委会待过发展空间总还是有点的。

Q：那你们对居委会这一单位在当今社会中的存在有没有什么自己的看法呢？或者说，你们认为居委会的存在是为了什么呢？

A：【普遍认可了居委会在社区沟通与官民互动中起到的积极价值。】

Q：这是最后一个，也是最关键的问题：你们在工作中都遇到哪些问题呢？

A：【承接非必要的任务从而导致难以过多地走入小区真正地体恤民情；要求出示不必要的证明或是在难以确认的证明上敲章；大量冗余的上级任务束缚了下级的能力；对维护居民权益方面能力有限，难以落实。】

（三）采访之后

在采访结束之后，我起身准备收拾纸笔，却被主任拉了回来。

"采访完了？"他显然意犹未尽，"没有别的问题了？"

我不好意思地点了点头，低声说道："不好意思，这次采访不是准备得很充分……"

"没事没事，"他挥了挥手，又指了指桌上的葡萄，"不吃一点再走吗？"

"不了，我还有事。"想到八月半的葡萄正是最酸甜可口的时候，我不禁努力咽了下口水。

"好吧好吧。你啊，说是做采访来的，可就是胆子太小喽！"主任笑着跟我告别，他的身后，别的人也连声附和，使我不知所措地挠了挠耳根，红着脸走出了那座低矮的平房。

（四）数据分析与讨论

个体访谈主要通过对不同岗位的居委会工作人员进行细致地探讨。通过先前的提问可以了解，居民委员会中的工作与在公司的一般工作类似——一周工作40小时，忙碌时需要加班，拥有发展空间，工作强度适中。

但是，在这些问题中，部分当今普遍存在的问题也引起了笔者的注意。

（1）薪资待遇与福利待遇

目前，居委会中多数工作人员的月薪在3000元上下，为2014年上海市平均工资（5400元/月）的55％左右，处于中低薪收入。但对于他们而言，工作强度与内容同普通的公司白领职员相比差距不大，工作时间相当充实，并未有过多富裕的时间可自由支配。同时，作为一个社会性的工作单位，起到的作用巨大，不可替代。因此，相较于同类型的工作而言，居委会中工作人员的薪酬仍然有较大提升空间。

同时，由于居委会属于非公单位，因此其中的工作人员不能享受公务员级别的福利待遇，这也导致了之后的发展空间有限，使得从事此项工作之人逐渐减少。

（2）工作任务繁多

从采访中不难发现，目前的居民委员会仍兼具组织居民的"领导者"、承接安排的"传话筒"、下基层走访的"贴心者"等多方面职责，这使得工作人员普遍有些力不从心。尽管居委会允许下设多个分支机构，但据我了解工作人员的实际工作并未细分，仍然只有四五个工作人员在一至两间屋子内进行全部的工作。如此繁多的工作内容，难以使个人专注地完成某一特定任务，而日常的工作安排也容易被上级政府所下达的命令或是所管辖的街道内的突发事件所打乱。

（3）部分工作实行困难

从最后一个问题中暴露出了当今基层组织中普遍存在的"敲章难"问题，而这一问题也大大影响了人民的日常生活。在采访过程，那位年轻的88年居委会主任举了一个在采访前不久遇到的一个难题为例。

"你知道的，我们这儿有很多的外地来沪人员。然后最近有一个人要办一件什么事情，拿了一份证明给我说要敲章。我一看，是说证明他在江西九江没有住房！这我当时就傻掉了，因为这东西我们这儿没法证明的嘛。后来他是回到当地敲了章再回来的。"

这一例子明显说明了目前基层组织中遇到的困难，而这些难处在影响日常生活的同时也阻碍了派出所、居委会等开展正常的活动，影响工作效率的同时也浪费了大把的时间,可谓成本昂贵。

（4）工作受限

在采访中,多数工作人员表示自己的工作自由度低,即不能自主地发挥自己之所长去服务百姓,而是只能根据政府的工作安排与每个工作周期的固定任务来工作,单调的同时使得工作效率与积极性都有所下降。这样的工作可能会使他们的动力与服务百姓的兴趣也有所下降,而这些才是上级单位所应该注重的。

（5）职责与权力不符

作为能够为百姓向物业、政府等单位提出建议的居委会,目前居委会所拥有的权限仅存于上对下的管理,而缺少了向上级反映并督促实施的能力。就本小区而言,据称居委会曾多次向物业与城管反映小区前的街道晚上存在非法乱设摊现象,但收效甚微,只是起到了一定时间内的威慑作用却仍未完全解决。而这只是居委会权力受限的一例,这样的难题使得工作人员难以良好地开展工作。

三、结论与建议

（一）结论

令人感到欣慰的是,尽管居委会遇到了转型中的种种难题,但年轻的"80后"血液仍在不断注入这一古老的单位中,这与我们曾经印象中由如梁慧丽、柏万青等"老大妈老大爷""统治"的居委会并不一样,而我也坚信,在这批敢于作为、充满活力的年轻人的带领下,居委会将来定会跨越难关,散发出别样的光彩。

话虽如此,目前居民委员会干部在工作中遇到的诸多困难也亟待解决。

首先,开展各项工作时受到了各方面的限制。

目前,居委会的工作多由上级单位进行安排,居委会所能做的额外工作仅局限于组织居民开展教育活动等小规模活动,与居民的互动日趋减少,以至不少居民（比如笔者）在小区居住了十多年仍未见过居委会主任及书记,这也使居委会的亲民性大打折扣。

在对上级反映情况方面,对比于曾经的居委会不难发现,由于政府进一步地实现政务公开与民众监督,当今的居委会在作为纽带这一方面的重要性有所下降,因而会更注重于组织活动方面的安排。这一工作的消失在社会的转型中属于职责转变的正常现象,会由于社会的发展而渐渐被民众与政府的直接沟通取代。

在对日常的事务中,作为一个由社区自主选拔产生的组织,居民委员会不是政府单位,且事务中以协调为主,并且所能管理的区域主要仅限于该区块。因此在管理方面更多地只能提出建议而不能去实施,导致各个机关单位与民众之间的沟通、反馈仍不到位。

其次,部分的工作影响了居委会的工作效率。

居民的日常生活中,从房产继承公证、办理居住证到孩子上学乃至离婚丧偶都需要去居委会盖章。原本作为社区基层自治组织的居委会,在这方面的"权力"却有些大得离谱。对此,居委会的干部显得十分无奈:既要尽可能完成政府所规定的职务,又要承担乱盖章可能引起的后果。有些章,并非必要却接踵而至;有些章,是居民急需却无法快速办成……这些冗余的事务使得干部的大把时间花费在盖章上,从而使原本应该负责的事务难以完成。

在采访时,笔者发现,主任与助手桌上的各类账本堆得很高,而这也是目前居委会一个主要的职责——记账。目前,居委会承担了更多本不应承担的任务,而派出机构的挂牌也与日俱增(如各类服务站与监督站)。在仅有数间办公室的居委会内,几名工作人员几乎承担了所有的基层工作,这使得原本居委会所应有的工作效率大打折扣。

最后,对于在其中工作的居委会工作人员而言,待遇的低下也是目前人才流失的主要原因。

由于居委会的工作编制混乱,难以做到同工同酬,使得不少人的心态容易产生不平衡,从而影响工作。最高工资仅为三千左右,使得那些立志为居民服务的年轻人被迫成了"啃老族",而这也让许多有志之士在面对薪酬及待遇时却步。

另一方面,多数的居委会的干部多为非公务员,升迁通道有限,而这一类型的工作其从业者也难以跳槽至其他类似的岗位中发展。可以说,居委会的大多数年轻干部仅仅是为了他心中的愿望而从事这一职业,但难见出头之日。

(二)建议

(1)逐步放开政府对居委会的各项细化要求,做到"还政于民",确保居民委员会的各项主要职责得到落实、完成。提高居民委员会在各项活动、工程中的话语权与决定权,拥有更多监督权与自主权。

(2)细化各个基层的任务,逐步分离出居委会的管辖与控制职能。同时对各项行政任务进行简化,剔除冗余任务,提高居委会干部的工作效率。

(3)合理规范薪酬及福利等待遇,尽可能做到同工同酬制度,抚平干部间的情绪。同时开放从居委会至上级政府机构的晋升通道,使居民委员会不仅仅是一块半封锁的小单位。

*注:2016—2017年间,居委会工作人员的工资发生了较大的调整。2019年居委会主任的月薪约10000元。——编者

【子报告5】：小人物的志愿者——记老党员王佳军先生（节选）

高三（1）吴　越

人物简介：

王佳军，1945年11月出生，1965年参加工作，1971年加入中国共产党。2000年退休前任上海海运局船舶政委，2001年9月转到塘桥社区。2006年至2012年曾担任过两届浦东新区南城居委会主任。王佳军同志热爱社区工作，热心为居民服务，在他担任居委会主任期间，南城居委会数年被评为浦东新区优秀居委会、浦东新区平安小区、上海市平安小区。

他热衷参与志愿者活动，组建了多个志愿者队，曾获上海市优秀志愿者，多次获浦东新区优秀志愿者。

访谈简录

关键词一：志愿者

王老先生说自己退休后这十几年的身份其实就只有一个：志愿者。

在担任居委会主任、党总支委员时，他也是没有报酬，实际上是自愿担着这份责任。他认为自己之所以能在做居委会主任期间做好，也是发扬了志愿者精神。"做了就要做好"是他的人生信条。例如，南城业委会沙龙是自治家园建设的一个特色，他总是抽出时间参加他们的活动，讨论和交流带有共性的问题，指导各业委会的日常工作。每年居民代表会议之前他都能分片分块地广泛听取居民的意见，提出有质量的提案和当年急需解决的实事工程，深受居民的欢迎。

在居委会的工作之外，王老先生最引以为傲的就是他管理的那几支志愿者队，包括爱心服务站志愿者队、社区平安志愿者队，等等。

在2010年世博会期间，在他的主持下，南城居委会组织了两百多名志愿者为世博会服务，他担任总队长，充分发挥了居委会的"自治功能"，几支志愿者队伍，全部由志愿者自己来管理。他亲自负责管理的其中三个站点就有六十余名志愿者，在两百多天的时间里，不管是酷暑还是严寒，不论是刮风还是下雨，他都必到现场，有时从早上6点到晚上11点半，一天七八趟往现场跑。在他的带领下，南城站点的志愿者纪律严明，行动迅速，着装整齐，行为规范，得到了上级的好评，被评为上海市优秀志愿者集体。

被问及成功组织好志愿者工作的秘诀时,他说关键要不辞劳苦,他自己也时常与志愿者一起站班,身体力行,切实体会志愿者的需要有利于组织管理。如此,与志愿者打成一片,才能在听到抱怨时即时反馈,不断改进。

被问及他在组织志愿者服务的过程中遇到的困难与解决方法时,他坦言确实年纪大了,身体有时候会吃不消。但是,他强调了"习惯"二字的重要性。一旦志愿者精神成为精神的一部分,一旦志愿者成为身份的一部分,渐渐地身体上也习惯了。所以,他甚至开玩笑说自己把站班当作锻炼身体,还有益身心健康。

被问及什么是他认为的志愿者精神的内涵时,他强调志愿者不仅仅是自愿的,志愿者也是一种义务,一种道德上的义务。每个人都有帮助他人的义不容辞的责任,当我们每个人都能认识到这种道德上的约束时,志愿者精神才能更广泛地在社会上传播。

被问及现今怎样更好地推广志愿者精神时,王老先生觉得缺乏管理是一大问题。就社区志愿者而言,许多居委都设有类似的志愿者岗位,但是容易形同虚设,变成茶话会,甚至无人问津。社会上的许多志愿者也是一样,队伍靠管理,不管就散了。他很欣赏一些社会组织的工作,希望政府包括社会组织、社会团体能够规范志愿者管理,让志愿者清楚自己该做什么、能做什么,进而发挥更大的作用。

关键词二:老共产党员

当被问及是什么特质让他得以坚持这么多年的志愿者工作时,王老先生特别提到了自己作为一名老共产党员的身份。1969 年,年仅 24 岁的他作为机关干部从上海前往黑龙江,带领知识青年插队落户,和知识青年同吃同住同劳动。他回忆起那时虽然条件艰苦、生活朴素,但是大家都很有干劲。他对自己要求严格,对工作富有热情,在黑龙江一待就是六年,其间有三年没回家过年。是那时养成的严于律己的习惯与责任感使他觉得在退休后,仍然要为社会做些什么——即使自己是小人物,做的也是小事。

进一步,他补充道,自己作为老共产党员、作为老干部不仅仅要多做些实事,如居委会工作、志愿者服务等,还要发挥正能量,起到一些积极的作用。他说现在社会上有太多负面的声音,特别是年轻一代对社会有许多负面的看法。这时候,需要他们这些老干部传递正能量,引导青年人正确看待社会、正确看待共产党。他接着说,社会上存在问题是必然的,但要看到好的一面。这么大一个国家是必然会有各种问题的,但是改革开放以来,中国各个方面,经济科技文化生活水平都有了飞跃,这是中国取得的巨大成就。作为时代的亲历者,他有责任让年轻一代看到这样的发展,进而看到社会上正的一面。

被问及为何许多人产生对社会的悲观,进而转变为党的不信任时,他首先一再强调中国共产党的领导是历史的选择,是人民的选择,这点是毋庸置疑的。对于为何会产生不信任,他觉得除了个人主观原因之外,也有党内部的原因,特别是那些贪腐分子。身为党员,更应该以严格的标准要求自己,更应该努力做一名小人物,努力为人民服务,而非谋取钱财。

被问及他对小人物这样一个身份有什么看法时,他说作为一个小人物首先没有太多压力,不用去面对各种各样繁杂的事情,因而可以更好更安心地做好自己本分的事。其次他知道自己能做的是有限的,因而会更努力去做这些事情,并且把它们做好,这样当这些小贡献积累起来时也算是对社会做了大贡献。

分析与思考

王佳军先生无疑是个小人物,他只是个退休的老干部。但他也是个不寻常的小人物,退休后还参与社区建设,年逾七旬还组织管理志愿者。

我们在王老先生身上看到了劳模式小人物的几乎全部特点,持之以恒、淡泊名利、甘于奉献,但正如他自己所说的,归结到一点那就是"志愿者精神"。

小人物的最大特点,其实就是"做小事",这些小事包括了我们生活的方方面面,它们之所以被看作"小事",并不是因为它们真的无足轻重,而仅仅是因为,它们和那些抛头露面光鲜亮丽的大事相比是如此的低调,以至于为人所忘记。

志愿者在做的正是这样的小事,看起来不起眼,仅仅是帮助别人,仅仅是做一些诸如在地铁里指路、在科技馆担任讲解、陪残疾人活动之类的小事,但是,正是这一点小事却真正让社会充满温情,让人与人之间更加有爱。学会做志愿者,也即是"学会做一个多做小事的人"。

我们要学习小人物,不妨从学会多做志愿者开始,成为一个真正于社会有价值的人。

【子报告6】: 医疗体制改革的新曙光——社区医生朱兰的创新服务(节选)
高三(6)朱佳雯

一、社区医生朱兰创新服务的医疗体制改革新曙光

在 2004 年,上海改变原有医疗卫生服务架构,地段医院转为社区卫生服务中心,形成以社区卫生服务中心、社区卫生服务站等为主体的基层卫生服务体系。

这是惠民的好事,但医院里的医生却面临转型,从原来的专科医生转向全科医生。

转型是痛苦的,当时部分医生选择跳槽、改行。理由是:希望当一个更体面的医生。因为当时全科医生不被看好,被认为社会地位、学术地位都很低,甚至被与"赤脚医生"画等号。在社区当一个需要全科知识的家庭医生,被认为既累又苦,更没前途。

对医生来说,转型的痛苦还有服务理念转变。比如,医生不能再"坐在诊室等病人",而要下社区。对"全科医生"这个未知新事物,很多医生不敢涉水。

朱兰依然决定选择留下。因为社区医院有许多老年病人,让她不舍得离去,正因为这些老年病人,让她有了简单的想法,要做中国第一代全科医生。

朱兰坚守社区17年。旅居海外的亲戚几次劝她,去外国深造留学,都被她婉拒。她说,不论当年还是现在,她都认定家庭医生是一个正确的方向,是一项伟大的事业。

2011年,徐汇区成为上海率先试点家庭医生制的区县之一,朱兰又面临一次职业转型。当时,社区医院里有人观望,有人发牢骚,也有人看热闹。但朱兰则认为,这项制度可造福百姓,"全球50多个国家都实行这一制度,这是我国医改的一个方向,是一个正确的方向"。就这样,她带领团队,到一个个居委会去宣传、一个个家庭去敲门,去签约。

很快签约1000户,朱兰率领团队创建"谁签约、谁负责、谁服务"的网格化运行机制。对于不断增加的签约户,朱兰又创新建立家庭医生健康评估体系,首批建立500多户家庭的健康报告,包括家庭环境等60多项指标。朱兰说:"不摸清地区人群的健康状况,怎么制定健康防治方案?"

面对社区呈井喷态势的慢性病,如何预防、干预是挑战。朱兰一边跑图书馆查阅国外资料,一边请教复旦大学傅华教授,共同探讨对策,逐步建立社区慢性病群组干预新模式。数年后实践证明,该模式是有效的,首批700名高血压入组患者的血压得到有效控制。随后该模式得到推行,并获得区医疗卫生技术奖。

这个历时半年的心血之作,成为徐汇全区健康评估的第一个范本。到了2015年,朱兰又"自我加码"。眼见着社区老人越来越多,老人看病不容易,她与街道商量,决定试点"医养结合"项目。街道辟出空楼作为"老人日间照料所",朱兰和团队进驻提供医疗服务。为此,朱兰最近又开始钻研老年病、老年护理的前沿新知识。

朱兰和她的团队慢慢积累了比较全面的信息,为更好地服务老人打下了良好的基础。在工作中一点一滴的小事,却关系着老人的生命、家庭的幸福、社会的和谐,是不容忽视的"小事"。朱兰和她的团队已为社区老人上门服务11668次、送医送药9726次、精神慰藉1700多次、电话咨询23845次、健康讲座498次。上门服务的家庭医生以三级甲等医院作为技术支撑,保证老人能享受到安全、有效、连续的基本公共卫生服务和个性化医疗保健服务。

居民有需求时,打个"健康联系卡"上的电话,他们一喊就到。利用高二暑假,我到社区卫生中心去做了志愿者,跟随朱兰医生实习,也得以近距离了解社区医生的现状。实习的当天下午,正好有个婆婆打电话过来,我就冒着暴雨,跟朱兰医生到婆婆家随访。

"婆婆,今天血压有点高,血糖也高了。你最近是不是又偷嘴了,一定要减少米饭,多吃蔬菜,适当吃点水果,先把血糖控制好。"问了婆婆的近况后,朱兰医生给婆婆做起了生活指导。朱兰医生说,家庭医生与医院的专科医生最大的区别在于,家庭医生与病人建立的是契约式长期关注,不是单纯治病,而是长期的健康管理,帮助大家选择适合自己的健康生活方式,预防和治疗疾病。

"为什么就想待在社区当一个家庭医生?"面对我的问题,朱兰说大学毕业刚到社区,那时她是心内科医生,在重症监护室常看到这样的场景:抢救室里满是全身插满管子的病人。"我看见太多人小病拖成大病,高血压、糖尿病患者因为自身忽视、拖延病情,或不规范治疗,最后累及肾脏、心脑血管,导致肾衰竭、心衰竭,这很可惜。"

"我们需要医学理念的转变,把预防的关口前移,通过家庭医生努力筑起健康堡垒,真正成为健康'守门人',这是正确的方向。"这是朱兰,一个基层社区医生的"健康梦"。

社区医生朱兰试点的"医养结合"的创新服务,让我们看到了医疗体制改革的新曙光,同时,也发觉了目前所存在的问题。

二、社区卫生服务发展中存在的问题

1. 社区医疗服务与医院合作服务平台体系不健全。目前,各个社区都在上一次医疗改革后,配备有一定数量的家庭医生,然而能够做到数据与大医院联网的少之又少。在我实习的江南卫生服务站中,配备有 5 寸屏幕的心电图仪器,并且与第八人民医院的心电图室联网,可以及时得到最准确的诊断。卫生站医生告诉我,只有重点试点的部门才有这样的全方位的配备,大部分的卫生站还是做不到的。

由于社区卫生服务机构基础设施简陋、设备陈旧,医务人员服务能力和水平还不够,也没有三级甲等医院的支持,不能满足老百姓不断增加的医疗需求,再加上对社区卫生服务机构的信任危机,老百姓看病难问题还没有得到彻底解决。

2. 绩效考核体系不健全。社区卫生服务机构实施基本药物制度后,财政加大投入保障,社区医院"以药养医"局面得到根本改变。原有的绩效考核体系已不适应"基药"实施后的社区医院,社区医生工作积极性得不到充分调动,不愿承担医疗风险,小病往大医院推;干多干少、干好干坏都一样,社区责任医生"一站式"服务质量与效率低下,传统体制下的"大锅饭"现象重演。

3. 被治疗者对医生能力的怀疑和既成的就医习惯阻碍社区卫生服务发展。在

20世纪90年代时,上海的医疗体制曾经与西方国家相似,分三级的治疗体制,然而市民强烈反对,认为这样的政策会阻碍人们看病的自由,经过再三考虑,放开了政策。这样看似的"自由"却带来了问题,让大众养成了错误的就医习惯,并逐渐造成医疗体系的混乱,使得医疗资源分配不均匀、就医难等种种问题浮出水面。

谈及全科医生的专业水平,很多人都持怀疑的态度。在我实习的经历中也感到他们的无奈。带教医生告诉我,他们在大学里都是专攻某一科,因为家庭医生的工作要关系到身体所有部分甚至心理,而这些是他们来社区医院之前没有接触过的,他们对于自己不太熟悉的部分,只能自己看书或者咨询相关人员,单位能提供的也只是讲座、集训一两天。在这种状况下,要去帮病人解决全科医生甚至心理医生解决的问题,没有经过专业培训,很难做到专业,也就很难得到老百姓的信任和认可。

4. 福利待遇和工作环境差。目前无论是社区医院还是下属的服务站点,环境都比较破旧,难以满足当下年轻人的事业成就感,很难吸引并留住有用之才。我实习的江南服务站点位于一个比较老旧的小区,位置十分偏僻,实习的第一天正逢暴雨,积水过膝,家庭医生只能在这样的环境里工作。卫生站上下两层只有几间房间、几张桌椅和一张病床,加起来也只有三级医院的一个角落大。

在与带教医生闲聊时,提及福利待遇一事,他们都面露尴尬,神情凝重。自嘲收入正好解决了温饱,房、车在退休前是不可能实现的,也就意味着,选择了社区全科医生,就要守住清贫,抵住高薪的诱惑。福利待遇和工作环境不改变,多数家长不会同意子女寒窗苦读数年,去这样的地方工作。就是坚持去了,也有可能面临结婚、生子的压力,不会一直留在社区卫生服务机构工作。

由于社区卫生服务机构的特殊环境以及体制的原因,家庭医生面临着工作压力大、待遇低的双重压力,致使家庭医生很难始终以很大的热情投入到工作中,也导致了业务水平不能提高,目前普遍现象是优秀人才不愿到社区卫生服务机构,社区卫生服务机构也留不住人才。

【子报告7】:忠诚而静默的卫士——上海反恐警察的品质定位(节选)

高三(3)刘一林　张婧怡

(谨希望以此课题引起人们对城市反恐和民警们的关注。)

一、采访记录

采访对象:上海市某区反恐大队副队长杨某某(应要求姓名不予公开)

采访内容：（以问答形式陈述）

1. 您能为我们简单介绍一下上海的城市反恐体系吗？

上海城市反恐当前主要是三张网的建设，这个在很多地方都已见诸报端，以下是专业的报道内容：

2014 年以来，上海以防范处置恐怖袭击和暴力极端破坏活动为重点，建立健全了治安巡逻防控、武装应急处突和群防群治防护"三张网"。

第一张治安巡逻防控网。街面部署 8000 余名巡逻民警及 2.5 万名社保队员，117 辆巡逻车实施佩枪巡逻，织密治安巡逻防控网。

第二张武装应急处突网。在街面叠加部署 184 辆车、1100 名特警和武警联合巡逻力量、117 个派出所的街面巡逻民警实行佩枪巡逻。同时，新组建了 125 支武装机动专业队，形成"拳头效应"，一旦发生突发事件可以第一时间展开工作，在力量、装备、到场的速度上都能满足处置突发事件的需要。

第三张群防群治守护网。发动平安志愿者等群防群治力量，加强对重点公交站点、轨交出入口、轮渡码头、铁路车站的巡逻守护，及时发现并向公安机关报告各类治安异常情况。

第一张网主要针对人员密集、比较重要的场所，着装的警力，进行巡逻勘查。主要目的是把警力放到街面上，起到一定的威慑作用。

第二张网是我们警察出警能力提升的重要体现，在上次昆明重大暴恐案之后，许多警察都有了自己的佩枪，同时一直有专门的枪支训练，来确保他们能应对紧急状况。

第三张网是我们觉得最重要的一张网，因为毕竟警力是有限的，而人民的力量是无穷的。今年上海常住人口超过 2400 万，而警力却只有 4 万人左右，光靠警察的力量肯定是不够的，无论是反恐和治安都需要人民的积极参与。

2. 您的日常工作有哪些？有什么特别任务么？

现在这工作之前我担任了很久的派出所里的社区民警，我们的日常工作，肯定是防患于未然，尽力保障人民群众的安全。目前，城市中的不安定因素，多来源于外来人口。我们的任务，是要切身去了解这些外来人员的情况，对于有害于社会治安的迹象要予以及时的报备与防治。

说到理由呢，尽管这看上去像是一件小事，但一旦出现状况，就会造成很坏且影响面很广的影响。就比如说 2013 年震惊中外的"10·28"金水桥事件，只要对市民的人身安全构成了伤害，就很难控制其带来的一系列问题。不怕一万只怕万一，所以我们选择进社区，对这一类外来人口进行查访与登记，时常关心他们的生活状况以及情绪波动,将心比心,就会发现大多数人还是比较好相处的,只不过他们思想较为单纯,比较容易受到外界环境的影响,所以还需要多加注意。

但是有一点要特别注意,就是我们管理的事务内容和具体惩治邪教之类的还是有一定距离,那是属于国保还有610办公室的管理范畴,不在我们整个管理体系之内。

至于有什么特别任务,在这里其实就很难有所透露了(笑)。但我们的确有属于自己的一套应急预案,对于突发事件如何进行处理与救治都有着详细的规定,其中涉及卫生、消防、生化等各个方面,都有着各自的处理细则,在这里真的不便透露(笑),不过还是请人民群众放心。

还有一些大型活动,像上次上海举行APEC峰会,我们区也和其他区做了相应的预案及联动,这些都不在话下(笑)。

3. 您认为当前的防恐体系有什么漏洞吗?主要问题在哪?

正如我刚所说的,百密难免一疏。反恐其实是一件非常花时间精力的事情。我们是不可能做到百分之百防患于未然的。举个例子,路边有一个公交站有很多人在等车,这时候突然有一辆车冲过去,你说这死伤,又有谁能预防得了?尤其是像公交站、地铁站,还有火车站,这些人员密集的场所,更是难以做到无死角。反恐需要什么?反恐需要人、财、物三者兼备,其中无论我们在财力和物力方面投入了怎样多的精力(当然这的确是事实,上海近年来在反恐方面投入了大量的财力物力),如果没有人民群众的配合,始终还是觉得挺虚的。

这个主要问题,我觉得就在于,人民群众的配合意识,还是有待提高的。这个问题的责任也不能单单推到百姓身上,其实是多方面的因素导致的。市民还缺少对于城市反恐的配合意识,不完全能以一种主人翁的亲身感来面对这个城市反恐的共同议题。

4. 您对于反恐体系的完善有什么展望吗?

5. 平时以何种方式增进市民的反恐意识?效果如何?

这两个问题我觉得可以放在一起讲,正如我之前所说的,我们现在最需要提高人民群众的反恐意识。而在这方面,传统的宣传方式,可能是比较落伍的了。

首先对于我们市民的普及教育来说,学校方面很少有关于这方面的内容,而一些传统的宣传模式,像是看宣传片、发宣传手册,这些又太过于落伍与程序化,缺乏创新。也许三四十年前,用这样的宣传方式还能够起到一定的效果,但是在多媒体快速兴起的今天,这些方式显得就没那么有吸引力。还有其中内容的表达形式,不是那么贴近人们的生活,无法说到人心里去,更不可能培养出完整的意识体系,这是我们需要反思的地方。

还有就是对于一些"潜在分子",这些同胞很多都没有经过系统的义务教育,他们的教育是在清真寺、在《古兰经》的朗诵声中进行的，如何保证他们不走上错误的道路，是非常困难的一件事。因为他们有些想法已经上升到信仰的层面上了，很难再扭转过来。如何利用适当的方式对于他们进行教育，特别是普及法律常识，是非常重要的一件事。

至于增强反恐意识的途径和我们现在所倡导的方式，综合在一起可以大致概括如下：

一是提倡"五进"，就是进机关、进学校、进工厂、进企业、进社区。更加贴近人民群众，一步步强化人民群众心中的反恐意识。

二是提倡"三能三会"。2014 年 7 月 22 日，国家反恐办编制出版的《公民防范恐怖袭击手册》首发仪式在京举行，并向群众免费发放。公安部反恐怖局局长安卫星表示，希望通过这样的宣传，使广大群众不断提高反恐防范的意识和能力，使群众真正做到"能发现、会举报，能避险、会自救，能识别、会应对"。我们也希望群众能做到人人参与，但是普遍存在的害怕报复的心理，使得群众举报还不那么普及和为人所接受。

三是加强青少年的反恐意识，我们现在看到，对于规则和法律的遵守，青少年普遍做得比长辈要好，就比如说遵守交通规则，常常是小朋友牵着大人的手不让闯红灯，我们希望能将这个优势延伸到反恐意识上，逐渐使其深入人心。

四是充分利用新媒体的传播优势，结合传统的宣传形式，在传播方式上有一个现代化的变革。但这点是非常困难的，尤其是在当下对于警察的印象普遍模糊的情况下，如何运用新媒体正确引导人们对于反恐和警察的认识和理解，强化宣传力度，还有待考虑。而且这种方式投资较大，在没有先例的情况下并不知道前景如何，也是其中的一个阻力。

此外，我觉得，当下最大的问题之一，就是由于社交媒体的渲染，人们对警察普遍存在不信任的情绪，在面对一些涉恐事件时容易以讹传讹，这样的做法显然欠考虑。

6. 怎样看待 ISIS？是否是城市反恐的主要对象？

ISIS 是典型的宗教性质的极端主义组织，我国境内并没有这么大规模的极端主义组织，但是不乏民族分裂势力的袭扰。比较典型的有热比娅和"世维会"、达赖喇嘛和"藏独"势力等。他们危害到了我国的政治安全，但在城市反恐方面，并不纳入日常工作与主要对象的考虑。

7. 近日新的国家安全法出台，这是否是国家顺应国际上的反恐潮流的表现？

的确《中华人民共和国反恐怖主义法（草案）》的通过标志了中国对于反恐的意识不断加强，也顺应了国际上的反恐潮流。这部草案也为我们的工作提供了更有针对性的支持。但我们在看到这一进步的同时，也要意识到我们和发达国家立法之间的差距。这是一部程序法，相较于实体法而言少了一些可行性。但无论如何，对于反恐形势的重视是不会改变的。

8. 近日英国针对"突尼斯惨案"举行了大规模的反恐演习,上海作为国际化的大都市是否也有这个必要?

有必要,就像消防演习、地震演练一样,反恐演习应该成为预警措施中不可或缺的一部分。对于市民来说,需要反恐演习来补充或强化自身的反恐知识,在潜在的危险面前学会自我保护。对于反恐队伍来说,更需要通过反恐演习锻炼队伍,发现问题,确定改进的方向,避免大型暴恐事件发生时手足无措。而上海也的确非常重视这一方面,浦江系列反恐演习已经进行多次,直到之前的"浦江6号"演习,突出了市政府对于这一方面的重视。

二、问卷调查报告

(一)调查背景

从以上的采访内容中我们可以发现,在这样一个特殊群体,在众多默默无闻的城市建设者和维护者——警察同志们的无声付出中,我们才能拥有今日这样一个日日夜夜得以运转顺利的上海,他们是我们身边忠诚而静默的卫士。那么在他们的保护下的我们,乃至整个中国的国民反恐意识又如何呢?事实胜于雄辩,我们设计了一份问卷来解答这个问题。

(二)调查方法

采用定量分析和定性分析的研究方法。定量方面:报告数据收集和分析主要采用了通过问卷星网站(http://www.sojump.com/)进行在线问卷调查的方法;定性方面:对可接触对象进行访谈交流。两种调查方法结合最终形成报告。

(三)调查样本特征

1. 调查时间:2008年8月12日—2008年8月26日

2. 样本数量:116位用户参与本次网络调查,共收到各产品调查有效问卷111份

3. 样本地区构成情况

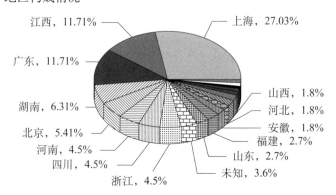

（四）城市市民反恐意识调查分析报告

1. 市民反恐意识——客观现状

在面对如何获取反恐知识的提问的时候，大多数人选择了网络、电视一类普及性较强的媒体形式，可是其效果可想而知。令人吃惊的是接受"针对性强的宣传"的比例要略高于估计值，让人感到有些欣慰。在这道多选题的最后，我们施放了一个具有诱导性的选项"其实知道的并不多"，饼状图内的百分比并不那么明显，但从数据上来说，111人中有31人勾选了这一选项，1/3的比例仅仅代表了信心不足的那一部分人的基数，这是值得我们思考的。

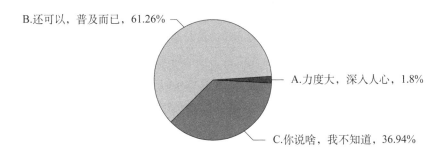

B.还可以，普及而已，61.26%
A.力度大，深入人心，1.8%
C.你说啥，我不知道，36.94%

然而更令人揪心的还在后头，尽管在采访中我们已经获悉了反恐演练对城市居民反恐意识培养起到的重要作用，但相应的，反恐演练的普及度却出人意料地低，在抽取的样本中只有14.41%的人明确表示参加过相应的活动，这为我们敲响了警钟。仔细想来，我们身边的这类活动的确是过于稀少，似乎与其重要性有点不太匹配。

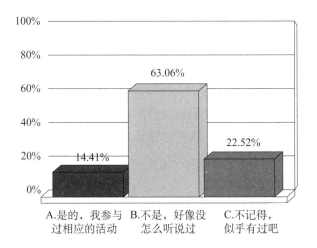

对反恐知识普及度的主观感受，也许正能很好地说明上述问题。在111人当中只

有两人对于城市反恐的相关宣传做出了相当高的正面评价,高达 1/3 的人也通过这种方式表达了他们的不满。看到这里,不得不说,当前反恐意识的宣传形式的确不容乐观。

2.　市民反恐意识——情境分析

地铁安检,这是一个逃不开的话题,在采访过程中,我们也询问了公安系统的内部工作人员,地铁安检并不属于他们的管理范畴,因而更能体现出人的自觉性。也许是提问方式太过直白,大多数人都遵从内心的良知,选择了"是"。但从日常经验来看,事实并非如此。人们内心拥有良知与践行良知之间还是存在着一定的距离。事实上,这个距离就是彼此之间意识的差别。

而当我们问到身边如果出现不良迹象时大家会如何面对时,分歧就此出现了。选择主动面对,还是"小事化了"? 大家的选择恰恰是对半开。这很好地反映了人们在面对涉恐事件的时候矛盾的心理,也就是之前采访的时候所说的"害怕报复"的体现。警民联合的"第三张网",能否起到作用,也是要依靠人们的主动参与。就这样的状况而言,虽在情理之中,也客观地反映了现状,但 50% 的概率,是该说太大还是太小呢?

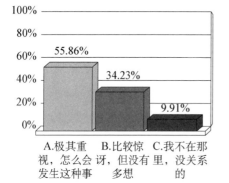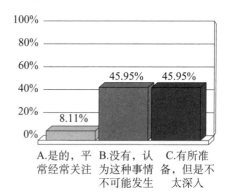

"3·1"昆明火车站暴力恐怖案之后,应该说人们对于恐怖袭击的关注度大大提升,因为恐怖袭击不再是大洋彼岸的"9·11",也不是基地、塔利班,而是发生在我们周围的、近在咫尺的身边事。但是很显然,我们对于这类事件的认识依然不够清晰,或者说,客观上在为自己的准备不足寻找借口。但培养反恐意识、获取反恐知识,的确是为了我们每一个人的人身安全着想,关乎我们每个人的切身利益。我们在反恐知识以及反恐意识上的缺漏,在一两个问题面前暴露无遗。

3.　市民反恐意识——直接反馈

那么到底怎样才能增强市民的反恐意识呢? 势必要涉及反恐知识推广的真正阻力。群众的眼睛是雪亮的,尽管反恐宣传方式上的问题有待改进,但,人们普遍不重视,才是大家公认的第一理由。只有对于这个问题有了正确的认识,摆正心态,才能得到良好的解决。

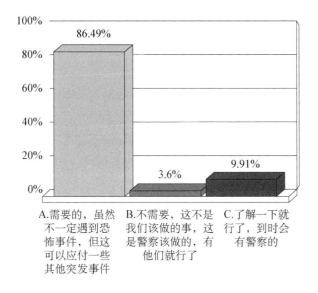

与此同时,我们很高兴地看到,一旦提到这个问题,人们对于增强反恐意识的意愿还是十分强烈的,这为这个问题指明了一条出路。也就是说,人们对于增强反恐意识并不排斥,这也对解决反恐意识薄弱这个问题的可能性,给出了肯定的答复。

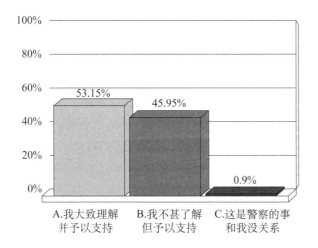

最后,还是要回到日日夜夜为我们辛勤付出的公安系统的各位干将身上。我们相信不管舆论宣传如何猛烈,至少在这里体现的市民对于警察工作的支持,也是足够暖

心的了。

【子报告8】：访全国劳模——私营理发师殷仁俊(节选)
高三(5)赵海俊

第一次见面

这真是一次很不严谨的见面,完全是兴之所至的临时决定。

在去的路上我杂七杂八地想了挺多,首先是对这位劳模确实挺好奇,毕竟全国劳模,以前一直觉得不是和自己一个位面的生物,今天终于要见着活的了! 会是一个怎么样的人呢? 好想知道他们这些劳模都是怎么能办到这样的事情的。其次……劳模叔叔的店真的好隐蔽呢……把曲阳新村邮电新村玉田新村各种一村二村都绕过了怎么就是找不到呢! 我们问了一些路上的阿公阿婆也没人知道有一个免费给老人剪头发的理发师。

我默默吐槽,这劳模似乎也不怎么样啊,周边的知名度都不高呢。

好不容易看到了一家理发店,装修挺富丽堂皇的,叫"俊峰美发厅"。想到要采访的劳模名叫殷仁俊,我立马激动了,终于找到了! 不过……感觉好有钱,和网上说的不一样诶……我怀着复杂的心情先去了旁边的一家小卖部打听情况。

老板娘:"你说殷仁俊啊,呵呵呵,这当然不是他家的店啦,他店很小的,要再往前去呢。"

听到不是这家店我也松了口气,转而又兴奋起来——

"阿姨你认识殷仁俊吗,可以说说你觉得他是一个怎么样的人吗?"终于遇到一个认识他的了! 从侧面了解到的情况也有助于我对于这个人的判断。

"他啊,其实我也不熟,只是都是个体经营户嘛他又是个协里的领导……他也是做好人好事嘛,我来上海十几年了,他比我来得还早呢,我到上海的时候他就在做了吧,坚持了这么久也很不容易的哦。"

总觉得在小卖部老板娘那里没问到什么有用的东西,不过最有用的就是给我们指明了目的地的方向。费了九牛二虎之力,终于遇到了一位好心的保安带我们去了那躲在门卫室背后小得一丢丢的理发店。

和我之前了解到的一样。

里面有着一位理发师和两位老人,看样子就是要找的劳模没错了!

"是殷叔叔吗,你好。我们是学校里来做社会实践,想要采访一下你……很抱歉没有事先联系,因为不知道怎么能联系上您……可以麻烦问一下方不方便让我们问几个问题吗?"

"哟,小殷,又有人来采访你了。"一旁正在染头发的老婆婆笑着说。

殷叔叔一边剪头发一边对我们露出和善的微笑:"哦,好啊,没问题,我这边马上忙好就来接待你们,先旁边坐一下好了。"

事后几个同学交流起来我的采访似乎还是进行得最顺利的,其他几位同学去采访劳模总是先联系他们的单位或个人而后被各种推脱拒绝,也只有我就这么大咧咧地去了而且还就这么采访到了,算是挺幸运的一件事吧。

我坐在一旁默默地观察他——理发的同时一直在与老人们聊天,十分熟络的样子,中间还时不时与我们也说上几句,问问我们是哪个学校父母工作是什么之类的。

我一边回答他一边心不在焉地在本子上写写画画,突然朋友拉了拉我的衣服,凑近:"你看!他收钱了。"我一定神,果然是手里不知一张还是两张的十元纸币。

我觉得不太对,网上的各种报道都写了他免费为老年人理发,是他骗人了还是媒体的报道有误?那位老婆婆明显是老年人吧,不过劳模叔叔对于老年人的判定标准又是什么呢?而且老婆婆给钱的态度也是十分自然,她不知道这位劳模的事迹吗?

我按下心中的疑问继续等待,等到几位阿婆大爷都完事了,殷叔叔终于有空来接受我们的提问。

先做出一副好学生的样子对自己的来意再详细地做了一番听起来很高大上的介绍,再是表达一下自己对劳模的敬佩与赞美,了不起啊值得我们学习啊……殷叔叔应当是更加开心了点。然后按照一般套路来提问——

"嗯……查了一些资料殷叔叔你是因为坚持免费为老年人理发所以被评上劳模的……所以在最开始的时候你是怎么想到要去做这件事的呢?"

"哦,这个呀,是这样的,我 1984 年来上海,然后……"

殷叔叔讲述了他到上海后的经历,那天有个女人请他上门为自己瘫痪在床的公公理发,他当时也年轻,听说女人被之前的好几家理发店拒绝了,就答应上门服务。到了家里没进门就闻到一股臭味,女人急急忙忙去点香,担心理发师嫌味道不好闻。在理发的过程中,公公还失禁了,媳妇就连忙帮他清理。

就这样,殷叔叔被那位媳妇对公公的照顾感动,答应以后凡是老人需要理发,都可以来找他上门服务,不要钱。

之后,他免费上门为老人服务的名声渐渐传开,他做得越来越多,就这样坚持到现在二十多年了。

"哦,所以是上门为老年人服务不收费,在这里还是要收费吗?"我想到了刚才的疑问。

"嗯,对的,还有就是每个月 20 号在南京东路我们会免费为老人理发,这里是我的工作嘛,还是要赚钱的。"

……

……

回家的路上,朋友问我:"你准备怎么写这个人啊,感觉他说话每句话都说好几遍啊结果还是什么都没说啊。"

我翻了翻笔记,有些想扶额:"多说几遍大概是看我在记笔记好让我记下来吧,不过内容真的是不够……"

"是啊你再不走我也要被洗脑了,不过这个人感觉文化程度也不高,你再要他说点什么能让你写文章的他也不一定能说得出来。"

"那下次我们再去南京东路看看吧。"

南京东路每月 20 号服务

那天我起了个大早,到那儿时理发师们还没到,我去和排队的老人们聊过后才知道自己收集到的情报有误,那些说 5 点多就到的都是来排队的老人,理发师们 7 点来。怀疑过自己的智商后我继续和老人们搭话,他们最早的竟然 1 点不到就来这里排队了。

因为理发师们来了之后就是忙着理发,所以我也就是和南京路上的老人随便聊,了解到南京东路上有两三个理发的团队,但是殷师傅带队的排队的人是最多的,一是因为他们免费,另外有一个摊子那好像每个人要收四块,再者也是觉得他们剃得比较好。(对这里的真实性表示怀疑,因为感觉会来这排队的老人大概不会去收费的那边剃然后再来比较好坏。)

上门服务(一)

由于在南京东路没法采访,殷叔叔就让我坐上了他那辆摩托车,带着我去他要上门服务的人家。

去之前殷叔叔先和我讲了一下那家人的情况——一个困难的再婚家庭，儿子有智力障碍，父亲去世后母亲又带着儿子嫁给了现在的丈夫，儿子当然没法工作，母亲的身体也不好，好像是腰椎间盘突出，而且还要留在家里照顾儿子，只有继父一人做公交司机的工作，生活很是清苦。在一次南京东路理发时殷师傅了解到了他们家的情况，主动提出了在南京东路服务结束后上门为他们理发，一直坚持到现在。

那家人就住在宁波路上，那是十分小的一间石库门房子的一楼的客厅。一眼扫过去，狭小的空间里摆满了家具显得有些拥挤。

那位阿姨一见到殷师傅就十分高兴地招呼："哟，殷师傅来了，诶呀不用脱鞋了不用脱鞋了！"看到我时："殷师傅今天还带个徒弟来啊？"殷叔叔解释："这不是徒弟，是来采访我的同学。"那位阿姨似乎有点激动："啊是记者啊，快进来快进来。"招呼她儿子："来叫人，小殷叔叔来了，还有叫姐姐！"说到这里，她转头看看我："记者同志你多大了？""额，我不是记者……我还在上高中呢。""啊，那不能叫姐姐，我儿子他都三十多了。"

阿姨见到了我好像也是有说不完的话，她拉着我就开始说起殷师傅帮助他们的事——

"我跟你说，殷师傅真的是好人，现在社会上像他这样帮助别人的人不多了，我一直不知道到哪里去感谢他，我自己身体不好不能坐下来写字，不能给他写感谢信，你来了也是太好了，能帮忙把他的事迹都宣传出去。"

"我和你说，他真的是风雨无阻，每个月都来，从来不喝一口水，你看我现在水也不给他倒了，反正他也不喝。逢年过节还给我们送东西，关心我们残疾人，都是奉献精神啊！"

"之前我带着儿子去南京东路上排队，他看出我儿子不对，你知道的呀，脑子不好这种都看得出来的，他就主动提出说要来上门服务，不用我们老早去排队了，这就是共产党员的无私呀！"

"殷师傅他就像我们的亲人一样，比亲人还亲！我在上海老家里的亲戚也帮不到我，殷师傅来帮助我们！"

……

我奋笔疾书，殷叔叔也被夸得有些不好意思，边理发边说："应该的，应该的！"

"你看他还说应该的！不只给我儿子剃头啊，他爸爸工作忙要剪头发也是殷师傅带个包来给他剃！"

"哦，今天正好记者来了，之前居委会给我一张明信片，殷师傅你一直都不肯收我们东西,那这个我也不送你,让小记者帮我寄到上海市政府。来来,小同志你帮我写句话好哦!"

"你看,就这张,你一直帮我们,我们也不知道怎么感谢你。"

"就写——殷仁俊的雷锋精神在我们残疾人家属心中光大,发光!"

"你看我也一直不知道怎么感谢他,小记者你帮我把这个寄到上海市政府好哦,还有这张照片! 之前剃头的时候拍的,你贴在后面正好,我儿子眼睛一看就能看出来是残疾人嘛。"

"你们肯定都知道往哪里寄的,不像我们没文化寄到哪里都不知道,麻烦你了哦。"

"太感谢你了小同志,我真的是一直不知道怎么感谢他,你这是帮我了了一个心愿啊!"

走之前阿姨还一直拉着我的手,我也被她的情绪感染,有些不能平静。

我感受到了帮助能给别人带来的感动。

上门服务(二)

曲阳新村听说之前是华师大还有其他几个大学的员工宿舍,年代久远,也住了一批资格很老的老教授和老革命(革命工作结束后从军队里退下在大学里担任党委干部)。

那天我是下午到的殷叔叔的店里,在那等了挺久,来理发的人一个又一个来这里排队,他也始终在给人理发,忙完这个忙那个,剪头发,染发,卷发,中间还接了八九个电话,不是问他现在有没有空想来理头的,就是打电话来问他现在有没有空去上门服务的。我看着都恨不得他能像章鱼一样长出八条爪子来做事。

他终于理完了那些人的头发坐到了我对面,我翻开本子开始提问,其实也问不到什么有用的东西,然而能不能得到我想要的答案是一回事,问不问又是另外一回事。这时我想到了刚才打来的几个电话:"殷叔叔你是不是还要去上门服务?""是啊。不过现在我先接待你一下,过会就去。""那个……如果不麻烦的话,我可以跟过去看看吗?""哦,好啊,当然可以,我带你过去。"

去的第一家在按了门铃后始终没有人开门,最后还是这栋楼里的其他人帮我们开了大门,到了楼上后好不容易敲开了门才知道原来是因为老婆婆耳背,没有听见敲门声。很开心地把我们迎进门后,婆婆搬来了椅子,让我们坐。老公公有一些老年痴呆,他躺在一边的躺椅上和殷叔叔东拉西扯地说话,如果仔细听,还是会觉得那是一位受过高等教育,很和蔼可亲的老知识分子。

殷叔叔把围巾给老公公系上,先让我给他拍照片。

那块大围巾似乎是专门出去上门服务时用的,应该是定制的,大红色,上面印着他为别人理发时的照片,不过是版画风格的,旁边有两列对联,总之是为人民服务的主旨,里面嵌他名字"殷仁俊"三个字。而他在店里用的还是紫色白色最普通的那种。

拍了好几张,要把围巾那上面的画和字都拍进去。想到之前南京东路也有这么一遭,不过好像是他自己动手没让我来拍,又想起之前看到他的朋友圈,大概是每一次上门服务他都会拍下照片来发朋友圈还有发群里,对于我这个年纪的人,或者仅仅是在我看来,稍微有些做作了,但是细细一想,这样做也是有来号召大家多做好事之类的意图,有唤起大家善心的作用,现在不都是这么做的吗!

走之前婆婆送了我一张曲阳街道的报纸,上面有有关殷师傅的报道,她看到就留了下来。我觉得她想自己留着,便有些不好意思拿。

"你拿着,拿着,街道里还很多,我再去拿一张好了,你采访他,有用!"婆婆硬是把报纸塞到了我手里,又拒绝了我帮她扫地的想法,坚持自己把头发打扫掉了。

上门服务(三)

之后我们去第二家人家,也是两位老人家,到的时候我瞄了一眼墙上的钟,大概是五点半左右,这两位老人看起来都比较健康而且精神,不过老爷爷已经89岁了,真是看不出来。两位老人同样是曾经在大学里工作的知识分子,在殷叔叔坐在一旁看手机的时候我和老爷爷就先聊了起来,老奶奶好像也是耳朵不好,没有加入我们的谈话,去端了水给我们喝。

我和爷爷从我上的初中高中开始讲起,讲到他在大学里教书,几个儿女都事业有成。

这个话题结束,爷爷说:"小殷,可以剪头发了吧。"

殷师傅继续看手机:"嗯,马上,我这个手机里东西太多了要清一下。"

我感觉这样不太好,便没话找话,继续和爷爷聊了起来,聊到考大学去北京还是留在上海,还有上海和北京两个城市分别怎么样。

话题聊到这里好像不太能深入下去了,爷爷:"小殷啊,什么时候理头发?"

"嗯……再等一下就好。"

我其实也有点饿,但为了不冷场继续和爷爷聊,这次我们从"五四运动"、秋收起义谈起……爷爷在我们进一步深入探讨时转变了话题:"小殷啊,已经很晚了,小姑娘还要回去吃饭吧,让同学待到这么晚也不好啊。"

不久殷师傅站起来理发了,依旧让我帮他拍照片。

聊天的过程中老奶奶翻出一张报纸塞给我,和之前一家的婆婆给我的一样,我心里默默念叨——假如走上十家,是不是能拿到十份报纸。

那天殷叔叔开摩托送我到八号线曲阳站时已经七点多了。

总结

之前对这位劳模的印象只是停留在语言与文字的溢美之词。我觉得劳模就是劳动模范,那自然是各行各业的精英,是智者,是贤者,是那种听君一席话胜读十年书的引领者。而实实在在的他却不过是一个普普通通的理发师,开着一家小店,每天赚着那么点钱,做着那么点好事。

说也好笑,我在暑假里甚至一度郁郁寡欢,对这个社会感觉越来越失望:劳模究竟是怎样的人?什么样的人能被评上劳模?不过,一切的一切,还是因为我把"劳模"当成了一种荣誉,当成一种符号,而忘记了劳模只是一个普普通通的劳动者罢了。

直到开学我去问政治老师,找班主任,老师们一点点地使我解开了心中的困惑。

一开始,我纠结于所有问他的问题他都能直接去说"感谢党感谢人民要更好地服务社会"之类的大义,老师告诉我这只是他被体制僵化,从周边的群众口中,更能问到我想知道的。

然后,当我不明白他为什么能得到全国劳模的荣誉,老师让我了解到个体经营户生活的没有保障,以及 26 年的坚持的不易。

再后来,当我愤愤于劳模也会"自我宣传",指责他把握不好时间不分主次时,老师一句:"把握不好时间,不分主次……诶,这说的不就是你嘛!"让我默默咽下一口老血。劳模和我一样,也会钟情于自拍与微信,只是目的不同。

终于,我所有的困惑不再是困惑。总觉得在想明白之后再去想没想明白时的自己果然特别傻呢。

……

老师说我幼稚肯定是没错的,毕竟我已经习惯了站在自己的角度思考问题,也没有什么阅历,特别容易钻牛角尖。这次社会实践能让我接触到社会中的一部分,又发现了自己的诸多缺陷,也算是意义良多。

后记：

修改了几遍，最主要的变化大概是——从"不敢给劳模看"到"终于敢给当事人看了"。

我感觉议论可能有点少，但是哥哥说会认真看我这篇文章的人，自然可以从字里行间看出来（比如劳模把自己要赚钱养家的工作和为人民服务分得很清楚，比如说老人对他的评价都很高。如果是独居的老人，他在老人家里多留一会，老人还会觉得有人聊天很开心之类的）。

哥哥是老师，他帮我看过后说我写得蛮好的（其实他教理科，我才不相信他的写作能力，不过他逻辑一定比我好），然后给我提了挺多意见，不过我还是自己改的（本来哥哥叫我不要跟你们做了，我自己这单独一篇当个课题，去参赛啊，投稿啊，也蛮好的。被我果断拒绝了，感觉自己还是挺有团队精神的）。

2016. 2. 13

"老三届"的故事

——2017年社会实践课题报告(节选)

提　纲

总述：秉持本色,处繁以静——"老三届"故事的启示

一、磨难淡去是平凡——江小海的故事(节选)

二、乐观面对时代漩涡——史纪龙的故事(节选)

三、春风又绿——东台知青文艺宣传队的故事(节选)

四、与世无争的逍遥派——俞志达的故事(节选)

五、一腔热血青春路——于智浩的北大荒故事(节选)

六、特级教师的黑土地情怀——刘砚的故事(节选)

七、世界那么大,我想去看看——邱国良的故事(节选)

八、十年"文革"十年"梦"——杨桂秋的故事(节选)

九、做好自己,心安理得——贾姝的故事(节选)

十、渴望读书——张梅珍的故事(节选)

十一、绝不放弃任何机会——袁宝福的知青岁月(节选)

思考：面对历史漩涡,走好脚下的路——关于课题的两点思考

尾声：故事,从高中写起……

总述：秉持本色，处繁以静

——"老三届"故事的启示

执笔：1707 陈佳颖　　1804 肖　璐

　　　1804 张知行　　1803 邱昌元

"老三届"，指的是 1966、1967、1968 三届初、高中毕业生，他们参与了那场史无前例的"文革"浩劫并受到冲击，离开学校，离开城市，离开亲人，上山下乡，插队落户，是特殊时代的"知识青年"。在接受"贫下中农再教育"之前，红卫兵小将叱咤风云——没错，那些批斗老师的、上街抓"牛鬼蛇神"游行示众的，甚至各立山头武斗流血的，正是这些"老三届"学生。

我们不否认这一代人曾经在"文革"中作过的"恶"，我们也无法无视他们为了自我救赎所吃过的苦。今天我们的课题，只是着眼于"老三届"群体中的极少数个案，一群仍然健在的普普通通的"老三届"，他们已经步入老年，人数在逐年减少。我们试图探讨这少数个体在"文革"历史漩涡中，如何从冲击、迷茫、困惑、痛苦中走出来，如何清醒冷静地自省，永不放弃自我信念，从而葆有在艰辛历程中独特而共同的精神品质，那种只属于"老三届"的特殊品质。

"老三届"这个名字，本身所涵盖的时代意义和精神内涵，值得史家探讨商榷，无论褒贬几多，"老三届"也足以载入史册。时隔近半个世纪，面对巨大的世事震荡和时代漩涡，"老三届"们，那些在当年不过和我们一般大的孩子，他们面对冲击所抱有的心态，他们身处动荡所具有的处世态度和作为，都值得我们去一一体味与深思，在其中，可以窥见一种朴素却闪光的人格特征，可以洞察身处逆境而不屈服命运的时代精神，对我们"00 后"而言，是极其珍贵的精神财富。

身逢时代之乱，何以立身？

"老三届"用他们的青春书写了一个答案——秉持本色，处繁以静。

何以谓繁？

半个世纪前，那份激进的狂热展示了破坏一切的力量。从南到北，从城市到乡村，从工厂到学校，一切都乱了套，生产停滞，交通瘫痪，秩序混乱，学校停课了，大学不办了，"老三届"们的学业也被迫中断。憧憬？心愿？理想？那一个个青春的梦啊，在乱世漩涡中成了荒唐的泡影。

何以为静?

就是永葆初心的精神,乐观泰然的气度,永不放弃的倔强,真实人生的智慧,乐于奉献的诚挚,脚踏实地的干劲。不惊慌,不忙乱,内心宁静。这种宁静源于对个人与时代关系的清醒认知,对平凡生活的理解与把握,更有对自身价值的深刻挖掘。从精神到行动具有跨越时代的启示意义,"老三届"足以成为我们的楷模。

"老三届"们没有因社会灾难而失去信念,没有自暴自弃,没有逃避,只是坦然相待。"莫听穿林打叶声,何妨吟啸且徐行?"千年前那个拄着竹杖的苏东坡信步闲庭且行且吟,半个世纪前也有一群"逍遥派",他们始终清醒地自知底线何在,葆有心底那份宁静,不为外界纷扰所动。我们的课题中,俞志达爷爷稳健行事的故事、杨桂秋奶奶泰然处世的故事,读来古风尚存,令人唏嘘不已。

罗曼·罗兰说:"这世上只有一种英雄主义,就是在认清生活的真相后,仍旧热爱生活。"

另有一群"老三届",他们从不埋怨命运不公,也决不放弃梦想信仰,如史纪龙老师不向命运低头,坚韧不拔地进取奋斗,终于圆了大学梦。袁宝福爷爷坚持自学文化知识,甚至在养猪中总结科学的饲养方法,真正将理论运用于实践,最终成了一名光荣的人民教师。在这样一群"老三届"身上,我们学到了把握机遇、乱世求生的智慧,更为他们的永不放弃、自强不息而点赞!

还有一群特别的"老三届",他们散落在五湖四海,辛苦劳作,但没有悔恨,没有不甘,没有气馁。于智浩先生将一腔热情寄予北国雪疆,无怨无悔地奉献青春,只是单纯地想着"为社会主义做出贡献";东台知青文艺宣传队在歌舞中挥洒青春激情与美好愿景。尽管被贴上种种政治歧视的标签,他们依然激情澎湃,斗志昂扬,为"贫下中农"们奉献歌舞,演唱样板戏。从"老三届"们单纯可贵的赤子之心中,我们看到了奉献与实干,更看到责任与担当。

我们的课题,记录了十一组"老三届"的故事。作为"00后"的新一代,我们不是恣意叙旧或者刻意去熬制"心灵鸡汤",我们更愿意从新的视角,用我们的眼睛审视历史,审视生活在历史迷雾下面的真实的人群,还原一种历史的真实,体现一段可触摸的社会背景,凸显一群活生生的人。

或许,这一段令人唏嘘不已争论不休的历史,这些看似平凡而荒谬的故事,这一群生命力极其顽强的"老三届"们,对我们走好今后的路,提供了一些新的视角。

秉持本色，永葆定力

当马丁·路德坚定了自己对于现世教廷的否定，不顾天主教廷的抨击压迫，开始传播自己的思想，在沃尔姆斯议会上面对神圣罗马皇帝的辩论引发了一场宗教革命，那是一种永葆初心的信念。

法国大革命期间，实属于动乱的时期，外有保皇党的联军，内部政治也不稳固。不论是雅各宾派、热月党，还是拿破仑的统治，人民永远铭记着攻占巴士底狱起义的初心——拥有启蒙思想中所说的人权，那种来自大西洋彼岸自由民主的声音的呼唤。于是政权也随着不断更迭，法兰西五个共和国、三个帝国，都是人民永葆初心定力的产物。

而对于20世纪60年代中国学生而言，他们处于特殊的年代，实属浩劫。但不管外界怎么变化，总有那么一群人，永远坚定着自己最初的信念，在乱世中努力闪耀着自己微弱的光芒。

历史的长河中，岁月伤痕会被抚平，任何事情终究也会成为白纸黑字的记述，而人们的精神却保留了下来，传承于后世。在人类发展的道路上，任何理论的提出，任何对于自己信仰的坚守都需要勇气，一种永葆初心的勇气，永葆初心，才能永葆定力。正是因为有了这种精神，我们才会发展，才会进步，才会超越时间永远存在。

从我们的角度来看历史，可能只会记得马丁·路德，而不会记得在背后支持的同僚；只会记得哥伦布、麦哲伦而忘记了船员；只会记得阿姆斯特朗而忘记了科学团队；只会记得拿破仑而忘记了全民奋战的群众。而真正的存在并不是一个名字，更是一种精神。

而我们作为高中生，有多少人知道自己读书到底是为了什么？当初学习的目的真的那么功利吗？学业水平考有及格考和等级考，高考由3＋1变为3＋3，分数是上帝，我们更多看到的是自己分数的得失和利益的损益。做到永葆初心、永葆定力，确实很难了。怎么会有那么多抱怨呢？这就证明秉持本色、永葆定力确实不是一件容易的事，需要磨砺磨砺再磨砺。

乐观淡然，接受现实

弥足珍贵的，是"老三届"们那份面对动荡乐观而淡然的气度。在那段历史里，有一种人被称为"逍遥派"。正如这三个字所代表的字面意义一样，这些人，平静而顺从地跟随着这社会浪潮的大方向,他们和周围的人一样"大串联",和周围的人一样服从指示,和周围的人一样"上山下乡",但是他们决不随波逐流,他们决不允许这不明不白的外力侵蚀了自己的底线。他们参加集会却从不赞同那些荒谬的辞令;他们上山下乡却从不怨天尤人记恨命运的不公。他们平淡处世,安然为人,只是做好自己能做的事、该做的事,在时代的变迁中,于动荡中求一份安稳。在这段无法逍遥的历史里,他们活出了自己的逍遥。而这份不为所动的守望,或许就是一些能够引起我们深省的东西。

那些"老三届"中的"逍遥派",不会是也不可能是"隐士",他们只是平平常常的老百姓,只是希望老老实实过自己踏实的日子,这没有错。

坚韧不屈,永不放弃

坚持往往是成功的代名词,无论是实现自己的理想还是生活中点点滴滴小事都需要我们的坚持。

毫无疑问,坚持的过程是枯燥的,是艰苦的。遭遇农场大雪大灾,史老师在高强度的体力劳动下每天只能睡 4 个小时,而这段经历一直持续了 50 天,全连队 100 多个人唯有他一个人一个小时都没有请假。可以想象,当史老师每天两点半起床出发干活时,他身体与精神双重的疲惫不堪。

正因为坚持的困难,其非常人所能做到,才显得格外珍贵与不凡。史老师咬紧牙关,坚韧不屈,最终熬过了这段"噩梦"般的日子,这为他日后从连队之中脱颖而出考入上海体院打下了坚实的基础。

不只是史老师,从许多"老三届"的成员身上我们都能看到这种坚韧不屈、永不放弃的精神品质。或许可以这样认为,正是"文革"期间那段艰苦的生活经历,造就了他们这种坚韧不拔的意志。

回过头来,丰衣足食的 21 世纪的我们,却往往缺乏这种难能可贵的精神品质。从小被娇生惯养的独生子女们,大多不曾有过些许物质条件上的不足,也缺乏挫折的考验与独自面对困难的经历。长此以往,每当遇到难以独自克服的困难,就往往会"锲而舍之",缺乏那种"精诚所至,金石为开"的愚公精神,最终一事无成。

如此看来,我们确实比过去的同辈们更加应该切实学习"老三届"成员坚韧不屈、永不放弃的精神品质,敢于直面生活中所遇到的困难、挫折,正确对待它们,持之以恒地向着自己的理想前进。

把握机遇,绊脚石变为铺路石

或许你会问我,难道"文革"不是一场灾难吗?何来机遇之说?

不可否认,"文革"确实在一定程度上给"老三届"带来了一场无妄之灾,剥夺了他们求学的权利,可以说是"绊脚石"。

但当你静下心来仔细想想,再看看那些"老三届"成员如今的生活状况,你会发现,"文革"并非像你所想象的那样"十恶不赦",甚至促使一些"老三届"成员从逆境中奋起,在灾难中自强,将"绊脚石"变成了"铺路石"。

"世界这么大,我想去看看!"从小到大在川沙读书求学的邱国良十分想出去走走,他想在"行万里路"中,看看陌生的世界,长长见识,开开眼界。而"大串联"的经历就给了他这样的机会,给他带来了一个非凡的人生。

如此看来,"绊脚石"是客观存在的,能否变成"铺路石",完全在于你如何看待它,又能否把握其中的机遇。

若是整日深陷于对命运不公的哀叹,恐怕原本平常的生活也会因此黯淡无光,而"文革"也将无可奈何地成为所谓的"绊脚石"。反之,若能做到淡然处之,做好自己,发现机遇,把握机遇,就算"文革"确实是一场灾难,你也能从中摆脱开来,甚至做到逢凶化吉。在这一点上,"老三届"们做得非常出色,他们能够在"文革"这样一场浩大的时代漩涡中把握机遇,将"绊脚石"变为"铺路石",着实不易。

或许我们不会经历像"文革"这样的时代漩涡,但困难与挫折都是在所难免的。机遇始终只垂青有准备的人。我们应当向"老三届"学习,无论处于何种逆境,都要努力把握机遇,将"绊脚石"变为"铺路石"。

承担责任,勇于奉献

更值得一提的,是这群可爱的人的奉献精神和担当精神。我不反对安之若素的独善其身,但我更赞颂大气斐然的奉献与承担。历史是人所缔造的,我们现在所处的世界,是由前人筑建而成的。如果在那段历史里,没有人奉献,没有人承担,我们的当下绝不会有现在的美好。所以在那样人人自危的时代里,还在坚持为社会做出贡献的人,无愧于我们的赞颂。尤其是,从事人民教师这类职业的那些人,如特级教师刘砚老师,从一位真诚善良的知青成长为桃李满天下的名校名师,这其中有多少动人的故事!

在我们的采访报告里,的确有不少一直以教师身份从那段历史里走过来的人,他们的故事无一不是辛酸而苦涩的,但又是什么力量支撑他们这样一直走下去的呢?这份决绝的坚持和燃烧生命的奉献,当今的我们又是不是能够从中有所收获,甚至拥有这样的态度呢?这些,我想也足够任何一个有血性有热情的人去思考了。

一年多来,在一次次与"老三届"的交谈中,那些遥远而陌生的记忆,在他们的娓娓道来中拂去了历史的尘埃,重新变得鲜活动人。那些所见、所闻、所感,无不触动着我们年轻的心,我们看到了大写的无奈——其实他们只是渴望平凡生活的普通人,却深陷历史漩涡,从而拥有了一份可叹亦可贵的人生履历。如今身逢盛世,衷心地祝愿他们的晚年生活幸福开心。

海子说"要有最朴素的生活与最遥远的梦想",用来形容"老三届"再合适不过了。我们通过他们讲述的故事,看见永葆初心,看见乐观淡然,看见永不放弃,看见把握机遇,看见勇于奉献,看见实干立身,这一个又一个朴素而闪光的特质背后,是他们对百姓本色的坚守。不上蹿下跳,不为虎作伥,不投机取巧,这群"老三届"只是于乱世之中求安稳,于喧杂之中求平静,他们葆有信念追求,坦坦荡荡做人,踏踏实实做事,恪守为人立世的真善美。在突如其来的历史漩涡面前,秉持本色,处繁以静,这些,难道不是我们年轻一代本该尊奉的信念吗?

一、磨难淡去是平凡
——江小海的故事(节选)

执笔:1709 陈沛庆　　1804 汪达玮
　　　1809 程宇昂

可敬的老人

2016—2017 两年间我们小组三人对江小海进行了四次采访,老人虽然视听觉受损,但是依旧精神抖擞,为人热情,接待周到。

7 月 23 日,因天气炎热、街巷道路交错复杂,我们采访队一行三人迟了十分钟到达公寓楼下,而身为盲人的江小海在一位热心邻居的陪同下,早已站在底楼等候,生怕我们找不着门号。他的家中,整洁协调,墙头悬挂着各式各样的抽象画,茶几柜中高脚杯、茶具摆放有序,屋内以花置地,木质地板上遍布的黑白纹络诉说着房屋的高龄,其上却无一丝灰尘。客厅中大小沙发与木制家具用白色纱布毛巾遮盖,白豆晾晒其上。

老人有故事

江小海出生于 1952 年,现和年近 90 的母亲共住,父亲于 1995 年过世。6 岁时江小海随父母来到上海浦东。幼年因用药不慎,导致神经性耳聋,小学时被检查出有因视网膜色素变性而产生的夜盲症,对其人生产生了巨大影响。初中时遭遇"文化大革命",父母均被打倒。毕业时他被分配到黑龙江的七星泡农场,在那里,江小海在面对种种困难时,不仅克服了生理上的疾病,出色地完成了劳动任务,还非常热爱学习,仅凭初中一年级的文化水平,自读马列著作,在黑龙江入了党。江小海回城后,被分配到工厂里担任工会主席,积极参与职工权益保障工作。退休后经营盲人推拿店,热爱文学创作,撰写了许多回忆性文章。现在,他担任了上海市武警部队三支队二中队(2006起)、四中队(2015 年起)的名誉指导员、上海市武警总队直属大队特邀辅导员(2016 年9 月起)。

去就去! 有什么好怕的!

"五·一六"文件下来后,轰轰烈烈的"文化大革命"开始了,谁也不知道这将持续多久……

在"文革"中,我目睹了许许多多可以称为荒谬的事,许多老师因此惨遭厄运,受到了来自学生极不公正、非理性的对待。

之后的大串联过程中,第一批去的同学都是革命积极分子(红卫兵中的佼佼者)。而实际上,当时同学们去串联的主要目的并不是像中央希望的那样去积极革命,大部分人只是纯粹去旅游的。

等到我们前去的时候已经是最后一批了,也是人最多的一批,车上全是人,连放腿的地方都没有。我先到了南京,但是之后北上越来越困难。也不知道为什么,火车上都不播报"开往北京的列车",而是说"开往北方的列车"。

到了北京之后,我们参观了北航、北大、清华等校园。第一天住在丰盛公社,看电视上毛主席接待红卫兵,看得真切啊。第二天实地去天安门,面对重重人墙,我们根本无法挪动一步,还好有一位解放军叔叔主动前来,把我举到他的肩上,这下才让我看清了眼前天安门的城楼。走到天安门广场中心时,听到毛主席喊:"人民万岁!"然后又听见城楼上有人在喊:"毛主席已经站了七个小时,请大家回去吧!"然而人潮根本没有停下来的意思,后面还有无数人等着毛主席接见。

当时根据毛主席的话"知识青年到农村中去,经风雨""接受贫下中农再教育很有必要",1969年,我被分配到位于黑龙江的农场。

还没去黑龙江前,分配阶段,当时我的班主任已经换了另外一个,上海人,吃相尤为难看,斜视眼,厚镜片,平时还常常骂学生——也许正是学校觉得我们班级实在难搞,才给我们换了这么个不讨人喜欢又凶得很的老师。

由于眼睛夜盲确实是我需要在下乡前考虑的因素,于是我就和班主任商量,希望能够协调安排一个不那么远的地方。然而他用上海话狠狠回答:"侬想啊勿要想,倷爷娘靠边了活该欤!"他一句话就把我噎住了,我心里一阵激动:"去就去! 有什么好怕的! 那么多先烈在这么艰苦的条件下奋斗,还走向了牺牲,我这点苦算什么?"——我在心里暗暗较劲。

之后不久拿到通知,现在我还记得那张粉红色的打印厚纸。一下楼,同学们便迎上来:"小海,你拿到通知了?""拿到了,你们去吗?""去!"——异口同声。

我所在的分厂下辖三个连队——哈尔滨连队、天津连队和上海连队,哈尔滨连队早我们半年抵达了农场。

【俗话说"福无双至,祸不单行",当你认为自己的生活已经跌落谷底之时,不想前方还有一道一泻而下的大瀑布。在这般完全超出自我掌控的逆境中,你该选择怎么做?】

麦垛·风雪·马粪·油灯

然而抵达农场第一个晚上,我便迎接了第一次艰苦挑战。

1969年3月9日,我于黄昏到达了位于黑龙江的农场。吃过晚饭之后,历经跨越大半个中国的队伍都已困乏,钻进通铺的被窝睡觉。上半夜时分,还没有睡多久,突然哨声大作,工作人员大声呼喊着要求全体知青紧急集合,有一个人跑进我们的营房,用手扯着被子。由于我患有夜盲,担心大半夜跑到营房外边集合又没有光照指引,生怕这一去就回不来了。本想在床上赖着不下来,可当那人走到我铺位前时,硬是把我拽了下来,我向他解释夜盲的毛病,他摆出一副"你觉得我有那么好哄骗?"的强硬态势,把我推向了过道。

过道里一丝灯光都没有，我不得不扯着他的衣服前行，到了营房门口，他怀疑地又问了我一遍："你是真看不见还是假的？"我有些气愤："我骗你做什么，我确实得了夜盲！我出去你一定要拉着我。"（竟没想到，他以后成了我在兽医室的同事）

营房外边，大队部干事正在招呼着手下给所有知青布置站岗，喇叭声高呼着，到处是"窸窸窣窣"的脚步声，我被一路拉着走向一户农舍，距离营房越来越远，随后我刚被带到了一个麦垛旁边站好，带我来的人就匆匆离开了。

在夜里，没有路灯也没有烛光能映入我的眼睛，我不知道站立了多久，两眼一抹黑，我想其他人应该和我一样，不会有偷懒的人。夜里挺寂静，虽然我知道他们一个连队都出动了，可是耳畔的声音却轻之又轻——我身边根本连一个人都没有！虽然心中有着种种猜测，我只能忍着疲倦苦苦站立。

不知过了多久，眼前出现了一束强光，凭借它我能看出一个手电筒不断向我靠近，随后被带回到宿舍，这下我的感觉就像是重获灵魂一般。

珍宝岛冲突之后形势依然严峻，之后的农场隔三差五都要举行游行，坚决支持党中央对苏联的强硬态度，抗议苏联对中国边境的挑衅。可是我的眼睛还是没人关心，我只好每天晚上游行前，和同寝室的战友商量好，在游行时，我拉着战友的衣服，喊着口号，跟着大部队走两圈才能回到寝室。

这次经历给了初来乍到的我一个下马威，然而，真正的人生磨难还在后面。

一年隆冬季，入党后不久，分厂派我去工作队。起初天气晴好，艳阳高照。用完晚餐之后——大约下午五点，我上路往连队驻地赶。起初天上飘下一两片雪花，但夕阳依旧，我没多想便跑上了路。为了赶紧回到连队报到，我挑了小道，相比于七里路的大道，小道要节省那么一里的距离。

刚跑了近一里路，我眼前变得越来越模糊，天色一下变暗——两分钟后我的视觉彻底丧失了，最后定格在我眼前的景象是倾斜如注的暴雪。这时，我心中一慌，马上加快了脚步，在一片漆黑中向前飞奔。

北大荒的平原上，道路两旁都是一望无际的农田，路边没有林荫树木，更是没有栏杆可挽扶，小道本身也只是一条农家马车抄近路轧成的泥路。在两眼一抹黑的机械式飞奔中，我唯一的指引便是脚下道路的厚实感，让我确信没有走偏。

东北下雪的场景，怕是你们在上海的一辈子都无法想象的：它来得急，在那么短短一招指时间内，便是从夕阳艳照到风雪大作、一片漆黑，让人根本无法防备。它来得凶，就像暴雨一般倾泻而下，耳畔尽是"呼啦呼啦"的风声，雪花打在脸上生疼生疼。

很快，地上便盖上了一层雪，厚度没过了脚踝，这一下，脚下的路面也渐渐感受不到了,对于我而言最后的路标也已经远去。

　　然而人依然是那样机械式地奔跑,直到脚下感觉一深一浅,险些被绊倒的时候,我才止住脚恍惚——唉呀！完了,脚下已经是垄沟,这跑到农田里去了。

　　这一下,我便乱了分寸,也记不清自己是从何处跑进农田的,一下慌得热汗直冒,蘸湿了头上的棉帽。我脱下棉帽,攥在手中,脚在周围挪动,一时间脑海中不断回荡着"今天我可能就会要死在这里"的想法。

　　就这么过了五分钟,也许是寒风的吹打让发热的头脑冷静了下来,我下意识地脱下眼镜,将上边混杂着汗水的雪水擦干,一边擦一边提醒着自己冷静下来。在擦的过程中我突然灵光一闪——田地的垄沟是东西向的,道路是南北向的,由于刚跑进田地没多少路,沿着垄沟走理应能摸索回到小道上。

　　耳畔的风雪声从未停止,我开始向两旁小心摸索,向东走了十步,用手感触了一下前边,发现不对,于是乘着大雪还未将来时的痕迹全部覆盖之前回到原地,重新向西走了十步,走到第四步的时候,顿时感觉脚下地面逐渐平缓,心底一下踏实了几分,身子再向前一倾,脱下手套,顾不得深厚的积雪和冰寒,插下手去感触,果真是硬朗结实的地面(农田的土要相对软一些),这感受让我心中一阵狂喜。

　　发现硬地之后,我接连把另一只手套也脱了下来——可以说是让自己不要高兴得太早,也可以说是难以抑制心中的激动——我从小道的东侧一直摸到小道的西侧,两手吃力地在雪中向前顶着。道路虽然很窄,但却耗费了我有一会儿时间,最终探出一片区域。【在给我们讲述这一段故事的时候,江老甚至激动地站起身,喘了好几口气,脚用力地跺了一跺。】

　　往回赶的路途中,我生怕再一次误入农田,失去唯一的生路,只能鞋底贴着地面走。地上的积雪已有一尺厚,鞋子摩擦地面承担着巨大的损耗,发出"嘎嘎"的叫声,掺杂在风雪声中又是那么微弱。

　　结实的地面是我前行的唯一路标,一切希望都寄托在它的身上,我相信它一定能带我到达我的目的地。人推着雪走了不知道有多久,我感觉到道路有下坡趋势——也许这就是走出农田的标志。

　　再向前,就是一个马厩,不断散发着马粪的气味——这也是我走了那么长时间第一次感受到人烟,当时我就觉得,马粪怎么这么香！马房里传出马蹄踩踏木板的"噔噔"声,如此悦耳！一盏油灯的微弱光线从屋子里传出——这简直就是重归人类文明的标志！

　　再向前,翻过一个矮丘,连队宿舍的一排排灯光映入了我的眼睛,也照亮了眼前的路,泪水流了出来。

我们的工作队办公室是第一排房舍的第一间,我走到平房前迟迟不敢入内,因为眼里依旧流着泪。须臾,一名女工作队员突然推开了门,看见了站在门外的我,一惊,随后马上把我拉入内,有些责备又很激动地说:"江小海啊,你怎么才回来呀,大家都等着你开会呢!"

"唉,我差点就回不来了。"

一看钟,七点半——我在路上已经搏斗了两个半钟头!

很多人在之后听我讲述这段经历之时,都不住赞叹。

【人在无助的逆境中要把握两点:第一,要沉稳住气;第二,要有指引自己的方向标。】

沤麻·烧火·榨油·烧酒·兽医

在黑龙江的冬天,我和几位知青一起去河里沤麻。但那天风很大,把下面的麻刮歪了,麻捆得不结实。我一踩上那一捆麻,马上就感觉到中间的麻陷了下去。"当时我立刻就心慌了,想抓住周围的支撑物。"可是我是站在一条河上啊!周围哪里有什么支撑物?我只能下意识地抓住身边的知青肩膀,这更加让我们的重心不稳,最终导致包括我在内的三个知青都掉河里了。黑龙江的冬天可不比上海,气温在冰点左右,差点没把我们冻僵。最后我们光着脚,只披了件棉袄,穿个裤衩,顶着寒风,跑了半小时才跑到农场宿舍。我没生病,但和我一起掉到河里的两个人却生病了。在看到了那两位知青的生病情况后,我由衷地感叹:"我运气真的是好啊!"他们两人高烧了一个星期都没好。后来我们的衣服都是同行的女知青帮忙收起来洗了的。

到了农场的第三天我就去食堂干活了,房子是泥巴和毡草编起来的。当时上海食堂有个烧火的,烧的是麦秸秆,他告诉我,他不做了,因为眼睛夜盲看不见。我暗自叫苦啊,我自己何尝不是呢?但我依然坚持接受了这份工作。黑龙江的气候和上海不一样,冬天的日照时间只有六七个小时,而夏天日照时间有十五六个小时。因此我特别喜欢日照时间长的日子,因为能多干一些活儿。冬天烧晚饭的时候,由于夜盲,真的什么都看不见。在食堂做了两年,我就去油坊工作,开始烧煤,直到油坊关门,一共工作了十个月。我们有六七个人在油坊工作,榨出的油少得可怜。当时我刚进油坊,就不得不感叹,这环境只能用简陋二字来形容。本来我们榨出的油就很少,每天晚上榨出来的油就放在油桶里。一开始还好,但是到了月底,该完成的生产任务没有完成,我们就开始纳闷了。到第二个月末,我们生产出的油比第一个月还要少。这时候我们就开始检查油坊四周。我发现那个正对农田的窗户居然是可以卸下来的!我们终于明白这油是怎么少的了。十几年前,我回农场看看,有个人把我叫到一边,像是要告诉我什么机密事件一样,偷偷对我说:"你们当年油坊是不是总是少油啊?"我说:"是啊!总查不出来。"他说:"那就是我们偷的!"

酒坊工作主要就是烧火,火旺就能把酒烧好。而我在这几年的酒坊工作中也获益匪浅,有好几次酒坊老师傅烧不好的火,我都能把它烧好。【采访时江老显得颇为自信】

由于我眼睛耳朵都不好,也不善于和别人交流,刚到兽医室的时候沉默寡言。过了两天,坐我旁边的一个人和我打招呼:"江小海,你是不是有夜盲症啊?""是啊,你怎么知道?我应该没说过啊?""你记不记得你们第一天到这里的时候夜里被拉起来站岗?那时候就是我强行把你拉起来的,你那时候告诉我的。实在不好意思,我那时候真的不知道。"

而在兽医室,我就有更多时间来读书了。我有个小书架,上面一般放着马恩列毛的著作。我经常躲在角落里,安静地阅读马列和毛主席的著作。

几十年来,翻译问题都是阅读国外著作的最大的障碍。我在读书的时候,就总会觉得这翻译绝不是中国人,因为汉语从来不用如此多的定语去修饰一个名词。这让我感受到了马列著作中观点的鲜明与所表述立场的坚定。但这也有一个好处,书难懂就会多读几遍,正因此,我养成了看书仔细专注的好习惯。而马恩列毛的著作往往注重逻辑,这也是它们难懂的原因之一。逻辑,也成为我之后写作的一个必备的要素。

之后政府出台了病退政策。我由于眼睛不好,便打了病退报告。当回城申请被批准了之后,其实我的心情十分复杂。一方面,九年前,本来我不愿意来到黑龙江,条件实在是太艰苦了!但是毕竟在这里辛勤工作了九年,黑土地早就记住了我挥洒的汗水以及付出的爱。另外,这里的人也非常热心。有一位管理员,十分关心我的病情,有次甚至拿来了整整 30 副羊肝!说是每天吃一份,我的夜盲症就会好很多。他不仅指导了我写入党申请书,也告诉我:"在埋头苦干的同时,更应该和其他知青多交流。"

下乡是一种经历,让我们这些生活在城里的人真正认识到了农民的辛苦,同时也让当地的农民朋友们长知识了。

例如有一次,我们有位上海知青嘴馋了,偷了一只家属养的鸡,结果不知怎么就露馅了,被家属发现了。"你们上海人简直埋汰到底了,连我们下蛋的鸡都吃。"那里的人从来不吃自己养的鸡,瞧不起那位上海知青。后来这位上海知青让农家人尝了一下,起初他们不敢吃,可吃到了之后,食髓知味,观念也改变了。所以说,如果没有当年的上山下乡,中国许多地方被冠以"未开化"之名的风俗习惯可能会保留至今。我们在和当地人交流生活时,许多观念就融合了。上山下乡也给予了中国这样一个泱泱大国不同地域间文化碰撞与交流的机会,这也奠定了今天现代文化兼容并蓄的基础。

当然,在农场每个星期也会有放松一下的时刻,而当时我们特别喜欢运动。

冬天主要在室内活动,每天晚饭吃好后,就经常会有人拿出乐器,比如二胡、扬琴、快板等。另外还有体育活动,篮球、排球、羽毛球,经常组织活动。我们尤其爱打排球。分厂之间经常组织人员打排球,一般都是来自五十一中学的同学赢。每年都会在七星泡农场内组织运动会。"我眼疾的症状除了夜盲之外,还有视野范围小的局限。因此我虽然喜欢打排球,但也只是在分厂内部自娱自乐时才上场,分厂之间的对抗就不上了。打球时的意外也时有发生,经常会因为要救一个球,我和别人撞个满怀。眼睛如果好一些就不会发生这种事了。每次我和别人撞到一起,我都会非常内疚,这也导致我之后从来不在分厂间的友谊赛中上场。"

【下乡的过程不仅仅是磨难与辛酸,"老三届"的生活中也有着奇闻异事。跨越半个中国的记忆,让他们有了更深厚的阅历与文化积淀。】

一道道坎·一个个漩涡·一个人

江小海是一位平凡的老人。

他身有残疾却以乐观积极的精神,向我们展示了一个不平凡的勇者的一生。

眼疾是一道坎,"文革"是一道坎,黑龙江是一道坎,风雪是一道坎,工会工作也是一道坎。在老人讲述他的经历时,没有强调这些"坎"对他如今生活的影响,只是平静地叙述他努力克服着困难。老人经历的历史是一个漩涡,但对老人来说,这块人生路上的绊脚石被他成功转化为后续生活的铺路石。江小海是一位面对挫折永不言败的强者,甚至"文革"已经不是他生命中最大的打击了。无论是在上海还是在黑龙江,江小海都忍受了我们同样作为平凡人无法忍受的痛苦。然而他挺过来了,甚至现在讲述这些往事的时候,他一直保持乐观积极的心态。除了因为他是党员,我相信也与他自己的倔强和永不言弃的信念有关。同时他做任何工作都尽忠职守,无论是当工会主席,还是考律师,还是搞写作,从未因自己的眼疾而放弃。接受现实,努力做好自己,走好脚下的路,这就是我们应该做的,也是我从江小海的故事中得到的启示。

不低头·不屈服·与自我命运抗争

江小海给我的第一印象是活跃,作为一个盲人,他的生活显得格外丰富,从街道居委的职务,到部队义务按摩师,以及武警支队辅导员。很难想象,作为一个从小夜盲,而且状况逐年恶化,到如今视力全无的残疾人,江小海没有像大部分回乡后的残疾知青一样走入人生的低谷,被社会抛弃,被时代遗忘,而是积极地展现自己的身影。

从他的故事中,我看到的是一颗倔强的心,尽自己一切所能去和命运抗争,去改变身边的人、事。和正常人比起来,他有着与生俱来的弱势,也使得他在面对历史漩涡时退路更少,直面的困难危险要多得多。

在采访时,我们也曾一度很想了解老人面对不公与磨难时的委屈,不过在回答所有问题时,江老一律都说,当时接受得十分坦然。现在想想,也对,与无法改变的社会浪潮作斗争,特别是在自己处于明显的弱势地位(就比如江生理上的缺陷)的时候,憋屈也好,愤懑也罢,不论怎样和世界对抗,最终迎来的结果都不会更好。但是,不能与世界对抗并不意味着低头缴械,能做的还有与自己的命运对抗。就像喊出"去就去,有什么好怕的"时的倔强,那是一种与自我命运抗争的执拗。这一点在冬夜雪中前行逃离死神的旅途中,体现得更为典型。

我觉得,也正是这种倔强,慢慢塑造了他在回乡后坚毅的性格。在历史的漩涡平息之后,与命运的斗争算是暂告段落,在工厂里任职工会主席期间,他坚决为职工权益作保障的原则,应该也是从先前"不低头,不屈服"的精神演变而来,最终赢得了人们对他的敬佩。

人们说,一个盲人能赢得广泛关注,很大程度上不是因为他经历了什么,而是他身上的气质。说实话,就算是濒临生死,在数千万知青的下乡经历中,也不能算是出挑。现今,江小海之所以赢得广泛的关注,并受到《知青杂志》等多家杂志社的采访,原因就在于他的可敬的人格。

晦涩·繁琐·笨拙·心中的浪花

一个年过花甲的老人,经历了眼盲和耳聋,交流自然是不便的,身为盲人文学爱好者,本以为是逻辑严密思维敏捷的人,但事实往往与愿望相背,也许这就是"文革"在他身上的烙印。

在他身上,是人生,是阅历的辉煌。按他的话说,我的人生从未有现在这样别样丰富的内涵,我的人生从未有现在这样无比广阔的空间。诚然历史的漩涡、自我的迷茫、生理的苦痛,一切都像说好似涌入了江小海的生活,但一切又那么平淡地流淌而过,在他的心中卷起千尺浪花,冲往下一处彼岸。

也正是如此,无论是昔日的坎坷、今日的辉煌、昨日的奋斗、他日的徜徉,在他口中都滔滔不绝,也正因其丰富的经历、感受的恳切、碎片般词藻的冲击,在我们耳里却听来那么晦涩,那么繁琐,那么笨拙,想必在他心中这就是历史的一切吧。

我们前后三次采访,我参与了两次,另有一位先生加入了交谈。相比于他人讲所闻所感,聊聊趣事,江小海的故事更耐听。他一而再再而三地说,历史不能绝对地去看,每个历史阶段都有其必然性,不能说之前的种种就应遗臭万年,相反这成了之后发展的奠基石。我相信这是他的真心话。

他回沪后参加工会工作,一直秉公为员工说话,敢于抗争。小本经营的小厂容易入不敷出,收不抵支,但他却依然在这一环境下尽量保障了大多数人的利益。直到之后几年,还有员工常常念起他。想必这和他之前在历史漩涡中奋进向前、在生理疾病中顽强坚持密不可分吧。

我们的采访终究是短暂的,离别时,江小海的同学、同事、朋友前来看他,想必是最好的印证吧,我隐约听到谈起我们采访时,有人说"江小海,我支持你"。一时间思考有了方向,虽然尚不明白思考结果是什么回事,世俗的生活节奏会使原本激起的思考复归于沉寂,但江小海的故事会留在我们心底⋯⋯

二、乐观面对时代漩涡
——史纪龙的故事(节选)

执笔:1706 薛尔清　1803 邱昌元　1801 王睿祺

　　"不要试图肤浅地评价这一段历史,但它的确锻炼了一代人。"

——题记

史纪龙是一名退休的中学体育教师,曾就读于上海师范大学体育系(现上海体育学院),今年 64 岁。他在"文革"期间被分配至黑龙江省兵团,是"老三届"的一员。在那个动荡的年代里,他始终保持着乐观积极的心态面对一切艰难困苦,最终顺利走出"文革"的阴翳,成了一名尽心尽责的教师。

兵团战士,屯垦戍边

时隔多年,史纪龙依旧能够清晰地回忆起当初前往兵团路途上的每一个小细节。"1969 年 5 月 24 号,上午 9 点,在上海 59 中学,云州商厦的旁边,我们乘坐公交公司的车,坐到军工路码头;下午 1 点钟开船,到 26 号早上的九十点钟到达大连港,一路上锣鼓夹道,就像欢迎总统一样。他们一直将我们送到大连市中心的化工学院,并把课桌椅拼起来,供我们休息,我们就在教室里睡了一宿。26 日当天,大连市革命委员会为我们开了个欢迎会,每个人优惠买 5 斤苹果,两毛钱一斤;到 27 号下午 3 点坐火车,一直到 29 号的凌晨 2 点半,到达齐齐哈尔,我们就住在火车站斜对面的齐齐哈尔铁路子弟中学。教室里面当时没电,点着蜡烛,到六七点钟的时候,大概一人发了两个馒头、一包咸菜,各团的车来接我们了;我们当时坐的车是解放牌卡车,是用来装货的,我们都站在卡车上面。我被分配在 56 团,一直到下午 2 点半到达团部。"在发车之际,有许多青年都选择了放声大哭,而年轻时候的史老师却未曾落泪。

兵团内的物质条件非常艰苦。一开始每个人每个月的工资是 32 元,伙食费是 12 元,能够管够,后来就改成了活伙(买多少付多少)。那个时候,吃的粮食主要是粗粮,也有米饭和白面馒头,偶尔一星期能有一次供应一桶白米饭,但是这样的饮食显然不够正值青年的小伙子们在高强度体力劳动后的需要,偶尔女生会给一点"赞助",这成了生活中并不罕见的风景。每到夏天农忙的时候,伙食会稍微好一点,有猪肉炖粉条,两毛五一份。黑龙江的气候条件非常恶劣,十分寒冷。有的时候冬天断煤,冷得受不了,最冷的时候达到零下 38 摄氏度,晚上出去小便刚尿完就已经冻起来了。平时大家倒水都倒在宿舍前面,等到春天的时候就像一个冰山一样,融化之后地面一塌糊涂,必须要用刨子给刨掉。

在兵团里的劳动生活也十分艰苦,每天的农务都十分繁重。特别是 1975 年的时候,恰逢农业学大寨,六月初开始夏锄,一般到了 3 点钟天就蒙蒙亮了,因而每个人凌晨两点半就要起床了。起床后,大家也就擦把脸,漱个口,就到地里面干活了,要一直干到 6 点半左右,马车、拖拉机才送早饭来。吃过早饭,稍作休息以后马上又要开始干活,一直要干到中午 11 点半,这时中饭也送过来了。吃过中饭,短暂的休息以后,大家又要继续干活,一直干到晚上 6 点半,这时太阳已经开始落山了。当时流行口头语:"早上两点半,地里两顿饭,干到看不见。"就是说的这段经历,每天早上往往两点半起床,在地里简单解决两顿饭然后干活到太阳下山才能罢休。回来的时候,从最远的一块地,哪怕是走得最快的史纪龙,也要走 40 分钟才能走回连队,女的一般要走一个小时。

回到了连队以后,第一件事就是打水。打水的地方离开住的地方大概有 30 米吧,可一盆水,拿到宿舍的时候已经晃掉一半了,实在是太累了,连水盆都端不起来。之后史老师就到食堂吃饭,吃完饭以后就把衣服稍微洗洗晾掉,这些事情全部弄好最早也得 9 点。当时,寝室里的灯泡是两百度的,非常亮,非常刺眼,而且就在史老师的床头上,可他只要头一碰枕头就睡着了。史老师的动作基本是最快的,可也才九点钟才能睡,别人一般要十点半才能睡觉。知青们一般只能睡 4 到 5 个小时。这段艰难的经历一直持续了 50 天,他们连队 100 多个人,只有史纪龙一个小时的假都没有请过,这也为他今后考入上海体院打好了基础。

1969 年到 1970 年冬天的时候,因为当时中苏边境形势比较紧张,经常会在晚上半夜的时候吹号紧急集合。每个人都要在 3 分钟之内把行李都打包好狂奔出去,到外面排队,行走个十里地以后再返回。有动作慢的人得到风声说今天要紧急结合了,他们就干脆不睡觉,背包什么的都理好躺在床上。偶尔他们也会上当,根本没有集合,弄得虚惊一场。

幸运的是,兵团生活并不只有单调乏味的农活,在空闲时间里也会有一些专属他们的特别的娱乐活动。史纪龙所在连的连长,平时非常喜欢打球,后来他就和史老师以及其他知青一起建了个篮球场。首先先用拖拉机把地耙平,但因为耙完之后地还是很松的,于是他们就发动知青在业余的时候拿碌子去滚地。篮球架后来就找了些铁管让电焊工焊起来。这样,知青们就有了属于自己的篮球场。此外,几个月看一次电影是团部放映队连队里来演的,虽然都是一些《地道战》《地雷战》之类较为乏味的影片,但也算获得了稍许的放松。

而这段艰苦的兵团生活的经历,在采访的时候,史纪龙却能用十分轻松的口吻陈述,或许那点劳累与苦难对于乐观的他来说并不算什么吧。那么,后来史纪龙又是如何考入上海体院,从而被分配到南模当体育老师的呢? 这里又有一番波折了。

兢兢业业,默默耕耘

经历过这一段人生中特殊的岁月以后,艰苦的日子反而更加锤炼了史老师的性格,他作为教师更加尽心尽责。在教师经历中他兢兢业业,教导学生以责任心与做人的道理,强调遵守纪律,帮助学生养成良好的习惯,并得到了高度的评价。我想这也与他丰富的阅历分不开。"作为一个老师,你不能把这个职业当成养家糊口的工作,而要凭职业道德做好这件事,热爱你的学生。首先,在体育教学方面,我有我独特的教育理念:注重过程和结果。每名学生的基础不一样,有的人协调性好,有的人爆发力好,有的人很胖,都不好。可是高考是看结果的,而体育锻炼是要看过程的。如果我布置下去的东西,学生已经尽力了,我还是会酌情处理的。而这个调整,也很有效地提高了学生的积极性。其次,整个中学阶段,学生正处于世界观即将形成的阶段,因而我不但给他们讲体育方面的知识、理论、动作技能,我最关心的,还是教他们学会做人,也正像我们现在所倡导的德育教育。我从不对学生摆架子,因为我们只不过分工不一样,你是学,我是教,人人都是平等的,这也是做人最最关键的。所以说,我在上课的时候再急,也绝对不会骂学生,不羞辱学生。再比方说,我上课迟到了一分钟,即使我再有理由,我也会跟他们赔礼道歉,因为时间已经到了,而同学们还在等我。我还一直教导我的学生金无足赤,人无完人。这样的话是适用于任何时代,适用于所有人的,谁都会犯错啊!他们毕竟还是血气方刚的学生,我们要能容忍他,并要正确引导他,到若干年以后他们就会体会到你的良苦用心。"

史纪龙曾经在 1989 年担任过一年的班主任。老师每天坚持写工作日记,已经写了好几本了,除了办公室备课、上课以外,几乎都在外面,一天要去好几次,看班级的课堂纪律怎么样。老师还要求任课老师反馈信息,不管是文化成绩,还有上课纪律性等。史老师规定了四排座位,一个礼拜轮换一次,轮到靠门的这一排负责开关。"教室里没有人,灯开着,我找你。我这是教给他们责任心,这是国家的财产,没人了,不要浪费电,从小教他养成这个习惯,我不找别人,就找这个人。你辛苦一下,我跟他打声招呼,没人了,你关灯。"在 80 年代当时是没有双休的,礼拜六下午不上课,老师总是要把班级干部留下来,每个人谈一下班级的情况,谈谈工作,记录下来。每次开家长会,老师总是最后一个走的,跟每个家长聊班级情况。"到高三毕业了,唯一就是我这个班级,大学全部考进,一个也没扔掉,这个叫一分耕耘一分收获,家长、任课老师都说我高一底子打得好。习惯成自然嘛,高一进来就养成了这个习惯,任课老师上我这个班级最舒服了,纪律最好,所以他们高度评价我,说这是我的功劳,高一基础打得好。"

史纪龙就是这样一位刻苦、正直而乐观的人,在"文革"时期,与那些激进分子不同,他或许只是"文革"大浪潮中的一粒小石子,随波逐流,幸运地没有受到太大的影响。可要说完全没影响,那显然是不准确的。只是这些影响在他的乐观的心态面前,显得微不足道罢了。而他对"上山下乡"的中肯的态度也表现了这一点:不要试图去评价这一事件,但它的确锻炼了一代人。

在他的兵团生活经历中,他吃苦耐劳,坚持不懈,挺过了一个又一个难关,并多次被评为队伍的"标兵"。或许可以说,正是艰苦的兵团生活造就了他坚韧不拔的意志。在那样一个时代史老师都能做到刻苦努力,生活在衣食丰足的 21 世纪的我们又有什么理由不珍惜时间,不刻苦努力呢?

而在他的教师经历中,他并没有因为上学时老师给他留下的心理阴影而产生任何报复的情绪。而是兢兢业业,教导学生以责任心与做人的道理,强调遵守纪律,帮助学生养成良好的习惯,并得到了高度的评价。我想这也与他乐观的心态与正直的品行分不开。记得在采访的时候,他这样对我们说:"我对党史很感兴趣的,有些事情你不能以现在的眼光来看当时的情况,这是不一样的,比如说,这是一个陷阱,你走到这,谁都要掉下去的,一样的道理。因为是特定的历史条件躲不过去。我们不能说当时应该怎么样,你算计不到的,你不能用现在的眼光去看过去的。我一直讲这句话,一个人要犯错误,但是,我们不能犯常识性的错误,不能屡次犯同一个错误。"我想,这段质朴的话语,就是支撑史纪龙一直走下去的精神座右铭吧。

或许从他的身上,我们不能看到太多"文革"令人唏嘘的一面,但我想,他乐观积极的生活态度与正直刻苦的精神品质却有超越那个时代本身的意义。

后　记

对史纪龙老师的采访经历了一个很漫长的过程,从 2016 年暑假一直延续到了 2017 年的 3 月份,采访记录,整理稿件,编成文稿,我们组的三位同学忙乎了将近半年,不过现在回过头来想想,这一切都是很值得的。史老师作为一名体育老师,个头不能算高,但面容十分刚毅(用这个词我想是最为贴切的),为人也十分和蔼可亲。第一次见史老师的时候,他甚至带来了自己还保存着的当年的老照片和实物,包括往返车票这些珍贵无比的材料,这实在令我们感到意外。据他自己说,他是一名业余的党史爱好者,对于那段时光也十分留意,所以就保存了大量一手资料,自己也做了不少研究。交谈下来,我们发现史老师对于当年的记忆仍十分清晰,并且他的叙述颇有"剖肌分理"的味道,这样看来,我们的整理有时候倒略显多余了。

史老师接受我们采访的时候从来不会迟到,我们就在南洋模范中学的体育教研组办公室里坐在小桌子旁一边交谈一边记录。每次史老师都会兴致很高地为我们讲上一两个小时,事无孓遗地对当年的一幕幕娓娓道来,令我们惊讶的是,他甚至连五十多年前几月几号几点钟到那里都还记忆犹新,可见这一次历史的漩涡对他影响之深。

史老师回到上海以后作为南模的体育老师度过了自己的职业生涯,可以说是十分美满稳定的了,而这也直接影响了他对"上山下乡"的看法,他认为这样一场运动不要去试图评价对错,本身它的原因就是很复杂的。但通过这段时期的磨炼,史老师养成的肯吃苦、正直、严于律己的品格,不仅使他自己受益终身,而且也潜移默化地影响了他的体育教学,也影响了下一代人。

或许更为贴切地说,不要试图肤浅地评价这一历史阶段,但它的确锻炼了一代人,究竟怎样去看那段往事呢? 这恐怕又要留待后人评说了。

三、春风又绿
——东台知青文艺宣传队的故事(节选)

执笔:1707 刘笙鹤　1807 黄辰

文艺梦开始的地方

东台知青文艺宣传队成员读书的时候,多是品学兼优的好学生,同时又是文艺活动爱好者。文艺宣传队的成员之一的上海市进才中学退休语文教师姚为洲,花了很多时间和精力参加文艺活动。在东台安丰中学,姚老师身边凝聚了一帮为文艺活动而奋斗的积极分子——从传统形式的相声《老熟人》,到慷慨激昂的话剧《游击队之歌》,再到具有现代教育理念的演出《园丁之歌》,宣传队成员们总能把它们演绎得精彩绝伦。

队员们早年在学校文艺汇演中,一起表演相声《老熟人》、演话剧《东海小哨兵》《一百分不算满分》,还经常走上街头宣传演出,寒暑假则参加居委会的文艺排练和演出。节目大多是诗朗诵、快板书、对口词、相声、话剧,还有舞蹈,他们戏谑自己"说得比唱得好听"……台上一分钟,台下十年功,文艺演出从来都是一件艰苦和考验毅力的事。在那个年代参与文艺事业的宣传队成员们,绝对是靠着自己对文艺、对舞台无可替代的热爱在努力。

几年插队落户的"知青"生活,以文艺创作和演出为主要工作。对这些知青们摆脱"家庭出身"的阴霾,对他的生活、工作、人生道路和性格完善都有非常积极的意义。

宣传队的生活,磨炼了知青的意志,培养了他们吃苦耐劳的精神。如排练舞蹈《游击队之歌》时,有一个高难度动作——低身段连续踢腿。队里安排了五六名男生学练这个动作,最后挑选出四名参加演出。为了能够参演,大家天天练,在学校练,在家也练,用两张凳子做扶手练踢腿,渐渐地手在凳子上少着力、不着力,最后抛开凳子……练了一个多月,四名男演员终于练就两腿硬功夫,成功演出了舞蹈《游击队之歌》。四名参演者之一的王连安,在2016年9月份与队友再一次相遇,忆起一起练踢腿的事,仍然兴奋不已。60多岁的人了,还能做踢腿的动作。

安丰文化站公社文艺宣传队

1966年下半年,社会上学校里的人,都莫名其妙地分为两派。安丰中学的两派,一派叫"革联",以"根红苗正"的"红五类"子女老"红卫兵"为主体;一派叫"红总",以新"红卫兵"为主体。两派分别成立文艺宣传队,既然是"文艺人",都坚持"用文斗,不用武斗"。

"红总"宣传队队长是高三学生孔祥麟,他多才多艺,舞旗最拿手。不久前聚会回母校演出,70岁的孔祥麟舞旗威风不减当年,还反串京剧《沙家浜》中的老旦沙奶奶,表演《中华响扇》既见力度又显技巧,博得阵阵喝彩。1967年年初,孔祥麟在组织文艺宣传队时,没有嫌弃姚为洲的"家庭出身",因为他有文艺特长而且品学兼优,把他吸收为队员。为此,姚为洲对孔祥麟一直深怀感激之情。

将近两年以排练和演出为主要内容的生活,让宣传队同学们的身躯里多了些文艺细胞和激情,这使他们的生命力更加旺盛,后来的人生道路更加坚实。两个宣传队,成就了四位专职文艺人——王玉瑛、赵素华、杜恩才、朱旭,分别为南京军区前线歌舞团、南通歌舞团、盐城文工团、东台文工团演员。他们如今都65—70岁了,仍精力旺盛、身材妙曼、舞姿优雅、演奏潇洒。

后来插队"知青"的生活中,一些队员在公社文艺宣传队和创作组发挥作用;大学读书期间,也是院、系文艺宣传队的主要演员、创作人员;回城工作后,仍然不时登台、朗诵、演讲、舞蹈,在比赛中获奖,直到退休后的返聘期仍不停步。他们都在各自的人生中,把早年培养成的文艺特长发挥了出来。

最近一次50年聚会回母校演出,大家个个英姿飒爽,风采不减当年,他们的眉目、姿态无不透露着社会沧桑、人生感悟,让人更觉有味。

1968年底,安丰中学有过短暂的"复课"。两支历时近两年的文艺宣传队,分别向社会作了封箱演出,完成了各自的历史使命。姚为洲、杨先荣、程大明、张正祥一行四人,组成一个知青组,插在距安丰镇五六公里的洋洼大队。在知青生活中,一项重要的内容是在大队文艺宣传队编节目、排节目、演节目。大队有一位不识字的老妈妈,名叫朱同珍,是全省学习毛主席著作的积极分子,有"东台的顾阿桃"之称;为宣传她的事迹,队员们编写了剧本,并参加演出。

在农村插队生活中,尽管因为"家庭出身"问题受到歧视,但实际上,知青得到了大多数农民,特别是生产队长丁富安和他弟弟丁富春一家无微不至的关心和照顾。知青在水利工程中挖河泥、挑河泥、做民工,披星戴月,劳作不辍,十分艰苦,但一想到在舞台上表演的舞蹈《挖河泥》,便减轻了劳累,增添了浪漫;做拉着交公粮的航船沿河艰难跋涉的纤夫,边拉纤边想着高尔基也当过伏尔加河上的纤夫,便会不觉莞尔一笑,干劲倍增;挑粪、除草、割麦、插秧、踏水车、收玉米、拾棉花、碾稻谷,知青们所有农活都干过。粮食不够吃,有过全天吃南瓜的日子;没有蔬菜,摘红薯叶子炒着吃;没有咸菜,用食盐拌稀饭……生活虽然艰苦,但是让人养成吃苦耐劳、勤俭节约的美德和积极乐观的心态,可以说让人终身受益。

安丰文化站站长朱桂生,对知青中文艺人才十分很看重,把他们抽调出来组成公社文艺宣传队,出来搞文艺宣传。朱站长力排他人对"家庭出身"的非议,抽调姚为洲和一些同学进公社宣传队。

几乎是同时,公社报道组关再兴老师领导的文艺创作组,也在抽调知青去搞文艺创作。关再兴本是一位小学数学老师,但语言文字功底强,后来成为县委宣传部的一根笔杆子。那时普及"样板戏",公社文艺宣传队《沙家浜》剧组的演员,扮演新四军伤病员,为练习剧末打进胡传魁院子的翻墙动作,竟差点儿把脖子扭折了。四年时间,宣传队排演了好多台节目为群众演出,场次数不胜数。除了在镇上演出外,他们还经常去农村、去水利工地演出。冬季的水利工地,寒风呼啸,黄沙漫卷,他们身披一件棉大衣,上场时大衣一甩,只穿一件衬衫也不觉得寒冷。广场的露天舞台,扩音效果不佳,有时观众秩序不好,台下总会发出交头接耳的声音,使得演出的声音不能被观众们听到。宣传队队员们对付这些状况也自有一招。有一次,他们自创自演的小话剧《打草鞋》开场,扮演解放军连长,一上场就便放开嗓门一吼,台下立即鸦雀无声,演出效果自然会好。

春风又绿

五十年前,一群中学生怀着青春的理想和热情,在安丰中学相逢。串场河北岸的校园里,留下了他们青春的身影和坚实的足迹;大礼堂的舞台上,留下了他们欢悦的歌声和轻快的舞步。

　　然而,1966 年,一场史无前例的浩劫,粉碎了他们的理想,耽误了他们的青春。在那个年代里诞生的"新安中"和"革联"两支"毛泽东思想文艺宣传队",各自以我为最"忠",在舞台上虔诚地、执着地挥洒青春的激情。

　　1968 年,离开学校,失散在广阔天地,奔走在五湖四海,"老三届"、红卫兵、知识青年,上山下乡,后来下岗再创业……50 年风风雨雨,一路走来,凭着这一辈人特有的精神和毅力,在各自的岗位上不屈不挠,努力创造自己的生活,建立自己的幸福家园。

　　半个世纪过去了,岁月的风霜改变了容颜,却改变不了他们真挚的情谊。

　　相聚母校,重上舞台,是文艺宣传队成员共同的愿望。

　　2016 年 9 月 23 日,宣传队的老同学们带着阔别 50 年的浓浓思念,从四面八方汇集到故乡,重逢在母校。寻找自己青春的足迹,寻觅曾经失落的梦境,寻味同窗无猜的欢乐,寻回当年炽热的舞台。

　　50 年,在历史的长河中只是短暂一瞬,然而对宣传队的成员们来说,对于每一位"老三届"来说,却是人生的大半辈子。他们的青春,尽管是那样的短暂和苦涩,但她依旧如此令人魂牵梦萦,经历过的永远成为一种记忆,成为一个寻觅中的梦——一个 50 年的梦。

　　历经了半个多世纪的时光,与久别重逢的同学们相拥。宣传队队员之一的沙振和写道:

　　诚然,我的记忆已变得模糊,但以下的话语,总在心中铭记:"勤奋努力,积极向上,尊师重德,团结互助,热爱劳动,立志成才,时刻准备,建设祖国。"那时,我们的心灵被这样洗礼,我们的品格被这样塑造。于是我们这一生,无论在哪里,无论做什么,我们就成为我们这一代人!一代无愧于祖先、无愧于家族、无愧于自己、无愧于社会的人!

　　沙振和的话,激起了大家强烈的共鸣。

　　热烈的见面高潮过后,同学们聚集到大餐厅舞台,开始排练——毕竟他们此行不仅仅是聚会,更肩负着回访母校演出节目的任务。大家情绪高涨,全然褪去了往日的腼腆,在编导朱旭同学的指导下,一遍又一遍纠正动作,调整队形,好似重新回到了 50 年前的排练状态。老照片里的时光,仿佛跨越了 50 年的历史长河,重新回到了宣传队成员们的身上。

　　"两张 50 年前的老照片,承载着无尽的感怀,把我们的青春定格在永恒。同学们在寻找自己青春的身影,一下子把我们的思绪拉回到 50 年前那个遥远的年代。"大家激动地交谈着,相互倾诉 50 年中的酸甜苦辣,感叹岁月的无情,世态的沧桑。

　　9 月 24 日下午,一大群满头华发的老"知青"们,来到美丽的汇仙湖畔,徜徉在象征青春岁月的绿色植物园小道上,备感幸福,拥抱未来。岁月留下的不仅仅是苍凉和悲怆,还有那荡气回肠与柔情蜜意。

大家手挽着手,肩并着肩。拍吧,拍下青春的记忆;拍吧,拍下相聚的激情;拍吧,拍下寻访的欢乐;拍吧,拍下重逢的合影。

9月25日,阳光灿烂,一如五十年前,原宣传队的同学们乘上大巴,回母校安丰中举行联谊演出。车厢里的同学们活力四射,激情洋溢,唱响了一首首学生时代流行的红歌。

安丰中学,阔别50年的学子回家啦!母校发生了巨变,欣欣向荣,宣传队今天要在曾经的大礼堂,如今的报告厅,作一场"青春回望,人生追梦"的文艺演出。穿上绿军装,戴上红袖章,好像一下子回到了当年的舞台。50年前,青春的舞姿和甜美的歌声曾经打动了许多人,今天重返舞台,用曾经的歌声和舞姿,回到那个充满欢乐、充满舞动、充满理想的火红年代。

演出分为"歌唱祖国""青春回望""人生追梦"3个篇章20个节目。首先在大合唱"歌唱祖国"的歌声中拉开帷幕。在那个火红的年代,红卫兵壮志凌云,豪情满怀。在那个火红的年代,每一个人都心潮澎湃,热血沸腾。如今重演几个当年的舞蹈,不是想回到从前,只是再现那段悲怆的历史,找回美好青春的感觉。

"50年后的今天,我们已不再年轻,岁月无情人有情,我们在舞台上演绎着那些动人心弦的故事,用无声的肢体语言,舞动着、叙述着世界上最美好的真情。50年后的今天,虽然我们已不再年轻,可是我们的歌声依然甜美动人,我们的舞姿风采不减当年,那些曾经的梦想,那些青春的萌动,那些耳熟能详的歌词,那些美妙的旋律,那些夕阳里丰富多彩的生活,此时此刻都迸发出异样的光彩,深深地打动着几代人!"

春风又绿,说的正是东台知青文艺宣传队。纵然历经了半个世纪的沧桑,他们始终保持着一颗坚守本真的赤子之心。50年前,面对历史漩涡的他们是这样;50年后,生活早已尘埃落定的他们,仍然是这样。

我们做这个课题,希望通过东台知青文艺宣传队这个特殊的视角,展现知青群体在历史漩涡中的姿态。

姚为洲老师和他所在的文艺宣传队中的经历,着实令人着迷。如同贯穿整首曲子的主旋律,演绎了一首跌宕起伏、激情澎湃的交响乐。

东台知青文艺宣传队的故事使我产生共鸣,我平时也积极参与学校的各类文艺活动,自己也会时常练练乐器玩玩音乐。我认为艺术有一种力量,能使人轻松愉快,能振奋人心。话剧一类的表演是十分能够打动人心的。作为一名观众,在欣赏完一部优秀的剧场表演后,一定会被剧中的每一段情节而吸引,将思想停留在剧中的每一个细节上,任由回忆萦绕在脑海,然后对现实作出思考乃至反思。对于观众如此,对于表演者更是如此。

同样,宣传队也是一个传承风骨的大课堂。在经历了那个对文艺创作的管控颇为严苛、属于八台样板戏的年代后,队员们依然敢于根据生活体会编排新剧,真实地反映他们对于人生的独特思考,并将这种思考传达给每一位观众。有这种信念作为支撑,纵使身处历史的漩涡,又怎会轻易跌倒呢?

共同见证那一段时光的宣传队的同学们老师们,他们之间蕴含着一股气——正气,一种不屈服于时代的精神,一种用艺术在历史的漩涡中前行的勇气。采访中,我看到的是一代人的奋斗,是一代人的勇敢,是一代人的呐喊,他们呐喊着:"我们要用艺术的无拘无束,挣脱时代的捆绑束缚!"

面对历史漩涡,我们如何走好脚下的路?

"秉持一颗本真的赤子之心!"这便是永远年轻的东台知青文艺宣传队成员给出的答案。

四、与世无争的逍遥派
——俞志达的故事(节选)

执笔:1804 李辰　1707 陈佳颖
采访:1803 段中乾　1803 唐泽辉
　　　1807 程震霄

访谈实录

不过这位俞志达,与我们印象之中的红卫兵似乎不太一样。与当时那些洋溢革命热情的红卫兵相比,俞志达似乎有些过于平静了。接受我们采访时,俞志达爷爷面对我们的诸多问题,仍是一脸淡然,面带微笑,缓缓道来。

Q:俞爷爷您好!在开始正式访谈前我们需要了解一些您的基本资料。

A:我今年66岁,1950年出生。我的籍贯是浙江宁波,父母后来才移居上海的,但我是在上海出生和长大的。

Q：您是哪一届"老三届"呢？

A：我 1964 年进初中，是 1967 届"老三届"，那一年我初二。那时候发生了"大串联"，这个年代你们肯定是没有经历的。"文化大革命"持续到 1968 年时（1969 年时我离开上海上山下乡），因为学生就业要安排，不可能一直在社会上混啊，因此有相当一部分同学进了工厂，当时名额很有限，它是计划的，分配干什么就干什么。

Q：那么当时工厂名额是怎么分配的呢？

A：我们那时候没有计划生育，家里都有几个孩子。如果家里有一个孩子被留在上海（去工厂干活），那另一个就必须要放出去，"支边"啊，插队啊，去农场啊。当时上海崇明还有个农场呢，分配到那边算是比较好的了。不过交通并不方便，还得靠渡船，到吴淞口那边坐。我们家就兄弟两个。我哥哥在上海，我就出去插队。

Q：请问在当时"文化大革命"刚开始的时候，您和当时的同学们觉得生活有什么变化吗？

A：其实当时这个运动刚开始的时候，我并没有觉得有什么问题，甚至是没什么感觉。看到同学们好多都在搞造反，在墙上贴大字报。我从来不参与那些事情，该上课还是上课，服从安排。

Q：在九江的农村干活，什么让您印象最深？

A：上山下乡……很苦啊，很辛苦啊！（嘴唇抿着，眉头挤向中间）我们抢种抢收的时候，每天只能睡三四个小时，半夜里两三点就得起来。当时的粮食是很紧张的。我们那边一年种两季稻，等到早稻两三个月的生长期过去，结了穗子，要把它割下来，之后马上要犁田，然后再把晚稻插下去。要赶在天变寒冷之前，让晚稻抽穗。不抽出穗的话，到时候那谷子里全是空的，长不出米的。这段时间只有不到半个月，一眼望去地里还有那么多早稻，所以是相当紧张的。因为田多嘛，劳动力不够，就得拼命干活，太阳不出来，摸着黑也得把稻子给割下来，空着肚子，闭着眼睛也得干下去。农民马上犁好田，就要把晚稻插下去，没有休息的，一直干到九十点钟，才回去吃早饭。

Q：九江旱涝灾害应该比较频繁吧？

A：啊……那个时候水灾也是常有的事，我们还要修河、修水利工程。而且那时候水资源也很紧张，不弄好的话水稻也没水啊。干旱的时候迫不得已去放水库里的水，那水库也一样，都是人工一担一担水、一铲子一铲子淤泥搞出来的。不像现在啊，挖轨道交通，都是盾构机，全机械化的……

所以下放那阵子把我们的身体搞垮了很多，有的同学，受不了……受不了就病死的都有，很多的……你说说，年纪这么轻，就这样干活，从小又没干惯……那时候瑞昌有一条护城河，很长的河。农民带着我们一起去修……那时候，又没东西吃，又累……（眉头又拧在了一起）还生病，那一年我差点都病死了。那阵子两只眼睛看出去都是模糊的，不过也还是熬过来了。

Q：那时候农村里医疗条件怎么样啊？

A：农村里……赤脚医生啊！都是村里选一个稍微有点文化的人，到卫生院去培训一下。在村子里会给我们配点简单的药。感冒发烧了，有退烧、消炎的药片。要是哪里皮破了，就给擦点红药水、蓝药水什么的。哪像现在啊，医院那么先进。（笑）

*　　*　　*　　*　　*　　*

对于下乡生活，俞志达清楚地认识到，自己是不能改变什么的。然而转机，却还是来了。

下放干部带来消息，要在队里头挑两个人进工厂干活。

俞志达的眼睛一下子就亮了。下一步，就在眼前！这一步，终于有个头了！干部话还没说完，就被兴奋的知青们团团围住了。俞志达了解到，想要进工厂，既要家庭成分好，干活也得受赏识。

来了机会，就得抓住。在干部组织大家学习"毛学"时，俞志达常常主动站起来发言。平日在农活之外，经常帮着农民干点事情。洗洗衣服，写写标语，有时告诉他们一点在学校学到的知识。在田头，俞志达每每倚着锄头想休息时便告诉自己：把抢种抢收的那股劲儿拿出来！揉揉腰，握紧锄头，挥向红土地里，一下，两下……

俞志达一直说，自己是个平稳的人。他在"文革"的大浪潮里是一个小人物，他与世无争，更多时候作为一个旁观者处乱不惊。

他的极少参与，在我看来，正源于他对自我清晰的认知和明哲保身的智慧。这是他的自我保护，也是他的无奈之举，他知道自己无法改变时局，也知道"上蹿下跳"的人终不会有好下场。他说：

"我们改变不了这个社会，也改变不了这个潮流。有的人喜欢出头，能当个领导，到头来不还是那样？我们一小老百姓，该干啥就干啥，过好平民百姓的日子，这就是生活嘛。"

他唯一能做的,就是尽可能地远离那些激进的人与事,他寄淡于浓,处繁以静,安心地活在当下,做好自己。

仍记得张抗抗的小说中一张"请带我走"的纸条,一个逃离北大荒跨越俄罗斯边界的出逃者,那原本是我所以为的勇敢。

"这是没有办法选择的,逃避从来都没有用,在那个年代,你总是要面对现实的。"俞志达这样说道。

"我们那一代人是艰苦的,因为无法依靠个人的努力改变处境。"但是,这并不妨碍他努力,他从来都不逃避现实,而是在那个机会非常珍贵的时代里去争,这,就是俞志达的勇敢。

他在九江的农村里稳扎稳打,凭借良好的表现成为队里第一个有资格进工厂的人,用自己的努力换来想要的生活。从江西的工厂退休后,他回到上海生活。上海的消费水平高,但拿的退休金是江西的标准,一个月两千多块钱,而他在上海的朋友的退休金都在三四千。俞志达表示,人与人不同很正常,和别人有差距那就是有差距嘛,能力不到也要承认啊;人生路有很多走法,每个人的都是不同的。

面对种种的不如意与生活上的落差,他始终想得很明白,选择坦然面对,自得其乐——既然去争没有用,那就与世无争;如果无法改变,那也得活好当下。

在时代漩涡中,不作无谓的挣扎,只是站稳在身边的一叶扁舟上,平稳前行,自有耐人寻味的逍遥之美……

五、一腔热血青春路
——于智浩的北大荒故事(节选)

执笔:1707 刘笙鹤　1801 陈柯帆
　　　1804 陈杰伟　1802 施旻均

历史大河多漩涡　追梦犹忆"老三届"

我们这次课题的名字是"'老三届'的故事",核心问题是"面对历史漩涡,我们应当如何走好脚下的路"。我们想听听那些认真走好自己人生之路的"老三届"前辈们的客观声音。

我所说的这个故事的主角,是我们二附中的老学长于智浩先生。我愿意评价他为一个动乱年代中自愿在祖国的角落默默奉献自己的好同志,一名终其一生贯彻其坚定信仰的共产党员。

当年最为流行的标语"广阔天地大有作为",大概是对于先生一生最好的概括,或者换句话说,于先生属于那些极少数能用自己的人生去践行这句口号的人。

故事即将开始,其中主角于智浩的坚定意志和信仰,愿与诸君共勉。

风雪三江洒汗水　广阔天地炼红心

踏上了北域边疆的土地,映入于智浩眼帘的是一片荒芜、冰冻、万里无人的土地。听老农场的人们说,这里就是俗称的"三江",即黑龙江、松花江和乌苏里江交界处,在此地堆积起了肥沃的三江平原。三江平原接近中苏边境,而自古以来便是"无人区",难以看守。

"我记得很清楚,当时我们加入的是沈阳军区黑龙江建设兵团四师四十二团。"时至今日,于智浩还是难掩那份光荣的神情,"那时候我们的上级就是解放军,都戴着领章、帽徽呢!"

"于学长,加入兵团是什么样的一种感受? 有真正地参加过战斗吗?"

"那时候感觉很光荣,穿上一套部队发的绿军装,神气得不得了! 我们那时候就是平时以生产为主,战时以打仗为主。打仗的时候要能扛起机关枪就上战场,不打仗的时候,除去每日必行的军事训练、站岗,我们就是兵团战士,种地,打粮食。1969 年的珍宝岛战役,其实很短,就持续了几天。但在当时战争的火药味迅速地传遍了整个黑龙江建设兵团,大家每天都在操练,脑子里那根弦绷得很紧,虽然最后其实没打几枪,但也就是在这个时候,大家才能真正地意识到,战争,原来离我们真的很近很近,哪怕是穷苦一点,和平的日子总是最好的。"回想起那些箭在弦上的日子,于智浩仍然心有余悸。

"那你们在建设兵团的日子苦吗? 和那些通常在影视作品中看到的知青相比呢?"

于智浩笑了一下:"苦,当然苦啦! 但是和后来文艺作品中的知青生活比,我们还是很幸福的。和你们讲个故事。在我们刚去到四师四十二团时,去到的是老农场。从当年铁道兵十万官兵开发建设北大荒去的就是这些团。所以建设得较早,也就条件比较好,田地也已经开垦好了,而且由于我们是军队编制,那时还领了津贴,一个月 32块,比在上海的工厂里工作还要高。但是很快,兵团里就策划想要在北大荒更加偏远的地方建立一个驻扎于此的新师——六师(即现在的建三江管理局)。于是,我们几个二附中来的学生主动请缨,想要第一批奔往建三江六师参加建设工作。别人很不解,都问为什么。而那些人又怎么能够理解我们的满腔热情呢? 我们是嫌老农场条件太好了得不到真正的锻炼,想要去沼泽处、大荒原,历练自己,报效国家。"

"我们那个时候的人,尤其是进步青年,都是这样想的。后来组织不给一些同学批准,有些人还写血书再次向组织申请,有的还进行绝食,要求到最艰苦的地方去,还好,后来大家都去成了六师。我们刚去六师的时候,感觉好像瞬间又离开了人类社会,方圆几平方公里,没有一个人、一栋房,只有无尽的风沙和除不尽的冰雪相伴。我们刚到六师的时候,那里没有房子,房子都是后来垒土块做成的。最早我们睡帐篷,早上天还没亮就开始干活了,伐木,造桥,脱大坯,盖房子,过着一种摧冰化雪的生活。你说苦不苦? 当然苦了! 可是反而,大家在这一马平川上比先前在老农场更加有干劲,当年我们不讲学历,只讲实干。谁干活干得又多又好就有话语权。所以在那个动乱纷争的年代,我们虽然肉体是辛苦的,可是心里是真正的愉悦。因为我们始终埋着头,用青春和汗水浇铸自己的爱国梦想,用实干将'北大荒'变为'北大仓',作为献给祖国最好的礼物,磨炼了自己的意志品质。这或许就是毛主席说的'广阔天地大有作为'吧!"

在于智浩回忆青年时代时,我们看到,笑,是于智浩最经常表现的神情。于智浩笑得,就像一个年轻人,和你我一样,青春而富有朝气,烂漫还带有些天真。我无须猜测为何于智浩会一直在笑,因为一句革命口号霎时映入脑海,"革命人永远是年轻的"。年轻时的历练,带给他的收获是始终难以忘却的。那份纯粹的爱国与奉献、不惧艰险勇往直前,正是那段苦难的经历和那个动荡的年代中的人最可爱的地方,也是在现代社会中最缺乏的东西。

而于智浩的人生也在加入六师之后步入正轨。多年来的出色表现,让他成为重点培养对象。于智浩在 1972 年入党,1973 年开始担任本连队的副指导员。1975 年团党委根据他的表现,把他调到了另外一个大连队,担任指导员工作。从此,他踏上了新的征途,开始新的人生道路。

从 1976 结束"文革"之后,连队里的知青们人心涣散。大家在这里待长了,想家得不得了。能回到大城市,谁还愿意去当北大荒人呢? 一个个都想着法子要回去,也就大大降低了劳动积极性。大家想回家,这可以理解,谁又不想呢? 可是大家都回去了,这几十万亩我们花了近十年心血的土地又有谁来管呢? 祖国交给我们的任务不就落了空吗? 每每想到这些事,于指导员就备感担忧,好像多年的心血一下付诸东流。

可有人这时候悄悄地拉了拉于智浩的衣角:"小于,你傻啊! 你是上海的,干嘛不回去,在这穷旮旯受这个苦。况且你还没结婚,多自由,说走就走!"

于智浩笑笑,拒绝了这些人的好意。是,他们说得对,上海怎么说环境都更好。可他们又怎么知道,于智浩早就把自己的那颗红心留在了这三江平原的黑土地上。

自 1993 年回到了上海,在自己生长的地方又住了 23 年,哪怕到现在,已经接近七十岁的于智浩还是觉得浑身不自在:"哪怕生在上海,长在上海,现在也回到了上海,但我知道,自己的根扎在了北大荒,我还是那里的人。"

要是还有什么让于智浩留在黑土地的原因的话,其实在那个时候,于智浩已经准备和当地的一位姑娘结婚啦。"组织上很关心我,问'怎么小于同志还没有对象',于是有个老首长,亲自给我介绍了对象。对方人很好,很贤惠,我也很满意,就把事定了下来。"于智浩笑了,"那时候他们说我拍拍屁股走人就好了,就算我们还没结婚,也不能这样啊!谈得好好的,说走就走了,我怕她想不开,放心不下,所以就更加坚定了信念,那就不走了!"

话题开始越来越轻松,我们采访组明白,那时我们的故事已经顺利地渡过了那个"历史漩涡"。于智浩靠着自己的坚定意志和革命信念,或许再伴上了一些运气,使他能得以安然地不为漩涡所动,坚持着一锄头一锄头地在北大荒开出沃土,一锤一锤地建设自己心中永远神圣的社会主义。这段经历,丰富了他的人生,虽夺去了他的青春,却还给了他一个无比健全、伟大、高尚的人格,在今后的人生中的每一步都更加坚定,更加有力。

也许,这就是在脱离了高调的口号之后,我们所能够真正见到的,信仰的力量。广阔天地炼红心,而我们很好奇,那颗赤诚的红心,在今后的日子又牵着他走到了哪里?

年方十九离家去　人到古稀终不悔

"文革"结束,给动荡少许时间以平静,于智浩迎来了他的新的时代。首先迎来的就是兵团的改制,从此"黑龙江生产建设兵团"改编为"黑龙江农场总局"。原先于智浩所在的单位也改制为"青龙山农场",不再归军队管辖,而属于企业单位。1980 年于智浩调入了中国第一个现代化农场——洪河农场,1987 年担任了该农场的党委办公室主任兼组织部长,他俨然把洪河农场当成了自己的家。

"那时候不只是我,我们整个一批最先来洪河农场建设的老同志,都把洪河农场当作自己的家一样。因为是我们亲眼看着这个农场从一无所有、一马平川,变成了现在的一派欣欣向荣的景象。"于先生眼中闪烁着骄傲的光芒,像是一位父亲在和一位素昧平生的陌生人介绍自己家的优秀儿子一般兴奋,"你知道吗?早在80年代,我们的农场上就已经都是一排排漂亮的平房,文化宫、电影院、大饭店……基本上可以说大城市有的我们那个小地方都一应俱全!不仅如此,我们的洪河农场,是全中国80年代农业现代化浪潮的排头兵。早在80年代初,我们便以补偿性贸易的形式,换来了全套进口现代化农业设备。而且我们最先开始试点,分总共6个作业区,一个作业区5万亩地,只需要30多个人就能搞定。从翻地播种到灌溉再到收割,最后到粮食处理、烘干,等等,那么复杂的步骤,全部都是用机器掌管进行工作。不但效率高,还科学种植,种出来的粮食质量好。"

"再想想当年,真的什么都没有啊,到现在,是社会主义建设的奇迹,也是在我们手上造就的!而且那时候的人干活,干部更要干活,那时候的干部都是这样,所以大家才能更信得过,人心才能拧成绳。"

后来,于智浩在他眷恋的农场里当了组织部长,中间还发生过这样一个小插曲。1992年6月的一天,农场有一位老职工为了能给有中专学历的儿子安排在干部岗位工作,偷偷地将600元钱塞在盒里送到于部长家中,于智浩发现后,立即给这位老职工写了一封信,婉言谢绝说:"老同志,您的心情我理解,但钱我一分也不能收,如果您的儿子符合政策规定,不送一分钱照样安排;如果不符合,您就是送再多的钱也不行……"于部长让爱人将信和600元钱一并送还了这位老职工。这位老职工收到钱后,心里一凉到底,以为没"戏"了。然而,这位老职工万万没想到,几天之后,儿子的工作落实了。感动得这位老职工逢人便说:"于部长真是清正廉洁啊!"

就这样一路兢兢业业,直到1993年。上海家里传信来,母亲瘫痪在床,家里需要他照顾。这次于智浩知道,他是不得不回上海了。同时,根据知青的独生子女可以返城的政策,于智浩申请了停薪留职,全家一同回到了上海。

昔我往矣,风华正茂。

而今,任岁月给于智浩添上了缕缕华发,带着难以割舍的牵挂离去,这一年,于智浩44岁。当年的知青很多在奋战了十年后纷纷离去,而于智浩,待满了整整25年。

于智浩只是笑着感慨了一声,这是他选择的路,他未曾后悔过。他十分感谢那片黑土地,因为那片黑土地给予了他年轻时愿望的一切——男子汉,去遥远的祖国边疆闯闯,在苦难之中磨炼自己,去追寻自己的革命理想,为社会主义建设贡献自己的力量。

那一年他44岁,可19岁那年的声音在脑海中,不曾遗忘。

"无产阶级革命事业的接班人,是在群众斗争中产生的!是在革命的大风大浪中锻炼成长的!"

他踏上了回上海的火车,回到了那个生了自己、育了自己,如今看来却如此陌生的城市。接下来他还干了 15 年才退休。

"我继续工作了 15 年,换了 8 个单位,没失过一天业!"于智浩淡定道。

于智浩怀着满腔热血,在三江大地上挥洒青春,他经历了上山下乡的历史漩涡,无疑是不幸的。但他又是幸运的,在历史漩涡中,他始终做到"仰不愧于天,俯不怍于人",正是这种热血,让他在三江大地上,在历史漩涡中不忘初心地耕耘不辍。

退休以后的于智浩终于在忙碌了半辈子后过上了悠闲的生活。儿子也很有出息,一家人又回到上海,定居于此。

不过我猜,于智浩是真想念那个熟悉的冰雪乡啊!

六、特级教师的黑土地情怀
——刘砚的故事(节选)

执笔:1809 田亦农　1808 陈天源

刘砚老师生于书香门第,父母都是知识分子。

从严格意义上来说,刘砚老师并不属于"老三届",她是 1969 年毕业,正好是"老三届"的后面一届。然而,她还是不可避免地卷入了"文化大革命"的历史漩涡。

"'老三届'毕业时还能去工厂工作,到了我们这届只剩下下乡这一条路。当时有城市近郊的农场和到农村插队两条路选择,我自知家里成分不好,就主动选择了到农村插队。"回忆起过去的不幸经历,刘砚老师的语调依然是那么平淡,似乎时间冲淡了苦涩,留下的只是记忆本身。

到农村插队有四个地方可供选择:"一个是江西,一个是安徽,还有云南和黑龙江。记得我在二附中上学时去马陆公社学农,要下水田。我就赤着脚,裤腿挽得高高的,结果让蚂蟥钻到了腿里,费好大劲儿才弄出来。后来听说去江西要下水田,我就打定主意坚决不去江西。至于安徽,我老家在北京,坐火车回老家要经过安徽,我在那看到的都是光着屁股的小孩,觉得那儿太穷,也不打算去。云南嘛,又太远,最后就选择去了黑龙江。当时我是学校第一个主动报名去插队的人,大概让班主任受了表扬。后来我们那个班有七个报名去黑龙江的,班主任就陪我们坐了三天三夜的火车到了插队的地方,给我们安顿好了才走。"

　　知识青年上山下乡,首先要学的自然是融入农民阶级,做农活。由于齐齐哈尔的地理位置,那里日出非常早,凌晨三点天就蒙蒙亮了。来自上海的刘砚和她的伙伴们还要"倒时差",花了很长一段时间才适应。她在回忆那段时间时说:那时候每天都是睡眠不足,早上三点天不亮就被叫醒下地干活,做到早上七点。这个时候就听到大喇叭里的广播铃声开始整队,然后生产队长说"歇着啦!",我就立马倒在地上睡觉。由于那是个烂泥地嘛,我一会就被冻醒了……据刘砚说,碰到这个时候,田地边生产队的"青纱帐"里生了一堆火,火上用树枝插着玉米烤。饿得前胸贴后背、冷得浑身发抖的她就去烤火,吃玉米。那玉米不知道是熏得漆黑还是烤得焦黑,但是顾不了那么多,吃得她嘴巴鼻子都是漆黑一片,心里却充满了快乐和满足。紧接着,生产队长就会又一声吆喝:"好了好了,开始干活了!"随后,一天热火朝天的农活又开始了……许多知青不适应农村生活,时不时在地里抱头大哭说想家,但对于刘砚老师来说,干农活累是累,却也新奇有趣。"我当时心里是这样想的,既然到了这个地方,那就好好干呗!"正是这股子认真劲儿,使她获得了老乡的认可和信任。

　　"我当时做得最傻的一件事,就是为了和农民群众打好关系,把母亲给我带的新衣服剪碎了用来在干农活划破的衣物上打补丁。穿着打了补丁的衣服,就感觉自己也是农民的一分子了。后来我才发现这完全没有必要,这里的人们本来就朴实善良。"刘砚老师回忆起这件事,似乎自嘲着当时的行为,不禁笑出声来。

　　当地朴实的农民一开始把知青们当成"文化人",平时自己不舍得摘的葱、蒜都拿来给他们当菜吃。后来相处渐渐久了,也就把他们当作自家人看待。许多农民想给远方亲友写信都去找刘砚老师代笔,这让这位当时只有 16 岁的女知青相当自豪。

　　天气渐渐转凉,到了秋天,这是丰收的季节。生产队的打谷厂上堆放着十多根圆木,等到牛车马车把割下的谷子拉来后,生产队队员和知青们人手一捆谷子往圆木上摔,把谷粒摔下来在地上聚拢。接下来再牵一匹马来,把马的眼睛蒙上,让马拉着石碾子来碾。把碾碎的秸秆往上抛,秸秆在天上飘着而谷粒能落下来。然后被挑选出来的谷粒只要脱粒就可以了。"这种方法比较原始,记得当时我浑身上下都是灰和秸秆段儿,还有些吸到鼻子里。当时我最羡慕的就是别的地方农场里使用的'康拜因'(联合收割机),想着要是我们生产队也有一台就好了。"

　　凛冬已至,初到农村第一年的知青们不会烧土炕,就只好睡在凉炕上。"房间里好冷好冷,早上起来,被子不知不觉就盖到眼睛上面去了,盖在嘴附近的被子上结了厚厚一层白霜。"在寒冷的冬天,严酷的自然条件成了上山下乡生活的最大敌人。据刘砚老师说,最冷的那段日子里,真的是滴水成冰:知青们每天早上洗完脸的水往屋外泼,每天如此。日子久了,知青点的房子前面竟有了一座"冰山",只好等开春了再用镐子刨掉;到生产队的辘轳井里挑桶水,倒到房子里的大缸中的竟是一个"大冰坨"。那段时间,她全身上下都做好了防护:戴着大棉帽子,却不能戴口罩和手套——戴了口罩哈出去的气就会在眼睛旁结冰;戴了手套做农活不方便不说,还有可能摘不下来。于是冬天里,刘砚老师的脸上、手上都生了冻疮,流出了脓水,更有甚者,在最冷的那些天里,她手上肿得有馒头那么高。对于鞋子的选择,她不得不穿比自己脚的尺码稍大几码的鞋,在鞋里塞满厚厚的乌拉草才能勉强让双脚暖和。

冬天外面的气温早已跌破零摄氏度,即使最有胆量的农民也不敢下地干活。妇女们窝在家里头"猫冬",而知青们则被当作强劳力,和男村民一起制粪肥:平日里猪粪、鸡粪、羊粪被送到生产队一块专门的场地上,再拿些泥土搅和在一起,堆成一座"小山",这就是所谓的"沤肥"。到了冬天,整个"小山"都被冻住,知青与村民们此时的任务就是用镐头把这座"小山"一块一块打下来,再碾碎成小颗粒,就成了粪肥。把这些粪肥堆到马车上,拉到生产队的农田里卸下来。来年开春时,人们所做的第一件事就是把这些干了的粪肥均匀地洒在地里,以保持黑土地的肥沃。

这年春节,公社那边传来一个好消息:所有的生产队都通电了。这天,刘砚老师所在的生产队请来放影队在打谷场给全队放电影。天气格外冷,许多人在厚实的棉大衣外裹了一条厚棉被,才能安心地在零下三十度的冰天雪地里坐在小板凳上看电影。刘砚老师只有一件棉大衣,冻得实在受不了就悄悄溜到观影群众的最后,不住地跺脚搓手,却还是伸长了脖子看着那在学校已经看过无数遍的革命电影。大概这就是一个知识青年一年插队生活最好的慰藉吧!

第二年开春,又要开始几个月的农忙,人们忙着把庄稼种好。刘砚老师已经被选为生产队仓库的保管员了。

"原本是一个60多岁的老农民管仓库,他身体不太好,生产队就想给他找一个接班人。因为生产队仓库里放着许多粮食、农具,队长就担心再选个农民当保管员可能会监守自盗,就提议让没有家的知青当保管员!知青嘛,他们没家,又因为我的一股认真劲,就被选上了保管员。"刘砚老师讲到这里,脸上洋溢着喜悦和自豪:"我感觉这是莫大的光荣!"

在刘砚老师和那个老农民交接钥匙时,老农民告诫她:"钥匙要把把牢,这钥匙很重要!"的确,当时有些农户来仓库借农具,要进仓库看看,她都要在一旁监督,并记下借了什么、借了多少、打算多久还,巨细靡遗。担任保管员,除了管理仓库外,还担负着两项重要的职责:一是每天给生产队部挑水;二是喂好全队的猪。然而,担任仓库保管员的这些日子里,她还是觉得比干农活要轻松许多。

那时,生产队许多地里种的都是黄豆,正是这种作物给了全生产队包括农民与知青在内的所有人极大的喜悦。当地农民一定要等到黄豆发黄才割下来,按照人口数分给各家各户,有的农户就把这些黄豆做成黄豆酱。另外还剩下的一些黄豆就拿来做豆腐吃。生产队队部院子中央,有个大石磨。人们就把马的眼睛蒙上,让它拉着磨子磨黄豆,把黄豆磨成渣。接着把熬猪食的大锅洗净,把豆渣放在锅里加水熬,熬出豆浆,大概要熬好久好久呢,熬好了就再点些盐卤。刘砚老师这时就站在放锅的台子上,拿一个柄很长的勺子把半凝固的浆舀到一个方锅里。最后用纱布包住方锅,倒置着让水沥下去,凝固后变成一大块热腾腾的豆腐。"可大一块,软软的,晃一晃就一抖一抖的,可好吃了!"这时候,生产队的大喇叭又响起了通知:"各家各户,来吃豆腐!"老乡们就从自家拿着锅碗瓢盆来领各自的一小块豆腐;知青们没有东西装,也凑上来悄悄说:"给我吃一块吧!"刘砚老师也分一块放在他们的手上,他们用双手捧着热气腾腾的豆腐,一边叫着烫,一边却狼吞虎咽地把豆腐吃了下去。这滑稽的吃相逗乐了所有人,一时间,全村的人都集中在这小小的队部锅前,一同分享着美味,其乐融融。因为怕白天耽误农活,做豆腐吃豆腐的事总是发生在晚上。"在电灯下做豆腐吃非常有味道。"

知青上山下乡到农村插队生活,当然会遇到一些突发的情况。当时与刘砚老师同去的知青中,有一个突发阑尾炎。本来只是个小病,但无奈卫生所条件太差,做手术时发生了严重的感染,导致大量失血,竟生命垂危,病危通知书都下来了,只有输血一条路可以救命。所有的知青都抢着献血,但经过血型比对,只有刘砚老师和一位男知青符合输血条件。"我立刻卷起袖子,抱定革命同志互帮互助的想法说:'抽我的。'脑海里就想着:我给人献血了,好光荣啊!"结果开始抽血后,一开始管子里流的还是红色的血,到后来竟都成了泡沫,刘砚老师差点晕倒在卫生院。"我们那个时代,人们普遍营养不良,这次抽血我没有感染,真是极大的幸运。"

后来有一天晚上,刘砚老师和另一位献血者去公社医院看望那个生病的知青。陪他到大半夜了,医院也没有多余的床,两人就商量着回生产队去。生产队离公社医院有八里路,中间还有一大片荒原。两人正走在半路上,忽然看见黑黢黢伸手不见五指的夜里,不远处闪着两个绿点。狼!村里的农民曾告诫过:走远路时要一群人一起走,手上拿着镰刀或烧火棍,不然会被狼攻击。两人吓得脚软,走都走不动了,只见那双绿色的眼睛朝这边注视。情急之下,刘砚老师忽然想起自己身上带着一个大手电筒。"狼是怕光的,所以当地人在外边过夜都会点一堆火。我当时就举着手电筒对着那个狼照啊照啊,边照边走,边照边走。后来看不到狼了,我们就赶紧跑了起来,一路跑回生产队。"讲起这段往事,刘砚老师仍然心有余悸。

在积极参与农活、与农民们打成一片获得信任的同时,刘砚老师也不忘自己"知识青年"的身份,在插队生活中仍然坚持学习。她父亲在她下乡前给了她一个半导体收音机。第一年农活比较多,她只能在晚上偷空听收音机;第二年当了保管员就空闲多了,可以在熬猪食的同时听收音机。她常收听英文节目,对收音机里传来的"Long live Chairman Mao!""Long live the Communists' Party!"极为沉迷。"当时我们生产队里甚至订了一份报纸,我就看着报纸上黑白的样板戏剧照,有白毛女啦,李铁梅啦。我就照着报纸上画,画白毛女,画李铁梅。"

七、世界那么大,我想去看看
——邱国良的故事(节选)

执笔:1705 蔡佳雯　1708 朱俊钰

走出川沙

"那是 1966 年的夏天,我正在川沙中学念初三。大家都紧张地复习功课准备着升学考试。对于学业成绩优异的我来说,顺利毕业并考入一个优秀的高中,本该是轻而易举。那时候我一直是班里的学习委员,还是升旗手哩!"忆往昔峥嵘岁月,邱国良的脸上洋溢出自豪之情。

"可谁想到——'文化大革命'爆发了!莘莘学子的梦想就这么破灭了——我们没法上学了!"

"初三还没上完就回到家里。不仅不让上高一了——连高一都没有了!无奈,我只能放弃了学业。听着蝉声一如既往不绝于耳,一时间我非但没有放假的喜悦,反倒有些不知所措的迷茫。"

无论如何,生活总是要继续的,面对"文革"这场历史漩涡,邱国良有自己的选择。别人大串联是为闹革命,将"文化大革命"进行到底,对邱国良而言,从小到大在川沙读书求学,连上海都很少去,他更多的是自己想出去走走,在"行万里路"中,看看陌生的世界,长长见识,开开眼界。这种想法,确实和众多的"红卫兵"不一样。

没赶上接见

也许是阴雨天淋湿了加上一路跋涉疲惫的缘故,我在十一月下旬得了感冒。那时候我们初到重庆,那里深绿浅翠连绵起伏,在雾霭笼罩之下勾出隐约的山形。

在重庆,我们去参观歌乐山、白公馆、渣滓洞集中营。那几天我四肢酸软无力,由于重庆是山城,各地都是坡道上,头晕也越发厉害,总是昏昏沉沉的,走路都好像踏在棉花上一样无处着力,一天下来往往疲乏得厉害,倒头就能睡着。但想想之前走丢的经历又只好逼迫自己再坚持一下,一定要跟上大家的脚步,免得落单。又好在重庆风景极美,碧水青天相映,楼房都好像嵌在山上一样临江而立,异地美景成了重庆之行的美好记忆。在那里,我还看到了宽广的嘉陵江,江水平静,风光妩媚多姿。那边的人告诉我们,嘉陵江古称渝水,所以重庆也被称为"渝"。我们还看见了许多深邃的峡谷,有河水从洞孔中流出,很是好看。那迎面吹来的微风里更有些温润的感觉,于是脑海里仿佛溜过几句从前念过的诗句,却模模糊糊记不分明。

在重庆盘桓数日,也发现了一个有趣的现象,那里公交车司机大多都是女的。我们特别好奇,大家商量一番也不知缘故,问了一下才知道是女同志开车心细,男同志开车比较粗心,因为山路坡度很大一不小心就会有危险。大约也是因为坡度的关系,重庆城市马路上基本看不到自行车。

坐车去往成都已是月末,只记得在那里看见了大片的甘蔗地,甘蔗一节节地长得很高,紫黑色的茎在半空绽出肥厚的草绿色的长叶子,远处看来,甘蔗地在阳光下显得颇有生机。

离开成都,我和战友又去往北京。

虽说串联途中坐车吃饭不要花钱,但要带全国粮票。我们一般寄宿在学校,学校给我们宿舍。因为自己想买东西,小孩子嘛,看见好吃的好玩的就买,还在重庆时,我的钱不够了,给家里写了封信,说把钱直接寄到北京。后来到了北京,自己也忘记这事了。有一日负责我们住宿的人告诉我有一封来信,在那个通信不发达的年代,在异乡北京,收到家里寄来的钱,顿时便明白了家书含有的那份温暖的情感。想起小时候在家的点点滴滴,听长辈讲着还未记事的自己那些有趣的充满温情的故事,总会觉得亲情的永恒,心怀着一份对家的眷恋也是对信念的一种支持。

要说这次"万里长征"有什么遗憾,我想就是那一天之差了。是的,只差一天,我们错过了毛主席的第七次接见,也是最后一次接见。当时通信不发达,否则我们也不会从南方转到北方，兜了一个大圈子，绕中国一圈，南昌、广州、衡阳，后来又到了重庆、成都、西安，最后再到北京。

北上兰军工

天助有心人，命运总是垂青有准备的人。说来也巧，当时我奶奶得了血吸虫病，在隔离医院治疗，当时病房里还有一位老奶奶，是镇上我大哥的妈妈。一日那位老奶奶聊起她儿子是在兰州兵工厂兵器工业部 805 厂的老工程师，近日在上海招工，问起奶奶我的情况，奶奶想着军工厂可不一般，是何等的骄傲，便把这个消息给了我。

面对这样一个人生大抉择，怎么选择呢？那时候兰州的条件相当艰苦，风沙乱舞，寸草不生，生活条件肯定不及上海，家里人也都很舍不得我一个人过去，但我有自己的考虑。且不说田间干农活时候的艰辛操劳，那种日复一日无所改观的乏味就足以侵蚀一个人的意志。曾经念过的书、学到的知识在这片沉默苍凉的土地上没有用武之地，应当说是不甘心，不甘心就此以劳力为生，何况兵工厂的工人待遇要比农民好上许多，工资也很可观，但最重要的还是那一颗年轻的心和远大志向在呼唤着我。能当军工厂的工人是何等骄傲，肩负着伟大而光荣的使命，既是为了响应毛主席号召，也好为国家出一分力，多好！于是我下定决心，哪怕是万里瀚海黄沙，我也要去那里奉献我的力量，在兰州打拼我的新天地。

刚来到兰州，我就被其规模震惊了，一栋又一栋的大楼，一万多人的员工，全都在这里奉献着热血。当时兵工厂是以一道杠二道杠三道杠区分等级的，真正生产军工产品的是在三道杠里面，刚刚来到兰州的我当然得从一道杠慢慢干起了。每日的工作还是很辛苦的，我记得主要有开吊车，以及在吊车上面的天车上作业。吊车升到二十几米高，工作确实相当危险而艰苦。早上开早会，晚上汇报工作。我还记得当时全厂禁止穿皮鞋和钉鞋，而且全厂禁烟，因为到处都有炸药，地上可能也有炸药等残留物。在兰州的生活，辛苦并快乐着。

兰州的条件倒也不错，一道杠外面是我们的宿舍，几栋三四层楼的大楼，当时这个条件属于很先进的，里面还有暖气。

当然兰州的生活并不只有习惯于那些改变，过了几年有了一个工人上大学深造的机会，和朋友之间一个玩笑般"能否考上大学"的赌，却大大改变了我今后的人生。后来我以第 11 名的优异成绩我考上了兰州工业大学，在那儿接受了更高等的教育。回想起串联以前在校做红旗手的经历，我对大学教育充满了期待和向往。虽然由于中学应学的知识有所欠缺,我需要花更大的功夫去理解,但是这也锻炼了我的自学能力。我时时记着"我生待明日,万事成蹉跎""少年易老学难成"这样激励自己的句子,抓紧闲暇时间,丰富自己的学识,这都为我后来取得资格证书做了很好的准备,随后我也取得了相关专业资格证书。这几本封尘的资格证书至今收存完好,也可算是我引以为豪的经历了。

此外,在兰州我也收获了围棋这一爱好,考出了围棋三段。

后来我在兰州成家生子,生活虽然艰辛,也充满了幸福。

八、十年"文革"十年"梦"
——杨桂秋的故事(节选)

执笔:1804 肖　璐　1804 张知行

黄埔军校生的后代

说起来,她的爷爷当年是国民党军营副,爸爸也是知识分子,毕业于黄埔军校,抗战的时候参加过两次太行会战,后来又转战洛阳。在家里他总是念叨着什么"亲爱精诚,做事顶天立地,做人堂堂正正"之类的诫训来教导她和弟弟们,说这是他军校的校训,无论何时何境,他们也该做个堂堂正正的大写的人。

爸爸当年在国民党,其实只想抵御侵略,在抗日的战场上为祖国做出了贡献是他一生最开心的事,但是后来国民党和共产党开始内战,爸爸实在是不愿枪口对内,两党内战的时候也终日郁郁。后来国民党战败开始向台湾撤退,机票都送到了爸爸手里,爸爸却毅然拒绝了。1949 年后,爸爸先是在地方工作数年,后迁入陕西。正是因为年轻时候的这段经历,在后来数次政治运动中,爸爸一直是受审对象。

作为女儿的杨桂秋对军事倒是没有产生太大的兴趣,反而十分崇拜爸爸那种作为知识分子,因为有内涵而和别人不同的气质。当时爸爸对孩子们的希望也是能够考上大学,追求自己喜爱的生活就好。而且那时候,杨桂秋的成绩也十分优异,考上的高中也是省城重点。

本来,杨桂秋对未来的希望也只不过是很简单的想象:考上大学,做一个像爸爸那样堂堂正正的大写的人。这也是最简单最简单的期望了。那时候谁能想到,就在半年多之后,因为一条政令,那一代人的命运都会发生翻天覆地的变化。

大学梦渐行渐远了

1968年春天，又开始复课，这年也是杨桂秋要毕业的时候了。当时杨桂秋的学校，有90％多的同学是来自农村的。"上山下乡"的指示一下来，这些同学就各自回家务农了。他们的人生，或许就像他们大字不识一个的父母兄长一样，每天算计着秋收冬藏，掐着农时起早贪黑。至于他们一生中短短的几年与书籍和知识接触的时光，大多数人都将之遗忘。或许有人记得，但是也终究泯灭在日复一日的劳作之中，再难触及。

到最后算下来，其实只有百来多个"吃商品粮"的城市孩子是真正意义上的"上山下乡"。这些城市孩子，有干部子弟、教师子女、工人的孩子……

刚开始听说到农村去，杨桂秋还是挺高兴的。就如同现在孩子们去学农一样，把它当作一次社会实践，还十分新奇。杨桂秋作为家里的长女，父母精力有限，基本所有的家务杨桂秋都得做。杨桂秋的外婆也很严厉，经常吆喝着让杨桂秋做这做那。因而，逃脱家里人的管束和无穷尽的家务活，下乡的生活让杨桂秋十分憧憬。杨桂秋一直默默地保持着这份喜悦，直到临走的前一天……

在晚饭的时候，她像往日一样，做好了饭招呼着大家一起上桌。但，杨桂秋的心情不再像原来那样沉静冷淡，而是更加开朗。她在家里跑着忙活家务，一不小心碰倒了一个醋瓶——还好没碎，只是倒出了几滴，但还是被母亲一顿呵斥。母亲仿佛因为她马上要走了而有种气愤，或许是因为今后没人帮她打下手搭伙做家务了，可能也是因为对儿女不舍却难以表达出来。现在想来后者应该占得更多……父亲也是一声不吭，保持着他那固有的沉默。他就在那里坐着，时间久了，就觉得有种寂寞的感觉。直到女儿要走了，他才叮嘱杨桂秋说："出门在外，做事要善，一切听从上级的安排，不要和别人不和，于自己无益。珍重！切记要友善。"他不管做什么都坚持自己所信守的"善"。这一点我至今依旧记得清清楚楚。

当时有些精明的父母想得可能更长远一点，就跟自家孩子，尤其是女孩子说："哎，你不要下乡去了吧，这一去可能就回不来了啊，不如给你找个婆家吧。"那时1968届的同学都已经18岁了，按照当时婚姻法是可以结婚了。但是当时同学里没有一个愿意这么做的，都坚持要下乡去。不过想想也是，当时没有一个人想得到这一去就是经年。

于是1968年10月份，杨桂秋下乡了。1968年，这本该是她高考的那一年；10月份，如果不出意外也该是杨桂秋刚刚进入大学的第二个月。但是，她去了农村。所有像杨桂秋一样怀揣着大学梦的莘莘学子,都身不由己地与自己的梦想渐行渐远……

没有人愿意教书

最后,杨桂秋也算是参加工作了,不用再听生产队的领导继续劳动了。她正式结束了作为学生、作为知青的生涯,以二十多岁的年纪,走进了社会,也终结了她梦想的大学生活。那些在学校作为莘莘学子埋头苦读,为了上大学而做出的所有努力、付出的所有艰苦,还有后来下乡期间依旧不放弃的,对知识与文学的渴求,多少个日日夜夜背诵着的教科书、温习着的知识,内心深深期盼的心志与对大学的希冀,统统终结在了这时代的浪潮中,泛着不为人知的隐秘光芒。

杨桂秋的工作是当时人家最不愿意干的工作:给学生代课,每天就是教书。

当时还是"文革"中期,"文革"还没有结束。因为教师这个不受欢迎的身份多为被批斗的对象,当时几乎没有人愿意做教师。

杨桂秋看着孩子们稚嫩的脸,想想,终究是不懂事的孩子们,要是不好好教,在这个混乱的年头他们也许就真的再没接触到知识的机会了。又会有多少真正渴求学习的孩子自此沉寂呢?杨桂秋不觉得自己的能力能帮到孩子们多少,但是她想要尽力去做到。

至少,应该让孩子们好好学习吧。

1974年12月12日,《北京日报》刊登了12岁小学生黄帅批判"师道尊严"的"来信和日记摘抄",12月28日,《人民日报》受姚文元指令头版头条全文转载,还加了编者按,赞扬黄帅是"敢于反潮流的革命小闯将"。

这下子,刚刚复课的学校又像开了锅,老师再次成了被打击的对象,小学生们连夜写的大字报糊满墙,好好学习的孩子都被叫成"小绵羊"。短短几个月,仅北京地区打碎的学校玻璃就有20多万平方米。

义无反顾当教师

尽管期间有多次改换职业的机会,也有极多的同事选择离开这见证了教师的屈辱的学校,但是杨桂秋留下来了,就像当年她义无反顾地成为教师一样!

再后来就开始推荐工农兵大学生了,"白卷英雄"张铁生就是这个时候的人物。当时推荐的标准是不管学习好不好,只要政治表现好,就能去上大学。

　　纵观杨老师的人生经历,不可谓不激荡非常。作为共和国的同龄人,她见证了时代浪潮的起起落落,见证了新中国摸索着走下来的坎坷道路。不可否认,杨老师走过了新世纪的我们可能永远不会有机会看见的时代变革,也为我们留下了一种可以为鉴的珍贵的人生态度。在她的岁月里,她只是一个默默无闻的小人物,但她并没有像大部分的同龄人那样被人云亦云的跟风潮流同化。纵然身边的人都一个个迷失,她依旧坚守的她的人格与本心,坚持着追求她的梦想。即使这些都因为那个风云际会的时代而未能达成,她依旧在守候着些什么,从未放弃。

　　杨老师让我最佩服的一点,就是她在所有人都不愿意拾起这最不受欢迎的职业的时候,能够不忘初心地坚守。教书育人、授业传道,在那个年代并讨不到什么好处,反而要经历常人所难以忍受的委屈。也正因为杨老师作为"逍遥派"的人生态度,自幼受到的来自父亲的良好道德教育,才能够在时代的漩涡里走好自己脚下的路,在那个时代里,坚韧地生存。

九、做好自己,心安理得
——贾姝的故事(节选)

采访/撰写:1708 胡嘉琇　　1807 周政赢
　　　　　　1803 钱运杰　　1808 徐睿喆
　　　　　　1803 祝礽祺

　　曾经,她也有一段按部就班、轻松自由的日子。以 180 以上的高分考入华师大二附中数学班(当时最好的班)的她,过着这样的生活:在课上,在老师抄写 50 道题的时间内,她可以基本做完,几无作业;在老师的"我一定能让 99.9% 的同学考上大学"军令状下,充满着进入全国重点大学的憧憬;经常听到孩童们的嬉戏声,还要为弟弟打破窗户发愁。一切似乎在正轨上,正如当今的父母对孩子们的主流期盼。回想起这段校园生活,她的脸上依然充满着喜悦。

　　然而,"无产阶级文化大革命"的到来打破了这一切。狂热的潮流,"造反有理"、"打倒一切"的口号,席卷全国。而她因为父亲在一张医学组的合照中与一国民党员同列,被判为"现行反革命",有了"黑五类"的家庭成分,因而在她与哥哥间必须有一个去插队落户,最终的决定,是她。于是,顶着"知识青年"的头衔,她便与同班的十几位同学一起走上了插队落户的道路。1969 年 1 月 14 日,春节前,家人在门前为她送行,眼神中饱含期许。她倒是义无反顾,携着一个箱子与一只大包,前往十六铺码头,几经辗转,到达了位于安徽和县山中的陶店大队。

据和县刘禹锡年表记载,唐穆宗长庆四年(824)8 月刘禹锡任和州刺史,826 年冬天罢去。在和州,刘禹锡只待了一年多时间,写下流传千古《陋室铭》,和县亦因之而名闻天下。

"山不在高,有仙则名。水不在深,有龙则灵。斯是陋室,唯吾德馨。"

陋室位于和城半边街,由著名书法家柳公权书写并勒石成碑。至今室前有石铺小院和台阶,室后有小山,颇为雅洁,形似卧龙,苔藓斑驳,绿草如茵,林木扶疏。山下"龙池",碧波如染,游鱼浮沉清晰可见。

陶店大队知青住地的简陋,怕是连刘梦得笔下的陋室,也只能是小巫见大巫,超出了梦得的想象,更不要说我们的主人公了:一间库房,铺上几张竹榻便成了宿舍;地板由水泥制成,再热的天,也是冰凉的。清晨,集合号响起,她一跃而起,脚下踏的冰冷的土地瞬间驱散了残留的倦意,或许这是她第一次以这样的方式苏醒,可这绝不是最后一次。

插秧,割麦,锄草,翻土……

第一天,全天的农活,换来略有不足量的三餐。她没有偷懒,没有抱怨,在夜里两手抱着头平躺在卧榻上,期待明天,然而自己未曾体会到的疲倦让她很快进入梦乡。

信念的确具有无穷的力量。原先虚弱无力的她,竟然熟练掌握了几乎所有的农活技能,只有对力量要求极高的犁田和扛水车她做不好。有一些农活,例如插秧,她甚至能做到比当地人技高一筹。"要干就要干得最好","照着最前面的学",便是这种坚定的信念的强烈体现;早早出发,虚心学习,成了自我成就的全新方式。她,不再是一个让人唯恐避之不及的"黑五类"分子,而是一名被当地人尊重认可并给予极高评价的起模范带头作用的优秀基干民兵。

优良的表现使她参与了当时安徽最大的工程——司马山工程。在那里,她见到了不少与她有一般信念的人。搬运重物,垂直的距离能够让空着手的人退却,可她们坚持了下来,无论前一天手脚有多酸,身体有多不适,第二天清晨,只要双脚一触碰土地,她的精神状态立马又能恢复到最佳。

日复一日,年复一年,循环往复的生活却在一天突然被打破。

那是一个阴天,在远离大队的谷仓,她们知识青年与当地人一同搬运着稻谷。她卸下自己的包袱,正准备长吁一口气,回头却看到当地人,男劳力在前,老婆在后面,男劳力挑完自己的就去帮老婆或者孩子。妇女们把稻谷搬给了男劳力后,就可以原地休息。更有幸运的男劳力,被分配到记分员的工作,在一旁悠闲自在地晃动。她看了看自己的前面,又瞧了瞧自己的包袱。没有人帮她,没有,只能靠自己。一阵从未有过的酸楚涌上心头,泪珠不知何时已模糊了自己的双眼。太苦了,自己太苦了。过往,她可从未说过一个"苦"字,连想都不曾想过。

夜里,她久久没有入睡。

苦,确实苦。可这时,家人期许的眼神、当地人对自己的赞许、自己离开家时的头也不回却不断搅乱着她的哀伤。当初自己义无反顾,为何如今却因一件"小事"而无法坚持?这条路,咬着牙也要走下去。为什么?一个女孩子,无依无靠,那就凡事靠我自己,做好自己!

第二天,生活仍在继续,脚一碰地,便又清醒了。努力劳作,做好自己,这源于土地的信念便再次回到了她的心中。

……

一晃便是八年,花季已无处寻。1977年的某一天,以往信息闭塞的大队里突然传开了一条消息:国家恢复高考。不少机灵的知青发觉这是个回归故乡的机会,便立即想方设法参加,以得到回家的车票。她也觉得这是个良机,然而,老天的幽默感似乎发挥错了地方——当时的她却已结婚,并怀有身孕。归故乡的机会转瞬即逝,有些人想抓住,却不慎被它溜走,而她则是看着机会远走高飞,无奈,伤感,失落。

她在山上,俯瞰盛开的油菜花,那点缀在夕阳下的金黄好似自己花季的色彩。更有铺满红花草与蓝花草的田地,那五彩斑斓,与自己的青春似乎有些不搭。有感而发,她提笔给上海的家里写了一封信。心灵上回到故乡,即使是一会儿也好。

幸好,女儿的出生给了她极大的慰藉。她依然想回上海,更想带上女儿一起。1981年,她离开了大队,前往安徽的化肥厂做保管员。尽管当地人一开始也视其为异地人,她以优良的业绩成了一名正科级干部,是那里仅有的三名女科级干部之一(都是上海人),使当地人肃然起敬。

她也在那里听闻了更多知青子女可以回到上海的政策,期望女儿能凭自己的努力考回上海,并给了她力所能及的最好的教育。自己曾经在大队中卖力工作,但她对于女儿的要求却有所不同——"大考大玩、小考小玩、不考不玩";独特的教育理念也配上了独特的奖励机制——考进班里前三才能在寒暑假回上海。幸运的是,在这样的教育方式下,女儿也着实符合她的期望,成了当地出类拔萃的学生。看似苛刻,女儿却总能拿着光鲜亮丽的成绩单回上海。当地的学校希望聘请她为教师,她拒绝了,却是因为害怕误人子弟。女儿考回上海之后,她也于1996年回到了故土上海。

回到上海后,由于退休较早,以及插队落户时踏实勤恳的表现,她得以担任华师大二村居委会主任。上山下乡的经历教会她的,在这份工作中得以运用。工作上,凡事她都亲力亲为,极力做好自己的本职工作。与人的交往中,她也善良温和,面对初来上海寻找工作、人生地不熟的外地民工,她一点不会歧视厌恶,反倒力所能及地给予他们帮助,因为她很清楚,自己也曾在陶店大队受到过别人的支持。在居委会的岗位上,她受到了不少居民的爱戴,被举为 2000 年上海市先进居委会主任以及普陀区第十四届(2008—2012)人大代表。

她的养老金不高,加上工作的收入,尽管维持生计不成问题,可远远达不到社会上能够让人接受的水平。她听过熟人抱怨每月只领 3000 元的养老金让日子好苦,她想想自己微薄的养老金,倒是心满意足。如今温饱的收入在她看来已是小康。她把退休金上的差距归于命,归于自己错过了机会,可她觉得至少她的所得让她心安理得。

在为居委会工作了近二十年之后,她在去年 9 月萌生了退休的念头,生怕自己反应越发迟钝,会耽误一些工作。她的想法却被书记打了回来,希望她能在新的人选确定之前留任,她照做了,在自己的岗位上继续工作到了 12 月。再次提出离开,又有人以"带带新主任"为由将她留了下来。她确实觉得自己有些力不从心,不断提出辞职,居委会却是想方设法挽留。

今年春节,她提交了自己手写的辞职信,离开了这一岗位,却将自己以往的成果原封不动地保存在居委会的电脑里,留给了下一任主任。即使已然退休,她也不甘赋闲,会抽空给小区里的人义务做裁缝。居委里的人也仍挂念着她,偶然遇见,会关切地问候几句暖心的话。

她的母亲仍然健在,需要子女的照顾,赋闲在家的她自愿承担起了这份责任,将自己每天一半的时间用于照料母亲。"兄弟姐妹里有的还在工作,有的要去陪孙子孙女,我最空么,当然是我去喽。""我自己受过苦,我绝对不能让家人再受苦。"她说她从来不看什么"新老娘舅",从来不关注别人家的矛盾,事实上,家庭的和睦让她根本不需要借鉴这类教训。她是这么想的,也是如此做的。融洽的家庭关系,与她那因为抓住了机遇有着高薪却整天围着房子问题与弟弟妹妹争吵的同学形成了对比。

插队落户的经历在每一位知青的身上都会留下深深的烙印,她也不例外。她体会过孤独,品尝过辛酸,外在的健康乐观无法掩盖如今身躯里的坐立不适。她尽管留有遗憾,可她未曾后悔,相反,"做好自己"倒成了她毕生的信念。对于如今自己的一切,她心安理得。

时代的漩涡卷走了不少人,卷走了他们的家庭,卷走了他们的命运,卷走了他们的心。如何面对时代的漩涡?面对它,已非易事。坦然地接受,更是难上加难。"我明白了凡事要靠自己,要做好自己。""我觉得对于我的一切,我心安理得。"这却是她回顾自己经历的漩涡时说的话。她的命运,在漩涡中扭曲,庆幸,她的心却还在,还是那般坚定。

活着,或许就该像她这样,做好自己,心安理得吧。

十、渴望读书
——张梅珍的故事(节选)

执笔:1707 陈佳颖　1803 黄子晨

日子再苦也要读书

那一年,张梅珍小学六年级,期待着初中的入学考试。她喜欢读书,成绩还不错。然而,一张停课通知单,让一切都停了,从上课到生产。"文革"爆发。1966届初中生的哥哥去了崇明,张梅珍去了北大荒。

九年的下乡日子里,繁重的农活占据了她的生活重心,精神上的空虚更令她难以忍受。日子再苦,她却没有冷却自己的"读书梦",渴望能够上学读书:"当时真的是没有什么可以寄托的。有的时候我也想自学,但给你一本书,因为你的文化水平就那么一点,辅助教材又特别少,即使有老师,一道题可以帮你解,但不可能让他教所有的题。所以当时是即使想学习,想做题,也根本不可能。"

"我曾经带过小学五年级的毕业班,带了一个星期,后来再也没带过班,不带了。我们那个连长人蛮好的,觉得我挺有能力,挺认真负责,就让我去当老师。但我觉得我小学六年级,去教毕业班,我教得了么?第二,我去教他们就等于毁了他们的前途,我对人家不负责任,我不能做这件事情的,但也不能抗拒领导的重托。于是我就找了借口,说我喉咙不好,做了手术,上课的时候喉咙会痛。其实带带毕业班,混混也可以挺轻松的,但是你愧对人家小孩,你给不了他们更多的知识。我们不能做那种损人利己的事情。"

因为这件事,她非常渴望读书,获取足够的知识,以后她也想当个老师,来弥补当年的遗憾。可惜现实是残酷的。

"知青大返城时我才终于回到了故乡上海,那时我已经25岁了,也该是成家的年龄了。回来后,成家立业,上有老下有小,难道这时候去补初中的课程,一直补到大学?那时厂里有免费学习课程,半学习半工作的性质,都是速成班一类的,那时也想的,问题是孩子怎么办?我的父母当时已经年纪很大,而且也带着我兄弟姐妹的孩子,不忍心给他们增加负担,因此我必须自己承担,自己回去做饭照顾孩子,所以也就放弃了。"

"所以你们现在能上学也是很幸福的,你们有机遇上大学,真的是好事。条件也允许,社会政策、国家政策也好,就是只要你想努力,你就能往一个方向走。那时候我们真的是上不了,你想,但是不可能。你想什么都是不可能的。你没有那个机会。"

出于对家庭的责任,她放弃了再学习的机会。这是属于一代人的无奈。卷入了时代漩涡的他们,需要付出极大的勇气和努力才能拥有如今我们看来理所应当的那些机会与权利。我们为他们的不幸而伤感,但与此同时,作为高中生的我们,是否该庆幸自己生在一个好的时代,它赋予我们每个人选择自己生活的权利、活出自己精彩的机会。我们是否,更应该好好把握呢?

在《钢铁是怎样炼成的》中,保尔有这样一段对生命的理解:"好的生命是当一个人回首往事时,不因虚度年华而悔恨,也不因碌碌无为而羞愧。"

正当韶华的我们,定不负此行。

最大的挑战

作为"文革"里的一个普通人,在文化价值体系全面崩溃的社会大背景下,张梅珍却非常渴望读书,这样的想法确实令人佩服。"文革"中没有条件读书,这是属于一代人的悲哀。但是经过"文化大革命"的洗礼与上山下乡的磨砺,她已然成为一个很有责任感的人,这可能也是一代人的幸运吧。当今社会跟当年已然不同,因为我们都有条件读书,而且许多人都有磨砺的机会。但是就像袁枚《黄生借书说》所说的那样,想读书却没有书读的时候,会格外珍惜读书机会;但一旦有了许多书,便不会再好好珍惜,书堆在家里却不去读。

条件好了,机会多了,网络加速了,能否静下心来认真读书,对我们来说,这才是最大的挑战。张梅珍的故事告诉我们,关于责任感的培养,五十年前"文革"时期是被迫的。但现在没有种种限制,作为"00后"一代学子,如何发挥主观能动性,在读书与实践中,磨砺成一个有担当的人,确实是留给我们的最大的挑战。

十一、绝不放弃任何机会
——袁宝福的知青岁月（节选）

执笔：1808 文言　　1808 周景云

养猪也要文化

1969 年 3 月—1971 年 9 月，插队务农。

① 在长征公社五星大队的太平西生产队插队，在农田中务农 1 个月。

② 从 1969 年 5 月开始，持续 2 年在该生产队猪棚务农。其间多次将做学到知识运用到生产中，众人对其刮目相看。

1969 年 3 月，父亲给了袁宝福一张通知单，告诉他要去务农了，已经准备好了锄头和扁担等农具。袁宝福觉得五雷轰顶，当时竟伤心到无法自已，回想他自己一个成绩非常优秀的理科男高中生，未来的"工科男"，而此时却插队落户变成农民了，自己良好的学习基础就白白浪费了。

失魂落魄地下地劳动一个月后，袁宝福又被通知要调到猪棚里从事管理工作，这下他就更失落了。

然而，塞翁失马，焉知非福。事实上这段经历中蕴含了他的重大人生转机，也是他对于学习观，尤其是理科学习观的一次颠覆。

尽管作为上海市郊县肉猪饲基地之一，嘉定县长征公社五星大队的太平西生产队肉猪饲养管理工作依然停留在管理手段不科学、管理制度混乱、工作效能低下的状态。可就是在劳动实践过程中，袁宝福学会了如何总结生产管理经验、提高工作效率，并有效贯彻在实践生产工作中。换句话说，也就是他把理论知识在实践过程中充分地转化为管理经验，以自己的实际劳动体验了"实践是检验真理的唯一标准"的正确性。

比如，计算猪饲料。新的饲料每 3 个月来一次，因此运用这个周期，进行计算，合理分配，让农民们十分佩服。比如在猪的身上系上标牌，便于区分和进行信息管理，通过母猪生产的日期和从书中得知的猪的生产周期，这样就掌握了母猪产小猪的大致区间。在袁宝福的提议下还扩大了猪棚的面积，进行修缮，使得晚上不会有小猪冻死、压死等事故发生。再比如,计算不规则面积的储浆坑(储存猪饲料的地方),运用等效替换、近似(当时尚未学习微积分)的方法算出了 23 吨容量。比如调查了不同种类猪的特点,对不同种类猪的比例做出了调整……由于袁宝福的加入,猪棚管理工作有了新的活力和技术支撑。年轻的袁宝福的这些创举,得到了生产队的通报表扬。从这些实例中袁宝福发现了,自己锲而不舍所学的文化知识是很有用的!这更给了他刻苦学习的动力!

说点具体而有趣的。养猪不是想象中那么简单的,猪并不是随便吃点啥就能顺利成长的,而且猪也不是看上去的那般笨笨傻傻。提到不单纯给它吃饱喝足,就要提到如何调配猪饲料了,这有严格的配比,多少麸皮、多少青草、多少水、多少陈化粮……有非常科学的比例,这样饲养的猪才够壮,才能早点出栏,才能很健康地做猪妈妈。那么为什么不给猪吃泔水呢?是因为"文革"的时候实在太穷,人都吃不饱,哪里来泔水给猪吃。那么,又为啥不给猪吃颗粒猪饲料呢?那时候根本没有这种高级货。

除了大伙最关心的猪吃饭问题,还要关心猪的精神生活。每天边打扫猪圈卫生时,顺便哼个小曲给它们听,这样不但愉悦了双方的心情,更可以改善双方关系;猪在打架的时候,除了及时拉开这些脾气猪外,还要跟它们"谈心",有时候要"谈"很久的"心"。当然了,猪是否听得懂,就只有天晓得了。大热天,猪们很容易出汗,要及时给它们洗澡;冬天,要为它们铺垫厚厚的稻草,让它们可以舒舒服服窝在猪窝里。更糟心的是——母猪生小猪时,还要做助产士——可以想象一下小婴儿出生时的情景,同样的作为公家资产的猪,母猪小猪都很重要。要严密观察近预产期的母猪,一有分娩先兆就要和衣而卧日夜蹲守。糟糕的是遇到难产,不但要现场助产,遇到自己处置不了的还要马上摸着伸手不见五指的农村小道,去找兽医并协助兽医处置。如果是冬天产仔,小猪顺利诞生后还要及时给猪宝宝保暖;遇到不负责任的母猪,还要把小猪赶快抱走,否则那个胖母猪很容易就把猪宝宝给压死。

养猪的事情一箩筐。二十岁出头的袁宝福在经历了失学失意的痛苦后,强迫自己以积极心态迎接了这个迫不得已的任务。寒冷的岁月、寒冷的猪棚,在当时农村中盛行"读书无用论"主流思想下,他倔强地想"读书哪里没用了?!""农村里是相当需要文化的,没有文化知识硬是不能把工作做好的!我在猪棚里做的这管理,就是源自我所学到的知识和我拓展视野看的书籍!"袁宝福就是以学习的文化知识,建立了更科学更高效更合理的猪舍管理制度。并且,在他的带领下,猪更加健康快乐地成长了,出栏高更快了,产仔率和猪仔成活率也大幅提高了。不久之后,他先进的养猪经验引起了公社上层的注意,袁宝福作为生产能手和养猪能手,到嘉定县、松江县、宝山县等各地巡回报告,推广养猪经验,以实际经验来证明"读书无用论"的错误性,克服农村里的"读书无用论"的散播,为所在公社获得很多了荣誉,更成为当时知识青年自强不息、勤奋学习的楷模,鼓励了很多很多和他一样不言放弃的青年学生。

命运在转折

1971 年 9 月,被推荐至华东师范大学,成为"文革"中上海第一届大学生。大学毕业后成为一名教师。

1971/9/20—1972/6/30 正式学习,第一批学生都珍惜这来之不易的机会,克服了年龄大等众多学习困难,学习了体育的基本技能,基本知识,提高理论知识,掌握教育教法。

1976 年 10 月,粉碎"四人帮","文化大革命"结束。

命运之神不会无视勤奋的人。天道酬勤这个规律不会错,有时一个难得的瞬间就能引领你走向另一个方向。袁宝福就是在养猪期间获得了一次难能可贵且稍纵即逝的机会,成就了他的教师之梦。作为一名华东师范大学毕业的校友和老学长,袁宝福老师的求学故事更曲折和耐人寻味。

"文革"中期,国家出于对教育管理的纠正,出台了相关的高等教育制度。也就是所谓的"工农兵大学生"。当年长征公社有很多次推荐进入大学学习的机会,但是都让给了贫下中农出身的知识青年。主要的学习方向是适合上海市郊县的兽医、小学教师等职业。袁宝福因为家庭出身属于上农的缘故,屡次没有被选拔上。这难免让人灰心丧气。

事实上,他在所有公社工作都很认真,大家对他的印象也很好,然而爱莫能助。大队干部实在看不下去了,千方百计要到了一个名额,指明派出一位高中生去担任公社建筑图纸绘图员。

记得那天,袁宝福到五星大队办公室等待绘图员通知时,突然一眼瞥到桌上另有张招收教师的报名单。大喜过望后,他怯生生地向大队干事提出请求,并急切表示自己希望成为一名光荣的教师。等待干事回答的那几秒,那是多么多么漫长啊!长到仿佛过了一个世纪。欸,看似严肃的大队干事他同意了!(事实上,这位长得很严肃的大队干事一直是位秉公办事的好干部,一直都在寻找机会,帮助袁宝福摆脱窘境。)

"他居然同意了!! 华东师范大学! 华东师范大学! 华东师范大学!!"袁宝福当天不断自语。

他捧着这张看似来之于巧合的招考通知,几乎是一路飞回家的。在离家还有几十米的地方,忍不住热泪盈眶。老父亲站在院子里看到他飞来的身影,看到他手中的通知书,也激动不堪,只是不敢把这种喜悦表现出来。他良久不言不语,轻轻地抚摸着孩子因务农挑担而长出老茧的肩头,许久才低声鼓励他要好好珍惜这个机会。转过身去,老人才快速地抹了两下苍老而干瘪的脸颊。

在当地,袁家一直是当地顶呱呱的诗书之家啊!袁宝福的大哥和二姐都是上海外国语学院西语系 50 年代的毕业生啊,而且当年已经在北京和上海的机要部门成为主要的人物。他大姐,原来也要保送复旦大学的,但是由于坚持地方革命工作,就放弃了学习的机会。

这样的诗书之家,向来都视教育为重中之重,要不是这场"革命"袁宝福也将沿袭着家族崇文重教的传统,依靠自己优异的品德和成绩,成为家族又一位优秀的大学生的啊!虽然,梦已经破碎,但是这纸成为"工农兵大学生"的通知,无疑给人们伤痛的内心和意志敷上了薄薄的一层棉纱纸,让痛苦已久的内心得到些许慰藉和修复……

这样,袁宝福成为"文革"中上海第一届大学生中的一员,也是他们公社第一位大学生。1971 年 9 月报到那天,他坐上了 63 路公交车,提着面盆、席子、被子等行李,还步行了一大段路,按时到达位于中山北路上的华东师范大学,开始了来之不易的学习生活。

在华师大的生活,比起在农村插队,显得更紧凑和辛苦。就像在沙漠里徒步已久的旅者,终于看到了那一汪清泉,他拼命吸吮,但又会担心这些清泉会不会再像当时这般易逝。

袁宝福老师在师大贪婪地学习文化知识,拼命想把失去的学习时间补回来。由于当年的大环境和管理方面的问题,至今回忆起师大的学习生活,袁宝福总觉得时间零零碎碎,总共花费了近 5 年才读完本科,但是经历了失学、务农后,他无比珍惜这个机会。课堂上,他认真笔记,生怕落下一个很小的知识点,再难的知识点能奈我何;在丽娃河边,有他晨读的身影,他要好好纠正一下市郊的本地口音;在大草坪上,他积极锻炼身体,为的是以后在"讲台"上有更好的体力为学生们讲课;在各个食堂中,他狼吞虎咽地吃着咸菜和馒头,为的是赶快吃完就去抢个图书馆的座位;在冬冷夏热的寝室,他和同学们钻在蚊帐里攻克各类难题,甚至熄灯后都和这些来自各行各业的同学讨论答题思路……

和现在的大学生并无二致,就这样他如期完成了漫长的学习、实习和训练。最终,在 1974 年,他当上了一名光荣的人民教师,最初进入虹口区东方红中学(后改名为四平中学、上海市统计职校等，现已停办另建)任教，当孩子们叫他"袁老师"时，这无疑是无比的荣耀，更是"天道酬勤"的初步结果。

袁老师有一张无比珍贵的黑白留影，就是当年他在华东师范大学门口的留影——看，意气风发，眉头舒展，对着镜头微笑。背景是凝重而充满历史感的华东师范大学老校门和"上海师范大学"（"文革"时期有一段时间由于院系调整和合并，华东师范大学一度更名为"上海师范大学"，1980年改回原名）的大校牌，至今他回忆起这段历史时，他还狡黠地眨着眼睛说："我当时可得意了，我知道我的努力、我的不懈追求终会有结果的！"

思考：面对历史漩涡，走好脚下的路
——关于课题的两点思考

执笔：1804 陈杰伟

【思考之一】

课题的意义是故事本身

50多年已经过去。

"老三届"都已经有60多岁了。

如果记录他们的故事有什么意义的话，那对我来说，就是防止他们被忘却——我还没有能力对他们的经历进行权威的定义，但当他们逝去，或忘却自己的故事后，我们就再也没有了解"老三届"的机会了。

常听到"某老红军"或"某二战老兵"去世的消息，人们也是一片惋惜。十年浩劫，历史无情。如果轻易忘却这段历史，用伟人的话说，忘记历史就意味着背叛。忘记或忽视这"文革十年"，至少是裁剪了一段极其沉重的历史画面，让年轻一代在历史的经验教训中陷入无知。

寻找，记录，保存，第一手的真实，就是历史的价值。

晨晖党章学习社团经过较长时间的酝酿，策划并实施了2017届、2018届社会实践课题，命名为《"老三届"的故事》。

课题真正的意义，是故事本身。

十一个故事，有个体人物，有群体形象，如实记述了数十位"文革"中"老三届"的生活经历,是真实的普通人的历史。即便这可能只是历史上很小的、不完全的一个角落、一个缩影,依旧是真实的有价值的。虽然不足以代表所有"老三届",但至少还原了历史的丝丝缕缕,让我们看到了其中真实的一组组镜头。

能在高中参与并完成这样一件有意义的工作,我已经很满足了。

我自认为没有足够的阅历做出一个完善的总结,但课题核心组和老师们信任我鼓励我,做事要有始有终,我也只是续上一个结尾。

历史与现实

十年动乱,已经无数次出现在了人类的想象与现实之中。

早在春秋末期,周厉王胡姬"得卫巫,使监谤者。以告,则杀之。国人莫敢言,道路以目。"(载《国语·邵公谏周厉王弭谤》)结果是公元前 841 年,国人暴动,"乃流王于彘",史称"共和行政"。这一年,又称作"共和元年"。

历史书上,共和行政最大的意义竟然是"中国历史有确切纪年的开始","共和"没让中国走上古典寡头或民主的道路,就连是谁主持共和,《史记》《竹书纪年》《国语》之类也是众说纷纭。当然,此"共和",非今天的共和,当时的"国人"是相当于古希腊"公民"一般的社会中上层阶级,下层阶级则被称为"野人",国人暴动也因此没被认定为农民起义。不过对平民的舆论监督,这个恐怖统治最重要的标志之一,此时已经出现了;对政治权利的争取,也出现了。周厉王的监谤最后被证明是治标不治本的,正如中国历代的文字狱一般。直到法国大革命中狂热的大众有机会广泛地参与政治,现代的、复杂的、恐怖的历史漩涡才真正登上舞台。

当瓦尔密的炮声响起,法国的革命者意识到他们需要动员起这个国家的一切来保卫自由、平等和博爱。恐怖统治击败了奥地利人和保皇党,却也以崇高的名义葬送了无数无辜者、雅各宾派和他自身。它以保卫自由之名剥夺了它,这是自由的代价还是对它的亵渎?

西方史学家总喜欢把雅各宾派专政和苏俄的战时共产主义、斯大林主义联系起来。很多方面,他们都有相似性:为了打赢你死我活的阶级斗争、捍卫宝贵的胜利果实,不得不牺牲一切——至少理论上目的如此。1934 年的基洛夫决不会想到,他的遇刺会比他本身更重要。真相众说纷纭,不过斯大林已经下定决心开始一场政治运动了。但斯大林的"大清洗"某种意义上适得其反:斯大林的权力稳固了(对此评价至今争议颇多),但苏联也失去了被称为"红色拿破仑"的名将图哈切夫斯基,以及无数基层军官和高级将领,从而在苏芬战争和苏德战争前期表现极差。

比起优秀领导层的损失,社会秩序遭到破坏的情况更严重。揭发、告密的事情在"大清洗"年代很普遍。一个广为流传的故事是:一个年老女裁缝剪衣样时用了张报纸,裁剪时刺破了斯大林照片,有人看见了,跑去报告警察,这位老太婆很快被扭送集中营。那一段人人自危的时代,与日后中国的"文化大革命"极其相似,而前者历时较短。历史无法重演,这些事件对国家究竟利弊几何,可能永远无法定论;不过恐怕没人想生活在动荡时代——不论它对国家的发展是否有利。

人物与故事

想得出结论,首先要回顾我们这个课题所汇集的故事本身。

江小海,勤奋、正直,虽然患有夜盲,历经不少磨难,但最终凭借自己的努力成为盲协作家的一员。

俞志达,是个"做事比较平稳"的"逍遥派",不卷入政治事务,所以也没有遇到太多政治上的危险,最终在上海安享晚年。

袁宝福,虽然理想因为"文革"无法实现,但不曾放弃,坚持自学,用知识改进劳动技术,后来上了大学,成为一名中学教师。

杨桂秋,见过毛主席,上山下乡后成为老师,却因为严格的教学被批斗。但她始终坚守着教师的职业,希望学生们能实现自己当年的梦想……

于智浩,在祖国边疆奉献青春,没有为了返城抛弃妻儿,最后管理了中国第一座现代化农场。

刘砚,曾为"贴近贫下中农"特意剪破新衣服来打补丁,也险些因献血救人被感染,最后回母校任教,成为一名特级教师。

邱国良,参加过"大串联"和上山下乡,之后在兰州的军工厂干了22年,回上海后先在川沙化工厂工作,后因工厂效益不好自行创业。

史铁龙,一名已退休的中学体育老师,曾就读于上海师范大学。他凭自己积极乐观的态度挺过了十年动乱,成为一名尽心尽职的教师。

张梅珍,在动乱中无法读书,接受教育成为她一生的渴望。

东台知青文艺宣传队,一个充满激情与汗水的群体。其中的骨干成员姚为洲出身"黑五类"而倔强不屈,和同伴们演出、务农、任教,最后"一生归零"。

贾姝,华师大二附中理科班的高才生,但不久后插队落户。命运带给了她幸运与不幸,她只想:做好自己,心安理得。

用三言两语概括一个人一生中最复杂、我也最没有概念的经历,自然是不准确的。就这些故事而言,我们也许会这样概括:他们经历过一些磨难,最后凭借着坚定的信念挺了过来,现在已经过上了平静的生活。

但他们的人格,是坚强的,是冷静的,是积极的,是善良的。这很不容易,换我未必能做到。

当然,我们也从他们的故事中得知,很多人消沉、绝望甚至自杀。

毕竟,现在能为我们讲述那些年的经历的,都是已经挺过来的人;我们听到的经历,自然未必是全部的事实。这无可厚非——每个人都有隐私,每个人都有选择或缄口的权利。拥有这个权利并且能用在生活中是幸福的,不能再像50年前那样了。

故事的讲述者中有些人觉得,他们在上山下乡中学到了很多,也有些人觉得这一代人被荒废了,还有些人则认为两者兼而有之,透露出遗憾之情。这些,都无可厚非。

问题在于,我们从中感悟到什么,我们现在怎样做。

让学生接触社会,至今仍是教育界普遍接受的真理;上山下乡,某种意义上是一次失败的教育实践,正如"文革"是一次失败的政治实践一般。当然,还有不少如减小城乡差距、就业压力等一大堆解释上山下乡原因的理论。不论如何,从今天的眼光看,它失败了。正常的教学秩序被打乱——无论其动机有多么美好,终究给这个国家带来了巨大的损失,比如技术和经济的落后以及无数社会问题。

但是,如果我们处于当时的时代,如果我们处于当时领袖的位置,能否把事情做得更好?这个问题,谁来回答?谁能回答得更好?

狂热和无序

"文革"结束后,涌现出一股"伤痕文学"的浪潮,诸如《班主任》之类的作品流行,反映了这十年在人们心中的深刻印记。我们采访接触到的"老三届",很少有人表明自己是"文革"激进分子,但激进狂热的人及其受害者,确实存在。"文革"中很多热衷于大字报、大批斗甚至武斗流血的极端分子,他们的经历特点恐怕与我们故事的主人公还是有很多不同。十年大乱,不同的人群,不同的身份,不同的人生结局,留给历史思考的太多了。

"文革"中的受虐者,可能也是施虐者,参与武斗受伤的人可能就是鼓动武斗的人。

盲目狂热导致社会无序甚至倒退,历史上并不少见。

这样的故事，让我这个 21 世纪的读者看来还觉得恐怖。最恐怖的不是杀人和浓硫酸，而是经历者当时完全处于狂热的状态，人性和道德已经扭曲。没有冷静思考，没有负罪感，如同恐怖分子一般，亲人朋友可以背叛，人人形同陌生人……虽然从我们采访过的"老三届"看，一些单纯的青年处在集体中，虽然身体劳累，精神还没有受到伤害。如果到了国家法治崩溃、整个社会处于无规则无政府的状态，是可忍孰不可忍！

马克思主义讲究实事求是，用辩证唯物主义视角看待世界。

一个现代国家应该是一个自由、平等、多元、包容的社会。无论何时何地，理性、宽容、友爱的人性都不该被泯灭。

良知没有泯灭，确是人类万幸。

漩涡与行路

如果说上一个问题对我们没有多少现实意义的话，那我们应该思考一个更有意义的问题：**处于漩涡之中，我们该如何做？**

这个问题似乎有些耸人听闻，毕竟我们总认为"文革"或者《1984》的社会离我们很远；但考虑一下两次世界大战之间只隔了二十年，我们不免要担忧一下人类的群体记忆能力了。中国人有了足够的教训，但其他国家未必有。况且历史漩涡未必只有"文革"一种类型，从教育政策到经济形势的一切，都可能带来大小不一的社会动乱。正如已经有太多人批评中国的应试教育使学生缺乏社会实践，应试教育是不是也干扰了无数青年的一生？

要想解决问题，首先要知道问题是什么、何时出现。预测风暴容易吗？在斯诺登事件之前，又有多少人知道自己的一切在被政府监视？电子设备与媒体看似让人们更了解这个世界，却也可能让政府更好地控制你。至于经济危机等连政府都无法预知的事件，逃离依靠的更多是运气。"那么我们最好将引起漩涡的一切隐患都排除掉。"也许有人会这样说。很可惜，美国政府正是以反恐为由监视每个人的。也许漩涡永远不会被消灭。

如果风险永远存在，那我们应该未雨绸缪。显然，与其试图在漩涡中生活，更好的结局是消除漩涡。当然，就难度而言，这往往比当个"逍遥派"难得多。"文革"从"二月抗争"到"四五运动"，反抗从未结束，最终也促成了动乱的终结；但参加的人却付出了巨大的代价。第一个反抗者往往只会被送上绞架。那究竟该不该发出第一声呐喊，即使它必将失败？如果每个人都在等待第一声呐喊，那寂静将永远持续。只要大家都秉持清醒的认识与反抗的信念,漩涡将没有存在的机会。虽然现实远比之曲折复杂,但这始终是我们努力的方向。

比起反抗,更稳妥的方式似乎是当个与世无争的"逍遥派",正如我们俞志达的故事一般。在其他记载"文革"中普通人的作品,如《一百个人的十年》中,也有很多这样的例子。我不会强求这些人去反抗,毕竟"留得青山在,不愁没柴烧",他们也在改革开放中运用自己保留下来的知识做出了巨大的贡献。适当的明哲保身是明智的,但一味地软弱退让只会扩大灾难,正如二战前的绥靖政策一般。总之,有原则的"逍遥派"似乎也是个不错的选择。

可惜身处漩涡,我们往往难以决定自己的命运。正如无数红卫兵、造反派,我们可能狂热得意识不到自己所做的是否正确。"反革命"该被惩罚吗?该。他们真的是"反革命"吗?真的该被这样惩罚吗?如果说我真的有什么想对读者说的话,那就是,无论身处何时何处,始终冷静地思考一下,自己正在做的事对吗?身处狂热之中,最好尽力保持清醒,维持社会的发展。这或许不是一种好的体验,但至少比沉迷狂热之中于良心无愧(当然,你若全身心投入"革命事业",恐怕也来不及考虑良心之类"小资产阶级情调"了——不过这可是面对漩涡时的下策,罗伯斯庇尔最后不也死于自己建造的断头台?身处漩涡总有被吞噬的危险)。

漩涡面前,无人能够幸免。即便是"逍遥派",也无法通过正常渠道增长技能、建立事业了。从这个角度来看,早日终结漩涡也是最好的选择。

"老三届"早已成为历史。如果说要概括一下我们采访过的"老三届",我可能会说:历经磨难,不曾放弃。他们尽管身处漩涡,但依旧是当时维持社会稳定的栋梁。而要概括所有"老三届"的经历,我还没这个本事。只能说,他们在漩涡中滚爬过,遭受过磨难,他们是50年前那一段特殊历史的见证者。

漩涡何时会再次出现?会以何种形式出现?我们不是先知,无法预告。我们现在是一群普通的中学生,将来是普通的社会一员。要始终走好脚下的路,靠的不是不问世事死读经书,而是开阔视野,提高辨识危机的能力,移除障碍,最不济,也要认清自己是否走上了歧路。

对于我们采访过的这些"老三届",我真的很佩服也很感激。在动荡的社会,正是他们这样的人,维系着社会的稳定和发展。没有他们为共和国打下农、工、商的基础,改革开放是不可能取得成就的。这也告诉我们,即使身处漩涡,也要尽力增长自己的知识,切不可自暴自弃。我相信,"老三届"的故事,对于我们认识漩涡、了解漩涡、避开漩涡、努力前行,提供了许多新的看点。

真诚希望面对历史漩涡,每个人都能走好脚下的路。

【思考之二】

历史有迹可循

雅各宾派恐怖统治之前的世界,自然不乏恐怖存在,下层人民的地位要低得多——否则就不会有革命出现了。但雅各宾派专政的恐怖之处在于,这是一场充满狂热的政治运动,中国封建社会历代文字狱,杀害了很多无辜者。但就屠戮的水平、手段和效率而言,与之还有质的差距。

一场政治运动不会无理由地出现。罗伯斯庇尔面临的局势,恐怕比康熙、雍正时严峻得多。外有各国的干涉,内有保皇党的叛乱,革命政府危在旦夕,而采取紧急手段也是必要的了。雅各宾派政府通过实行恐怖统治,组织爱国力量,严厉打击国内外反革命势力;限制投机活动,规定物价的最高限额,实行按人口分配的土地制度,使得农民成为革命战争的重要兵源。1793年8月23日,国民公会颁布总动员令,宣布:"从现在起到一切敌人被逐出共和国领土为止,全国人民时刻处于动员状态。""年轻人应上前线作战。有家室的制造武器、运送粮食。妇女缝制服装、帐幕及在军医院服务。孩子们用衬衣撕成绷带。老年人应到广场去激励军人。"

不可否认,雅各宾派专政稳定了政局、民心和物价,拯救了危在旦夕的革命果实。

然而,1793年12月,当拿破仑在土伦的胜利消息传到巴黎时,主张"恐怖统治"的雅各宾派内部却出现了矛盾。之前曾支持恐怖统治的丹东认为,敌人已经被赶出了本土,接下来应该"要爱惜人类的血",主张放松恐怖统治。而埃贝尔派则主张更严厉地推行恐怖政策。两派领导人在1794年三四月先后被罗伯斯庇尔送上了断头台,恐怖统治则在三个月后随着罗伯斯庇尔被热月党人送上断头台结束。然而,历时仅一年多的雅各宾派专政,却成了一场前无古人的历史漩涡。

每个读完历史书的人都会疑问,为什么革命家在战争结束后总是想继续战时政策,不想休养生息呢?或许是因为他们高估了两样东西:敌人与自己的经验。

对罗伯斯庇尔,以及当时或未来的许多革命者来说,敌人永远是想要通过一切手段颠覆自己的。而之前革命战争的经验告诉他们:只有坚定的决心,才能战胜敌人。没有坚定决心的革命者绝不会成功;而战胜敌人的革命者一定有坚定的决心。久之他们可能会觉得,只要大家都同自己一样坚定革命的信念,就能战胜一切敌人。反之,则是因为大家没有坚定革命的信念。这种不太理性的乐观和对自身队伍的怀疑在革命组织中始终存在。1893 年,仍支持恐怖统治的丹东曾以为,"如果自由征服了荷兰,甚至连现时统治英国人民的商业贵族本身也会奋起,反抗政府进行这场反对一个自由民族的专制战争,他们将会推翻这个愚蠢的内阁"。虽然法国不久就征服了荷兰,甚至多年后控制了整个欧洲大陆,英国都没有爆发革命。无独有偶,一百多年后的列宁相信只要红军开到哪个国家,这里的人民就会自发地加入他们。可惜图哈切夫斯基才打到了华沙,就被波兰军队赶了回去。即便二战后红色阵营控制了半个世界,冷战也最终以苏联的失败告终。两者之间的不同,就是罗伯斯庇尔最后因为没有放弃恐怖政策失败,而列宁却明智地用新经济政策改变了原先的"战时共产主义",改变了余粮收集制度以恢复经济,使苏联共产党与苏联免于崩溃。战时政策在战时有效,但认为这是一劳永逸的灵丹妙药,那可就错了。

从历史学家到普通人,大家都更关心罗伯斯庇尔、拿破仑、列宁或者斯大林的命运,或是像上面那样猜测一下历史漩涡发动者的心理。但我们也该想想:在风暴面前,普通人的命运究竟会如何?

玛丽·古兹,一个法国屠户的女儿,通过阅读自学成才。丈夫去世后,玛丽·古兹独自搬到巴黎,开始从事戏剧创作,并改名为奥林普·德·古日。法国大革命爆发后,德·古日支持革命,她认为自己也是社会中受到不公正压迫的女性中的一员,她希望新的共和国能给法国妇女带来转机,但最终为革命做出巨大贡献的妇女依旧没有政治权利。

1791 年,德·古日以《人权宣言》作为改编依据,以几乎完全相同的形式写出了《女权与女公民权利宣言》。在《女权与女公民权利宣言》中,德·古日将她的观点建立在"天赋人权"的基础上。平等不是像礼物一样被给予的,而是天赋之权利,人人都要承认这一点。

然而,高呼"自由、平等、博爱"的革命政府,却以"同情皇后、重新宣传君主制"以及"坚持要求妇女权利"的罪名将她判处死刑。在她被处以极刑两周后,巴黎公社检察长皮埃尔·肖梅特发表演说打压仍对争取权利抱有希望的妇女:"要记住这个'泼妇'……这个无耻的德·古日……她不去承担自己的家庭责任,并且妄想着参与政治事务,还犯下如此罪行。她的这些不道德的所作所为,已经被法律复仇的火焰吞噬,你们难道还想要效仿她吗?不,当你们做回妇女天生应该做的事情的时候,你们一定会觉得那才是你们值得做的事情。"

德·古日是现实中一个有着政治热情的普通女性。在恐怖统治期间,仅被直接判处死刑者约 1.7 万人,如果加上未经审判而处死者,则达 3.5 万—4 万人。其中自然有反革命分子,却也存在着不少德·古日一般的"未能按规定证明其生活方法及已履行公民义务者"。最后,丹东、埃贝尔和罗伯斯庇尔也被亲手创造的漩涡吞噬。

脚下有路可行

德·古日的故事告诉了我们什么?动荡时期最好"明哲保身",做一个"逍遥派"?某一方面来看,靠近漩涡就意味着有被卷进去的风险。但如果所有人都觉得事不关己,那只会如同二战前的绥靖政策一般,最终放任纳粹之类的邪恶事物崛起。如果说参与与自保之间有个"度"的话,它又究竟在哪里?

自己的意愿,在社会的大背景下往往难以实现。我正在做的事,恐怕就是一个例子。高考改革了,负担加重了,父母的意见是:和高考科目无关的事都应该停止。"当你毕业后就会发现,分数有多么重要。"作为一个高二学生,我自知无力反驳。我非千万富翁之子,自己的饭碗要靠自己端。课余投身社会实践课题,谁来保障我如愿考进理想的大学?父母的叮嘱不无道理啊!

并非只有恐怖统治才称得上历史漩涡。人生总会遇到大大小小的社会阻力,从高考改革到世界大战。作为在农村长大的孩子,经历辛苦打拼的父母时常告诉我历史并没有太大用处。的确,我正在做的或许正是于我终生大计无用的事——**追求兴趣对大多数人来说不过是个谎言,因为大多数人都失败了,只有成功者的故事被广为传颂。但历史的作用,或许就是告诉我们,前人是如何面对漩涡的。在漩涡面前,我们究竟该做什么?究竟该保持怎样的人性?这,大概是"'老三届'故事"最大的价值吧。**

动荡的年代,如何走好脚下的路,确实不是一个轻松的课题。

历史已经证明,"文化大革命"是中华民族的一场大灾难,"文革"不能也不会再悲剧重演了!

身逢盛世,面对迅疾变化的世界,你如何走好脚下的路呢?

初稿:2017/4/2
修订:2017/5/9

参考书目:

1. 冯骥才,《一百个人的十年》
2. 乔治·奥威尔,《1984》
3. 阿道司·赫胥黎,《美丽新世界》
4. 杰里·本特利,《新全球史》

5. 齐雪飞,《浅析雅各宾派专政时期的恐怖统治》

6. 刘宗绪,《雅各宾专政在法国大革命中的地位》

7. 付屹,《从战时共产主义到中国"大跃进"》

尾声: 故事,从高中写起……

执笔:1709 陈沛庆　1706 薛尔清

高中,意味着什么?

初中的延续? 大学的跳板? 勃发的青春期?

从时序上或者人的发育成长来看,似乎是不错的。

如果视野再开阔一些,境界再高一些,这样的理解显然是肤浅的。

高中,不仅仅是初中生活的延续,也远非为了进入大学而不得不跨的跳板。进入高中,我们由少年迈入青年,开始铸造自己的人生信念,策划自己的职业追求,憧憬自己的理想爱情。高中,是一个人最为关键最为珍贵的时段。

高中,需要有自己独特的意义。

16 岁是我们进入高中的年龄,18 岁是我们走出高中的年纪。16 到 18 岁这三年,恰好是我们从少年走向成人最为重要的三年,人生观、价值观、世界观,乃至与日后生命牵连着的一切,都与高中这三年的经历密不可分。所以,高中被赋予了最重要的使命,不可等闲视之的使命。

或许,时尚的"小鲜肉"们并不认可这一点。人们眼下点赞"学霸"、热炒"高考状元",刷题应试似乎成了高中生的全部。我们可以选择高中在与题目的搏斗中度过,取得一个一个很好的成绩,进入一所顶尖的大学,这本来是无可厚非的。但我们还是要问,这样是不是真正体验到高中的意义呢? 答案是否定的。

高中,需要有自己浓厚的情怀。

浓厚的情怀,当然不是指小儿女的卿卿我我,而应该是高尚浓烈的家国情怀。孕育家国情怀的土壤不在教科书上,而是在社会生活中,在普普通通的人民大众中。

所以,我们去寻找"老三届"的故事——在高中阶段,特别是高三这一年,因为这一年是我们能够独立地认识世界、不被潮流裹挟迷失方向的契机。于是,带着对高中意义的探寻,我们上路了。

课题研究有着什么样的意义？为什么成为我们的选择？这是我们紧接着遇到的问题。其实课题研究早就已经不是高中学业的点缀了——似乎——新的高考改革之中，课题研究成了学子的必须选择，一时间，课题调查满天飞，昔日被看作不务正业的课题研究一时间反而"洛阳纸贵"，一些敲章忽悠的"社会调查"兀自风行了起来。

二附中的晨晖社，有着自己的信念和追求，秉持"脚踏实地，敢于摸天"的一贯原则，我们经过长时间讨论，决定在"文革"过去半个世纪之时，做"'老三届'的故事"这个课题。以"面对历史漩涡，如何走好脚下路"为主线，作为对未来人生的勉励。

高中，我们试图改变着什么。

不论什么样的时代，总有人厌薄世风，不趋于俗。鸦片战争以后，魏源、林则徐在思考；甲午战争后，严复、梁启超在思考；辛亥革命后，李大钊、周树人在思考；不论是什么样的社会，总有人在试图做不同的事。我们只是一群娃娃，自然不敢比肩于伟人，但这份精神是一以贯之的。我们所做的课题研究，以访谈的形式娓娓道来，以中学生的视角贴近50年前"上山下乡"的那一群人的心灵。他们是怎么样过来的？有怎样的喜怒哀乐？用怎样的特有方式为自己的青春祭奠？

我们希望找到的，是有血有肉的真实的故事，不辜负我们一年多的辛劳，不辜负晨晖课题研究的追求严谨的作风。

身后的脚印，常常是最不该淡忘的。

我们的课题从一开始就疙疙瘩瘩，从未一帆风顺。开始选题时，众说纷纭，各路英雄争相发话。到后来，面对诸多难题，选择退出的渐多。2015年末，我们确立以"老三届"为核心研究对象，而这只是一切困难的开始。一是如何让大家事先熟悉"老三届"群体，二是如何寻找"老三届"采访对象，而后者是最为困难的——虽然社会上"老三届"成员众多，但是鉴于时代的特殊性以及防备心理，并不是所有人都愿意接受我们的采访，即使答应，也未必会告诉我们全部的故事。另外，也曾有不少作家和报刊发表过"老三届"故事的文章，还有关于"文革"的种种认识误区和盲区……如何在我们的课题中体现青年学生的独特视角与见解是很大的难题。

怎么办？迷茫，困苦，失落……核心组成员一再探讨，制订了诸如查阅档案、报刊，联络知名"老三届"人士的手段，但由于客观条件限制，均未能付诸实施。关键时候，老师们的帮助为我们成功地打开了突破口。从一两位校友的联系方式，到一沓薄薄的史料文献，那就像一道微光，指引着通往前方的路。最后，我们在学校、老师、亲友与社区的帮助下，寻找到了一定数量的采访对象。

在确立了采访对象，完成分组之后，已是2016年6月，近半年时间过去了。为了对采访对象表示感谢,我们讨论过赠送带有学校特色的纪念品,有时为了见面联络,我们只能自掏腰包请老人家下馆子。在暑假的两个月中,不少晨晖的同学还需赴北京参加北大清华等高校的暑期营,加上各自课程安排繁多,往往使得约定采访时间变得异常困难。不过,令人欣慰的是,在暑假结束之际,基本各组都完成了一到两次采访,初稿基本形成。

然而,在开学后正式完成第一轮写作任务时,指导老师审阅后批评"主线故事不明确,人物特点不明朗",要求大幅改动。老师提出的要求,令我们很是伤脑筋。"老三届"们虽然为人也颇为热情,讲述故事内容丰富,但由于故事片段琐碎,体现其个性并不统一,加之有的年老失明以及听力上的障碍,为我们增添了不少沟通与写作上的障碍。

一年多来,面对横在我们面前的一道道困难,我们从怀疑自己的初心与选择是否正确,到"走一步是一步"的咬牙摸索,最后听到胡老师说"感谢所有晨晖同学一年多来的坚守",这一路上的悲喜交加,难以言表。

从不可能到可能,到举起双手伸向天空的那一刻,究竟什么才是背后的动力与支持?我说——这便是"晨晖"。

落脚在基层

——2018 年社会实践课题策划

落脚在基层

——华东师大二附中晨晖党章学习社团

赴真如镇街道开展社会实践策划方案

为落实习近平总书记"基层是一切工作的落脚点"的指示精神,响应上海市委《"上海文化"三年行动计划》,以改革开放四十周年为契机,依托重点中学与地方政府共建,发挥共有资源优势,在青年马克思主义者教育培养、青少年社区教育和学生社会实践、社会主义核心价值观宣传引导等方面取得新的突破,华东师大二附中晨晖社策划赴真如镇街道开展社会实践和基层调研,总结基层治理先进经验,思考基层治理的重点议题和难点问题,培育青年学生致敬基层、信仰人民的价值情怀,推动社区作为基层活力细胞的有序发展。

社会实践和基层调研拟于 2018 年 7 月至 8 月进行,安排在真如镇街道进行基层岗位锻炼的 2017 级上海市选调生担任指导教师,调研最终形成成果报告编辑出版。启动仪式拟于 2018 年 6 月中旬(初步定为 6 月 15 日星期五)在真如镇街道启动。启动仪式前,安排华东师大二附中师生代表参观真如镇史馆。

一、活动名称

落脚在基层——华东师大二附中晨晖社赴真如镇街道开展社会实践和基层调研

二、调研课题(初步设想)

调研将围绕真如城市发展和基层重点工作展开,通过走访、座谈、问卷等形式,自主选取观察视角,总结案例经验,提出优化建议,思考基层治理。调研课题共计 9 个方面,每个调研组以 3 至 4 名工作人员组成,研究如下子课题:

(一)真如传统文化保护与开发

（二）社区党组织建设情况

（三）社区美丽家园建设推进情况

（四）社区养老问题

（五）基层片区制管理情况

（六）信用街镇建设情况

（七）社区志愿文化培育和未成年人社区教育情况

（八）社区"垃圾分类"开展情况

（九）社区治理标杆模范先进人物

三、启动仪式拟邀请人员

华东师大二附中晨晖党章学习社团

真如镇街道党工委、团工委领导

上海市公务员局机关党委、团委领导

华东师大二附中领导

2017级上海市选调生（真如镇街道基层岗位锻炼）

四、启动仪式主要环节

（一）真如镇街道党工委领导讲话

（二）华东师大二附中领导讲话

（三）晨晖社调研课题介绍与发布

（四）校外指导教师、社会实践指导教师聘任仪式

（五）上海市公务员局机关党委领导讲话

（六）真如镇街道领导授课

附录

　　真如镇街道位于普陀区中部，是上海城市副中心之一，将成为上海城市发展的新引擎。长期以来，真如镇街道高度重视青少年社区教育工作，先后打造"书香真如""尼山书屋""人文行走"等活动品牌，在未成年人思想道德建设方面取得丰硕成果，街道学生社区实践指导站获批第六批上海市学生社区实践指导站称号。

　　华东师范大学第二附属中学是教育部直属重点中学，2006年成立晨晖社，围绕引导优秀高中生树立马克思主义世界观、人生观、价值观为宗旨，以贴近时代、贴近社会、贴近青年学生的专题调查研究为载体，开展生动丰富的社会实践活动，帮助学生树立和坚定理想信念，成为中国特色社会主义事业的传承者和接班人。12年来，形成《关注城乡结合部民工子弟》《对改革开放三十年若干社会现象的思考》《"老三届"的故事》

等多项课题成果,得到上海多家主流媒体关注。晨晖社先后得到了习近平、俞正声、韩正等党和国家领导人的高度肯定和热情勉励,荣获上海市教育成果一等奖。

为提升上海人才竞争力,大力培养适应改革发展需要的党政后备人才,自 2015 年起,上海市委组织部、上海市公务员局每年面向北京大学等 15 所高校和上海市优秀大学生"选苗育苗工程"选调 100 名应届优秀大学毕业生。

2017 年 10 月起,2017 级上海市选调生中有六名同志(意向单位为市委宣传部)赴真如镇街道进行基层岗位锻炼。他们是:

陈昌杰(南京大学) 陈黄超(上海大学)   盛盈(上海交通大学)

张师慧(浙江大学) 郑傲(复旦大学)   邵子剑(北京大学)

根据前期确定的计划,6 月 15 日(周五)下午全体高一、高二晨晖社成员赴真如街道办事处(芝川路 205 号)开展社会实践共建活动。目前确定出席的领导有:上海市公务员局党组成员、副局长曹俊山,上海市公务员局团委副书记王紫君;真如镇街道党工委书记唐洪涛,副书记、纪工委书记毛彩萍。

"落脚在基层"课题安排暨子课题功能

(2018.6.15—2019.5.4)

一、关键词:

原创 务实 触动

1. 原创:源于自我探究的真实感受或建立在实地调查基础上的假想性结论。

2. 务实:自我真实的困惑、质疑、体验及其转变;他人真实的困惑、质疑体验及其转变;实地采访的人物、数据、图表和相关材料;可供对照参考的网上资料等。

3. 触动:可对照、可操作、可孵化、可持续的结论。

二、主课题定位

"落脚在基层"——真如街道基层治理的亮点、重点和难点。

落实习近平总书记"基层是一切工作的落脚点"指示精神,以改革开放 40 周年为契机,围绕真如街道城市发展和基层工作展开社会实践。通过走访、座谈、问卷等形式,自主选取观察视角,总结案例经验,提出优化建议,调研和思考基层治理的亮点、重点和难点。通过密切联系实际的课题探究,总结基层治理先进经验,思考基层治理的重点议题和难点问题,培育致敬基层、信仰人民的价值情怀,推动社区作为基层活力细胞有序发展,深入了解上海加快推进国际经济、金融、贸易、航运、科技创新"五个中心"

建设的伟大意义,为将来投入到把上海建设成为卓越的全球城市和社会主义现代化国际大都市的壮丽事业中作好准备。

三、子课题的功能:

子课题是围绕主课题展开的分支,内容和形式统一于主课题。具有支撑、辐射、启迪和整合功能。

(一) 支撑功能

1. 核心支撑

落脚在基层,关键词是"基层"。

要梳理好几层关系:

落脚基层与顶层设计的关系;基层工作与主管部门的关系;基层单位与相关企事业单位的关系;基层单位之间的关系;基层内部的条块网络及人际关系。

课题核心:确立正确的价值观,深入理解上海建设成为卓越的全球城市和社会主义现代化国际大都市的伟大意义。

问题核心:如何落脚?

——怎么落? 落在哪里? 脚怎么放? 落脚以后做些什么? 怎么去做? 如何检验? 能否推广? 有无示范作用?

2. 角度支撑

课题策划九个子课题,涉及基层党建、社区建设、文化传承、信用保障、自然生态、养老举措、未成年人教育等。下列名单中每组第一人为组长。

(1) 真如传统文化保护与开发

第一组:**张若欣**、成嘉敏、张雨照

(2) 社区党组织建设情况

第二组:**沙一洲**、胡丞皓、吴与伦、陆冰婕

(3) 社区美丽家园建设推进情况

第三组:**黄依颖**、薛清元、谢承翰、顾未易

(4) 社区养老问题

第四组:**朱海阳**、叶艾婧、杨叶欣、陈诺

(5) 基层片区制管理情况

第五组:**梅宇杰**、王皓、陆顺吉、单佳铭

(6) 信用街镇建设情况

第六组:**祝骥越**、鲍光鑫、陈秋瑞、吴珂

（7）社区志愿文化培育和未成年人社区教育情况

第七组：**萧子瑄**、王嘉宁、陈骏雄、辛约、王桢

（8）社区"垃圾分类"开展情况

第八组：**曹劼**、徐旻怡、莫言、易悦晟

（9）社区治理标杆模范先进人物

第九组：**韩易蓓**、杨欣怡、高翃菲、荣雪滢、朱文妮

（二）辐射功能

1. 内涵辐射

学深悟透习近平新时代中国特色社会主义思想，增强对中国特色社会主义的政治认同、思想认同、情感认同，认识上海建设成为卓越的全球城市和社会主义现代化国际大都市伟大意义的自觉性和深刻性。

紧紧抓住政治认同、思想认同、情感认同三个辐射兴奋点。

2. 人物辐射

在基层工作，为基层服务的公务员、"小巷总理"、劳动模范、社区志愿者、退休干部、居民代表、进城务工者以及在一线辛勤工作的劳动者。

个体人物辐射社会改革的各领域，个人感悟辐射社会同龄人，个别事件辐射时代大趋势。

（三）启迪功能

1. 个体品质提炼：忘我、奉献、忠诚、静默、坚守、开拓、创新等。

2. 整体风格提炼：担当、作为、规范、突破、凝聚、融汇、坚守等。

（四）整合功能

1. 技术整合：纸张、字体、字号、行距、页码、编号、图表

2. 结构整合：子课题框架结构：为什么——是什么——怎么做

（1）为什么："魔都"定位、国际趋势、历史积淀、蓬勃生机。

（2）是什么："三个认同"的政治高度、基层工作的本质特点、小巷文化的传统底色、纵横交错的人际网络、关注民生的服务底线、国际视野的人性呼唤。

（3）怎么做：假想性推论——多数人能接受的理论创新。可对照、可操作、可孵化、可持续的结论。（课题最有价值的部分）

会做吗？——能做吗？——难做吗？——什么时候开始做？

四、课题成果形式

2018年6月15日启动仪式。拟于暑假进行分组社会实践和基层调研，由真如街

道轮岗锻炼的上海市党政机关选调生担任指导教师,列入二附中晨晖学院学生社会实践考察成果,颁与证书。课题成果结集出版。

五、时间节点

2018 年 6 月 15 日,启动。

2018 年 7—12 月,基层考察调研。

2019 年 1—2 月,思考,争辩,讨论,初稿。

2019 年 3—4 月,修改,审稿,定稿。

2019 年 5 月 4 日,结集出版。

二附中晨晖党章学习社团 2018.6.13

华东师大二附中晨晖社赴真如镇街道社会实践
启动仪式安排

时间:2018 年 6 月 15 日星期五

地点:真如镇街道汇如益楼宇综合党建服务站点

安排:

14:20—14:50　参观真如镇街道社区文化活动中心(出席人员:华东师大二附中校领导、真如镇街道团工委领导、真如镇街道选调生代表、华东师大二附中晨晖社师生代表)

启动仪式(出席人员:市公务员局领导及相关负责同志、真如镇街道党工委领导及相关科室负责同志、华东师大二附中领导、普陀区公务员局领导、真如镇街道桃溪工作室同志、真如镇街道选调生、华东师大二附中晨晖社师生代表)

15:00—15:05　开场

15:05—15:10　街道党工委领导致辞

15:10—15:20　晨晖社社会实践情况介绍

15:20—15:25　实践指导教师、选调生代表发言

15:25—15:30　华东师大二附中领导讲话

15:30—15:40　街道党工委领导为晨晖社学生授旗

华东师大二附中领导为实践指导教师发聘书

学生社会实践基地揭牌仪式

（市公务员局、街道党工委、华东师大二附中领导一同）

15：40—15：45　市公务员局领导讲话

15：45—15：50　启动仪式结束

15：50—16：30　街道桃溪工作室同志讲党课

晨晖社"落脚在基层"社会实践课题分组　（2018.10.31）

总联络员：张若欣　曹劼　叶艾婧　陆顺吉

指导教师：胡立敏　严婕　石超　潘捷

1　传统文化保护

组长：1903 张若欣

组员：2010 成嘉敏、1903 张雨照、2001 金楚彤、2004 桂格、2001 汪淳

2　社区党组织建设情况

组长：2004 杨哲远、2001 林嘉洲

组员：2004 毛天晟、2004 周子竣、2004 许多乐

3　社区美丽家园建设推进情况

组长：1903 黄依颖

组员：2007 谢承翰、2001 忻元玲、2007 梁钊源

4　社区养老情况

组长：2001 叶艾婧

组员：2004 王子骐、2007 张至善、2007 刘牧晨

5　基层片区制管理情况

组长：1903 梅宇杰

组员：1903 王晧、2001 陆顺吉、2009 单佳铭、2004 邵可欣

6　信用街镇建设情况

组长：2008 陈秋瑞

组员：2005 迟迅、2004 郭依贝

7　社区志愿文化培育和未成年人社区教育情况

组长：2009 陈骏雄

组员：1904 王嘉宁、2009 辛约、2003 涂梦亭、2007 樊梓儿

8　社区"垃圾分类"开展情况

　　组长：1902 曹劼

　　组员：1902 徐旻怡、1902 莫言、1902 易悦晟、2007 施文远

9　社区治理标杆模范先进人物

　　组长：1905 韩易蓓

　　组员：1905 杨欣怡、1908 荣雪滢、2003 朱文妮、2004 隽大泷、2004 刘彦祺

探讨"一辈子怎样做人"

——"晨晖"工作思路概述

晨晖党章学习社团(晨晖社)是华师大二附中以实现中华民族伟大复兴"中国梦"为宗旨的精英学生社团,成员以高二高三优秀学生为主,每届 30 人左右。由学校党委委派指导老师,校团委主持常务,实行总联络员(学生)负责制。

晨晖党章学习社团(晨晖社)顺应新时代,开拓新思路,坚持"课题引领型育人实践"的探索,积极引导优秀高中生树立正确的世界观人生观价值观,关注时代,关注社会,关注世界风云,开展生动丰富、形式多样的社会实践活动,下基层,亲民众,知国情,以课题研究为主线,边实践,边探索,边思考,践行有真本领,有大追求,立志成为中国特色社会主义事业的传承者和接班人,为二附中培育巨匠型、大师型、领袖型人才营造一方温暖园地。遵循党章,做好学生入党积极分子的培养考察工作。

"晨晖社"关键词——选择•追求•担当

"晨晖社"立足于"育苗",通过创新性的活动思路和课程设计,启迪培养学生的群众观点、实干精神、创新思维、团队意识和领袖气质。面对复杂的社会现实和多元价值观的博弈,抵制急功近利的烟熏火燎,引导学生回答"一辈子怎样做人"的问题,追求为大多数人利益献身的人生境界,敢于担当时代赋予青年一代的历史责任。

思路一: 贴近主旋律、生动活泼的学习内容

1. 经典思辨

研读人类历史特别是近现代进步文化结晶、中华传统文化精华、马克思主义经典以及不同文化冲突博弈的精品。

分精读和选读两类,通过自学和集中讨论,思辨并领悟经典的思想内涵,汲取精华和养分。

精读：

《共产党宣言》　　　　　　　　马克思、恩格斯

《为人民服务》　　　　　　　　毛泽东

《毛泽东诗词》　　　　　　　　毛泽东

《视察南方谈话》　　　　　　　邓小平

《摆脱贫困》　　　　　　　　　习近平

《习近平谈治国理政》　　　　　习近平

选读：

《论语》　　　　　　　　　　　孔丘及弟子

《孟子》　　　　　　　　　　　孟轲

《荀子》　　　　　　　　　　　荀况

《道德经》　　　　　　　　　　李耳

《庄子》　　　　　　　　　　　庄周

《鬼谷子》　　　　　　　　　　王翊

《晏子春秋》　　　　　　　　　晏婴

《孙子兵法》　　　　　　　　　孙武

《红楼梦》　　　　　　　　　　曹雪芹

《小逻辑》　　　　　　　　　　黑格尔

《唐·吉诃德》　　　　　　　　塞万提斯

《牛虻》　　　　　　　　　　　伏尼契

《简爱》　　　　　　　　　　　夏洛蒂·勃朗特

《悲惨世界》　　　　　　　　　雨果

《旧制度与大革命》　　　　　　托克维尔

《钢铁是怎样炼成的》　　　　　奥斯特洛夫斯基

《小王子》　　　　　　　　　　圣埃克苏佩里

《二十首情诗和一支绝望的歌》　聂鲁达

《百年孤独》　　　　　　　　　加西亚·马尔克斯

《中国科学技术史》　　　　　　李约瑟

《文明的冲突与世界秩序的重建》亨廷顿

《正义论》　　　　　　　　　　约翰·罗尔斯

《时间简史》　　　　　　　　　史蒂芬·霍金

《在火星上退休：伊隆马斯克传》	亚当·杰斐逊
《乌合之众》	古斯塔夫·勒庞
《论人类不平等的起源和基础》	卢梭
《屠猫记：法国文化史钩沉》	罗伯特·达恩顿
《马丁盖尔归来》	娜塔莉·泽蒙·戴维斯
《史记》	司马迁
《中国哲学史》	冯友兰
《甲申三百年祭》	郭沫若
《万历十五年》	黄仁宇
《茶馆》	老舍
《子夜》	茅盾
《中国历史通论》	王家范
《近代中国的新陈代谢》	陈旭麓
《德政之要：〈资治通鉴〉中的智慧》	姜鹏
《二十四史鉴赏辞典》	顾晓鸣
《天朝的崩溃：鸦片战争再研究》	茅海建
《毛泽东传》	潘佐夫
《邓小平传》	傅高义
《贝多芬传》	罗曼·罗兰
《第三帝国的兴亡》	威廉·夏伊勒
《西行漫记》	埃德加·斯诺
《彭德怀传》	《彭德怀传》编写组
《习仲勋画册》	中共中央党史研究室
《梁家河》	梁家河编写组
《马克思的 20 个瞬间》	肖鹏

2. 宪法必读

理解并接受下列宪法思想：

宪法与国家前途、人民命运息息相关。维护宪法权威，就是维护党和人民共同意志的权威。捍卫宪法尊严，就是捍卫党和人民共同意志的尊严。保证宪法实施，就是保证人民根本利益的实现。

坚持正确政治方向,坚定不移走中国特色社会主义政治发展道路。

坚持落实依法治国基本方略,加快建设社会主义法治国家。

坚持人民主体地位,切实保障公民享有权利和履行义务。

坚持党的领导,更加注重改进党的领导方式和执政方式。

依法治国,首先是依宪治国;依法执政,关键是依宪执政。新形势下,我们党要履行好执政兴国的重大职责,必须依据党章从严治党、依据宪法治国理政。

认真学习并坚决贯彻 2018 年 3 月 11 日,第十三届全国人民代表大会第一次会议经投票表决通过的《中华人民共和国宪法修正案》。

3. 党章学习

深刻理解拥护党的十九大顺应新时代要求,把习近平新时代中国特色社会主义思想写入党章,是全党共同的意志、人民共同的意愿。

学习党章,加深对党的性质宗旨、组织制度、作风纪律等章程的认识,更加坚定地跟党走。使自身在思想上进一步加深对党指导思想的形成和发展历史深入了解,更加坚定拥护党的领导。

采取"走出去,请进来"的方式,将学习党章常态化、动态化。

如继续探索做好与中国浦东干部学院"双结对"工作,走进"红色学院"上党课。聘请社会各界模范人物开设"晨晖讲坛",互动互进,播撒理想信念的种子。

近十年来,"晨晖社"聘请来校开课的有离退休的老领导老同志,有在职的党政机关组织部长、宣传部长、教委主任,有大学的专家学者,有执勤非洲的武警部队维和军官以及事业有成的二附中校友。

事实证明,生动活泼的党章学习具有极强的生命力。同学们从中得到了珍贵的滋养,增强了担当的力量,来宾们感受到"晨晖"的蓬勃朝气。

4. 热点论坛

引导和鼓励学员脚踏实地、解放思想,敢于联系社会实际,敢于展望世界未来,敢于挑战大师权威,说真话,说实话,说心里想说的话,尊崇"各美其美,美人之美,美美与共,天下大同"的学术境界。营造维护一方年轻人思想自由碰撞的园地。在宽松有序的氛围中,熏陶呵护立大志、做大事、一辈子做大写的人的信念萌芽。

思路二：主题鲜明、内涵丰富的社会实践

晨晖社的社会实践，针对二附中学生优质学生群体相对集中、极具个体发展潜质的特点设计，经过十二年的实践磨砺，形成了鲜明的"晨晖"特色。

（一）提倡科学精神，"原创"是铁律。

社会实践必须严谨深入，亲历、亲为，求真、求实。数据是第一手的，结论是建立在数据基础上集体讨论的结晶，对虚浮作假零容忍。

2005 年 5 月，晨晖党章学习小组的研究课题《高中学生党建可作为》作了五份调查问卷：《高中生思想状况调查问卷》《党的基础知识调查问卷》《对于学生入党积极分子的看法调查问卷》《高中生对国内外热点的认知情况调查问卷》《家长对学生政治理想与发展方向的态度调查问卷》。

在五份调查问卷的基础上，进行"可作为"因素分析并得出相应的结论：

1. 二附中大德育格局的环境因素——在党建的"质"和"量"上可作为。

2. 学生关注时代和自我发展的心理因素——在"选苗"和"育苗"上可作为。

3. 理想萌芽由自发到自觉的催化因素——在"拒腐"和"树魂"上可作为。

4. 党的先进性教育潜移默化的示范因素——在"自律"和"榜样"上可作为。

5. 社会各层面政治共识的辐射因素——在"联系"和"反馈"上可作为。

调查指出：94％的家长积极支持参加社会实践学习活动。但对于入党的意义，家长们却有各自不同的想法：85％的家长认为入党对于子女的升学、就业有一定的积极作用与影响；13％的家长则认为会有非常大的影响，会让子女的生活事业更为顺畅；71.25％的家长表示孩子树立政治理想对将来的发展会有很大的影响。

有关媒体曾经报道过晨晖小组的这份课题报告，社会基本认可。

在科学精神指导下开展的社会实践，为培养高素质人才，做了"奠基"的工作。

（二）坚持高起点，培养"敢于摸天"的创新精神。

晨晖社的社会实践课题，可谓"书生意气，挥斥方遒"。立足于校园，触角延伸到时代和社会的最前沿问题。敢想，敢言，思考无禁区，责任无轻重，担当无大小。晨晖社曾做过的课题有：

重视建设培养青年马克思主义者的创新型环境（2008 年）

对改革开放三十年若干社会现象的思考(2009 年)

"90 后"一代主体价值观探究(2010 年)

向党的十八大致敬(2012 年)

党旗映"晨晖"(2013 年)

(三) 向小人物学习,扣好人生第一粒扣子。

巨匠来自底层,大师出自百姓。融个人于民众之中,融成长于社会之中,融事业于时代之中,懂得了这个道理,才具备了杰出人才的基本品质。

晨晖社近年来的课题设计,这种思想色彩愈加浓郁,如:

向小人物学习(2016 年)

"老三届"的故事(2017 年)

落脚在基层　(2018 年)

(四) 不变色,不褪色,不掉色,继承红色传统。

筹备建立相对稳定的红色基地,作为理想信念教育基地,暑寒假由学校统一组织,指导老师带队,每届确定一处,深入实地学习考察。

一类是弘扬战争时期革命精神的历史遗址,如:

中共一大会址、嘉兴南湖游船、张闻天故居、方志敏故居、上饶集中营等。

一类是彰显建设中国特色社会主义正能量的善美之地,如:

中国浦东干部学院、中国延安干部学院、中国井冈山干部学院、陕西省延川县文安驿梁家河村、凤阳小岗村、普陀区真如镇社区等。

一类是闪烁科学人文思想光辉的文化高地,如:

上海科技馆、上海博物馆、鲁迅故居、上海交通大学钱学森图书馆等。

2018 年暑假参与团委、学生处"领袖营"赴江西红色考察活动,实地考察,缅怀方志敏、叶挺等先烈革命业绩,回顾历史,同学们感触非常深刻,精心编辑制作了名为《走读江西》的宣传手册,在校园传播,收到了良好效果。

迄今为止,晨晖社已经完成的社会实践课题有:

高中学生党建可作为

　　　　　——五份调查问卷及数据分析(2005 年)

关注城乡结合部民工子弟学校的孩子们

　　　　　——浦东新区杨园小学学生思想状况调查报告(2006 年)

"晨晖"是什么颜色？（2006 年）

重视建设培养青年马克思主义者的创新型环境（2008 年）

对改革开放三十年若干社会现象的思考（2009 年）

"90 后"一代主体价值观探究（2010 年）

向党的十八大致敬（2012 年）

党旗映"晨晖"（2013 年）

向小人物学习（2016 年）

"老三届"的故事（2017 年）

"晨晖"满园（2018 年）

落脚在基层（2018—2019 年）

上述社会实践课题直面现实，关注时代潮流，关注未来发展，关注普通百姓，不回避热点焦点问题，敢于表达青年的看法，有的甚至填补了社会科学课题的某些空白。虽然不失稚嫩，但汇编或出版以后，在社会上产生了良好的反应，一些主流媒体进行了报道并给予积极评价。

思路三：自主教育、自我磨砺的活动原则

晨晖社活动原则：自由宽松，自主教育，自我磨砺，自觉提升。

"自主教育，自我磨砺"是晨晖社保持青春活力的生命线。这条生命线十几年来，朝气蓬勃，愈发健壮，滥觞于三大源流：

其一，二附中"和谐民主"校园文化播撒的思想智慧，孕育出师生共同成长的一方园地。"晨晖"奋力耕耘，将二附中校园文化发挥到极致。

其二，二附中学生英才荟萃，胸怀大追求，对传统教育模式的一招一式感触深刻。因而，思想解放而富有活力的社团，自有其特殊的魅力，"桃李不言，下自成蹊"。

其三，晨晖社是二附中学生党建工作的重要阵地。党委领导，团委协调，委派指导教师，从政治上有力保证了为晨晖社在正确航道"引领"。

思路四：实行总联络员（学生）负责制

每届由一名同学担任总联络员（推举或自荐），在指导老师协调下，全面负责"晨晖社"运转。安排资料员一名，负责活动记录和资料档案的整理。

实行总联络员负责制,淡化官本位意识,明确"首席"职责,增强服务理念,培养团队精神,十二年来,培育出一大批优秀人才。

历届总联络员名单:

2006 届　杨珺文,荷兰鹿特丹伊拉斯谟大学医学博士,青少年儿童健康方向。

2007 届　王幻羽,北京大学政府管理专业。

2008 届　顾佳雯,北京大学数学科学学院,北京大学优秀社会工作者,上海交通大学金融硕士获"国家奖学金"。现上海市政府部门从事地方金融监管工作。

2009 届　庄婷婷,华东师范大学会展管理专业,辅修应用心理学专业。国家注册会计师、国家税务师、国家心理咨询师。

2010 届　吴佳俊,清华大学叉院,MIT 博士生,研究方向为计算机视觉。

2011 届　龚文妍,普林斯顿大学运筹与金融工程博士。

2012 届　陆瑶,上海交通大学新闻传播学专业硕士。

2013 届　梁赋珩,清华大学天体物理专业硕士,获叶企孙奖学金。

2014 届　周翔,清华大学经济管理学院,加入"饮水思源、服务社会"优秀人才培养计划,曾赴美国沃顿商学院交换。

2015 届　潘宇杰,上海交通大学。

2016 届　刘张奕,上海交通大学密西根学院,计算机方向专业。

2017 届　陈沛庆,北京大学信息科学技术学院。

2018 届　李辰,上海交通大学。

2019 届　张若欣　曹劼

思路五:坚持课余和暑寒假集中活动

开学后每两周集中活动一次,时间为周三下午 5—6 点(考期暂停)

暑寒假社会实践(全年不超过 10 天)

思路六:搭建晨晖网络平台

利用互联网搭建晨晖网络平台,建立微信晨晖校友群,及时沟通晨晖信息,增进校内外晨晖情感,扩大晨晖辐射外延,让更多的人关注晨晖,支持晨晖。欢迎点赞,也欢迎批评指点。

网络平台,向来是晨晖社日常活动中重要的一环,QQ、微信、邮箱等工具拉近了晨晖人的距离，也为我们提供了高效、即时的工作环境。

网络组群沟通联系

对于晨晖社而言，网络最重要的功能是作为一个传递信息的使者。随着智能手机的普及，网络作为信使的好处越发凸显，通过网络发布公告，覆盖面广，时效性强，不受时间、地点的限制，这是其他方式所远不能及的。为此，我们建立了一个专属于晨晖社的学生群，工作和活动的安排大多会通过这个群通知到所有人。

我们同指导老师胡立敏老师（同学们亲切地称他为老胡）大多也是通过网络联系。老胡将想传达给同学们的信息发给总联络员，再由总联络员通过社团群转告各位同学。

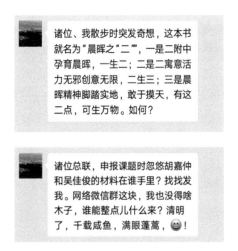

密切各地校友联系

此外,历代晨晖人也自觉聚在一起,组成了一个校友群。在这里,我们不但能向前辈展现社团的现状,更能组织学习、交流等活动。通过微信群,学弟学妹们向前辈们汇报近期工作,邀请他们在游园会期间光临晨晖社摊位,并将他们在校时未能参与创作的书籍邮寄到他们手中,让历届晨晖人都能够见证社团的成长。此外,社团指导老师也时常在微信群中发出自己和学生的照片。上个学期,几位来自北大、人大、交大等校的前辈通过微信联系我们,大家一起组织了一次关于十九大精神的学习会,增长了同学们的见识,联络了新老晨晖人的感情。学习会的内容,也以视频、文稿的形式保存在了群里。

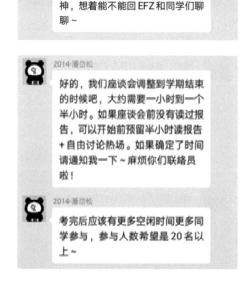

自由交流讨论的平台

除了信息传递以外,网络也给我们提供了一个能自由交流的平台。由于晨晖社的社员遍布全校三个年级,在平时,除例会以外再组织特别的讨论会是比较困难的,然而网络消除了各种时间、空间上的限制,使得我们可以随心随意地就各种问题开始讨论。在课题进行的过程中,难免遇到各种各样的问题与选择,只由老胡与联络员来决定自然不行,这时,通过网络集思广益,才能做出最好的、最符合社员普遍意愿的决定。

在决定我们最终作品的名字时,大家进行了热烈的讨论,提出了意见,得出了多个候选项,最后,通过民主投票选出了最受欢迎的书名。这样协商讨论与投票相结合的方式能高效地汇聚同学们的智慧。

网络温情"正能量"

我们的群里,在工作之余还充满着温情与"正能量"。在等级考前夜,各位晨晖人在群聊中相互鼓励,为彼此送上祝福,为每一位上场的考生注入全体晨晖人的力量;当有成员将要在体育联赛中上场,同学们约定着一同前往为该成员加油鼓劲,并开着玩笑消除成员的紧张感;拍摄高三毕业照时,高三学长们热情地在群里发出合影邀约,而学弟学妹们也纷纷积极响应,与前辈们留下了永恒的纪念。一次晨晖活动,在某采访小组中,暂时无法与一位患有哮喘的同学取得联系,知情同学最终通过晨晖网络平台联系上了小组组长,确保了活动中该名成员的安全。

晨晖人与晨晖精神在这里相互交融,造就了晨晖社特有的美好气氛。

王骁晨晖读书辅导

信息备份保存资料

为了更好地为晨晖将来的工作留下备份资料,每次开会的会议内容都会由专门的记录员用心写下并发送至晨晖大群内供同学们温习。同时,晨晖社历次会议都有同学专门负责影像记录,以录影或是拍摄照片的方式记录下每次会议的现场情况。每张照片都彰显着晨晖学子在会议中的专注心。

除了大群以外,各小组也有自己的群。在这个群里,大家可以就更细化的问题展开讨论,比如同学在采访过程中遇到了问题,可以通过小组群咨询群里的学长学

姐；如果在写作时不知从何下笔，也可以共同讨论。另外，写作文件的收发也是通过各小组联络员汇总的，存储在大群中。这样一来节约了纸张，也方便保存，可以随时查看。在后期文件审阅的过程中，作者和审稿人直接通过社交软件对话，提高了交流效率。

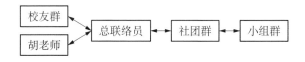

（晨晖社网络平台的主要构架）

思路七：做好高中与大学学生党建工作的衔接

二附中培养入党积极分子的组织程序见下列流程：

青年党校学习结业——晨晖社优秀学员——提出入党申请——自我展示与师生评议——以班级为单位民意测试——党员老师联系人定期考察——建立档案转交相关大学

"晨晖社"表现列入二附中学生综合素质考察。注重过程性考察，进行综合素质评价，制作并颁发"晨晖社学员证"。建立入党积极分子档案，装入"两表一证"（"晨晖社"学员登记表、"晨晖社"入党积极分子考察表、"晨晖社"优秀学员证书），与高校党建程序衔接。

晨晖社同学毕业离校后,根据高校要求,提供入党外调相关证明。

晨晖社努力做好离校同学在高校的反馈工作。组织"晨晖社"校友研讨会,如北大清华"晨晖社"校友研讨会、上海高校"晨晖社"校友研讨会等,了解学员在大学里的政治表现。探讨"晨晖社"育苗方略的实验性示范性,鼓励晨晖校友潜心自律,奋发作为,为增强二附中在一流高校的辐射效应服务。

访谈篇

"晨晖"陪伴我成长

信念指引前行路

行走在边疆的路上

邵子剑

邵子剑,华东师大二附中 2009 届毕业生,高二任团委副书记,进入晨晖社团,完成课题《改革开放三十年的亮点、凹点和焦点》。2009 年 9 月就读于北京大学地球与空间科学学院地球化学专业,先后在校团委、院团委任职。2013 年参加中国青年志愿者第十五届研究生支教团赴新疆支教一年,2015 年作为北京大学国际关系学院研究生参加中国青年志愿者第十七届研究生支教团赴西藏支教一年,是北京大学首位在新疆和西藏长期参与志愿者服务的在校大学生,当选 2016 年北京大学学生年度人物。现就职于上海市委宣传部。

行走在青春的路上

离开二附中后,我一直和老胡保持着联系。老胡是我的恩师,也给我的成长带来了许多改变。记得刚毕业一年的时候,我怀着欣喜的心情回二附中看望老师们,看到老胡瞬间变白的头发,心里说不出是什么滋味。这一次,老胡跟我联系,说要我写一点文字的东西,我迟疑了很久,实在不知道如何落笔。我不想把自己的这篇文字变成一篇情感充盈的抒情短文,来回忆自己在二附中的青葱岁月。我更不想摆什么过来人的姿态,将这篇文章变成说教式的短文。前者是因为,我想把最美好的时光和最珍贵的回忆留给自己和我们同时代的这一批人,而后者是因为,我还不够资格,不配对你们指手画脚。

前几天参加二附中北京校友会的成立仪式,他们说让我作为优秀学长代表讲讲话。我推辞了很久。因为在内心深处,我深深知道,我离二附中优秀毕业生的距离还太远太远。我并不优秀,我只是一个平凡的学长,只是有幸在这里,可以给你们讲讲我平凡的故事。

我是 2006 年进入二附中的,是作为卢湾区的考生。要知道,卢湾区能进四大名校,那的确不容易,我们就只有那么几个可怜的名额,现在连区都合并掉了。我记得当时报考二附中,是因为我父亲的一句话:二附中晨晖路那个门,装修得跟宫殿似的。成为二附中人以后,我才知道,这门不仅长得像宫殿,里面还有一把金钥匙。

就这样,周日晚上从晨晖路的门进来,周五下午从祖冲之路的门出去,进进出出,周而复始,岁月在不知不觉中就飞一般地过去了。混着混着,我成了学校的团委副书记,成了晨晖社团的一员。在二附中的前两年,我出过三次国,考过一次年级第一,具体是怎么做到的,现在想来,可能也就是机缘巧合。赶上了你,你就笑着收了吧。这不是炫耀,我觉得每一个二附中人,只要给你这种机会,你一定可以抓得住。

后来,我就高三了。至今,我依然视它为我最开心的一段时光。当时我选了化学,倒不是出于别的什么原因,而是觉得化学老师是个美女,能够给枯燥的刷卷子的日子带来点色彩——尽管高三的化学课,我好像很多时候都在那趴着睡觉。

高三了,才真正成了晨晖人。高二的时候,在晨晖,我们基本属于旁听者,参加参加活动,听听学长在做些什么。到了高三,我们才自己做些事情。我记得当时印象很深,老胡要求我们做一个课题,叫《改革开放三十年的亮点、凹点和焦点》,还编成一本书。作为高中生,能够做一个如此气势恢弘的课题,是真的很不容易。现在看着当时还略显稚嫩的文字,我不得不觉得老胡是一个非常有思想、有觉悟的人,常常能够抓住时代星空中最闪亮的星,让我们去摘。偷偷告诉你们,我后来上大学的时候,我的政治课论文大多都来自我在二附中晨晖时候写的课题里的文章,还都拿了挺高的分数。

不容置疑的是,在二附中的岁月很大程度上开拓了我们的思路,尤其是进入大学以后,我会有一种自然而然的感觉,觉得自己在这片自由的土壤里锻炼了很多东西,尤其是思维、眼界和意识。面对北大的百团大战,我没有丝毫的惊奇感和新鲜感。面对做课题、做研究、做讨论,我也没有任何的畏惧感和紧张感。因为这些,我在美好的高中时代就已经经历过了。大学,无非是换汤不换药。

回到高三的生活。正如我刚刚所说,我一直视这段时光为生命中最快乐的日子。当时,全年级就这么一个化学班,我们有 53 个人,我稀里糊涂成了班长,但深为自己没有管理好而羞愧。我们有过飞纸飞机飞到班主任头上的经历,惹得温文尔雅的美女老师红颜大怒;我们有过晚自习围在一起下象棋,搞得学生处陈檬老师觉得我们是在讨论问题,走进来关切地让我们下课后再讨论,却发现桌上摆的不是习题而是车马炮兵将;我们组织过夜宵会,每到九点半晚自习下课后,就有同学去后门那里的绿化带中,隔着铁栏杆和送外卖的大叔一手交钱一手交货;还有每天早上的英语早自习我总是迟到,因为我和室友每天都要喝一碗食堂的菜粥……我已经想不起我做过多少张卷子,甚至看着你们现在的题目,我基本都已经不会做了。但我能够清晰地回忆起这些"调皮捣蛋"的事情,并且在每次同学聚会的时候和大家分享我们在一起的美好生活。我想,这就是青春,是我们每个人生命中唯一有过的、不可重复的、值得咀嚼的青春。

高三的时候,因为听说选化学的没法考清华,我就一门心思考北大。作为闻名全国的华东师大二附中,北大招生办是不可能不知道的。因此,我们就有了一种"特权",总有这么几个人,可以不经过自主招生考试而获得30分加分。很可惜,因为前三次的月考成绩实在不尽如人意,我成了化学班的第四名,而北大只给了我们班三个加分名额。好不容易,在何晓文校长的恳求下,我才得到了去参加北大自主招生考试的机会。我记得那天晚上,骄傲的自尊促使我走到了学校最高的位置,看着浩渺的天空,眼睛直瞪瞪地看着远处的万家灯火,直到晚自习要开始了才匆匆下楼,让我当时的同桌吓了一跳。

那段时间,在老胡的语文课上,他总是跟我叨叨朱自清的那句"热闹是他们的,我什么都没有"。我知道,他是用来鞭策我、激励我,让我能够不要被这种小困难打倒。的确,我没有认输。那一年元旦,我参加了在格致中学的北大自主招生笔试,后来又去了北京参加北大全校的面试,终于顺利地加上了这迟来的30分。再后来,我就"脚碰脚"地进了北大。其实,这中间的过程远远没有那么简略,此处省去了很多精彩的故事,因为后面我还要讲一些大学的故事。

来到了未名湖畔,我进入一个新的学习生活环境。带着上海人的自豪,带着二附中的骄傲,我走进了中国的最高学府。那一刻,我是激动的,而且是相当激动。这种激动,来自第一次远离家乡进入一个陌生的城市独自生活;这种激动,也来自我的新身份——北大学子。北大给予我的,也太多太多。

第一次独自生活,有很多我们想不到的困难。在家的时候,很多看上去理所应当的事情,在外面漂泊却不是这样。我不知道如何去银行办事,不知道如何去邮局寄件,甚至连洗衣服放多少洗衣粉也要咨询我的母亲。很可笑吧,但我觉得这一点都不可笑。直到离开家的那一刻,我们才会明白家的温暖,我们也才会意识到,我们是一个成年人,我们应该学会长大。我们学会了打电话报喜不报忧;我们学会了能自己做的事情尽量自己做，决不再麻烦父母；我们学会了交往；学会了处关系；学会了在各种领域、各种身份、各种生活中穿梭，直到我们意识到，我们真是个大人了，才会泪流满面地想起我们曾经那种无忧无虑、无拘无束的快乐。

大学的生活可不好受。如果有老师告诉你们，进入大学，就可以尽情玩耍了，那绝对是在忽悠你们。大学的课业压力依然很大。我本科是学地球化学，不要问我是做什么的，连我自己读了四年也不知道要做些什么。反正，物理、化学、生物、地理、计算机，想得到的课程你都要学。我相信，如果你们看过我自己写的简历，看到那么多荣誉，一定觉得我是个"好学生"，但事实上，我大学还挂过科。那门课叫计算概论，俗称编程。至今想来，我还是没有学会那种由0和1组成的计算机思维，所以当时考试的时候能不挂么？当我看到自己成绩的时候，我也去找过老师"抱大腿"，他冷冰冰的一句话让我记忆犹新。"我不管你是否在这门课上花了多少心思，但我想，这给你的是一种教训，告诉你，上了大学会有更多的困难等着你。"然后，一扇铁门砰地一声关闭了。那一刻，我深刻地意识到，行走在青春的路上，不可能总是那么多姿多彩，有时候，是会有那么多悲凉和落寞的。

多少人挂科，整个年级其实都知道。北大就是这一点比较恶心，你这门课不及格，下学期这门课可能不开，你要等来年的时候，和下一级学生一起重修。换句话说，一整年，你都必须背着个挂科的印记。我已经竭力地装作"没心没肺"，但内心深处的自尊依然时刻提醒着我，我是一个有挂科记录的学生。

得亏，北大也是一个比较包容的地方，你的一次劫数并不会给你带去终身的影响。后来，生活就逐步步入了正轨。生活有时候并不会总是那么糟，慢慢地，它自然会变好，只要我们没有放弃走下去的动力。也许，这是我大学生活最好的注解。

大学期间，我做了一些学生会、团委等机构的工作，也做过很多岗位的学生干部。学生工作成为我大学期间无法分割的一部分，也是我大学青春之路的重要推力。学校和学院都很"慷慨"，给了我许多我自认为还不够格的荣誉和奖励，实在是让我有点受宠若惊。当然，由于篇幅所限，我不可能展开那么多故事，这里就不再详述了。

一个人的时间总是有限的。学术生活、学生工作基本就把我的大学前三年给填满了。浑浑噩噩地到了第四年。那时候，我无意中看到了一部电视剧，叫《北京青年》，里面的四个年轻人做了一个大胆的决定——辞职"重走青春"。看完这部电视剧的时候，我竟然产生了强烈的共鸣。我觉得，我以前的生活太无趣了，不是看书学习，就是做学生工作，没有那么多"惊喜"。我反思了很久，决定辞去身上所有的学生干部职务，开始重走本科青春之路。

我开始参加以前让我不以为然的社团活动,开始去尝试以前从未尝试过的领域,我"疯狂"地在北大 bbs 上寻找一些有意思的、看上去高洋上的事情,我要去参加,我要去体验,我要去弥补一些逝去的青春时光。在这个过程中,我发现,一个年轻人不能带着"成见"去感受生活,更不要带着"功利"去追求生活,而应该带着"成长"去享受生活。因为,在青春的路上,成长比成功更重要。于是,我和吴建民先生同台对了话,去了趟日本和程永华先生、柳井正先生做了个小座谈,去了趟美国参访还意外地在街头碰到了漂泊在美国的当年二附中的小伙伴……这些都成了我大学最后一年最美好的回忆。只可惜,我醒悟得太晚,只恨时间不够。

大四"放肆"一般的生活飞一般地过去,转眼间,我也大学毕业了。这一切都来得很快,快得我都没有做好心理准备。我不知道青春的路该如何走下去。因此,我选择离开北京,去看看真实的中国。早在四年级开始的时候,我就报名参加了共青团中央的研究生支教团项目,并且选择了新疆作为我的支教地点。当大家沉浸在毕业离别的伤感抑或是兴奋之中时,我背上行囊,开始了新疆之行,去当一年老师,当一年大学老师。

我从来不觉得自己有多么高尚,能够将青春奉献给祖国最需要的地方。我只是一名平凡而普通的青年,想趁着自己年轻,多去看看中国,多去感受中国。因为对于我们而言,北京上海绝对不是真实的中国,要有国际视野,一定要先有中国视野。很多人劝我,但我还是要去,并且直到今天,我还异常怀念在新疆的日子。

新疆是一片被神秘化的土地。她其实一点都不暴力,一点都不恐怖。她太美了,美得让我窒息——"人间天堂"喀纳斯的圣洁、"大西洋的最后一滴眼泪"赛里木湖的宁静、"高山草甸"伊犁那拉提的葱郁、吐鲁番的热辣甜美……在我的心里,新疆就是我的天堂,让我在北京的每一个夜晚,都有新疆的影子在梦里的某个角落出现。

我在的地方,生活条件其实很苦。至于有多苦,恐怕我们这群长期生活在上海的人是无法体会的。这是第一次,我见了那么多"小强",也是第一次,我可以一礼拜才洗一次澡。零下二十几度是家常便饭,六月份还在穿着棉毛裤(秋裤)也是醉了。但每一个人都是可塑的,待着待着你也就习惯了。

我工作在新疆维吾尔自治区团校,也属新疆师范大学青年政治学院。我在那里教书,主要教政治类和英语类的课程,像你们用过的那本大学英语教材,我也给那里的学生上过。同时,我也在学校从事一些行政工作。每个星期,我都有 17 节以上的课程量,最多的时候,达到 22 节,除了上课,就是下课、备课,连双休日也基本都是在读书、做题、写教案和做 PPT。除此之外,我还在学校的科研部门工作,负责校报的编辑,后来还承担了大量的机关写稿任务。虽然有过抱怨,有过不理解,也曾想过混混日子,但我最终还是选择好好地干,一步一步地干,一点一滴地干。因为,行走在青春的道路上,容不得我们"偷工减料"虚度年华,趁着生命最灿烂的时光,多做、多听、多看、多体会,会对我们的未来充满裨益。这就是我一直信奉的道理,即"出来混,迟早要还的"。

我的学生恐怕比在座的各位都要年长一点,因为他们基本都和我差不多大。什么民族的都有,主要是汉族、回族、维吾尔族和哈萨克族。还记得我第一天走进教室的时候,下面全部都是维吾尔族的学生。他们虽然是大学生,但无论是知识层次、思维品质还是英语能力,都和在座的各位很难相比。但他们很用功,很好学,我常常义务给他们加课,要求他们排演英语话剧、写英语作文,他们都无怨无悔。我给自己定了一个标准,只要我的出现能够帮助或者改变他们其中一个人,我就心满意足了。

说到这里,当我试图用简短的句子讲述我在新疆的故事,我发现自己无从下笔。因为故事太多了,每一个都是那么重要和精彩,我都不知道如何取舍。我曾给老胡一本小册子,里面记录了我在新疆的一些心路历程。

直至今日,我闭上眼睛,依然能够想起,当我离开新疆的时候,有近百位学生跟在送我的车后面,默默地向我告别。他们没有说一句话,只是默默地看着越来越远的汽车。那一刻,我是在心里,真的落泪了。

就在一个月前,有学生给我发微信,说是考过了大学英语六级。我在的那个学校,十几年来,过六级的就没有几个,而在我的手上,却出了好几个。我很高兴,也很欣慰。这应该就是师者最大的快乐。

我自己都没有想到,作为一个如此平凡的大学生,也有那么多故事可以写。我不优秀,也不值得大家学习,故事不精彩,甚至有不少误导人的地方,也请你们自己判断了。

行走在青春的路上,我一直在默默地奋斗,带着一个晨晖人的烙印,带着一名二附中人的自豪。我想和大家分享的是:我们每一个人的生活道路都不一样,但我们现在都处在人生最美好的阶段。我希望各位小弟弟、小妹妹能够在自己的青春道路上,走得好、走得稳、走得远,能够有自己的看法、自己的选择、自己的追求、自己的方向。我相信,你们的未来一定会比我强。而此时此刻的我,也是多么希望,自己还能有机会重温我终将逝去的青春。

行走在边疆的路上

有时候,我不是特别想去回忆我在新疆的那年生活。因为当记忆之门打开,往往会收不住。这种不为人控制的放映,往往伴随着快乐、幸福和艰辛、苦涩的内在矛盾,让人深陷其中不能自拔,尤其是要我写点东西出来,我总是感到很痛苦:我想写的真的有很多,但我不知道从何写起。

时间是一种很神奇的东西,它在不知不觉中的逝去,让人产生一种错觉,仿佛在新疆的一年,就是一场早已醒来的梦,实际上它并未"真实"发生过。然而,每当我在社交媒体上看到有关新疆的内容,却总是情不自禁地去打开、点击和分享,为新疆的美好点赞,为负面的讹传辟谣。我的朋友说,都懒得点开你的朋友圈了,几乎全是关于新疆的东西。我只好无奈地笑笑。他们无法明白,时间的魔力已经慢慢地将我和那片土地的缘分结起,让美景、美食和亦师亦友的情谊深深刻在心里。

回想生命过去的 24 年,我从没想过,自己会有机会在新疆待上一年。从小,我就是一个没有特别明确规划的人,我不太明白自己想要什么,好像我什么都想要。但我知道,自己是一个要强的人,于是,我就只能在每件事情上做到最好。就这样,阴差阳错般,我考上了上海最好的高中;又阴差阳错般,我稀里糊涂进了燕园。这一切原本都不是规划好的,但又似乎像规划好的那样顺理成章。

在燕园的日子总是过得很快,一待就是四年。面对大家纷纷扰扰的毕业选择,我又一次不知道自己该何去何从。我想,要不去支教吧,反正自己有好为人师的毛病,当然,要去就得去离我生活圈子最远的地方。那时候,我和你们一样,对于遥远的新疆,只知道石河子、乌鲁木齐、喀什、吐鲁番,只知道哈密瓜、葡萄和羊肉串,只知道……直到出发前的那晚,我确实没有平时睡得踏实。

我在新疆几乎每天都会写点东西,一年下来,也已经有 20 多万字的存量。翻开文字的第一页,我就闪电般地记起自己抵达新疆的第一天。那一天,经过五个半小时的空中飞行和半个多小时的车程,我到达了支教的学校。怀着憧憬打开宿舍门,却发现映入眼帘的是遍地"小强",不知死活。现在想想,那一刻的脑子必是没有思考,因为我这一辈子,也没见过那么多集中在一起的同种昆虫。我应该感到恶心、眩晕,但我的选择也只能是默默打扫。现在想想,刚到新疆的时候确实干了许多很有"意思"的事情:学校没法洗澡,不惜重金开房就为洗个澡;宿舍全是小强,不惜把所有家具全扔了再到教室去"偷"桌椅;新疆的手抓羊肉好吃,不惜一口气吃了几斤以至于一周都对吃羊肉这件事情心如死灰……

第一次站上新疆的讲台,是面对十四个维吾尔族学生。乍一看,清一色的西域脸庞着实"吓"了我一跳,好像有一种错觉告诉我,这里不是我所认识的中国,或者,压根我就不了解中国。我教的又是大学英语,刹那间,我仿佛感到一丝好笑,这是在教"老外"英语么?我的前二十多年人生,基本生活在汉族聚居的区域,很少遇到批量的兄弟民族同胞。他们讲着我听不懂的话,他们的异域习俗迷人而新奇,他们的禁忌又让我不得不谨言慎行。那一刻,我终于明白,中国的确是一个多民族国家。

就是这样种种的第一次,让我渐渐地学到了课堂无法教我的东西。我想,其中最重要的一条,就是我相信了人的能力。人是很厉害的生物,能够渐渐忍受你原本无法接受的环境,能够渐渐习惯你原本无法想象的生活,能够渐渐和你有着不同文化背景的人结成朋友。

时间一长,新疆的慢节奏,和内地两小时的"时差",也磨平了我的"急性子",开始享受起优雅的生活。

和学生相处的日子是快乐的,也总能带给我点滴思考。给他们排英语剧,逼他们背单词,让他们交作业,丝毫不影响我和他们之间建构起来的情谊。我喜欢和他们接触,即便他们没有我们想象当中那么淳朴,也许在意识上还不那么现代化,对于新疆之外的世界知道的也有限。他们告诉我,他们在疆外读书的同学,回来后会变得不一样。至于怎么不一样,他们没法详细描述,却无一例外地用到三个字:想太多。也许,在我们的世界里,我们生活得太精明了,整天用忙碌的脚步和复杂的心态去追寻自己想要的幸福,却好像渐渐失去了对于生活的真心,往往带着强烈的目的去交友、去做事、去行动。我们长了好几个心眼,唯恐自己在某个方面吃了亏、落了后。我们用"逆水行舟"来形容人生,也用"不占便宜就是吃亏"来鞭策自己。有时候我常常问自己,到底是他们走得太慢,还是我们走得太快,或者压根,我们就不在一条道上。

和他们聊起他们的家乡,他们的自豪之情时时能让人感同身受,仿佛世间再无地方能和新疆的一隅相比。无论从距离上,还是从心灵上,北京、上海等东部发达城市离他们都很远。他们不愿去那里生活,因为对他们而言,新疆已经够大了。他们总是问我,北京生活节奏快得令人心焦,压力大得令人叹息,空气还雾霾得令人无法呼吸,为什么你们都愿意待在那里呢?我却不知道怎么回答。在他们身上,我总是能看到很多我原本看不到的东西,我想,教学相长应该就是这么个意思。

很多人说,一年很长。但其实,真正在生活里,一年的确很快,快得来不及感慨就已经飞逝而去。离别的时候还是到了,有辆车停在我们宿舍门口,准备送我们去机场。

我们登车了，他们却跑了过来，但更多的是站在远处，有的在草坪上，有的在树荫下，眼光默默地注视着这辆车，人影在草丛之中若隐若现。大家都很安静，静得足以烘托出离别的悲伤。没有音乐，没有歌声，没有挥手，没有叫喊，连抽泣的声音都听不见。此时此刻，只有汽车发动机震动的声音。他们就一直怔怔地待着，呆呆地看着我们渐渐远去的车影。我曾经无数次地设想过，我的离开会是什么样的场景。当我带着他们送的沉甸甸的礼物，还抱着一个拉风的小黄人，坐在地窝堡机场的时候，我的心里确实比哭还难受：一个个飘雪刺骨的夜晚，我一次次扪心自问，我来新疆到底为了什么？人们总是要带着强烈的目的去生存，而我却做不到。我没有远大的志向，一年的时间内也做不出惊天动地的成就，更没想着去改变他们的世界、冲击他们的意识、重塑他们的人生。我做不到，也从没想过要这么做。也许，我只是用这一年的时间，努力去看着、听着、活着，用心感知他们的世界、认知他们的习惯、品味他们的生活，使我能够在这一切奔向终点的那一天，能够在日记中骄傲地写道：行走在生活的大道上，我们就是他们，他们终将成为我们。

我是一个极其普通的支教者。我所在的支教地，比起那些密林深处、山高水长的地方而言，也着实现代化得多。但我想，有过长时间支教经历的人应该都有着同样的感慨：你所得到的远比你付出的多得多。我没有资格喊出奉献祖国、服务人民的伟大口号，我也做不到改变基层教育的宏伟目标，我的故事并没有你们想象当中那么精彩，我的经历也没有感动中国般光辉动人。这是一个平凡的世界，我写下的只是平凡人的支教心路，为的是让大家能够了解，在我们祖国的边疆，有这么一批燕园人，一年又一年地接力着这项平凡而又高尚的事业。他们比我做得更多、做得更好。应该为他们点赞，为他们祝福，因为他们去做了。

2014 年 11 月 26 日，我做了一个让众人感到"荒诞"的决定：再去西藏支教一年。我承认，做出这个决定，的确经过了抉择、权衡、挣扎等一系列复杂的心理过程，但最终，我放弃了所谓利弊的考虑。当我跳出所谓世俗的好处、坏处的矛盾对比时，我发现自己释然了许多。这并不是一件值得宣扬的事情，这只是我自己走心的选择。我从来就是一个目标感很不明确的人，但我想，跟着心走，即使阴差阳错，一定也会出现不一样的风景。每一个人都无法控制自己生命的长度，我能做的，就是尽情折腾我的青春，来增加自己生命的厚度。因为，新疆的一年已经让我坚信，行走在祖国边疆的路上，才是我们生命中最受用的大学。

晨晖"淑女"彭肖凌

采访：黄依颖

彭肖凌,2009届晨晖社成员,上海交通大学金融专业硕士。

谈起彭肖凌,老胡总是神采飞扬,说她是个学神,假小子,是竞赛班里的疯子;可她在大学一改"一心只读圣贤书"的形象,在学生会中掀起大风大浪,又好好地当了一把狂人。老胡总说:彭肖凌,不简单。

"不塞不流,不止不行。"——每次接受学弟学妹的采访或回忆起晨晖党章学习社团的指导老师老胡时,彭肖凌的脑海中总是首先跳出这句话。

彭肖凌是二附中2009届晨晖社社员之一,理科班的团支书。拥有惊人的竞赛天赋和傲人的学习能力,本科毕业于中国科学技术大学计算与应用数学系。学习之外,先后担任了中华全国学联副主席、中国科学技术大学学生会主席,是中科大第一位女生学生会主席。研究生毕业于上海交通大学安泰学院金融专业,并被公派前往加拿大交换学习。曾担任全球青年领导力组织华东社区秘书长及常务理事,且获得过各类国家、省市、校级奖学金。现为交通银行总行管培生,于交银国际(香港)轮岗。

在各个条线轮岗期间,每个人都需要做课题研究,彭肖凌最近便领导过一个个人金融的课题。她和搭档考虑了多种方案后,最终确定并建立了一个预测各行各业潜在客户及营销成功率的模型。上海分行行长非常满意他们的成果,还让他们向所有老师展示,认为该课题方向很适宜去做银行大数据AI,作为最初的尝试,希望以后能够在本行加入这个方向,加大投入,能够以此为银行的零售打开一个利己面。这件小事让彭肖凌颇有成就感,她当初做模型的时候完全没有想到,这个自己在轮岗期间做的小小的课题研究会受到如此的鼓励:"当时做这个事情还挺开心的,觉得自己那时候的金融底子也不是特别扎实,所以当时算是做了一个小小的尝试,不过很高兴能结合专业知识做了一个比较满意的课题研究。"

可以说，彭肖凌的人生征途才刚刚启程。

她是晨晖"淑女"，且疯且狂。

无非都是"相信"使然

交谈一开始，彭肖凌就犀利地来了一句：应试教育的可悲之处在于，人失掉了自我。

事实上，在多年的教育体系里，我们在吸收普世价值的同时，也寻求着在教育评价体系中的最优解。举个例子，N 门学科都拿 95 分的策略比 N－1 门 90 分、1 门 100 分划算得多，于是我们发掘了适可而止的技能，将学习的效益尽可能放大。当所有学科，甚至是听歌打牌这些个娱乐项目都能轻松到达 95 分，我们就轻易放弃了，马上寻求下一个攻克目标（这是事实，有许多考证达人确实是抱着闲着也是闲着的心态，成了学神）。当对于每个领域都能侃侃而谈，都能因此获得附加的成绩或奖励，渐渐地，那些攻克后的成就感代替了内心因为单纯被内容吸引而收获的兴奋、喜悦，你误以为自己还挺喜欢，实际上是为"优秀"所累，失掉了感官，失掉了自我。而到工作了才发现，没有那个 100 分，其余的"95 分"们连 90 分的功效都达不到，于是，你开始讨厌每个 95 分，埋怨自身已经形成的定式已然是 95 分工件的固化机床。毕竟自己的判断不足以凌驾于被强加的价值评判标准，于是在外界的打分下，"迎合"成为我们最拿手的技巧，原本隐藏的真爱，连同未来容创造力发芽的土壤，就这么毁掉了。

"我就是千万应试教育大军中的一员。"她就这么平淡地讲述了自己的青春，似乎不曾有过那许多的辉煌。

谈到"疯狂"，她不多说什么，只道虽不甚明世理，但懂得凡事该有判断，否则便没有"相信"可言，要以自己的判断寻求自我价值。她说，这是祖辈用一生风骨给予她的基础教育。所谓的"疯狂"，在彭肖凌看来，无非就是对自我判断的信任，不以物喜，不以己悲，不为人左右，以所爱真理为毕生所求。相信则执着。

做过的没做过的，无非都是"相信"使然。因为有了相信，我们不忘初心；因为有了相信，我们有了晨晖。

怎一个狂字了得

见到彭肖凌发来的照片，是长发飘飘的温柔大姐姐。谁知，高中那会儿，她还是一米七二的短发瘦高个,"大约很容易让人联想到那些不守纪律的叛逆女孩",她这样自嘲道。她成绩好过差过,倒腾过社团,参加过演讲。进了大学,唱过歌跳过舞走过秀,学生会干到过全国,码代码也码过几个通宵。怎一个狂字了得!

由于想要多参加活动积累履历,从大一刚进学校开始,彭肖凌便加入了学联组织,三四年下来,经手了很多项目。她并不觉得自己担任主席等有多么了不起,相反她很谦逊;而在她任职期间,学联的公信度非常高,这才是令她感到十分骄傲的。当然,她谈到这些时依然非常客观地给予了评价,她说:"这一来跟我们学校的校风有关,比较开放包容、学术自由;二来学生自己也非常好地把握了这个组织的定位,在维护学生权益方面确实做了很多贡献。"

那平静的语气中,透露出非凡知性的迷人,这,也许便是二附中培养的"淑女"吧。

在中科大学联组织当干部的生涯中,有一件事令人印象深刻——食堂菜变质问题引发的舆论风波。彭肖凌回忆道:"因为学生会主席也要兼任 bbs 版主,以起到校内监控舆论的作用。有位生命科学系的同学在食堂吃到菜,觉得有问题,就去找食堂理论。食堂大概解释了一下,那位同学可能也不太满意,就把菜拿回去做实验,测定其各类蛋白质成分。那位同学做完试验后,将结果都发布在了人人网上。"当时,人人网几乎是所有学生都会看的,可想而知,事件影响可谓相当之大。学校第一时间联系到她,希望她能尽快控制舆情散播。

接到通知后,她和组织里的其他同学第一时间去了解这件事。他们找到了当事学生,并带着她去找学校的饮食部、学工部等后勤管理部的老师。所有涉及的食物原材料都被封起来,并被分成了三份:一份给当事人,一份留给饮食部的老师保管,还有一份由学生会带到学生会办公室,其中还分了一部分给当时在场的一些学生,并留下他们的联系方式。在他们的提议下,由学生会出面找到了省食品检验检疫局,把涉及的"问题菜"送去做了检验。去省食品检验检疫局的时候,学生会组织了会里的同学、当事人、留下联系方式的学生以及一些老师一起见证检验过程。结束后,不断地在学校的网站上进行后续跟踪,包括检验结果的公示,以及给每一个说过话的同学专门的回信等。

彭肖凌提到,一开始学校是给了他们解决方案的,提议将这些存货拿去另一所高校的实验室做检验。但她坚决地否定这个方案,认为这件事是校方的责任,不能由校方提供解决方案。"学校是要避嫌的。应该由我们自己找公信度比较高的组织去检验。"这是学生会站在学生的立场处理问题的方式。所幸,学校的态度较为支持,这也是她能够展示自己处理事务才能的一个前提吧。

"当然这是一件非常小的事情,但还是比较能说明我们为维护学生权益做的事情,这也是为什么我觉得中科大的学生会在全国大大小小的学联组织中做得比较令人信服的一点。"彭肖凌骄傲地总结道。

不可否认,外环境很重要,给人展示的平台,但,能够把握机会、勇敢地站在那个平台上做一些可能自己都不曾料到的事情,将突发事件妥善处理,才能彰显自己的能力,不消说,这内在的"勇谋"更为重要。

不知不觉会融入

"不塞不流,不止不行。"

一次模拟考后,表现很一般的她被老胡专门找去办公室谈心。就是这样一次小小的谈话,这句句子便从此印在彭肖凌的脑海,给她以自信和不断的激励。她说,那时候老胡只是晨晖社的指导老师以及自己的入党介绍人,但对他们都特别上心,她甚至觉得晨晖社真是一个非常温暖而神奇的存在。

2009 年"晨晖社"的概念依然不太明晰,当时就是直接通知到班级,每个班推荐几名学生进入晨晖社。"我跟老胡聊了一聊,也是因为我们这届是搞二附中 50 周年校庆,说晨晖社这边要做课题,就借着这个事,班里推荐,我就这么加入了晨晖社。"

十年前的高二寒假,那段采访经历,如今的彭肖凌依然觉得新奇与荣幸。采访 50 位优秀校友,由 100 名在读的学生负责,虽然写稿负担不大,但当时得到的线索只是校友的名字,要想联系上,完全需要靠自己的力量。"一开始接到任务的时候,觉得难度挺大的,还挺傻眼的。"很巧的是,她被分配到的是当时的上海市副市长、人大副主任杨定华老师。凭自己的努力去寻找人、联系人,这是一次奇妙的经历。

"一开始联系了 3 个月,写信、发邮件等,没有得到回应。后来自己跑到人民广场那边的市政府蹲点找人,跑了两次都没能见到。后来打电话,也乱打,先打电话到总机,然后一个个部门打过来,最后终于打到她的秘书那里,幸好,她的秘书也帮我们传达了请求。"后来,比较惊喜的是,一次在宿舍,彭肖凌突然接到电话,是杨定华老师亲自打来的。杨老师跟她聊了会儿,对她评价很高。可惜没办法成稿,但这也让彭消凌成了当时唯一一个采访了两位校友的学生。情况落定后,她便很紧急地向何晓文校长说了情况,何校长调整了采访任务,换了一位受访人。"那位学长是东航的飞行部经理、飞行大队大队长,称得上是东航的飞行第一人了。这是刚加入晨晖社的两件事,也算两个引子。校庆系列活动当中还有一些东西也是何校长联系我写了一些稿件,也是因为是晨晖社成员,可能跟老师联系会更密切,他们也会更信任我们一些吧。"

她很认真地说,晨晖的指导老师、同学们,还有那份精神,都是她毕生的财富。

不仅是高中阶段,包括现在就业了,彭肖凌也一直视老胡为人生导师。刚进理科班的她并没有太大的竞赛意识,对自己的定位不太清晰,基础也没打得很好,所以高考考得不太理想,那段时间老胡给了她很多帮助,也让她不断坚定自信心。她觉得自信心非常重要,年轻人对于之后人生的把握、规划都要建立在对自己有信心的基础上。"这方面,我觉得老胡做得很好,我也很感谢他。还有何校长,以及其他所有二附中的老师,对我们的帮助都很大。"

还有一方面就是同学。组织的载体就是每一个成员,每个个体都是不同的,由个人到集体的交互性来说,每个人的精神就会成为组织精神的一部分。晨晖社的每一个成员都是二附中的精英,而二附中的学生本来就是同龄人中的精英,每一个同学的闪光点都能激励我们,给我们很多的正能量。有时会有争论,但不管怎样,互相都会有启发,也能互相激励,晨晖社的每个人都是自己的一面镜子,从每个人身上都能看到自己的投影。虽然无论在什么单位都能看到这种情况,不过彭肖凌觉得这么强的共鸣是在晨晖社之外没有看到过的,也是她现在比较怀念的。"你会感受到这个组织的氛围和精神,当每一个人都在坚持自己的想法、为自己的梦想努力的时候,你不知不觉会融入进去,会传承它的精神。"

她说,二附中追求卓越的精神在晨晖体现得更加淋漓尽致,现在在工作中,会发现没有了整体环境的驱动,可能更需要发挥自己的主观能动性去找自己认为更优秀的环境,因为没有人会告诉你怎样是好的。在晨晖社的时候彭肖凌也会跟别人去对比。"当时比较直白,可能就是看的什么书、成绩谁好、进了什么学校,但现在,自己要去选择更优秀的'小社会',在这个社会里让自己把潜能激发出来,因为别人也不可能主动地启发你,只能自己尽力去寻找。因为在晨晖尝到了甜头,所以感觉自己变得更优秀了,之后也会去寻找,让自己变得更优秀。"

这样一个组织能够存在,彭肖凌非常感恩,这些人跟她的人生有这样的交集,既算是在当时迷茫阶段拉了她一把,也给了她很多帮助,包括为人处世之道,包括怎么去寻找、一步一步往上走,这些有很多都是晨晖教会她的。

更多在于坚韧

彭肖凌最希望晨晖的精神不断传承下去。因为,一个组织的生命力就在于它的精神,正是这种精神,才催生了其教育等一系列意义。我们很难说清一个组织到底是什么,它的实体映射只有人,用以定义(或者说长期定义)的无非就是其精神。她相信,凝聚每一个晨晖人的正是对这个组织的精神的认同。当然,对于精神,实在难以一言以蔽之,只能说每个晨晖人有不同的感悟和实践方法论,这也使这个自觉觉人的过程挺有意思。可能它目前是不完美的,是有缺漏的,但因为每个成员的不同,会不断地弥补、不断地优化精神,使之更纯粹,只要精神在不断传承,晨晖社就是有意义的。

晨晖之于彭肖凌,更多在于坚韧,在于明理求实。一来她是理科出身,更在乎这个,毕竟学科背景要求来不得虚的;二来,也是她觉得自己本人浮躁,缺什么想什么。老胡在她高三时曾送给她一句"不塞不流,不止不行",她一直铭记在心。如今,再谈起时,她依旧充满着对老胡、对晨晖社、对这句话的怀恋与回味:"十年了,虽走得不好,但算是走得挺顺,经历风浪的阈值低,或者说根本没经过任何风浪,小小的晃悠间这话反复咀嚼,还挺有味,以前从自我出发理解,现在感知到的意义广些。以后接着品。"在这里,彭肖凌也想把这句话送给所有晨晖社的小伙伴。在每个人都已经有精英潜质的前提下,一定要坚持,把想做的事情做下去,有这样的韧劲,就一定可以把它做好,对此她深信不疑,并对二附中尤其是晨晖社的学弟学妹充满了期待。

还有一个她特别提到的,就是晨晖社的同学自己身上的求真务实的精神,这是她非常珍视的,并且真挚地希望这份精神能得以保留、传承、弘扬。"这份精神能够帮助大家在以后的人生道路上更加踏实,不浮躁。"她说自己并没有太多好的事例,却不时为某些人的某些执着而感动,比如阿贝尔,比如在四川山里探测暗物质的学长谈安迪,比如在伯利恒遇到那个吹玻璃店老板随口说去了美国的弟弟,去找自由却被自由捆绑。具备了这样的精神力,很多东西都是自然而然的,便少了刻意,多了真。

耶鲁有个骷髅会

接到任务前,老胡就对彭肖凌评价很高,她可以算得上是老胡的得意门生了。初次采访时,也已经有一定资料在我手里,我便更加紧张,认真地准备了很多问题。

出乎意料的是,她完全没给我"非人"的强势形象,是一个长相甜美、声音温柔的大姐姐。中学阶段一直搞竞赛的她,也并不是只"沉迷学习",有许许多多的活动经历分享给我,非常健谈。她的言行举止着实让我想起二附中一位老师说过的话:"二附中是要培养淑女的。"

采访中,彭肖凌的字句都充满了真诚,她说得很多。我想,会产生这样真挚的情感就是晨晖赋予她最深刻的指引了。她在采访中告诉我,老胡以前经常说,耶鲁有骷髅会,二附中有晨晖。我希望并且相信,晨晖人能在不同领域坚韧成长,用踏实的每一步印证晨晖精神,共同肩负应有的责任与担当,我们及我们的学弟学妹一定会挖掘、保留、珍惜自己的这份精神,并一直传承下去。

2018.5

她的直白:关于"上天下海"

在我小的时候,我曾想,当每一个生命降临,积攒了一生的记忆,不可逆地前行,离去,这个世界是不是又承载了更多的重量?长大后,我在随笔里写过这样一句话:We are only defined by our own definitions of the world. 尝试一下表达内容,唯有我们对世界下的定义才能定义我们自己。生命被赐予了时间,你用时间创造价值;承载价值的是阅历,拼凑阅历的是选择,而这些选择就是一生。于是,对于经历,我总有无限痴迷。我臆想,老胡若是和学弟学妹说起我,也许会带着笑意调侃——那,是个没事会跳伞潜水的疯丫头。真是无法否认呀,那个疯丫头在打开舱门时会想起她幼时喜欢独自站在黑暗的房间门口,聆听心跳盖过恐惧的声音;那个疯丫头踏着脚蹼追寻一条橙色斑斓的小丑鱼会感恩世界给了她一个有故事的惊喜。在交易室里,前辈告诉我,要敬畏市场。我想,对于那些难以改变的力量,怀以敬畏总是一个不错的选择。我不曾想那会儿我下乡辅导学生时那个在我所住教室门口踟蹰的女孩,鼓足勇气叫醒了躺在课桌拼成的床上的我,问的是她人生第一个真心想问的问题。就这样,我也成了另一个生命中不可或缺的力量。所以,我虔诚地面对选择,自己的或是别人的,把时间换作经历,道出我对世界的定义。

关于工作 vs. 学习 vs. 生活 vs. 兴趣以及追求

想到近期很火的一句话:"人要有一以贯之的世界观。"我进入社会时间不长,现在自己相当不成熟。当一个人逐渐有一些自己的想法,哪怕是不成熟的,但你会建立一套自己的理论系统,这时候你所表现出来的所有 performance 或是 behavior,包括工作、学习、生活、兴趣,在 6sigma 的理论体系中都论证了这些外在表现都源自统一的意识形态和追求。所以这几个方面并不矛盾,而是内在统一的。说到追求的话,我之前提到过年轻人身上存在的一些问题,也是我自己身上的一些问题,都是客观存在的,我也正处在于工作、学习、生活和兴趣之间不断清晰自我的过程中。从我自己对于世界的认知和自我评判的角度来说,我对自我的定义更多的是从周遭人、物上所体现出来的我的特质。我更倾向于提升自我价值是通过我对他们的正向影响来体现。这不一定是要被别人认可或者说知晓,而是因为我的存在,周遭人、物会有一些改变,会美好一点点。我相信他们身上的映射存在就是我的意义。我认为,当你面对一种强大的力量的时候,你怀有的态度会让你在一定程度上成为这种力量的一部分。这也算是我自己小小的追求吧。深入到工作上,想要在一个领域成为专家、具有一定话语权,这往往是年轻人普遍的想法。我想,大家想要的也是能够使自己的想法帮助别人,引领一方。

从小到大,大家一定都会被问,你的目标是什么。心理学会说,如果你说你的目标是挣一千万,那你想一想,到你挣够了一千万,它还是你的目标么? 如果不具备指引行为的能力,那么这就不是你的目标。要我说说去寻找目标、寻找追求的话,我会告诉你:

　　永远不要停止对这个世界的欲望。对工作,对生活,对爱好,对情感,最真挚的流露是渴望,所以其实,如果每个时刻都有一份欲望并追求,应该是最幸福的事情。有趣的人永远都有求知欲,有情的人永远都有通感欲。我很敬畏自然而生的渴望,任何情况下都不忍磨去自己的真,不忍毁掉人生的趣味。我愿意将这对于世界的欲望作为身份的认同,也愿每个晨晖人都去呵护自己的执着。

2018.6.8

采访者简介:

黄依颖,二附中 2019 届 1 班学习委员,晨晖社成员。

龚文妍的故事

采访：梁乐宁

龚文妍,2011届晨晖社总联络员,清华数理基科班,普林斯顿大学运筹与金融工程博士。

一轮朝阳正熊熊燃烧

冬日。

八叠大小居室,三两张桌椅,五六颗新橙。浅色窗帘染浸了正午的暖阳,一层一层地,光影被涂抹开来。

那世间本是一片寂静。

"您的梦想是什么?"询问着,少女压低了声音。半张脸掩在阴影里,目光却直勾勾地射向前去,火炬般炽烈。

被注视的那人是一位二十出头的女生。一头黑发整齐地束在脑后,眉目清朗,正是最美丽的年华。可是,你看她的眼神,一轮朝阳正熊熊燃烧。

"修身齐家,治国平天下!"

一声惊雷炸响,空气密度霎时改变。风起云涌,波涛翻滚。而少女的神情也迅速严肃起来,被女生的气魄感染了,感到自己的心跳强而有力地搏动着,眼眶深处是打着转的热流。

"怎啦?"女生的声音霎时温柔了起来,变回原本的语气。她露出笑容。转折来得有些快,少女愣了片刻。沉默立即降临,空气似乎都正在以肉眼可见的速度嘎嘣嘎嘣地板结起来——

"但,希望能为国家与社会做出与自己能力成正比的贡献。"而此刻,再次响起的声音是那样坚定。

掷地有声。

又是一个转折,但那发言足够漂亮以至于……我,也就是那位少女,竟情不自禁地鼓起掌来。

这是 2018 年 2 月普通的一个冬日里发生的不平凡的故事。

我是 2019 届晨晖寒假社会实践小组的联络员梁乐宁。

女生名叫龚文妍,当年二附中校园奇女子,刚踏入二附中门槛的龚文妍,在班主任的推荐下,加入晨晖社,继而担任 2011 届晨晖社总联络员,在二附中入党。然后,清华……普林斯顿……

只有把自己放得很低很低

"博施于民,而能济众。"——《论语·雍也》

在采访龚文妍学姐的过程中,她多次提到了"责任"这个关键词的重要性。学姐认为,加入了晨晖社,就意味着应当承担起相应的责任。

简单的寒暄之后,刚坐下的我便问起了龚学姐加入晨晖社的缘由。该是年代过于久远的缘故,她陷入沉思。随即,她抬头放声大笑:"一开始其实是班主任让我加入的,好像没什么原因。"我们都忍不住跟着学姐笑了。学姐温和的笑容仿佛有着魔力一般,让我们之间的距离迅速缩短。

这就是晨晖人,随和、亲近、大气。

学姐说得对。最初的加入原因也许各自相异,甚至偏差到令人忍俊不禁,但最终培养起我们——"晨晖人"——的品质是相同的。简单说来,是藏在我们心中那缕指引了我们方向的魂魄。从加入晨晖社的决定被定下之时起,那点不同就已产生——名为"责任感"的种子,已在心底生根发芽。

一入晨晖门,永是晨晖人。

"回忆您在二附中的时光,晨晖对您有什么影响?"

"晨晖是对自己的鞭策,是一种自律。"龚文妍学姐说。学姐非常看重作为人的责任感。在龚文妍学姐的眼中,晨晖精神即为"穷则独善其身,达则兼济天下"。回忆过往的岁月,学姐感慨,是晨晖让她有了更深的社会责任感。

学姐对世界一直有自己的一套看法。"每一个人都是自己世界的中心。"她比画着对我们谈起她的心路。每一个人都是自己的上帝,因此我们要尊重每一个人。我们每个人在他人的眼里都只不过沙子一般的渺小,因此我们只有把自己放得很低很低,才能看清我们身处何处,我们应该做什么。

如何让"自己"变成"我自己"?

有着优秀特长的人千个万个,但什么是真正的人才? 能让我们无愧于说出"我就是我自己"这样宣告的底气,是济世的,是肩上沉甸甸的责任。

"济世方为英才。"

"我们这一群人是这一代人的精英。我们接受了最好的教育,我们拥有最开放的资源,所以我们应当给这个世界带来不一样的面貌。"龚文妍学姐说。尽管你我的力量尚且微弱,但只要踏出了那一步——"有道是,'不积跬步,无以至千里',如果这一些小小的跬步可以将历史的车轮向前推哪怕一点点,那一切也便值得了。"学姐说——那你我的努力,就终将足以建起巍巍巨楼。

利益太多,眼睛就黑了

"为国家与社会作出与自己能力成正比的贡献。"听起来实在过于容易了,甚至不足以被冠以"理想"之名。可那又是多么艰难呢? 我们在世界上跋涉,而风霜却毫不留情,绝不闪躲地冲刷着你我的心灵,谁都能立下慷慨激昂的报国豪言,可我们往往自顾不暇,利益太多,眼睛就黑了。而作贡献——大话在这里毫无意义。脚下踏着的正是真实,正是绝无改变的坦然大地。我们正是要用自己的努力,用自己的双脚踩出祖国向未来前进的康庄大道去的。

就算众人皆醉,风沙乱耳,我们依然要保持清醒。唯有那一颗赤忱的心,不应当被粘上任何一点污渍。

我们总觉得责任感好像很大,大到漫无边际,大到无可追寻。像是一颗卫星,高挂在天际之外,可你再怎么伸手都没法碰到——于是,我们只是看看就够了,远远地对着责任感赞叹两声。可那又是多么近呢? 国家为你打造了优秀到宋濂看见了会羡慕半天的学习环境,你得以在拥有空调的教室温习功课,老师有问必答,和蔼温婉。责任感是什么? 若你是学生,看看桌子上摊开的书页,那不是冷冰冰的题目,不是简单的对与错,那是知识的海洋,是造物者之无尽藏也:要你一字一句,一点一滴,都是要你脚踏实地,要你去——

做自己该做的事。

你明白责任感是什么了吧?

学姐提到她喜欢周杰伦,问及原因,她说周杰伦做到了把自己喜爱、擅长的事做到极致,并承担相应的社会责任。

果然如此。

莫要满足于清华的滋润

对龚学姐来说,晨晖更是一个"做连想都不敢想的事"的地方。而事实证明,事在人为。只有 to do it,才能最终 achieve something。

在问及学姐对自己的评价时,她思考良久,最后定下的结论是"一个坚持的人"。

2009 年 9 月,龚文妍学姐踏入了二附中的大门。

"我一直很喜欢数学。"学姐说。因此也便不难想象,当时的学姐是抱着如何的兴奋和幸福,踩在灰白色的石板地上的——这所以理科见长的学校。

或许在二附中,能直率地说出"我喜欢数学"的人不在少数,但有学姐这般精神的人却并不多见。

没有人从一开始就领先。我们在踏进它的大门时,就已经被截断了一切过去辉煌的记忆。我们全部的骄傲、自负和自以为 top 的那点倔强——它们被洗刷掉了。山外有山,人外有人,你永远不知道自己的同学有多么优秀。而你也永远不知道,自己距离那个仿佛遥不可及的第一究竟有多么漫长的路程。

龚文妍学姐面对的正是这样的情境。但,她从来不会被挫折打垮。

"我从小数学比较好。"这份底气的背后是什么?

那是无数个挑灯夜战学习的夜晚堆砌起来的。图书馆的书架间,昏黄的灯光下,寂静的教室里,她无处不在。学习的地方,她无处不在。你说不过是题罢了?那你可看看,那是怎样的一片题海?茫茫的,那苍苍茫茫的。一股洪流倾泻而下,而其中可喜的是,那片海竟然仍不是包含着黑暗,而是有璀璨星辰的点缀。

不止是死读书而已。我们从来不是死读书的人。苍天不负有心人,学姐的成绩一直处于顶尖水准。2010 年,学姐当选 2011 届团学联主席。同时,学姐亦被选举担任晨晖的总联络员。

唯坚持而已矣。

保持一颗初心。在学生活动的间隙,见缝插针。她比常人付出了多出千百倍的努力,再加上她从不动摇的坚定意志与全面发展的卓越能力。所以她是二附中人,是"卓然独立,越而胜己"的。

2011 年 9 月,龚文妍学姐踏入清华大学的大门。"盯住世界一流大学,莫要满足于清华的滋润。"胡老师这样勉励她。当时的学姐只是笑呵呵温柔地给出了肯定的答复,但是回首过去的历程,她确实没有背弃胡老师的期望,她做到了。

龚文妍学姐现在在读统计学博士。她用她一路走来的经历,向我们完美地诠释了什么叫"不忘初心"。当年那个爱数学的女孩儿,现在已是向着统计学博士冲刺的优秀人才了。"我喜欢应用性比较强的东西,所以选择了统计。希望未来能从事技术性比较强的东西,所以读了博士。"学姐还在向她的目标奔跑的路上。你看看,"坚持"两字说来容易,可多少人因此伟大? 路途不可能永远平坦怡人,但可以肯定的是,她绝对不会有丝毫的动摇,不会跑偏。

因为学姐就是这样的一个人。

区区一个小小校友

问及学姐有没有什么想对母校说的话时,她露出了和煦的笑脸。她说自己不过是二附中区区一个小小校友,没什么资格对母校和同学们说话。在我们的再三恳求下,她才对我们说出了心里的恳切:"二附中是贴在我们身上的标签,希望大家都能一起传承我们的金字招牌。"

确实如此。那金色的招牌背负在我们身上,沉甸甸的。我们的学校走过了一甲子的岁月。而我们的心里也贯彻着那种精神,是那么一缕魂魄使我们不同。

"今年的小目标是多发论文!"学姐调皮地笑了起来,而我们又在她的身上看到了那位可爱的、坚定的、出色的二附中人的女学生身影。

访谈结束了。我总是觉得,我的人生似乎缺乏一点称得上"支柱"的东西。若是浑浑噩噩地度过每一天,倒也不必去追寻所谓"意义"。毕竟,照我年少时的朋友说的——"大家都是这么活过来的,你为什么要问意义?"但,今天之后,我看到了一些不一样的东西。我看到了学姐的思考、学姐的轨迹,和——你不是总是为了自己活着的,有一个小小的,闪光的东西一直在前面缀着。那叫责任。

冬日里,正熊熊燃烧,一轮朝阳——

采访者简介:

梁乐宁,二附中 2019 届 2 班,晨晖社成员,团学联社团联大型活动部部长,对法学和生物有强烈兴趣。

带有朴素色彩的理想主义社团

——潘雯怡的晨晖经历

采访：祝骥越

潘雯怡，2010届晨晖成员，香港大学城市景观学学士，哈佛大学设计学院景观设计专业硕士，现任职 AECO 纽约城市与景观设计室。

有些事再怎么努力也做不到

潘雯怡说，她本人对入党并没有多大兴趣，当时是在语文老师胡立敏的影响下，加入晨晖社的，并逐渐了解晨晖社的性质与活动内容，至今对晨晖社常规活动的场景印象深刻：高三生活中为数不多的可以抽离于学业外的时光，在黄昏的时候，一群年轻人在一个小房间里一起讨论一些形而上的话题。潘雯怡尽管大多数时候可能在神游发呆，并没有在认真听讲，但反而是这样的状态，更是让她痴迷，自觉有一种无形的力量被激发。

在潘雯怡看来，与其他学生社团相比，晨晖有许多与众不同的地方，晨晖是一个更加带有朴素色彩甚至有些过时的天真的理想主义社团。可能不合时宜，也可能非常合时宜。但同时在某种意义上，对青年学生的引导，理想主义也是"相当"危险的。现实社会没有人有能力保护理想主义者。青年学生在走出象牙塔，踏上社会后，对于社会抱有不切实际的理想化看法，没有一个明确的界限，不能将自己心中所想与现实完全吻合，到最后只能伤害到自己。

明知做不到也要努力尝试

香港大学读本科时，在多元文化相容相撞的环境里，潘雯怡满怀更加富有理想主义的追求,办杂志,主持研讨会,参与夏令营、各种慈善义工活动,以此希望在当时当刻的环境里,能够有一些推动公民社会建设的曙光。然而这一丝门缝也在几年内很快合上了,现实与脑海中的理想或者说幻想产生了冲突。尽管如此,潘雯怡依然还保有这份也许不合时宜的天真、也许不合时宜的理性主义情怀,期待对于社会的发展,奉献一线"晨晖"的曙光。直到现在,潘雯怡依然希望能出到自己的一份力。

而在这近十年来,潘雯怡认为自己见证了时代的变化。学校,甚至社团,也是洪流中的一部分,带有明显的时代色彩。仅仅以网络为例,建起了一堵厚厚的墙,无疑限制了获取部分外界信息的渠道,但是这也是国家安全的保障之一。

一个人不可能完全改变整个社会,但依然可以从一些小事做起。可以说作为一种妥协,潘雯怡成了景观设计师,虽然没有办法直接构筑形而上的社会环境,却能够实实在在设计营建一些市民广场空间,保护一些湿地和飞鸟与鱼,建设一些独特而美好的小环境,或许以自己绵薄之力,从一些角角落落,为社会作出贡献。

毫无疑问,与一般人相比,潘雯怡的视野是广阔的,也是特别的——至少,她选择职业的动机和视角,和其他人截然不同。这样的视角,与晨晖社对她的熏陶有没有联系呢?

不要在发展中迷失自我

高中时的潘雯怡,做过一些社会调研,包括晨晖的社会实践,潘雯怡都认真做过。然而现在去看,却感到是有失严谨甚至有些荒谬的。也许对很多同学来说,这不过是之后大学各种报告、论文的"前奏曲"。但如果没有科学研究的方法和假设,这些研究成果本身就更倾向于高考的议论文,对于更加了解这个社会和增进人类总体的智识本身帮助甚微。对于学生来说,除了获取功利,如果能借此对这个社会多一丝关怀,也就是很高境界了。也许,就高中生而言,完成这些调研,便可以成为一种引以为傲的资本,同时沾沾自喜。但潘雯怡不同,她思考的是,这些研究是否足够科学,这些课题是否有足够的依据,同时抱有对社会的关怀。潘雯怡这种摒弃功利的态度,正是她与众不同之处。

潘雯怡在学校推荐中没有获得自己喜爱的专业,她选择了裸考。最终通过自己的努力,实现了目标与心愿。对于梦想的坚持,为潘雯怡带去了收获与喜悦。

其实,潘雯怡所做的不过是怀揣理想,认清现实,明白了两者间的落差,而又没有迷失自我,从小处一步步做起。这才是最难能可贵的,对于从未看清社会的学生而言更是如此，多少人因为无法接受理想与现实的落差而走上不归路，又有多少人因为这落差选择自暴自弃，而在当今的学生中又有多少人自以为是、过分自负从而飘飘然呢？有时候，只有真正认清现实，明白了自己在整个社会面前是多么渺小，才会脚踏实地，一步一个脚印慢慢前行。

此外，潘雯怡坦言道对于自己的各项成就仍然感到不满意，正是这种自我的鞭策、自我的不满足感推动她在人生路上不断前行，这一点在这浮躁的社会中又是多么难能可贵。

潘雯怡认为，人文主义和批判性思维的培养，在义务制教育中一贯缺席，也非高中三年能完全弥补，但依然可以在以后继续尝试。青春期本身对少年人来说都是一个十分敏感的时期，老师在这方面应该起到更大的作用。就一些更切实的期望而言，希望能够有正确的性教育和引导、女性主义和性别教育，以及反性骚扰的相关机制和独立调查组织。

潘雯怡希望晨晖的学生不要在社会发展的浪潮中迷失自我，坚持自己的理想勇往直前，但同时也要认清理想与现实的差距，以一种更加务实的方式不断前行。

在与潘雯怡学姐的交谈中，她始终展露着对于各类社会问题独到的见解以及人文关怀，有许多角度都是平常人不会想到的，这些观点为问题的解决提供了一些可能的方案。晨晖社之中，有很多这样视角与众不同、渴望以自己的方式为社会发展献出力量的同学，想必这些独特的视角能帮助晨晖人在通往未来的道路上走得更远。背负着这种与众不同的视角或者独特的才能，便也意味着一种使命与责任，需要与之对应的责任感。也许有人面对社会问题会感到失望，也有人在严酷的现实中畏惧退缩，作为当代青年人，从明白"有些事再怎么努力也做不到"到"有些事明知做不到也要努力尝试"，这也是一种成长，正因为意识到了"乌托邦"的不可能实现，理想才更有价值；正因为现实不完满，才要一次再一次地尝试。

采访者简介：

祝骥越，二附中 2019 届 6 班，晨晖社成员。上海市青少年科技创新大赛二等奖，对历史学有浓厚兴趣，理想是成为一名机械工程师。

成功不像大家想象中的那么廉价

——陈沛庆谈社会实践

采访：朱海阳

陈沛庆,2017届晨晖社总联络员,现就读于北京大学信息科学技术学院就读。

与陈沛庆学长第一次见面是在去年六月晨晖社宣讲的时候。当时教室里没多少人,负责介绍的是另一位2017届学长薛尔清和2018届总联络员李辰,只听说他是上海博雅考分第二,除了崇拜也无话可说。晨晖例会上老胡经常提起陈沛庆这个名字,不过跟着这个名字的评价最多是三个字:假正经。

客观地讲,不论老胡如何评价,只要是他肯给评价的,换句话说,只要能让他记住名字的,绝对是身怀绝技的牛人了。本着这个认识,我开始了对陈沛庆学长的采访。学长是一个相当有亲和力的人——也有可能因为毕竟只差了两岁,基本就是同龄人了——语言也相当有条理,谈吐自信睿智。

社会实践是踏入现实的第一步

晨晖社是什么? 陈沛庆学长说:"首先我想厘清一个概念:晨晖社不是一个普通的社团。定义为二附中学生领袖的团体更为恰当一些。晨晖不只是为党建团建而存在的一个组织,而是志同道合者的一个归属地,它是属于我们大家的。党章学习社团的名号也不失接地气的亲和。什么叫接地气? 就是去接触社会底层,去听听社会上的老百姓的所思所想。"

"那我们该如何去'接地气'呢? 这就是晨晖社把进行社会实践课题作为最重要的工作的原因了。像2016届的'向小人物学习'和我们所做的'"老三届"的故事',采访的对象都是社会中的底层老百姓。我们这些象牙塔里的学生,对于社会的认识和了解是空白,社会实践就是我们踏入现实的第一步。"

谈到"老三届"课题,陈沛庆学长就打开了话匣子。"当时选择这个题目,一则是因为这是老胡建议的,他本身就是一个'老三届',亲身经历过这段历史,他确信这里面会有很多故事。二则是当时恰逢"文化大革命"爆发 50 周年。老胡说不趁这时候把这个课题做掉,那些亲历者可能就垂垂老去了,未来这样详实的材料一定会少很多,所以我们就决定做这个课题。"

"当时我们手上其实还有一些备选的课题,但在老胡的坚持下,我们选择了'老三届',回头想想,的确是这个课题更有社会意义,让我们看到更多。"对于胡立敏老师,我一直是抱着三分尊重又有三分不敬的,胡老师的确满腹经纶,但他的说话方式有时显得他不像是个已经退休的老教师。而在陈沛庆学长的口中,老胡是一个令他"惊讶"的人,"原来这样大年纪的老师可以是这样亲切而富有朝气"。"当时我加入晨晖社的原因很简单,就是因为对早晨的'今天下午 5 点请晨晖社同学参加活动,地点在行政楼三楼'的通知非常好奇,于是就想进去看看这是一个什么社团(当然进了才明白这并不是社团)。记得第一次见到老胡就被这样的指导老师震住了。胡立敏老师是一个风趣、充满活力的老师,表面上看上去对所有都是乐呵呵的,但他是一个内心很有主见的人,认准了一件事就一定会竭尽全力把它完成。他就是晨晖的灵魂。他对每一个晨晖人都有不同的细心的指导,让我们知道在日常学习之外的高中生活应该是什么样的,就凭这一点我就很感激他。老胡使得晨晖不止像名字里的党章学习社团,这是一个二附中有志学子一起玩,一起聊天各抒己见的平台。"

如何能走好自己脚下的路?

"像'老三届'这些老人就是经历当时政治风暴的那批年轻人,他们有的没能经受住考验,但更多的人是走过了这一段磨砺,踏上了自己所希望或者是自己认为正确的那条路,走到了现在,尽管当时的一些怨怼可能还留在心中,但有些人已将这段经历化作人生宝贵的财富。人生不会是一帆风顺,如何能走好自己脚下的路,这是摆在所有人面前,更是摆在我们高中生面前的问题。"

在陈沛庆学长的讲述中,他反复强调高中三年不只是为了"向大学过渡","高中是一个青年人生观、价值观、世界观形成的最关键的地方。"'接地气',也不只是去敬老院服务、探望军烈属那么简单。它需要我们在实践的过程中去思考自己,若是我面对这样的历史漩涡、这样的磨难,我该如何选择。从我的角度,我觉得应该通过社会实践来培养高中生人生观的形成。这对学校的教师资源、学生自身的素质都会提出一个更高的要求。学生要是没有自主思考的意愿,一心刷题一心念书,这种社会实践肯定也是无法开展的。"

这让我对二附中不禁心生感激：二附中有这样自主宽松的环境，拥有这么多优秀的学生，这是我们晨晖社以及社会实践活动开展得最好的土壤。二附中与晨晖，也是一种互相成全吧。

挖掘课题价值，一个人的思维往往不够

"社会实践是一个过程，而不是一项任务。"这是学长开门见山的概括。"像现在上海高考要求的'全民课题'，一方面这是在鼓动一种社会正能量，呼吁树立创新精神，为我们国家输送更多创新型人才，这是非常值得肯定的；而另一方面来看，对于高中生可能有些急于求成了，毕竟写出一篇完整的论文，这或许是大学生才掌握的技能。改革的初衷是好的，创新型人才的确是我们国家现在最紧缺的资源之一；但这样的强制要求也可能引起学生的抵触，加重学生的学习负担。社会实践课题是以一个从思考到结论的过程，而不仅仅是以一篇论文作为成果而已。它需要大家去投入时间、思维、热忱，这对那些本身对科创没有兴趣的人可能就是一道催命符了。"

"我个人觉得，像晨晖这样的集中学校里的优秀的同学一起完成社会实践课题的模式，是挺值得在综合素质评价改革中推广的，只是别的学校可能没有这么丰富的资源。集中了这么多人力也就是集中了大家的思维，互相分工协作也能减轻大家的工作负担，这样课题才会有比较好的成果，甚至有一定的社会价值。'老三届'课题开始时晨晖社也有一部分同学退了出去，但最后剩下的人一直兢兢业业努力奋斗到了课题结束出书，说实话，最后拿到由我们亲手写的文章组成的书的时候，心里还是相当有成就感的。对于一项课题来说，最重要的还是它的价值。想挖掘课题的价值，一个人的思维往往不够，晨晖社的组织就起到了集思广益的作用。同时还有睿智的老胡作为掌舵人，这样的社会实践更加有意义，对于我们这些参与者来说也收获更多。"

到了大学里，陈沛庆学长仍坚持在社会实践中下功夫，但面对不同的环境，学长也有一种无奈的感受。"其实到了大学里，社会实践要比高中困难很多。大学是一个更接近社会的地方，高中进行社会实践时总会得到老师的倾力帮助，但在大学里就不一样了。大学里的社会实践，大多数都是自己选题，自己联络单位，也没有人来审核实践报告。老师所能提供的帮助寥寥。这种不利条件，虽然磨砺出了一批敢于探索、善于思考的同学，但是更多时候队伍都是"水"过去的。千里迢迢赶赴滇贵农村，五天的实践成了游山玩水的不在少数。因为经历过老胡带我们做课题时他的放权管理，包括联系方式以及采访的全过程老胡都很少参与，这也培养出了我的许多能力。大学的社会

实践和二附中相比,存在心理与现实的落差,现实的阻力往往比我们想象的还要大。尽管相比专业工作者的成果,晨晖的报告显出幼稚,但对于考察者自己来说,他就是这个现象的亲历者。就像我们在做'老三届'课题时,有些老人要求部分采访内容不能写出来,这些东西沉没了的确可惜,但我作为这段历史的见证者,我的心中是有评判的,这也是进行这么多社会实践的意义和收获所在吧。"

我们所遵从的并为之奋斗的

对于高中生以及大学生来说,这十年的学习生活不仅是我们进一步用知识武装头脑的时间,更是我们离开家庭的庇护踏入社会的时间。"晨晖社的经历带给我的不仅仅是做完了一个课题这么简单,晨晖告诉我在未来究竟应该做什么,以及这个社会究竟是什么样的。"

"在被题海包围的高三生活中能挤出时间做完这个课题,本身对我们的时间管理能力来说就是一种挑战。更可贵的是,在社会实践的过程中其实我们是跳出了高考的模式来看我们整个的人生。高考的确很重要,但从长远来看它也只是人生中的考验之一。考得好固然有更多的机会,考得不好也不意味着你的出路就全都被封死。老胡一直对我们说高考很容易的,一来是学习毛主席说的要在战略上藐视敌人的精神(当然在战术上也一定要重视,这也是我们刷题的意义),二来是他认为高考不应该成为我们心理上的负担,我们的目光应该放在更长远的未来,放在学业以外的部分。再长的学习生涯读完博士后也会结束,而后面的生活还有三十年的时间,如果我们只会学习,只是一个个机械的学习机器,那我们对于社会的意义在哪里?我们是全上海乃至全中国最优秀的学生,如果我们做不出什么成就,如果我们的目光也只框在这一个个红色的阿拉伯数字上,那中国的未来会怎么样?

"高三刷题时经常有一种感觉,比如绞尽脑汁也解不出一道数学题,整个人就会非常沮丧,觉得自己的价值可能就是刷题做数学,甚至自己的价值还不如数学题中的一个条件,这种价值不对等的感觉令人太绝望了。老胡建议我晚自修的时候去操场走走反省一下自己这一天做了些什么,后来我就渐渐明白:我的价值当然不止于在高考拿高分。晨晖社的活动就提供了发掘我们自身价值的另一个方向。我们不是为了一道数学题活着,不是为了高考的那一分而拼搏。我们所遵从的并为之奋斗的,应该是更加高远的志向——修炼自身素养、解决社会矛盾、推动人类进步……总之,不能让生活中逃不开的琐碎,阻碍了我们更高层次的思考。

"社会实践其实并没有名字听上去那么高大上,它的实质就是让我们走出书本,去社会的大环境里做一些我们认为有意义的事,并在实践的过程中思考这件事以及我们自己的价值。没有实践,想法就是空想;没有思考,实践注定失败。没有人是天生了解社会的,只有在一次一次实践、一次一次思考中总结出自己究竟该怎么做。就比如 ofo 的创始人戴威创业的经历:从经营山地自行车,到回收校园旧车再利用……经过五次的失败,五次的从头再来,终于有了今天的共享单车。我认为这是一份信念,一份对于自己所热爱并坚信是正确的事业的执着。现实或许是残酷的,我们所走的道路或许行不通,就如晨晖所遇到的种种困难——从学业负担到采访受阻,但这一切并不能否定我们奋斗目标的意义与价值。"

课题的深度是必须要保证的

尽管已经进入大学,但陈沛庆学长依然心系晨晖社。"晨晖社的未来是可期的。我觉得在李志聪书记担任校长之后,晨晖社受关注程度更高了。同时李志聪校长对于晨晖社的工作也一定是大力支持的,这一点非常需要对李校长表达感谢。李校长一方面提出'二附中要成为世界一流的中学',一方面对二附中学生强调要有'家国情怀',有这样的环境,可以说是晨晖社蓬勃发展的好机会。晨晖社要想扩展自己的影响力,宣传肯定要有,每一届的课题深度也是要必须保证的。像我们这一届的课题能上晨晖讲坛,已经是晨晖社的一个很有益的尝试。这次课题抓住了二附中 60 周年大庆的时机,也是向全校介绍晨晖的一个绝佳的机会。晨晖是二附中的一块品牌,晨晖的颜色应该是代表所有优秀二附中人的共同的色彩。我们二附中人有潜力、有自信成为世界一流,我们的晨晖人也有实力、有必要更上一层楼。"

"晨晖要做大做强,既离不开优秀的指导老师带领,也少不了一代代晨晖人的努力。老胡毕竟也是退休的老教师了,我也希望如果有年轻教师带领晨晖社继承传统,发扬光大。老胡有句话,'晨晖就是敢为他人不敢为之事'。也希望新的晨晖人能传承这样的晨晖风骨,把严谨的态度带入社会实践,用大胆创新武装自己的头脑,让晨晖的影响力波及整个校园,乃至上海,乃至全国。"

说不定便能打出一口深井

采访结束后,咀嚼着笔记和采访时的谈笑风生,陈沛庆学长似乎和"假正经"的评价沾不上边。忽然,我似乎明白了这"假正经"的意思——或许这是我独创的见解——老胡这么评价陈沛庆学长,是说他该正经的时候很正经,平时言谈举止也摆得很"正经",就似乎"假正经"了。

为自己独创的见解沾沾自喜。

整个采访过程中,陈沛庆学长给我的东西更多是关于社会实践——如何做社会实践和怎么样挖掘社会实践的深度。

陈沛庆学长举了一个学生自发考察的例子,辛辛苦苦实地考察、收集数据整理出来的考察报告等于一张废纸,没有人会真正采纳这份报告,尽管大家都知道这里有问题。这恰恰折射出大学生做社会调研的困境。

我们还有什么理由去把这种吃力不讨好的"社会实践"进行下去?

理由也很简单:社会实践是我们亲力亲为,是做给我们自己看的。

自己辛辛苦苦做出的成果不能被他人接受固然是一种挫折,但这也是社会实践过程中我们必须经历的一环。别人不是一定要接受你的想法,尽管你的想法可能确实是正确的。就如同你人前人后自诩"正经",但挡不住别人说你"假正经"。

试想一下,难道你的社会实践过程只给了你这份调研报告吗? 其实,许多收获都是实践过程中意外得到的。亲自去外地考察,采访当地的政府、企业,和老百姓交流、攀谈,亲眼看见自己本来只是在白纸黑字上得到的所谓真相,甚至如何买火车票怎么规划自己的出行路线,措辞究竟应该如何使用才能既说明问题又不刺激某些人敏感的神经……这些,都是我们在社会考察中获得的财富,更不用提勇气、细致、耐心、严谨,等等,这些都是一个成功人士所应该具有的最基本的品质。

因为报告是一张废纸就失去对社会实践的兴趣,这还是功利的观念在作祟。

"去功利化"不是一句口号。如果永远只是看着别人的调研成果、翻阅其他实践队的推文,你永远无法体会到背后的甘苦,不知自己是否擅长或热爱它。我真诚地希望,如果你有这个机会,就去认真做一次尝试,让实践本身去打破功利的屏障。

更关键的一点是,这种兴趣不一定需要我们在事先就搜肠刮肚去想,或许这本来是一件任务,但做着做着产生了兴趣,这一样是一项有意义的课题。比如我自己的经历,上个学期为了准备中国古代简史的考试,考前就绞尽脑汁想要押中论述题的题干,于是就列出我认为可能考到的论述题内容然后一一寻找答案。当时我列出了一道"唐代兵制变化的影响因素",查了很多网站却都无法找到相关的论文,尽管后来的考试中没有考到这道题目,但这个问题引起了我浓厚的兴趣,最后它就变成了我的课题的题目。这个过程也能表明,兴趣不一定是在问题发现之前就有的,但一旦我们抓住了自己的兴趣点,就可以借此向下挖掘,说不定便能打出一口深井,找到自己从未想到过的答案。

除了兴趣,社会实践还有一点也很关键,就是尊重事实。

书上写的不一定是事实,大家口耳相传的不一定是事实,被奉为真理的同样不一定是事实,实践才是检验真理的唯一标准。为了证明真理而去编造实践过程,这样的实践是毫无意义的。

大到地方报告,小到学校里的物理化学实验,这种现象总是或多或少地存在着。作为模联社的成员,有幸通过一些机会研究了地方报告的真实性,结果我不想说出来,我只想说的一点是,只有实事求是,我们现在所做的一切才不会变成无用功。对于我们学生尤其是如此。二十岁不到的年纪,正是好奇心和好胜心最强的时候,也是一个人最黄金的"试错"阶段。创立 ofo 的戴威,在找到共享单车作为推广产品之前,尝试过四个不同的项目,尽管都失败了,但这给了他宝贵的试错的经验。这是成功必须付出的成本——成功不是像大家想象中的那么廉价。没有严谨的精神,再多的成果报告也只能是废纸——不是在他人眼中这没有价值,而是事实上它们就是废纸。

以上的两点都可以归结为一点:我们现在的社会实践应该去功利化。那么如何去功利化?答案就是思考,用思考去挖掘社会实践的深层意义,让我们有功利外的更多更宝贵的收获。

2017 届晨晖社的课题全名是"面对历史漩涡,我们如何走好脚下的路",这就是一个极具思考价值的题目。我们面对的历史漩涡是什么?我们是应该顺从还是应该迎难而上?我们脚下的路究竟是哪一条?这些都是学长学姐们在采访时思考的问题。采访老人,在烈日下一次又一次的奔波固然辛苦,但能支持他们坚持下去的除了他们对于"老三届"故事的兴趣,更多的我想就是对自己未来的思考。从社会实践中我们能够感悟出那些我们在读书学习中无法获得的收获。

多一份兴趣,多一些思考,这是我们高中生可以做到的事情,这也是我们这些精英学生存在的意义。"我们不是为了一道数学题活着,不是为了高考的那一分而拼搏,我们所遵从的并为之奋斗的,应该是祖国,是这个社会,是心中的志向。"这才是我们该去做的。

采访者简介:

朱海阳,二附中 2019 届 1 班,晨晖社成员。中国古代简史大学先修考试获得 A 档成绩,对于历史、军事与国际关系有浓厚兴趣。

信仰需要用一生去实践和检验

——访谈陈菲儿

采访：陆顺吉

陈菲儿，2013届晨晖社成员，交通大学机械与动力工程学院。

当和陈菲儿学姐谈论人生的意义和价值时，她笑言："我也仍在思考。只是走过的路不后悔就好。"

听她娓娓而谈，回忆里对人事的小思考演化成一些感慨和启发，从前的经历正印证了她对生活的要求，对人生的期待——值得，不后悔。

"对了，这也是我要分享给学弟学妹的一句话——你做的每一件事情都是把你的选择变成对的选择，你付出每一分努力都是在把你做的选择变成一个对的选择。"

我很喜欢做真诚投入的志愿者

曾在二附中参加团委工作的陈菲儿学姐，到了大学也同样热心校园工作。她担任学院团委学生副书记、F13级本科生年级党支部副书记等职务，全心尽责。她坦言："这些确实都是我喜欢的事。"

在二附中时，跟随老师带队，她参与了上海市金爱心慈善组织的活动。

每年冬天，由金爱心慈善组织举办、十几所中学志愿参与的温馨冬至夜，为贫困儿童送去温暖。早上的游园会，有有趣的摊位，有民间艺人带来的手工艺作品，有每个学校组织的游艺项目。晚上有盛大的晚会，活动的最后，还会为贫困儿童分发补助礼包，赠予必要的衣物与学习用品。

每年夏天会有更大型的活动——学生领袖夏令营。它更偏向于体验式培训，通过相互分享、自主思考，带领学生跳出固有思维，理解社会存在的不公平，学习作为领袖应有的仆人精神……学姐高中毕业后，仍作为大使，带领浦东学校的优秀学生参与活动。"这样一群有想法的人来做大使,其实大家不为了什么,就是喜欢做这样的事。"正是这样单纯的初衷,让这些大使自愿、热忱地为这个组织付出。她还提到一位复旦的学姐,整理了很厚的资料,帮助后加入的大使更好地引导学生参与活动。

我们常常呐喊要报效祖国,要成为有担当的青年,这些口号,激动人心。把伟大的理想化作一腔热情,把遥远的目标付诸脚踏实地的奉献,她,做到了。出现在社会的某一处、某几处需要帮助的地方,用真诚投入的服务默默地说"我喜欢这样的事"。

生命中不可缺少的那么一群人

"在我的成长道路上得到了很多优秀的人的引导,我也很愿意向大家学习。"

不论对学习还是工作,学姐总是热情饱满,精益求精,而且确实收获了许多令人艳羡的成果。可是在她的记忆里,总有那么一群人,好像就是生命中不可缺少的部分,被她经常关注、学习。她时常在不经意间谈起,说到感触深刻之处,更会激动地举起双手鼓掌,直白的赞美之词无意间流淌出来,真诚的敬佩之情停在眼角许久也不散去。

科学研究的道路上,是否能够不断往前迈进,所依靠的不仅有专业知识和聪明才智,更重要的,是是否具备坚韧的科学精神,拥有源源不断的动力。步入大学后接触的不同的优秀群体,带给了她另一番的感悟。

"从同学身上学习到的东西,比如对事情的专注度,是我之前所不能想象的。我身边有很多衡水中学的同学,从他们身上,我能看到钱学森、黄旭华那些科学家的精神。"

谈到成就,学姐认为成就分为两种。"一种他人看得到的,一种他人看不到的。升学道路上,大家在期末会拿到成绩,评奖学金,发表论文,这是对你阶段性的肯定。但是这些评价都会慢慢淡化。像黄旭华这样的科学家,30年不回家,从0开始研究核潜艇,即使他一辈子什么东西都没做出来,什么人都不知道他在干什么,他做这样的事情就没有意义了吗? 不可能的呀! 只要做了有意义的、无愧于自己的就是成就。而工科道路就是这样,在这条路上,有很多让我崇拜的人。"

那么多优秀的人,学姐不仅仅是接触过或听过他们的故事,她总能从中汲取养料内化为自己前进的动力。

在她读本科时就发现,身边的同学包括自己,都会在下课选择休息放松,而她现在的导师在讲完课后依然会孜孜不倦地看论文。她也提到,她的导师被评为杰出青年,拥有许多头衔。"他前进的速度和他的努力是分不开的。"

读研后,她的身边多了许多博士同学,严谨、勤奋。和她同一个实验室的师兄发了十几篇 SCI 论文,二十几篇 EI 论文。博士规定五年毕业,而他被教育部特批两年半内就完成了博士学业,并且留在了学校。

那位师兄每天,包括周末,都是六点起床,在实验室留到晚上十点多。"大师兄生日那天正好是周末。他早上说:'今天想睡个懒觉,看看熟睡中的儿子,还是早起,奔跑。'然后他依然很早来到学校。我觉得他真的很厉害。"

正所谓"三人行必有我师",身边人作为教学素材,可谓又丰富,又高效。一双善于发现的眼睛,一颗虚心求学、乐观善良的心,正是她在各方面越来越优秀的重要原因,更是自身难得的一大闪光之处。

宽松和自由是大学生活的一大特点,其实选择怎样度过一天天的生活都是被允许的,着手于向往已久的爱好,或是仅仅睡上长长的一觉,休息一天,都可以随心所欲地安排。"人总是有惰性的,所以有一个小环境真的非常重要。"这是她反复强调的话。

"我觉得二附中出来的人都很好。相比其他的高中,二附中的学习环境就非常好,长时间大家都养成了自觉的习惯。"

遇上了难免的怠惰,内在动力补给总是她的第一选择。"自己懒惰的时候我会看看身边的人。如果身边的人没有我勤奋,那么我会觉得自己还不错,继续努力。如果我比身边的人懒惰了,我就会想,我不能乱。"

一个师兄告诉她周六计划休息,等到她周六赶到学校,发现那位师兄已经又在实验室了。"他们都清楚自己想要什么。其实我也有很多希望做的事,摄影、跳舞、练练字……给自己做了很多规划后,就会发现时间真的不够用,自己也不会懒惰了。"

另一位喜欢健身的师兄把生活安排得井井有条,运动、科研,每天有规律地完成。"养成这样的习惯反倒更有精神了,良好的习惯带来的感觉就是一天很长,可以做很多事情,到了晚上,又可以安心地睡去。"

她的身边还有很多新上海人,面对学业、生活的双重压力,"拼"便是每一天的主旋律。相比之下,作为本地的学生,许多资源的获取都更轻松容易些。"你知道自己已经很幸福了,一方面要知足,一方面你要学习。"学姐描述,大家拥有不同的起点,可是到现在,大家收获的成就相差无几,并且许多新上海人对于人生有更早的思考与规划。对于这样"奔跑速度"的差异,学姐直言常有紧迫感。

前进路上需要时刻严厉的鞭策,也需要知己懂得彼此眼中的风景。

在采访过程中,被高频提到的一位学长,也是晨晖社的校友——邵子剑。

"他在毕业之后经常去贫困地区走访。他本来人就瘦,回来的时候看起来特别辛苦、沧桑。不过他看起来很开心。"

学姐与邵子剑相识于领袖营,受到他演讲和个人经历的感染,两人成了很好的朋友。邵子剑也会给领袖营的学生们讲述自己在贫困地区支教的经历。

作为一个上海的学生,在北京读书,到需要的地方支教,亲人朋友有担忧与怀疑,生活也存在压力和负担。支教是否有意义,不免受到内心和外界的质疑。"那里的有些孩子会喝酒打架,他说这不是他们品行不好,而是没有受到好的教育。"做这些事是有意义的,他喜欢这样的事。

与她同一届的晨晖社校友——张成,在二附中时经常自发地和校外联系,带领同学做志愿者。"当时就是我们一群志同道合的人一起做志愿者。"说到志同道合,她的眼神里又有了喜悦的光。在金爱心里认识的许多大使,到现在都关系非常好。

"看看周围的人,你要和优秀的人做朋友。"

她喜欢和学长学姐聊天,喜欢听他们的经验分享,也乐于把自己的耳闻心得分享给学弟学妹。"让年龄差较大的人有一些交集,这些也是我能力所及。"

晨晖就是这样一个优秀的组织,晨晖人就是这样一群优秀的人。

一代一代晨晖人要把故事传下去

当时的晨晖还是党章学习社团,2013届入党的学生里,她也是其中之一。先入党的同学在之后写了很多材料,直接成为其他十几个人的入党介绍人。他们自发形成了一个团队,一起组织了许多活动,共同发展。

"我觉得我们高中入党的同学,在党性上比较好。可能到了大学,活动很多,诱惑很多,想入党的人的想法都不完全一样了。身边的人群不一样,大家态度不同,自然收获也就不同。我作为晨晖出来的人还是很自豪的。我觉得这个圈子非常干净。首先有着二附中人这样的血统,其次从晨晖出去的人,三观都很正。"

相比之下,大学后几年的党校少了那么点趣味与活力,多了些强制、应试,这样的教育体制下,大家像是为了完成任务学习党章,只是为了能获得入党资格。党课上睡觉、玩手机的同学并不少见。

甚至到大学都没有一个组织像晨晖一样,让有想法的人心甘情愿放下手中的一切,去聊一聊自己平时思考些什么,去听一听那些优秀的人平时又在想些什么。优秀的人、新颖的学习方式和内容吸引着她,相互交流、学无止境的氛围触动着她。

仰望星空,脚踏实地。晨晖人这么说,也确实这么做。以爱国情怀为根,抽出富有生机的枝条,蔓延出形状各异的树叶,成为一棵参天大树,投下荫凉。"像邵子剑这样能量比较大的人,就会写写书,有很多公开的演讲,做很有意义的事情。他富有感染力的语言、文章,可以触动更多的人。"晨晖人希望,踏踏实实地做自己的事,并尽力影响身边更多的人。"胡立敏老师曾经说过的一句话我印象很深:'晨晖人是写故事的人,一代一代晨晖人要把这些故事传下去。'"

老一辈科学家忠诚的爱国之情

纪录片《信仰》中记录了郑哲敏院士对自己研究的爆炸力学这一领域的态度。您为什么仍然坚持这一方向的研究?"国家有需要。"老一辈科学家如此忠诚的爱国之情、朴素的科学精神为何不能在新时代被学习,从新时代的青年身上又为何不能找寻这样的影子?

晨晖带领你思考。晨晖人不断地追寻作为一个合格的公民、党员的信仰。

晨晖当初组织观看的《信仰》纪录片,书写至今在全国各地,或在战场,或在每一个平凡岗位上的党员坚持的信仰。

"第一集里,大多是先辈们用着鲜血、生命为新中国而奋斗,我敬仰,然略觉遥远。第二集里,我看到的是更多不凡的普通人——他们有着不同的职业与生活,但无一例外的,他们守着自己的信仰,在自己所坚持的道路上坚定不移。我无意一一列举,应当关注的是为何他们都能如此坚定、他们的信仰来自何方?我想,答案许是来自他们对党的信任与对祖国的热爱。"

学姐激动而清晰地告诉我们晨晖参观钱学森图书馆的经历。

"在高三填写志愿之前,晨晖社去参观了钱学森图书馆。当时就特别感动,特别受震撼,直接导致我报了五个工科,想着一定要爱祖国,为人类作出贡献。"

她在那次活动中,全神贯注地听了讲解,认真仔细地看了藏品。不向强者屈服、坚持回国的坚贞,不参加学术研讨以外的活动的坚决,为人求学的朴素求实……说起钱学森,她的敬仰之情溢于言表,强调了他的故事对自己选择专业的影响之深。"实干兴邦!"这早已不是一句遥远的口号,而是这一代青年切实的想法、切实的行动了!

一提到专业方向与意义,学姐的语速加快了近 1.5 倍。

"我们国家的航空发动机,在燃气轮机的技术上有一些问题,基本靠进口;涡轮叶片的材料我们自己能造出来,可就是达不到要求。同样的结晶方式、温度,处理过程中有一点点偏差,它的强度就不行。包括汽车发动机,当时发展的时候也都是先辈引进外资,然后合资,再创立国有品牌。我们现在能买到的东西,都是人家很多年前用的。所以掌握核心技术非常关键!

"我现在做航空发动机领域的研究。民航领域做得比较先进的是 GE 公司。他们用的技术是让燃料在当量比很低的情况下去燃烧,这样有一个好处,就是燃烧的温度很低,NOx 的排放量很低。航空飞机的排放集中在机场附近,国际上对于排放量就有严格标准。飞国际航班的国产飞机,达不到这个标准,只能买进口发动机。所以我们现在主要做的就是通过改变它的原料组分,看能不能有效抑制排放,同时保持燃烧稳定,减少热声振荡,减少对发动机的损坏。改善燃烧不稳定的方式很多,有的是通过改变燃烧室的结构,改变它的流畅特性,可能可以改善它的不稳定。我们是通过改变燃料组分,喷射可以抑制它不稳定的燃料,又不影响它正常的工作情况。

"国企央企每年投钱下去,这些东西你不论研究是否困难,是否有把握做出,你必须接着做,这些技术是一个国家必须要自己掌握的东西。技术说远了就跟军事挂钩,说近了呢,国家自己掌握的核心技术越往上,受他国的制约就越少。

"我觉得任何一个专业都是有价值的。做自己喜欢的事,并把每一件事都做好。趁着年轻奋斗一下很有必要。"

"我喜欢未雨绸缪。"学姐喜欢把所有的事做在前头。初高中升学都是推优,本科毕业保研。她不愿体会浪费时间的遗憾,用平日里一点一滴的踏实努力,换取每一天的满足与踏实。预先做完了布置的任务,其实会发现,又有新奇的宝贝等待着被发现,新的故事等待着自己书写。

学姐所在的学院非常注重党建教育,拥有晨晖人这样的身份,她带着自豪之情,在毕业后仍然热心于党建工作。

学校的党校在日常会组织很多主题活动,有很多分享讨论的机会,学院要求党员在实验室时,就在办公桌上贴上党员的标志,告诉大家,有什么事就找党员寻求帮助。

她在第二次参加党校的寒假,去了福建的基层党组织考察,同时在当地的小学支教。当地学校的条件其实不错,有崭新的电脑。当地的老师每天会教学生们固定语数英的课程,可是那些购置的设备学生们都不用,都不会用。有钱的人家,都把孩子送去大城市读书了。经济、物质发展上去了,教育还是跟不上,只能靠支教。

她还去过金山基层党组织考察,发现情况类似。原来的小农村通过旅游业拉动经济,也得到了不错的发展,并会和城市里的党支部结对子,安排大学生党员在那里值班。

"我当时的考察属于学习型。社会中很多地方都存在问题,它本来就在那里,没有人了解，可能你到处走访，就能发现问题，你把这个问题放大，与别人讨论，自己也思考解决的办法，那对任何问题，都是改进。其实党员可以做不少事。"

像这样走访祖国角落、切实关心社会、试图改善民生的活动，又让我不经意联想到学界对于学生工作和志愿者活动的热爱。党员的信仰不是口号，更清晰的导向实则是内心深处的感召，对了解社会、帮助更多人的渴望，就是最单纯的初衷。晨晖虽然原为党章学习小组，建立的初心也单纯得很，只是组织一些有想法、有热情的学生在学习之余聊聊天。可是，正如先前提到的，晨晖人党性纯正，以爱国为中心的晨晖精神一脉相承。或许正如晨晖的社名，这个组织的晨晖沐浴着一批又一批的晨晖人，晨晖人又将自己的信仰，如同沁人心脾的阳光照耀在更多人身上。

我只是一个很平凡的小陀螺

世界很大，人生的路还很长，未来要做些什么，为了什么而去做……人生的疑问有很多，思考也可以有很多，若是陷入无穷无尽的迷惘，脚下的步伐只能是停滞或倒退。信仰需要追寻，需要张开虔诚的双眼去探索，甚至需要用一生去实践和检验。但有一个词叫"值得"，积少成多的人生意义便在生活的毫末间闪耀着。不论年龄、职业，每个人手头都有重要的任务要完成、始终坚持的目标要实现，那就埋下头赶快去做吧！时不我待，在最好的时间做出最好的选择，不忘初心，紧紧抓住细碎的光阴，去做自己认为对的事，白驹过隙后的沉稳与笃定、欣喜与坦然会告诉你最终的答案。因为"你的每一分努力都是在把你做的选择变成一个对的选择"。

"人要有信仰。你的信仰是什么？信仰不是很远大的东西。作为一个平凡的人，每个人也确实都很平凡，你能做到的，就是做好手头的事，你能做的就是在岗位上坚持。其实这对很多人来说，甚至是做不到。我在晨晖里学习后的感悟就是，我只是一个很平凡的小陀螺，但是我要转好自己，不让自己后悔。我庆幸自己在晨晖，有这样的机会去看到他们的信仰，从而思考我自己的信仰。我想，这样的思考依然只有部分答案，但永不停止。也只有这样，才是真正拥有信仰，才能真正坚持自己所想。那些正确的，但或许还未被很多人所清楚认识的东西，借着晨晖一直延续，不断影响更多的人——也许这就是晨晖的意义所在，这就是晨晖值得被不断续写的故事。"

采访者简介：

陆顺吉，二附中 2020 届 1 班，晨晖社总联络员。喜欢钢琴、篮球、羽毛球。

一种使命感引领了方向

——龚忻怡访谈

采访：高翊菲

龚忻怡，2011届晨晖社成员，雪城大学应用数学理学学士，纽约大学数据科学专业硕士。

坚持自我，学会包容

对于二附中的学习生活，龚忻怡学姐谈得最多的是她于晨晖社寻得而使自己终身受益的一大守则：坚持自己。从事互联网公司大数据预测工作的她，选择这份工作，是因为坚持了自己的爱好；而对于生活的良好态度，也多源于自己对美好生活的追寻。在她的身上，我们看到了晨晖社同学坚持不懈、乐观包容的态度，也通过采访了解到了晨晖精神在老校友身上的影响和二附中给予他们的归属感。

就像是一千个人心中有一千个哈姆莱特一样，一千人心中有着一千种晨晖精神，对于龚忻怡学姐而言，晨晖精神就是树立一个坚定的价值观，把它作为可摘的繁星，仰起头来看一看它，时刻提醒自己，对于不同的心态以包容的态度来看待。

"那么，你进入晨晖社，是如何发现自己、坚定价值观、培养包容能力的呢？"我们不禁好奇。

龚忻怡学姐回忆自己在晨晖社探索与发现自我价值观的这段时光，首先感谢的是进入晨晖社的机会，学姐笑着提起加入晨晖社的原因："使命感吧，哈哈哈。"因为晨晖社当时对于她来说，是新鲜的。而对于红色活动的兴趣产生了一种使命感驱使着她加入晨晖社，为她引领了方向。

加入晨晖社后，这里踏踏实实讨论与探究问题的理念，使她更多地感受到了自己属于这里。

晨晖社给予了她更加优秀的思考能力，在老胡的带领下，晨晖社的同学获得了许多自由发言的机会，每一次的活动，都是一次思想上的碰撞和启发。同学们的思想如同新芽般鲜亮又饱满，这时，老胡便会利用学长学姐或者历史人物的例子风趣地指导大家，一定程度上让每个人都有发挥自我、正视成长的机会。就在这样一次又一次一个小时的讨论中，密集的头脑风暴使龚忻怡学姐能够找到属于自己的价值观念。而她也通过高中时期不断地实践和讨论，将其作为自己的人生守则。同时在活动会议中，自己的批判性思维也有了很大程度的提高，这使她在坚持自己守则的时候，能够从辩证的角度看待不同的问题，对于自己的价值观有微小的调整。在晨晖社，龚忻怡学姐吸取了同学们不同的意见，这也使她具备了非常重要的沟通能力和包容能力，当遇到不同的建议、处理方法和价值观念时，以一颗宽广似海的心去包容；而若身边人的价值观念与之严重偏差，也拥有了可以耐心引导正确方向的能力。

学姐就是这样，生活工作时在坚守自我的路上克服困难，在人与人之间不同的邂逅中学会包容，寻找真正志同道合的良师益友。

简单生活中追求卓越

在和龚忻怡学姐交流的过程中，我们发现她是一个谈笑风生的人，具有非常乐观的人生态度。对于自己的性格特点，我们非常赞同龚忻怡学姐对于自己的评价——一个脾气很好的社会活动家。

谈及学姐外向性格的养成，她坦言一定程度上是因为自己热爱参加活动，在各活动中，晨晖社是很重要的一部分。晨晖社的日常工作，如整理材料、分析党史，还有在平时老胡与大家讨论学习问题时，都需要对外的进一步交流，晨晖社是一双可以看透社会现象的眼睛，一个讨论热点、放松生活的平台，给予了当时的学长学姐和现在的我们放飞自我的机会，开阔了我们的视野，而这也代表着我们对于二附中的一种感受，自由但不散漫。这在很大的程度上为学姐奠定了高频率地参与社会活动的基础。同时，在成长的过程中，学姐一直乐于助人，在校园和社会上积极参加许多的社会活动与学生活动，这一点，也帮助她成为一个积极的社会活动家，使她能够考虑到身边的人、社会不同群体的人的感受，有助于她"开心果"性格的形成。

这样乐观的学姐，使人能够强烈地感受到她身上的正能量，与她的交谈一直让我们感受到一种积极自由。我们询问：这样的交流方式，是否因为受二附中校风的影响？她说，一定程度上是的，交流方式取决于人，而二附中在做人上面教会了她很多很多。学姐让我们在二附中的生活中学会关注身边的人。她十分感谢二附中对于她人格养成的帮助,在她的眼里,二附中不仅是所严谨治学的高中,更有大学的自由度。

"我的偶像是刘在石,因为他为人正直而不无趣,有才但谦虚,对人很好,也很有礼貌教养——对几个人这样简单,但他几乎对每个人都这样就很难得了。"

谈到生活,为人简简单单,也是学姐的一个人生愿望。我们好奇地询问她对生活的规划,她的答案令我们有点意外——赚够花的钱,生活过得开心就好,过和家人朋友经常聚聚那种自己的小日子。这个答案让我们感觉非常普通,但尤为真实。

生活中仍然葆有一颗童心

对于她的年龄,学姐让我们意识到生活中仍然葆有一颗童心、保持淡定踏实的心态的重要性。在处理人际问题时,不会慌乱,在工作研究时,不会直冒汗。

但是对于我们的学业方面的规划,学姐也用校训向我们强调了"卓然独立,越而胜己"的精神重要性,生活和社会活动上要简单,但是学业学术上要复杂,要不断地钻研更加精妙、精巧的问题,要发现更加完美的新世界。

就像学姐从事的职业是大数据的分析,大数据的分析过程中需要对于价值的关注,处理数据需要快速,需要处理的数据类型多,分析内容十分广,延伸出来也有许多的可探究的问题,如数据安全、数据挖掘等。这时候就要探索不同的研究方法,分析不同的问题,逐个突破。这时候,就需要成为一个分析家,精益求精地探索问题。

如同她的大数据分析工作一样,对大数据的汇合分类也需要精益求精,同时不能仅仅满足于一种类型的数据,而是应该面面俱到,通过不同的角度辩证地看待大数据的内容与在不同方面的应用价值。

说到从二附中毕业后的感受,学姐在七年后最能够感受到的还是对于二附中独有的那份亲切的归属感。

归属感是可能只有在离别之后更加深沉,也令人对于时光荏苒唏嘘不已的一种感受吧。对于二附中的归属感,可能静静流淌于 2017 届学长学姐毕业 MV"华二《南山南》"优美的歌词与旋律,但更多的,我想,是像学姐一样,在七八年后,仍然深情地回忆着往日的校园生活,仍然感同身受,脸上带着笑容,怀念的幸福不住地涌出。

在这一点上,晨晖社也让她对二附中的怀念之情更加浓烈,归属感更加强烈。我们谈到晨晖社中让她印象深刻的人和事,学姐想了有些久,好像里面每一个认识的人儿,无论是老师还是同学,都很珍贵。比如晨晖社一直以来的指导员老师胡老师,很大程度上,对于一些同学的学习生活起到了帮助,拉近了学校老师和各个班级同学之间的距离;又比如当时的学生总联络员,严谨治学的态度让人记忆犹新。

通过跟学姐的对话,我们发现二附中带给我们毕业生的品质应该已经融入了我们的生活,比如追求卓越的精神,这也让我们有了归属感。这种品质难以用具体事例去描述,却在日常的生活中如影随形,就如一捧泉水,看似无形却伸手可触,就如一条小溪,在我们每个二附中学子的心田中流淌着,给予我们无穷的力量。

这样的归属感,更多地、根本地源于在二附中的感动,它将永远闪烁在属于我们二附中人的星空。

触摸内心的光芒

在我们与龚忻怡学姐交谈的过程中,更多地是谈到了她在二附中和现在的生活,感受到了她的性格魅力,而并非都是谈论她目前从事的关于大数据的工作。她言语中渗透出来的,是一种让人能真真切切感受到的东西,我想,那可能是内心深处的一点光芒,就像她说的,可能是自己一直坚持的一种信念。

这样的光芒,是深处内心的,是融入生活点点滴滴的,它影响我们成为怎么样的人。在短短的谈话中,这样特殊的、温暖的光,一直都充实于我们的内心。

学姐在二附中的成长,可能就是寻找自己内心的光芒、触摸自己内心光芒的过程,正是这样,才有了眷恋二附中的理由。而要触碰到内心的光芒,最重要的是能够坦然地面对自我,这种坦然可能比较平凡,就像生活简单的美好愿望,但是是最诚实的。询问学长学姐的故事、学习党史的过程,都是一个透过他人发现自我的过程。这让我突然想到赫尔曼·黑塞曾经说过的一句话:"对于每个人而言,真正的职责只有一个,找到自我,然后在心中坚守其一生,全心全意,永不停息。"

我们都能看到内心的光,只有一点,但足够明亮;我们都能触到内心的光,只有一抹,但足够温暖。

采访者简介:

高翔菲,二附中 2019 届 4 班,晨晖社成员。曾担任校志愿者服务部副部长,是一个什么剧都追,什么书都读的乐天派。

理想主义使"晨晖"熠熠生辉

——郭伟健访谈

采访：鲍光鑫

郭伟健，2010届晨晖社成员，毕业于清华大学经济管理专业。

2018年2月13日，春节前夕，我们小组有幸采访到了晨晖校友郭伟健。

二附中的优秀学子，一部分去走学术道路，在各个领域争当领头羊的角色；一部分走向了社会，在各行各业大展身手，郭伟健是典型的后者。毕业于让学子趋之若鹜的清华大学经管专业，现就职于处业界领先的广发证券，拥有光明的职业前景。我们今天就来体会"晨晖人"在职业道路中的"晨晖精神"。

采访中我们从当初在晨晖社的经历、进入大学的学习，以及在毕业后参加工作的心得体会各个方面向学长提问，学长耐心地回答了我们的问题，也对晨晖社的未来有所期待和建议。

沐浴在党旗之下

在采访的第一个环节，我们向学长询问当时加入晨晖社的原因，学长回想当时因为对于入党和指导老师胡老师的兴趣，加入了晨晖党章学习社团。谈及对晨晖社的第一印象，郭伟健笑着用了"又红又专"这个形容词。在晨晖的生涯中，给郭伟健留下印象最深的是50周年校庆晨晖安排的一次优秀校友采访，学长回忆起当时自己采访的对象是一位在张江做互联网创业的校友，那次采访让自己受益匪浅。"晨晖所组织的很多活动，包括社会实践、校友采访，都对于自身视野的拓展有着很大的帮助。"学长用这样一句话，总结了自己对晨晖生涯的感受。

在采访中，关于晨晖社学长提到最多的就是眼界的开阔，以及结识更多优秀的人。"像我们上一届的邵子剑、孙佳俊都是非常优秀的学长，来到晨晖社认识许多优秀的人,对于你自身的提高是很有帮助的。"

在采访中,我们问了学长对于晨晖社组织学习党章的看法。学长认为这一活动对高中生来说非常有必要。"共产党的理论知识有一整套的话语体系,学习这些能够让你了解我们国家的体制和运作形式,这一点无论是学习还是工作中都非常有用。"学长还举了"十九大"报告为例,说其中对于我们国家未来在金融方面发展的指导性意见,与自己所从事的金融行业密切相关。

听完学长对自己晨晖生涯的回忆,我才真正明白晨晖社到底是一个怎样的地方,它不仅仅是一个沐浴在党旗之下,名字源于我们学校门前的那条路的社团,"晨晖"一词更应该是指一群有理想有抱负的高中生,他们努力了解这个国家和社会,为了以后能更好地贡献社会。这其中呈现的奉献精神、理想主义,使得"晨晖"二字熠熠生辉。

自晨晖诞生以来,越来越多的晨晖人走上社会,在人生的初晨之下用年轻一代特有的活力不断地对"晨晖精神"进行新的诠释,方使得晨晖常绿、常新。

加强锻炼自身的"软实力"

随后我们就工作和专业选择向郭伟健学长提问。当下郭伟健学长正工作于广发证券公司,从事协助公司上市的业务,这无疑是一份令人艳羡的工作,当然这也与郭伟健学长毕业于清华大学经济管理专业分不开。

首先关于选择专业的原因,学长直言因为当时经济管理专业的分数最高,就选择了经管系。接着学长对于自己所从事的工作进行了详细的介绍。

"我现在的工作是协助其他公司进行 IPO(首次公开募股),就是企业在上市之前对企业进行调查,整理出一份包括该企业资产等详细内容的报告交给证监会审批。因为政府需要对上市公司进行监管,为了防止部分公司公布虚假信息误导独立投资者投资,所以需要第三方对这个企业的资料进行一个整合,这样有助于散户查阅到相关企业的准确资料。"

"就好比隔壁的房产中介,但他们卖的是房子,我们做的是拟上市公司。"学长形象地比喻道。

被问及工作的忙碌程度,郭伟健学长带着一丝无奈的语气告诉我们"非常忙"。他举了前一阵为一家公司做上市业务为例。"连续一个月没有周末,晚上到 12 点走,第二天 10 点来上班。最后一周基本上每天到凌晨两三点,最后一天已经通宵了。"尽管嘴上这样说,但我仍能从学长的话里体会到他对于自己所从事的工作的热爱。

谈及自己的工作方面,学长一直在强调"持续学习"的重要性。"到了工作中你会发现,自己的专业知识很容易被淘汰,因此工作时要让自己对身边的事物保持不断的好奇心,自我学习是非常重要的。"他顿了顿道:"我见过很多人,他们在工作后就不再学习了,这样很容易在竞争中被淘汰,因为现在社会的节奏太快了。"

除此之外,郭伟健学长也提到了"软实力"在工作中的重要性,他举了与人沟通的能力为例,能够让别人来听你所要表达的内容,无论是在职场还是在日常生活,都是极为重要的。学长建议那些大学不想走学术道路而是直接参加工作的同学,在大学不必将所有精力投入专业学习中,而应该用部分时间加强锻炼自身的"软实力"。

我听着学长进入职场这四年来所积累的经验,深切地感受到,26岁的年龄,在工作中还属于年轻的新生代,而郭伟健学长已经能在工作中独当一面,这无疑与他在工作中的自我学习和软实力的积累是分不开的。

大学毕业后直接参加工作,是我们很多人未来的选择。然而在走出大学的象牙塔后,怎样才能在现实的社会中闯出一片天地,是很多人为之茫然而不知所措的。学长的经历带给我们一个典范:不仅凭借过硬的专业素养,更借助平时生活中的机会培养自己的综合能力,加之不断努力,方才取得现在的成就。

如果不能张开翅膀向上飞

在我们对学长的采访中,有一个问题非常重要,那就是在进入社会工作后,有没有现实与理想的落差,或是年轻时的理想是否还继续存在。

谈到这个问题时,郭伟健学长并没有从自己开始讲,而是向我们讲述了当年晨晖社的两位同窗,马恎恺和岳圣豪。他们都走上了学习哲学的道路,而在坚持自己的理想的路上,不约而同地遇到了许多挫折——学术圈对于论文的要求、生活上的压力以及选择留学深造时的艰难。郭伟健学长直言,很多人包括他在内,在进入社会四年后,都已经没有一个特别宏大的理想,就算有,也很难在现实的压力面前坚持。对于这些,学长引用了《礼记·大学》中的名句"修身齐家治国平天下",生活中要一步步来:"如果你连自己都没有管好,家也没有成,就说要改变世界,那么这人多半是个骗子,不靠谱的。能够养活自己和家庭,在力所能及的范围内多帮助别人,有时这已经足够了。"

的确,在当下社会阶层渐渐固化的中国,想要实现年轻时的雄心壮志,已然是非常艰难甚至是不切实际的事;然而对现实的妥协并不直接等于放弃理想,"仰望星空,更要脚踏实地"。面对浩瀚的星空,如果我们不能张开翅膀向上飞去,那么更应该一步一步稳稳地攀爬一级级云梯,也许到达不了最高处,但终究离那美丽的星辰更近一步——这已经是最好的选择。

谈及当下的社会问题,学长列举了他了解比较深刻的,包括贫富差距的拉大、消费水平的不断上涨给予人的压力等,"尽管我们国家仍存在很多问题,但我依然对这个社会的未来抱有希望。毕竟当年在晨晖学习党章时了解到,共产主义这个理想到底有多伟大"。时至今日,郭伟健学长仍不忘在晨晖的所学所思。

"你努力不是为了改变世界,而是为了让自己不被这个世界改变。"

郭伟健希望二附中的学生学长能够"强身健体,坚持体育锻炼"。日后高强度长时间的工作,不可避免会给身体带来一些损害,忙碌的生活使锻炼的时间变得捉襟见肘。这时养成锻炼习惯的必要性就体现得淋漓尽致。他还提到二附中和清华对于体育的重视给自己的影响:大学时养成跑步的习惯,参加工作后学会游泳等。"只有强身健体,才能为祖国工作50年。"学长这样笑着总结。

持续学习,培养软实力,重视体育锻炼,这是在采访中郭伟健学长对于我们二附中学生提的三点建议,简洁而又颇有深意。

冬日正午的阳光驱散了些许寒意,太阳直射点正从南回归线向着北方奔跑。越来越大的太阳高度角下,恍然间回味起每次晨晖例会时向办公楼二楼的会议室窗外望去,都能见到夕阳映在教学楼前的金钥匙上。一代代晨晖人无不是从这校园一隅走向更广阔的舞台,映着他们充满活力面庞的,正是东边苍穹的初晨。理想的彼岸,在苍穹之上。

采访者简介:

鲍光鑫,二附中2019届3班,晨晖社成员。热爱写作、动漫及历史研究,志于写出动人心弦的作品。

做一个洞悉现实的理想主义者

——潘岱松访谈

采访：萧子瑄

潘岱松,2014届晨晖社学员,北京大学物理学院本科生党支部书记。

因何与晨晖社结缘,潘岱松表示这是一个复杂的问题。2014届的晨晖社由于老胡患病手术,主要是严婕老师和孟祥萍老师(孟妈)负责管理组织的。当时晨晖党章学习社团主要就是为了发展党员而设置的,中途有一些同学因为各种原因退出,最后留下来的就二十几个人。高二下时孟妈正好是潘岱松的政治老师,她见学长有入党的想法,便找他聊要不要考虑入党,潘岱因此就参加了晨晖社。

潘岱松笑称"入党动机"是每一年发展党员时都会提的问题。不同的时代有不同的目标,现阶段的目标是为了国家和人民做出一点贡献,那么有这种想法的人就是值得被发展为党员的。

比起高中,大学更为自由,各种选择都是由学生亲自决定。而北京大学也如学长理想中的一样,为学生的选择提供了资源基础。一所好大学一定是自由的大学,学生有很多选择权,同时也意味着学生担负着很多责任。另一方面,可供选择的对象和选择权同样重要,大学能否提供各种各样的资源供学生选择是非常关键的。对此潘岱松说,在物理学院很多课是两学期都开的,因此学生可以选择一门课提前一学期学或推迟一学期学,并且其他院系的课程也可以选修;此外有很多院系都开设讲座,在物理学院学生加入生物实验室的过程中基本没有什么障碍,这些都是大学提供的选择。

在进入大学后,为了进一步明确未来的发展方向,潘岱松进行了很多尝试:大一去了很多实验室并旁听他们的科研组会,也找了很多教授聊以后的科研方向。在了解实际的物理科研后,他发现纯粹的物理学这条路不适合自己,与想象中的物理科研也有差距,"因为我们高中学的东西和科研真正的工作是不一样的"。学长与北大驻上海招生办李沉简教授关系不错,又是被李教授招来的学生,因此就和他探讨了关于未来发展方向的问题。千辛万苦进了物理学院,却发现科研方向并不对自己胃口,潘岱松当时很纠结,很迷茫。李沉简教授建议多了解其他专业,考虑是否要转系。出于一直以来对政治的兴趣,学长关注了国际关系专业,但是当他发现这专业的毕业生继续留在国际关系领域里的很少,大部分都是去了公司,这打击了学长对从事国际政治研究的期待。这时李沉简教授邀请学长到他的实验室,学长抱着试试看的心态体验做生物科研的感觉,最终修了物理、生物双学位。

人生就像一盒巧克力,你永远不知道下一颗是什么味道。高中时潘岱松很讨厌生物,高考也没选生物,谁知自己以后会走上与生物有关的路。大二学习生理学实验,背的东西特别多,抱着反正自己修的是双学位的态度,也不至于特别严苛地要求自己,所以也就这么过去了。大三上,学长去 UCSD(加州大学圣地亚哥分校 University of California, San Diego)做了一学期交换生。UCSD 以生物见长,在美国其他大学的同专业中名列前茅。交换期间,学长修了一些跟生物有关的课程,也做了一些科研,渐渐被生物吸引,决定在这条道路上继续发展。

从北大毕业后,学长计划出国读研深造,学习系统神经科学。目前,他已经拿到了 UCSD 的 offer,同时,他还在等待着另外一两所学校的消息。关于选择的专业,学长介绍说神经系统科学主要是一门运用物理、数学、计算机手段来研究生物的交叉学科。虽说当今交叉学科发展迅速前景广阔,但学长表示就业于他而言是一个现实而令人纠结的问题。读研,就意味着将来要走科研这条路,但系统神经科学研究的就业现状却并不让人满意:在学长待过的 UCSD 实验室,最后留下来搞科研的人仅占 10% 左右;从 90 年代直到现在,北大物理学院的毕业生从事科研相关工作的不到 20%,而这个数字,还是包括了物理之外其他各个方向的科研工作者。现在,学长的主要想法是希望未来能够从事与科研相关的工作,进行生物和物理交叉方向的研究。

在北大,潘岱松除了学生身份之外,还有一个党员身份。

可能是高中就成了党员,进入北京大学后,潘岱松顺理成章地成了学生干部,学长觉得自己比起以前有了很多改变。就像鲁迅说的"无尽的远方,无尽的人们都与我有关",他愿意去关心更多的事情。在生活中、社会中会遇到很多事情是可管可不管的,甚至很多时候我们会被教育"不要去多管闲事",但是他遇到这类事情时的态度与这种普遍社会认知不同,在不会伤害性命的情况下,很多别人懒得管的事情他都会去管,会努力去解决。很多人成为党员后就会松懈对自己的要求,但是学长却在成为党员后更加努力提升自己的境界。

潘岱松担任着北大物理学院学生党支部书记的工作。大学里的学生党支部主要是组织一些理论政策的学习,另一个重大的项目就是考察和发展党员。在工作中,潘岱松也看到了很多很现实的问题,比如一些高中的党员发展模式。相较而言,二附中在这方面做得非常规范。二附中的模式是高一高二时先上青年党校,最后确定志愿入党的同学参加晨晖社团。在这一点上,二附中学生比起其他高中生得到了更多锻炼,对这方面工作也更熟练。可以说晨晖把高中和大学提前结合在了一起,二附中还真有点大学的样子。

担任党支书这段时间潘岱松有很多机会去和其他党支书交流,更多地看到这个社会的现实,各式各样的人的各式各样入党的态度以及成为党支书后的心境。

学长也对学弟学妹提出了宝贵的建议。对于想要高考的应考生,他献上真诚的祝福:"对高三的同学来说最重要的就是调整好心态,往最好的方向争取,也能接受其他的结果,保持这种心态很重要。"对于有入党想法的学弟学妹,潘岱松建议他们先多了解一下,除了学习基础知识,更希望他们能更多地去思考"入党动机"、入党后是不是能实现他们的理想,以及这两方面是不是匹配。被问及是否有实现自己的入党动机和理想时,潘岱松表示:"我走的路很难去谈这件事,尤其是在学生党支部,不管怎么说还是在象牙塔内,并不是一个社会上的党员。学生党支部做的很多事其实更像是自娱自乐,或者说完成一些规定的任务,所以说真正的考验应该是在工作后。接下来五六年我都在国外读研,也很难评判这件事。"

采访的最后潘岱松有感而发:"今年元旦文艺汇演教师的诗朗诵是'做一个理想主义者',我觉得当今的社会要的肯定不是现实主义者,功利的现实主义者太多了,但是这个社会也不是靠理想主义者就能改变的,纯粹的理想主义者不见得对这个社会有好处,所以我觉得'认清现实、洞悉现实的理想主义者'才是这个社会最需要的。说得文艺一点叫'仰望星空,也要脚踏实地',但这句话过于含蓄,没那么直白,脚踏实地意味的事情非常多,必须先去了解中国这片土地上的现实再提出理想主义的改变。"

这段话是思考与感悟,也是期待与希望,面对不尽如人意的现实,学长从来没有选择妥协,他不辜负自己身上的责任,一直在积极努力地用自己的绵薄之力改变现状。这份晨晖精神值得所有晨晖人学习,也将会激励晨晖后辈们成长。

采访者简介:

萧子瑄,2019 届 7 班,晨晖社成员。唐君远奖学金二等奖,对绘画有浓厚兴趣。

不拘泥于自己眼前的一方土地

——孙唯羚访谈

采访：荣雪滢

孙唯羚，2009届7班，晨晖社成员，在二附中入党。北京大学本科毕业后到哥伦比亚大学攻读运筹学硕士。现在在腾讯公司战略规划部任职。

晨晖的社会实践非常有意义

最初加入晨晖社的缘由，是由于唯羚学姐一直想要加入中国共产党。她听说二附中有着这样一个党章学习社团，就毫不犹豫地报名参加。对于晨晖社，孙唯羚原本以为会是一个特别严肃紧张的社团，但真的加入之后，晨晖社轻松的气氛感染了她，使她一改关于党章学习的刻板印象，渐渐喜欢上这种活泼但又不乏深度的讨论方式。

说到晨晖社，唯羚学姐便忆起了自己在五十周年校庆期间的一次采访经历。"当时我和我们班的班长一同被安排到了去采访华师大的一名老教授，他也是我们华二的校友。整个采访过程都还挺顺利的，我们两个来到华师大，当时没费多少周折就见到了那位教授，老教授也特别欢迎我们。然后我们听他讲了很多当时华二的故事，当时的二附中还没有搬到张江校区，而是在华师大的旁边，教授怀念了在二附中生活的一段难忘岁月，讲他们当年的读书生涯。听完他的讲述也令我有一种物是人非沧海桑田的感觉，因为老人家那时候讲得挺动情的，也很感慨。"

孙唯羚认为，晨晖社组织这样的社会实践活动是非常有意义的，当时的采访形式是两人一组，学校会给出校友的联系方式，但具体的联络工作和整个采访活动都需要自己独立完成，孙唯羚觉得这种形式能够很好锻炼学生的综合能力。同时，采访二附中的历届校友，不仅是留下了他们的记忆，对于采访者而言，也是在书写二附中的一段历史，见证着二附中的成长。

谈及在晨晖社度过的一段岁月,孙唯羚记忆犹新。当时晨晖社经常会组织一些活动,比如说去参观中共一大会址等,这些活动,不仅丰富了自身的阅历,也从中与晨晖社的伙伴们结下了深厚的友谊。"当时参加晨晖社的都是比较优秀的一批人吧,我感觉我们都比较类似,彼此混的圈子挺近的,大家的目标、理想也都是相近的。就好像所有人都在朝着一个方向努力,就会有一种众志成城的感觉,再加上那时候晨晖社创立的时间也不是很长,加入的人数不算太多,对于这个社团同学们都还是很用心想做好的。当时晨晖社的同学我们现在也还会有联系。虽然现在有的人在北京、有的人在深圳,还有的人在美国,但是彼此的关系都还挺紧密的。"

的确,晨晖社不仅仅只是一个社团的名号而已,在晨晖社,曾经有多少人为它无悔付出,又有多少人在这里收获了成长与友谊,找到了自己为之奋斗的目标。它承载着,也见证着二附中一代代学子的追梦之路。

二附中影响最大的是宽松的氛围

同样令唯羚学姐感触良多的还有她在华二度过的这段岁月。她说:"华二对我影响最大的就是它比较宽松和闲适的氛围。在当时,二附中就好像是一个世外桃源一样,高一高二的时候从来没有太过繁重的作业,也没有太大的学业压力,学校也还是非常鼓励大家全面发展的。"孙唯羚学姐提到,自己印象最深的就是华二每周五下午的选修课。"华二的选修课五花八门,那个时候选修课制度还属于比较创新的实践,所以当时每周五下午是我最开心的时候啦,我可以学到各个领域的广泛知识。"而对华二的社团文化建设,唯羚学姐也十分赞赏:"当时我加入的是生物社,我觉得那是一个特别有意思的社团。指导老师会带着大家去做一些课堂上没有做过的实验,自己想到的实验也可以向老师提出来去做。"在华二的课余生活也显得非常丰富,"我们每天下午放学之后也不用急着去写作业,而是可以做自己的事情"。

"其实现在想起来也都还是特别怀念当时二附中的氛围。我庆幸自己是一名二附中人,也许正因如此,我才会是今天的我自己吧。在二附中,每一个人都拥有梦想而又不必害怕被拘束,老师会给学生充分自由发展的空间。我觉得,当时上海好像没有哪一所高中的学生能够像二附中学子一样,玩得开心也能不耽误学习,充分自由不受压迫,这是华二的氛围培养我们的,也让我在青春少年的岁月拥有了最美好的记忆。"

孙唯羚还特别感谢二附中这一平台提供给她的一些机会。"当时我对于大学里各个专业其实还没有一个非常明确的认识,我自己感觉我挺喜欢建筑的,所以那时候就想考清华大学的建筑系。"但是二附中的平台使她开阔了视野,也不囿于自己当初的决定。"北大的老师来二附中面试学生,他就和我聊了一会,也正是这个契机让我坚定了要去报考北大,后来我在北大的自主招生考试中获得了加分的优惠。可以说,是二附中给了我这次机会吧。"

这不禁令我们想起了如今在华二的学习生活,在 3 + 3 的高考改革背景下,尽管学生的学业负担有所加重,但在二附中,仍然能够保持一种轻松快乐的学习氛围。学习之余,二附中给我们提供了社团、选修课这样一系列发现自我和展示自我的平台,让每个华二学子都能发现自己的长处,追寻自己的理想,拥有一份领袖气度和卓越精神。或许,这种开放包容的态度,才是二附中学子"卓然独立,越而胜己"的基础吧。在六十年的岁月长河中,二附中也许改变了许多,但这种开放自由的环境却始终得以保留,并将继续传承。

与世界上的顶级科学家对话

孙唯羚学姐本科毕业于北京大学,后来到哥伦比亚大学攻读运筹学硕士。毕业后,她先是从事了两年咨询类的工作,现在在腾讯公司从事战略规划的职业。

唯羚学姐的求学经历可谓是十分辉煌,无论是北大金融系,还是哥大的留学经历,都能让人惊叹"学霸",但她对于自己的这段经历却显得十分淡然。她觉得,毕业于哪所学校或者就读于哪个专业,其实并不是特别重要,真正能够决定一个人是否成功的,在于他有没有对于自己未来的一个清晰规划。如果选择了自己所热爱的专业和职业,并愿意为之努力,那么就一定会成功。

自然,对于她的职业,孙唯羚充满热情。"我特别喜欢我现在的这个职业,这也是我为什么放弃原先的咨询工作来到腾讯这一互联网企业的原因。在腾讯,我每天所接触到的,都是一些最前沿的科学技术,大家都不知道这些技术会发展成什么样,作为腾讯战略,你就相当于帮所有人去看这些技术的前景。通过这个工作,我能够不再从一个局外旁观者的角度来看待世界上目前的最新科技,而是能够与世界上的顶级科学家对话,领略他们的思想。"

站在世界科技发展的前沿,的确是一件充满着挑战与乐趣的事情,而唯羚学姐这种乐于接受新事物,勇于面对挑战的性格与她在二附中的经历也是分不开的。"我记得我们当时要做科技创新项目的课题,我觉得这对我是一段非常新奇和有趣的经历,当然也是一次挑战。当时就感觉这件事情很有乐趣,现在想来,科创的经历教会了我很多东西,尤其是科学严谨的态度和勇于面对挑战的精神。"的确,二附中"n 个百分百"中要求百分之百的学生完成一个科创课题,而这一要求除了能够展现二附中学生的卓越品质之外,也帮助很多人收获了宝贵的经验。科技创新课题带给我们的这种创新精神与思维习惯,在我们日后的学习工作之中,也必将是大有裨益的。

唯羚学姐现在从事的这一职业对于科学类知识的要求比较高,但她本人是学经济出身,针对这一职业与专业并不是很好相符的问题,她觉得这些并不会阻碍自己现今的职业发展:"可能我乐于接受新事物吧。就像前一段时间不是 VR、AI 这种概念比较火吗,我就会去看很多这一方面的书籍,还觉得挺有意思的。所以我不认为我大学学的是经济专业,科技这一方面就是我不能涉足的领域,相反,我可以从中获得很多乐趣。"

唯羚学姐的求职经历体现了卓越这一品质,也能够给我们带来很多启发。在职业选择和人生规划的问题上,我们不应该人云亦云,而要充分结合自己的兴趣和时代的需求,从事自己喜欢的职业。同时,我们也不要过早的为自己设限,而是应该在宝贵的高中时代乃至日后的岁月中,保有一种开放的态度,积极尝试不同领域的事物,乐于接受新的变化与发展,让自己跟随时代的步伐共同前进。

将晨晖精神传承下去

孙唯羚对自己的未来也有着较为明确的规划,她觉得:"我还是非常喜欢我现在这份工作的,我的职业就是我的兴趣所在,我也非常享受不断学习获取最新知识信息的过程。所以,我以后应该会一直从事互联网企业的战略工作吧。"

至于对华二和晨晖社的期许,唯羚学姐希望晨晖社能够蒸蒸日上,将晨晖社的精神传承下去,在晨晖社中,学生们能够不拘泥于自己眼前的一方土地,而是有心怀天下之志,也让更多的华二学子找到自己的兴趣和志同道合的挚友。同时,她也希望华二依然能够保持卓越而又宽松的氛围,希望二附中的同学们能够在这片土地上发现自己的爱好,勇于探索自己,不会太早为了高考成绩而放弃自己的兴趣,而是"该学习的时候学习,该玩的时候就好好玩"。"可以更加高效地利用时间。"唯羚学姐这样说道。

回首往事,孙唯羚学姐感触良多。在她的眼中,二附中是一片象征着自由的土地,二附中的学子会获得比其他同龄人更多的机会与挑战,也会得到更多的成长和更广阔的视野。孙唯羚深深地怀念着在华二自由而快乐的三年,在这短短三年之中,她也明白了,身为华二学子,所需具备的卓越气度不在于成绩的优异,更在于家国之感与明确的理想抱负，发现并发展自己所长，有用于时，便是卓越精神的最好体现。

在孙唯羚学姐的身上，我们就可以看到华师大二附中所孕育的这样一种卓越品质，无论是优异的学业还是出色的工作成绩，都让我们看到了"二附中人"这个群体的卓越特质，而与此同时我们也能看出唯羚学姐身上特有的这样一种人生态度，是不畏坎坷的决心，也是全面发展的潜能，这些都是二附中人的风采。

"卓然独立，越而胜己。"这是二附中学子所应具备的品质，更是晨晖社尽力的目标。其实，无论是二附中，抑或是晨晖社，实质上都是一群有着共同梦想的有志青年聚在一起，为了自己的理想与未来拼搏努力。或许过程中会遇到许多坎坷，或许有时结局并不尽如人意，但是，请不要轻言放弃，也许转角处，更明亮的未来正在等待着你。

采访者简介：

荣雪滢，二附中 2019 届 8 班，晨晖社成员。

浪漫在浩瀚的星辰和无边的遐想中

——张怀远访谈

采访：王嘉宁

张怀远,2014 届晨晖社成员,南京大学哲学系本科,宾州州立大学哲学系在读博士生。

从二附中开始,意味深长

"当初为什么会想要去学哲学呢?"学姐的态度很是淡然,说是一个特殊的机缘,一考进来,就想赖下去不走了。"本科从大一到大二对于大家是一个分流和重新选择的机会,我高中加的是历史,在二附中史地教研组老师科研式教学的熏陶下自然地有了继续读历史的想法,而我素来维系的文学爱好也在南大文学院的精品课上得到了细腻的滋养。"

文学养人,更别说是对一个本就对文字有一腔热血和憧憬的她。从语言文字的沉淀和耐人寻味的用词背后,就能看出张怀远学姐内心的细致与精巧。

"谈及哲学对你的意义,是哪一方面最吸引人呢?"面对我的这个问题,学姐并没有明确地给出她对哲学的初印象,而是从另一个特殊角度,勾画出一个哲学人对待哲学的独特态度。

张怀远学姐说,哲学系的生活,在她想来是坐在深山中研习人类思想精华的浪漫画面,她希望能沉下心,细想对待世界和人生的不同眼光。她说,幸运的是,事实确如她原本构想的一般,只是它还彰显出了更加意味深长的冷峻的浪漫。起初,我并不理解话中的含义,她又接着说:"简言之,哲学是以论证为平台的思想对话,讲求所有的判断要基于论证,而论证的构造则是一门见仁见智的技艺。大致有两类特质能使人在哲学系如鱼得水:一是拥有明晰通透的逻辑,二是对语言具有天然的敏感。哲学作为精神自身的创造活动,有待于天才式的主动赋形,又仰赖对既定范畴的共形变换。前者指引后者,后者守护前者。"她为自己认证的身份,则是第二类——感性的语言天赋者。

其中有意思的小插曲是,学姐提到她在二附中时,曾多次英语考年级第一,她后来在体验了不同语种的魅力后意识到,也许这并不是巧合,而是和方法、感受力相关。语言本就是我们体会世界最直观也是最易懂的方式,但是总有这么些人,对语言有天生的敏锐感,这也许就是他们未来人生路的基石。

道路本身生发出新义而自行改变

"哲学吸引我的,是基于它使我重走我自己或前人曾经走过的思想道路,在重走的过程中,道路因本身生发出了新的意义而自行改变。"

刚入哲学之门,就好比踏入一个幽深的长廊,在你看不清狭窄的前路时,总是会下意识地跟着在你之前的人,但在学术中,这并不是一种无谓的重复或是仿照,而是对未来道路的一种探索,对于长廊尽头的花园,智者先人会给出引导。而后,在你看清了周身的食物,并且有了自己判断的方向之后,方可开辟自己的桃源,然后,才是征程。

而在这一路的探寻中,所有的变化莫过于心灵的启发,见识过更广袤的天地后才发现,那些自己或曾经走过的思想误区都已是如此显眼,而正确的道路,则显得更加明亮宽敞。并不是说思想有对错之分,只是接触了不同的事物之后,使人观看世界和事物的目光发生了转向,产生了新的、不同于以往的意识,而后才对自己的目标有了更明确的坚定信念。

学姐说,她基于固有思想的变化而产生的转变,是得益于本科阶段系统性、严格性的对于思辨意识的训练,同时也离不开校园中同学和名师对她的启发。

"本科阶段的哲学学习带我进行了两次翻转,第一是:语言先于体验,无论有多少川流不息的体验,没有沉淀在语言中的名相对心理现实的分环勾连,甚至无体验可言。"

语言是思想和体验的最基本的承载者,无论有多少烂熟于心的意识和川流不息的经验,若是无法用纯粹的语言来凝练其中的思想内涵,那它所呈现的语句必定会缺失一份真实性和信服感。心里想得再多,没有语言作为铺垫,表述不清,也终究显得单薄。

学姐说她最感激的,就是哲学系带给她的感悟和知识,让她学会怎样用更专业的术语来表达心中所思所想,也让她在学校给予的平台中,找到自己的"哲学天赋"。

"第二点是:存在有待命名,剩余性体验往往留下新的存在区域的踪迹,需要哲学语言来为深层意识乃至无意识的发现进行固定、传递与保存。"专业术语区别于日常用语的最为明显的特点，自然是它的严密性和准确的逻辑。"在两次翻转后，我观看世界的目光发生了转向，意识到人首先是观念世界的存在者，乃至哲学成为一份天职。"

这也映衬了之前谈到的，哲学冷峻的浪漫显得更加意味绵长。学姐认为哲学是浪漫的，在浩瀚的星辰和无边的遐想中，哲学可以是任意的，它取决于个人的情感输出和输入；但它又是冷峻的，严谨古板的专业术语中透露出的，是作为哲学人对待世间万物的独特心态和沉着思考，而正是这份因人而异的沉着冷峻，运用语言和学术相结合的美感，散发着独一无二的神奇魅力，也难怪学姐"想赖下去不走了"。

剩余性体验往往留下新的存在踪迹

"发现了自己在语言方面的一点天分是在不经意间，也可以说，是我最大的收获了吧。"或许，在高中时出类拔萃的英语成绩被当作了用功读书的理想结果，但在一次次对外探索的足迹中，发现了其中的偶然关联。

"我曾把自己的足迹延伸到了港台、湾区和欧洲，其中不免追溯到我三次去巴黎的琐事，这一切都在磨练中得到升华。"

最初是孩童玩心的赌气，周围人频频提出的关于"你没有魄力"这件事，学姐有她的不服输。于是在自学考出法语 C1 的半年后，她再次鼓起勇气，投入身心，在语言的学习中收获了听力优先的经验，并借此开始自学攻克德语和古希腊语。

印欧语系总是有相通之处，但这卓越的语言领悟能力和对语言独特的热忱和求知欲，当真是如学姐所说的"与天赋、方法和感受力相关"。

她说，语言能力决定了哲学研究的下限，语言本身则是哲学的根本载体，从而打开和国际一流学者相互理解与交流的窗口，有此一技，在专业中行走也就更自信了。

正是一次次的偶然背后，她在思考，她在探索，她在不服输着，也坚持地乐在其中，于是才有了对于语言和爱好的不小收获。

谈及法语，学姐颇有兴致地讲述了她在大二至大三期间的丰富体验。

"大二上至大三上，我曾担任南大人文社科高等研究院首期本科驻院研修班班长，在这里度过一段和诺奖得主勒克莱齐奥爷爷研读小说的时光。"

学姐介绍说，研修班原称高研院驻院研修班，是南大人文社科高等研究院开发的项目，目的是给不同学科的学生和老师开设研讨课程，从而体会不同学科带来的学术经典与知识。主要是跟着导师开读书会、写论文、参与讨论等，形式不一，五人一组，每个同学来自不同院系,导师和组内同学的专业都不一样。

"我申请的导师是一位诺贝尔文学奖得主,叫勒克莱齐奥,他带着我研读法国小说名著,现学现用也让我收获颇丰。"

对于文学名著的欣赏不仅让她感受语言的曼妙,更是在思想境界开拓了更广阔的眼界。

说到对未来的规划,学姐说她立志于做哲学从业者。或许是哲学带给她的境界太过美妙,她说有继续深造的想法。得益于与法语的奇妙情缘,她原本准备申请法国的现象学或精神分析硕士,可是又意外收到了美国的哲学 PhD 的 offer,"也许人生又会出现一些波动吧,哈哈。"她当时开玩笑地说着。

只是缘于一个偶然的巧合,让她踏入了哲学的人文世界,却让她在收获情怀的同时,不断摸索、探寻,更加坚定了对未来哲学道路的探求,不仅仅是需要"敢于摸天"的勇气,更有晨晖人"脚踏实地"的干劲儿和不服输的决心,将梦想变为现实。

哲学的诞生先于被理解被运用的时代

"大学中,当然经历过低谷啦,只不过别人是为学业无所精进而苦恼,我却是因对高我一级的学长的单相思的过程闹得自己心神恍惚。"学姐谈及这段经历时,虽用着开玩笑的语气,却也带着些许深思与小女生微妙的幸福。

"未曾想到在情感上会遇到挫折的我,在挫败感的影响下做出了一些不理性的选择,那也是我的学分绩从系内第一跌破的一个学期。幸运的是这是一场以恋爱为结局的失恋,我在大二下得到了对方的回应,并且在有如天作之合的共同兴趣滋养下,重新构建起学业与生活。其实底子差不多的,一步步来,最终都能够在同样动人的景致前相遇,宜从长计,但以我的性格还是要紧跟直觉去撞一撞才甘心。"

学姐言语中不乏坚定,这也与她本就坚韧的性格脱不开关系,做什么都想去尝试到底,无论结局如何,至少不愧对本心。

学姐也提到,她喜欢读书,更喜欢买书,而买书也成了她大学期间时常与同学"互嘲"的一桩趣事。无论是挤占了整个衣柜的不值钱的宝贝本身,还是关于书买多了才知道什么烂什么好的"人生经验",事后想起都成了成长的见证。

"局促则思变,希望以后自己的家就装修成扩大版的书房。"话语中满是对书的喜爱,善思、善读、善学也成了学姐的代名词。

哲学给学姐的影响,更多的在于思想层面。她说,系统地学习哲学后,发现我们曾经接受的知识都有一个被生产的过程,我们可以考察其论证,并进一步追溯概念的起源,认识的发生不仅是历史相对主义的,更具有观念先天的维度。比如乔姆斯基认为孩子之所以能通过接触有限的语言材料组织起语法框架,在较短时间内基本掌握母语,就证明了先天语法的存在。而哲学对她的意义,更多的则无法言说。

"世上原本没有意义,意义是哲学所赋予的,它同时赠予了我宝贵的生命与无悔的爱情,这几样东西对我而言是一体的。"

以哲学为纯粹学术的典型可以做这样一个比喻:在人类社会的大船上,哲学从业者就是那一小批老是批判船要沉了的人,相比修船的工程师实在是没有一点"用处",公众往往不以为然或嗤之以鼻。不像政治反映时代,哲学思想的诞生总是先于它被理解被运用的时代,在资本主义异化和佛系意识形态蔓延的今天,哲学尤其是一个小众的事业,对于个体没有直接的效益,但在未来的眼光下它却是社会的福祉。

哲学对于张怀远学姐而言,早已是生命的一部分,从与它相遇相知,到脱离不开,哲学的精妙学识和学姐的勤奋钻研、善于感悟是相辅相成而得以延续并且深化的。学姐说,学习哲学是给一个失了方向的人以心灵的净化,引导是客观的,但对于上天给你的引导从而感悟人生乃至价值,则是再主观不过的东西了。

晨晖社是一群有志之士梦想开始的地方

"至于为什么会加入晨晖社……确实也是一个机缘巧合。当初晨晖社在各班综合考量择优录取,我尚未主动选择时就接到了通知,于是就这么加入了。"

在学姐的记忆中,晨晖社理想性地提供了一个培养时代责任感的聚会场合,在这里可以打磨自己对鲜活现实的敏锐观点,对她来说更多是受到了一份熏陶,有待之后的思考来澄清与扩充,默默影响和陪伴他们的成长。

由于 2014 届晨晖社的指导老师不是老胡而是严婕老师和孟祥萍老师,并没有组织历届惯有的课题活动,社员们就根据严姐姐和孟妈组织的社会考察活动或是读书讲座等系列活动,在读书讨论中凝聚起了开眼看世界的眼光。

学姐说她很欣赏这种不以成果为指向的活动。"卓越的成果必经历独立的坚持,并且对自我否定保持开放,这一观念,也为我日后坚持的性格作了一定贡献和打磨。"

她说最难忘的事是听李志聪老师分享他对时事批判性的思考,是一种换个眼光看世界的初期体验。

与其他届的学生们不同,当时老胡在紫竹驻扎,无法与 2013、2014 届的同学们分享他的经验之谈，但却也同样造就了一批优秀的有志青年，这让我意识到，我们一直强调的晨晖社，并不仅仅是依靠在老师的带领下，培养思想内涵和卓越精神的思想聚集点，而应是一个在正确引领下，创立自己的思维体系的优秀集体。"仰望星空"并不是因为老胡说要仰望星空，大家就去寻找自己未来的方向，而是真正从内心发出的一种对人生各种境界的渴望；"敢于摸天，脚踏实地"，也要基于自己的理想，晨晖正是因为拥有这样一群有长远眼光和担当的优秀学子，才能在这一精神的鼓动下，更加蓬勃向上。

采访的最后是关于给学弟学妹的意见，学姐更注重的则是全局。

"固然备战升学是学弟学妹现阶段的主业，但我相信哲学方法对高中学业同样可以作为观览全局的制高点。"无论眼下受着怎样的压力与艰辛，心中总要守着一份天真的乐观和思维上的向往，学习备考固然重要，思想的启迪却更加关键。

张怀远学姐是一个不强求结果但仍要尽力去拼的人，无论你有怎样的初心和理想，相信它，不轻言放弃，并且朝着这个梦想的方向努力前行，总是会有意外的收获。你或是会收获成功和感动；抑或是在追寻理想的路途上，发现了你从未料想过的、新的征程；更或者，意识到了自己的喜怒哀乐和藏在心底的另一种灵魂。总之，对于晨晖，她这样说："我相信学弟学妹会做出自己的选择，我们并不生长在一个轻松的时代，但是终究有着自由的选择并且为选择的自由而负责。"她说，晨晖社是一群有志之士梦想开始的地方，也是最好的助力。

采访者简介：

王嘉宁，二附中 2019 届 3 班，晨晖社成员。热爱数学。

不忘初心，为成为一名优秀的法医而努力

张骏超

张骏超，女，二附中 2009 届晨晖社成员。华中科技大学同济医学院法医病理学和法医毒理学博士在读，多次获得三好研究生标兵、优秀研究生干部、十佳党员和甲等奖学金。参与法医病理检案与医疗纠纷文审检案百余起，其中亲自完成的检案达 50 余起。

文章系张骏超 2016 年 9 月在华中科技大学三好研究生标兵评选现场的演讲，赢得了全场老师和同学们的热烈掌声。

我时常想这样一个问题，我们将会怎样死去？
在法医的领域里，我已看过不少的生离死别。
因而难免问自己，我将会如何死去？
寿终正寝或者飞来横祸？
没有人能预料明天和意外哪一个会先到来。
但是我们都知道，我们终将走向死亡。

于是我又时常想这样一个问题，如果生命太匆匆，我会害怕什么？
我害怕来不及看尽这世界繁华？
害怕找不到一个人一起白头？
不！我最害怕我的一生碌碌无为……

内、外、妇、儿四座大山，
我曾每天睡眠不足五小时，一步一个脚印地艰难迈过；

案件委托接连不断，我曾在三天时间里奔波于宜昌、随州、河南、福建……
当我来到这所大学法医学院的第一天起，
就一直在为成为一名优秀的法医而努力着；
我想不止是我，在座的每一个人，都为了自己一开始的目标努力着。

也许你梦想成为一名出色的临床医生，
也许你希望成为前沿科技领域的佼佼者，
总之，我们都抱着一颗赤诚之心从五湖四海汇聚而来。

可是，突然有一天，
医患纠纷爆发，
利刃刺穿了白大褂，铁锤砸烂了护士站，
那遍地撒落的是厚厚一沓的病历本，
是救命之路的良药与器械，
那曼珠沙华般的红，
是白衣天使通往地狱的不归之路！
可是，突然有一天，
意外事端出现，
狂躁的叫喊震破了苍穹，愤怒的拳头挥向了执法者的胸膛，
为人民服务的公仆，冲在危险最前方的英雄，
也可能因为一念之差，一夕之间沦为阶下囚徒，
那银铛作响的镣铐是执法者丧失的尊严。
……
于是，医生、法医、你、我，
畏惧了，胆怯了，选择了退缩……
你脱下了神圣的白大褂，放弃了曾执着追求的医学事业，
我放下了解开死亡真相的手术刀，逃离了前途艰难的司法之路。
（案件本掉落）

我突然回过神来，
原来刚才那个逃离的我只是一场梦……

那么我又会想,

如果有一天,利刃对准的已不是别人而是我,

不是别人,而是我,

是我!

我会逃吗? 会吗?

不,我不会!

因为做一名优秀的法医,做一名揭示真相、维护正义的女法医,

是我的初心,是我最初的梦想,是我最深的执念,

是我生命的劫,更是我生命的缘分。

因而——

我终将行走于刀口之上,

解开死亡的真相,演奏生命的乐章!

最后我又想到这样一个问题,

你们敢不敢像我一样,

不管前路多么艰险,

却始终不忘初心,一路向前?

敢不敢?!

附:

一些感想

张骏超

很多人小时候的理想职业应该都是科学家吧,毕竟小孩子的天真无邪都认为自己会作出卓越的贡献。然而随着年龄的增长和对自我能力的认识,可能越来越多的人并不知道未来该走哪条路。所以大部分人高考的时候,选择了报考热门专业或者听从了家人的建议。

我觉得我是幸运的,早在高一的时候,就开始思考自己究竟想做什么,二附中晨晖社提供了这么一个独立思考的园地。在晨晖社活动的过程中,帮助我增强了独立思考的能力,并学会了从不同的角度看待问题。

因为我性格直率,做事认真。身边其实也有不少人或开玩笑或认真地给过建议,诸如让我发展自己擅长的新闻主持为职业。但对于新闻本质的思考给了我新的启发。

新闻追求时效性，也追求真实性，可是传媒行业的一些不良风气，到底能不能带来真正可靠的信息呢？我看未必。

追求真实的途径有很多，而我在这之中发现了法医这门学科。在查询了相关资料后，我觉得这就是我想要的能够离真相最近的地方。后来，在晨晖社团活动中，大家聊起了理想，当我说出想选择法医专业的时候，有同学疑惑，但也有更多的人感到新奇。最令我庆幸的是，晨晖社胡立敏老师一开始就非常认可，对我给予了极大的肯定和支持。他的认可不仅令我坚定了对法医的追求，更在我父母因为传统观念而持反对意见时，帮助我打开了父母固化的思想。因而，高考填报志愿的时候，我义无反顾地将所有学校和专业都填写了法医相关。

当时，重点高中填报医学的都不多，更不要说法医学，何况女生？

我想，这就是人生选择的初心吧。

本科的前四年，我们和临床医学专业的学生一起上课，一起经历出题习钻、挂课率极高的内、外、妇、儿的考试，也一起上临床实习，管病人，上手术。总之临床医学的一切我们都要学会。最后一年，我们完成了法医专业课的学习和公安实习。进入研究生阶段后，我终于真正走上了实践操作，做解剖、检查器官、看病理切片、起草法医学检验意见书、参加医疗纠纷听证会、和导师一起出庭……渐渐地，有委托人会以张法医称呼我。而每当这个时候，我倍感自豪，也越发明白自己肩头的责任。

2009年入学以来，我在临床实习时见识了"医闹"，又在跟随导师进行法医检案时见识了基层民警的不易。每当"医闹"事件爆发，我的朋友圈就会被医学生刷屏，凡是医学出身的都无比愤怒、痛心，更充满了对不健全的医疗体制的无奈。而当山西太原"周秀云"案件发生时，世人关注到的只是警察"打死"了手无缚鸡之力的妇女，却没人关注涉案人做了什么。当涉事警察王文军被判刑、被"扒衣"的时候，我的朋友圈又充斥着民警们愤懑。很遗憾，这些热点事件里，看不到医护人员和警察之外行业的人的关注，因而，身边相关从业的同学、朋友越来越失望，甚至有人退缩了、放弃了。可惜的是，他们"弃医从文"并不是像鲁迅那样是为了用笔杆子唤醒中国人，他们，是怕了，害怕哪一天就倒在了自己的工作岗位上，留下年迈无力的父母……

2016年我参评了校三好研究生标兵的评选，在现场演讲环节，我选择了主题"不忘初心"，为了激励自己、更为了激励身边一起学医、学法医的朋友们，我将自己的心里话与大家分享。短暂的三分钟演讲，现场从安静地聆听到与我呼应再到最后的掌声雷动，我想，"医学梦"和"法医梦"永不会碎，而更多的"外行们"也会慢慢给予我们信任与支持吧。

（2018 年 10 月）

砥砺科研攀高峰

如同一棵开枝散叶的大树

——杨珺文的晨晖故事

采访：张若欣

2005 年，晨晖党章学习小组在高三（10）班成立。当时带领同学们跳出传统框架的，是一位名叫杨珺文的女孩。12 年来，杨珺文依旧不改初心，在学术道路上踏实前进着，在过往的日子里留下了多彩成果：硕士期间荣获复旦大学十佳风采辅导员；硕士及博士期间，多次前往美国、韩国、挪威、西班牙等地参加国际学术会议，在会议上介绍研究心得，还以第一作者身份在国内外学术刊物发表了科研论文。

虽然在科研中积攒了不少经验，她却拒绝把自己对未来的规划仅仅局限在这一领域——在晨晖社里培养的思辨习惯和直觉告诉她："人生，不止一面。"

一个全新的很有意思的思辨过程

尽管笔者本想细细记录她对晨晖党章学习小组成立初期的贡献以及心路历程，杨珺文在被问及出于何种契机成立晨晖小组时，却把小组的建立归功于胡老师"敢想敢做的带队风格"，晨晖小组的建立和发展，是"一个全新的很有意思的思辨过程"。

从党章学习小组开始，学长学姐们不再满足于高中生两点一线的传统模式，而是更多地思考社会热点，勇于进行更有意义的探索、实践，并且身体力行，吸纳了更多的年轻人一起参与。

杨珺文说，对于封闭在校园的高中学生来说，更容易形成一种由上至下的传递式思维模式。互联网潮流汹涌，现在的高中生视野更广阔，接触的信息更庞杂，正确价值观的确立更困难。这种乱象，无形间逼迫并促使同学们养成多角度辨识的习惯。晨晖党章学习小组的活动,也是从阅读时事开始继而辨析外界信息,进而在老师和领导的支持下,成功地组织了一次次实践社会活动,譬如走进中国浦东干部学院。

在这些探讨与实践活动当中,杨珺文在与晨晖成员、老师和各层领导的不断交流中体验到,无论是一个故事、一个事件还是一个道理,往往并不一定全然与他人的描述相符,事物的本质要靠自己脚踏实地去认识。在晨晖小组的这种体验,激发了杨珺文去思考,思考自己究竟对眼前的事当抱何种看法、站在何种角度,也激发了她对所得信息源进行鉴别、筛选和整合,再广泛听取、收集不同角度不同角色的看法,探寻比较它们背后的道理。杨珺文说,这是"一个很有意思的思辨过程"。

就这样,晨晖的日子让杨珺文学会去思考,去辩驳,去采纳真正有据可循的观点。这个"全新的很有意思的思辨过程",像是头脑中有很多声音在互相角力,也在之后让杨珺文发现了更多生活中的精彩。

从另一个角度重新审视自己

与其他大多在研究生阶段专注于学生身份的人不同,杨珺文在读研期间,选择去当本科生的辅导员。她的初衷是在读研时尝试更多学校里的角色,却在真正担任辅导员期间有了意外收获。"我觉得我都谈不上是教,而是处在和他们相互学习的过程中,这让我觉得辅导员的工作还是非常有意义的。"

杨珺文自己是 2006 级本科生,担任辅导员期间主要负责 2010 级本科生,为期四年。借此机会,她得以从另一个角度重新审视了自己过去的本科生活,与更多本科生交流接触。杨珺文本身就比较喜欢帮助学生,解答他们的困惑。作为过来人,她有很多自己在亲身经历中形成的想法,希望能将这些想法传递给新一届的本科生。真正当上辅导员之后,杨珺文发现这份工作并不仅仅是传授经验那么简单,确实让她收获颇丰,四年之后的本科生,与她所想象的截然不同,他们反而教会了她很多。有很多优秀的学生,在她担任辅导员时开阔了她的眼界,将原本的单向传授发展成了教学相长。

硕士毕业后,杨珺文前往荷兰 Erasmus Medical Center 就读公共卫生/流行病学博士。一谈及她的专业,杨珺文学姐便滔滔不绝起来。公共卫生和大家所熟识的临床医学,也就是日常所说的医生护士的专业有很大区别。医生是对每一个来访的病人进行针对个体的精确诊断,说出病名病因,对症下药。每一个个体病人的情况是不一样的,因此医生所属的临床医学面对个体。公共卫生,虽然也属于医学领域,但主要是针对人群进行的疾病分析归因。比如近期研究人员发现有大量的病人爆发了同一种症状，比如说 SARS 或者近期流感之类的疾病，就要进行对病因的探究。这种探究不是简单的归因，而是对人群近期行为因果关系的分析，需要通过实验，通过流行病和医学统计去证明。

读研阶段，杨珺文在公共卫生领域主要从事的是一种理性研究，探究因果关系，认真分析，培养的是理科的严谨思维。做辅导员的过程，又加深了她对和学生进行沟通交流的喜爱。受这一段经历的影响，她又选修心理学，考到了国家二级心理咨询师资格证，希望能够借此帮助她做辅导员的这个工作。之后杨珺文发现心理咨询师的学识与辅导员工作确实是可以结合的——心理学当中包括许多行为学等方面的内容。因此她现在读博的方向基本将本硕期间的专业内容，与由兴趣发展来的，对心理学的兴趣作了结合。在博士学习的过程中，杨珺文的研究也拓展到儿童行为学、儿童心理学等相关学科。

在尝试中确定新的发展方向

在旁人眼里，也许杨珺文的前途充满了光明的确定性：在公共医学方面深造，博士顺利毕业后投身科研行业，以研究者的身份走向未来。然而，目前杨珺文尚不愿说自己已经明确了人生的发展方向。

面对未来，杨珺文对不确定性有着自己独特的理解。不刻意追求定型，尝试，再尝试。杨珺文说："多元社会的不确定性，内涵极其丰富。应当在尝试中修订、确定自己的发展方向。毕竟现在社会中，人的一生，往往不会只认定一件事。现在的时代发展很快，你只能说这件事儿，我认定了可能会做三五年，之后也许会有微调。"在对完全不一样的学科研究的尝试中，她发现博士与硕士之间存在很大区别：读博士时，学生更倾向于对科研素养的培训与训练，因此她原本认为博士以后的工作方向大部分就在科研领域。然而等到她真正前往荷兰读博后发现，新的市场有新的不一样的规则。现在更多的博士选择前往企业或者政府部门任职，因为企业和政府也需要研究领域的专业人士。这与高校的培养方向不尽相同，有着不同的工作氛围和工作方式。

如今杨珺文虽然依旧相信她今后的方向一定会是在科研领域，但是至于在什么样的工作环境下度过自己的职业生涯，她会等到博士毕业后，根据她个人的性格等因素再选择。

她对"在尝试中确定自己新的发展方向"的理解包含两个方面。其一是指职业的发展与选择,在尝试了不同类型与方向的新事物之后,一个人才能够渐渐认识自己,想清楚她的兴趣究竟在哪一领域。其二包涵着人们追求的终极目标。"发展"不仅仅指职业发展。人生其实有很多面,现在选择的职业也不一定就会是一个人一生的终极选择,而职业也并不能概括人生的全部目的。人们所探寻的,更应该包括深度理解自己真正所追求的事物,探寻自己的内心。这才是不断尝试背后应有的真正目的。

采访最后,杨珺文也以学姐的身份向二附中学子提出了真诚的建议。

"在年轻的时候还是可以多去尝试感兴趣的事情,不要担心试错。不断尝试的过程,便是一个成长的过程,成长是一个自我认知的过程,全面了解自己,才能更好做出人生选择。同时,这个过程是不间断且不能急躁的,自我并不是一成不变的,可以说认知自我是伴随成长一生的。"当然,她也补充道,"能够早早开启这个挖掘模式,早些找到真正的自我,总是令人惊喜的。"

采访过程中,笔者一直能够清晰地感受到杨珺文学姐的辩证思维素质。对每一个问题,她的回答总有着一种理科生的严谨逻辑,而同时又兼具文科生的得体包容。从初探科学领域的本科,到在辅导员工作中获得意外收获的硕士历程,再到博士期间科研与心理学探索的结合,她在尝试中不断突破自己,认识自己,一点点开拓精彩的未来。

杨珺文学姐的故事一定不是晨晖人中的个例。我们作为晨晖的传承人,在一次次的学习讨论与社会实践中,不断接触着崭新的人事物,处理着学姐口中纷杂的信息源,这些机会也正潜移默化地培养着我们敢于思考、敢于尝试的习惯。晨晖的经历,如同色彩斑斓的万花筒,从任何一个小角度切入,都可以看到不一样的绚烂人生。

晨晖不断探寻的精神引领并伴随着晨晖人未来的道路,正如同一棵开枝散叶的大树,懂得触类旁通的人才在这里聚拢又伸展到色彩缤纷的各个领域。

采访者简介:

张若欣,2019届3班,晨晖社总联络员。唐君远奖学金一等奖,有志于社会学与语言学的研究。

让 AI 学会了物理力学

吴佳俊

吴佳俊,2010 届晨晖社总联络员,麻省理工学院博士生。

我目前的研究方向是计算机视觉和机器学习,已在相关方向的学术期刊和会议上发表多篇论文。

晨晖的每届成员都会进行一项课题研究。我们当时的主题是"'90 后'一代主体价值观研究"。高二时,大家根据这个主题选择了一些具体的方向,分组调研。高三时,恰好我们几个竞赛班的同学课余时间多一些,所以承担了汇总整理调查报告的任务。

预想中整理和汇总报告应该是一件简单的工作,实际上它的复杂程度和难度都超过了我们的想象。子课题的形式、内容都各有侧重,很难统一。这些子课题各有亮点,但从中提炼中心思想,并厘清每个子课题和中心思想的关系并不容易。

但这也是一次难得的锻炼机会。通过和胡立敏、苏百泉两位指导老师的许多交流,我们感受到他们身上的"追求卓越"的二附中精神和晨晖精神。我们也几易其稿,力争提高报告质量。通过这次课题训练,我也从中学习了课题研究的基本方法。虽然这是一项社会科学课题,但研究方法的训练,对我后来的计算机科学的研究也有很大启发。我想其他"撰稿组成员"也有类似的感受。

麻省理工学院(MIT)脑和认知科学系教授约书亚·特南鲍姆(Josh Tenenbaum)是学校脑、思维、机器研究中心(Center for Brains, Minds, and Machines)智能发展研究方向的主任。这一跨学院、交叉学科的科研平台致力于探索、解释和复制人类的智能。

在今年的神经信息处理系统大会(NIPS)上,特南鲍姆与他的博士生吴佳俊发表了四篇论文,探讨了智能体需要哪些基本认知能力才能够探索世界,其中就包括辨别不同的物体,并且推断该物体将会对施加于其的物理量做出怎样的反应。

研究人员相信,通过一步步构建拥有上述能力的计算机系统,他们最终能够帮助搞清楚关于人类在智力发展各个阶段是如何使用哪些信息来处理问题的。在这个过程中,研究人员甚至可能得到一些用于研究机器人视觉系统的新思路。

"所有这些研究项目的共同主题,是让计算机真正地试着感知物理",特南鲍姆认为,"要做到这一点,计算机首先要恢复物体的完整三维形状,并且分析这些物体身处的场景以及它们的关系,还有其物理特性比如质量和摩擦力,之后才能推断这些物体将如何随时间推移而变化。佳俊的四篇论文讨论了整个问题。其中,三篇论文讨论了如何能从视觉和听觉数据中推断出物体的物理结构,另一篇则讨论了如何在上述数据的基础上预测物体的表现。结合在一起,我们可以开始构建一些计算模型来更好地描述人类对于物理世界的认知。"

双向而行

把所有四篇论文联系在一起的另一个因素是,他们运用了与众不同的机器学习方法。机器学习是一种通过让计算机分析大量训练数据来执行计算任务的技术。在一个传统的机器学习系统中,用于训练的数据被事先标记好,系统会尝试学习分析这些数据的特征与哪些标签相关联。而评价机器学习的一个标准是,计算机正确标记出了多少事先未被标记的数据。

在他们的论文中,系统被训练来用于推断世界的物理模型——例如推断某个大部分都隐藏在视野之外的物体的三维形状。之后模型被反向运用,使用系统输出的模型再合成输入数据,并且通过重建的数据与原始数据相匹配的程度来评价系统的推断水平。

比如说,构建的三维模型需要分析并剥离出所有挡住对象的遮蔽物,还要滤除掉该对象的视觉纹理、反射和阴影,并且要能够推断出视野之外的对象形状。当吴佳俊和特南鲍姆的系统建立模型后,系统还需要把三维模型在空间中旋转到图片上的位置,并给模型添加上视觉纹理,直到最终可以近似输入图像数据。

事实上,研究人员的四篇论文中有两篇论述了从图像数据推断三维模型的复杂性。共同参与撰写这些论文的还有另外四位麻省理工学院的研究人员,包括电气工程与计算机科学教授威廉·弗里曼(William Freeman),以及来自 DeepMind、上海科技大学和上海交通大学的研究人员。

分而治之

此次建立起来的系统,乃基于麻省理工学院神经科学家大卫·马尔(David Marr)一项非常有影响力的理论。马尔在 1980 年英年早逝,年仅 35 岁。根据马尔的假设,人脑在解释一个视觉场景时,会首先创建一个 2.5 维"草图"用于表示可见物体的表面。然后,在这个 2.5 维"草图"的基础上(而非这个场景的原始视觉信息的基础上),大脑继续推断出所看到物体的完整三维形状。

"这两个问题都很难,但是至少我们有一个很好的方法来分解它们",吴佳俊说,"这样你可以一次处理一个问题,而不是同时解决它们,那样难度会更大。"

吴佳俊,2010 年毕业于华东师范大学第二附属中学,获全国青少年信息学奥林匹克竞赛一等奖被保送清华大学,就读于交叉信息院计算机科学实验班(著名的姚期智班)。他现为麻省理工学院四年级博士生,已在 CVPR、NIPS、ECCV、PAMI 等会议和期刊上发表 20 余篇论文,曾荣获清华大学特等奖学金、百度奖学金、Facebook 奖学金等。

吴佳俊和他的合作者,使用包括视觉图像与图像上物体的三维模型数据,对系统进行训练。构建真实照片中物体的精确三维模型将耗时过长,因此在最初阶段,研究人员使用生成的数据来训练这个系统。其中,图像数据从三维模型渲染而成。整个创建数据的过程大概和创建电脑动画电影一样。

当训练系统学习合成的数据之后,就可以把精度调得更高然后使用实际数据对系统进行训练学习。评价系统学习效果的最终指标是系统再生成的重建模型与输入数据对比的准确度。

在评估系统时,研究人员使用了一种常用的名为"交并比"的评估方法。在这一度量下,他们的系统胜过了上一代。另一方面,由于交并比不能很好地刻画模型的局部细节,吴佳俊和他的同事也运用众包方法,让用户评价模型对源图像中物体重建的精确度。74% 的参与者认为新系统的重建结果优于前一代。

时间永是流驶

在吴佳俊和特南鲍姆、弗里曼的另一篇论文中,他们训练了一个系统来分析物体落下的声音,以推断物体的形状、材质以及它落下的高度。参与这项研究的还有麻省理工学院、剑桥大学和上海科技大学的研究人员。同样的,系统被训练去生成某一物体的抽象模型,然后再反过来,利用这个模型来模拟它从特定高度落下时将会产生的声音。根据合成声音和源声音之间的相似性,最终可以判断这个系统的性能。

最后,在他们的第四篇论文中,吴佳俊、特南鲍姆、弗里曼、DeepMind 和牛津大学的合作者构建了一个系统,这个系统开始模拟人类直觉如何理解作用于物体的物理量。这篇论文的假设起点是之前的三篇论文所描述的最终结果:即假设系统已经成功推导出物体的三维形状。

论文使用简单形状的物体进行研究:球和立方体。研究人员训练他们的系统执行两项任务,首先是让系统估测在台球桌上行进的台球的速度,并据此预测台球在碰撞之后的表现。另外一项任务则是分析堆叠的立方体的静态图像,并预测这些立方体会不会掉落,如果掉落的话,立方体将落在哪里。

吴佳俊提出了一种被他称之为场景 XML 的表征语言,可以定量描述视觉场景中的物体的相对位置。在研究中,系统首先要学习用这种语言来描述所输入的数据,然后系统将描述出的结果提供给一个"物理引擎",这个物理引擎可以对作用于所研究物体上的物理力进行建模。物理引擎既是计算机动画也是科学计算中的重要组成部分,在计算机动画中物理引擎被用来生成衣服的移动、物体的落下等,在科学计算中,物理引擎则被用于大规模的物理模拟。

当物理引擎完成球和立方体运动预测之后,这些信息会被送到给图像渲染引擎中。渲染引擎生成的输出会再次与源图像进行比较。与在视觉重建研究中使用的方法一样,研究人员先用合成数据训练系统,然后再细化精度,使用真实数据训练他们的系统。

在测试中,新的系统同样比现有的系统有更好的表现。在预测台球运动的实验中,新系统时常比人类表现得更好。

"这些工作中的最关键的洞察力在于利用物理工具——渲染器、模拟引擎、训练好的模型——来训练生成模型",南加州大学计算机科学助理教授约瑟夫·林(Joseph Lim)评论,"当把这个简单而优雅的想法与最新最先进的深度学习技术相结合时,我们看到了机器在多项解释物理世界的任务中取得的巨大成果。"

附记: 这篇稿件本身是麻省理工学院学校新闻(MIT News)于 2017 年 12 月 13 日最早发布于麻省理工学院官方网站,随后由麻省理工科技评论翻译成中文。文章内容是准确的。研究团队包括麻省理工学院两位教授 Josh Tenenbaum 和 Bill Freeman,以及他们研究组的成员们。

吴佳俊　2018 年 11 月 7 日

晨晖最大的影响在于思维的培养和锻炼

胡嘉仲

胡嘉仲，2007届理科班，晨晖社联络员，在二附中入党。2007年国际中学生物理竞赛金牌，全国中学生物理竞赛一等奖，高二即被清华大学数理基础科学班录取。麻省理工学院博士，芝加哥大学博士后。目前从事冷原子物理研究。利用原子系统进行量子模拟、量子纠缠的研究。

我认为晨晖对我最大的影响在于对我思维的锻炼和培养。我每天的工作虽然就是拧螺丝、搬仪器、转开关等，在繁重的体力劳动之后，我总是爱一个人坐下来然后静静地思考问题。有时会思考一些历史哲学问题，有时会思考一些科学问题，还会想一些经济原理。

首先在晨晖的数年，让我养成了爱思考的习惯。哪怕有时想法并非那么成熟，但是一点一滴的积累使得我可以不断地努力和前进。

同时在晨晖社团我还学会了如何辩证地去思考问题。尤其在国外游学期间，当很多西方人用一种狭隘且愚蠢的偏见去看待事情时，我往往能够更早地看见事物的本质与正反两面。在学习、工作中，辩证思想往往让我能够更透彻地看见事物动态的本质和原理，从而更快地去发现和解决问题，并且在实践中去总结经验，去检验真理。我认为我早年的人生经历是对我信仰的一种历练和升华。

在二附中时期，我就开始接触到了马克思主义哲学，之后清华的四年我又投入到这个方向的专研和学习中，读了许多书。本科后的时光我又走过了许多地方，见到了许多人。我坚定了我自身的人生信仰，愿将自己的一生投入到无尽的革命事业中，无愧于当初所许下的誓言。我很感谢当年在晨晖的经历，使得我能够百尺竿头，更进一步。

(2018.3)

附：

像邓稼先那样去工作

胡嘉仲

我是二附中"晨晖"党章学习社团的联络员。曾在高二、高三两年在全国中学生物理竞赛中代表上海获得一等奖，并代表中国参加了今年在上海举办的亚洲物理竞赛和在伊朗举办的国际中学生物理竞赛，获得金牌。一年前，我就获得清华大学的青睐，被破格预录取，保送清华大学数理基础科学班。

我曾经有一个梦想：我要成为第二个牛顿，在历史的舞台上留下自己的名字。纵观牛顿的前半生是辉煌而伟大的，然而他的后半生却改投宗教，整日沉醉于以往的荣誉所带来的纸醉金迷之中，一代科学巨星就此陨落。他在科学上的贡献，经典力学的三条定律和万有引力定律，开创了工业革命的先端，人类从此进入工业时代，可以说没有牛顿在物理学上破天荒般的贡献，现在人们的生活与 1500 年几乎一模一样，他的贡献与科学地研究事物是值得我学习的，然而他获得荣誉之后的堕落也是值得我借鉴的。个人的荣誉、享受并不是我所追求的。自从进入高中以来，我的梦想发生了变化，我要成为邓稼先，一个为中国的基础物理事业、祖国的繁荣昌盛做出贡献的科学家。一个用自己的一生奋斗在科学研究岗位上的科学工作者。

有一句话：科学是没有国界的，而科学家是有国籍的。

科学技术作为第一生产力，国家的强大，民族的振兴，都需要发展科学。而科学家在其中承担的责任是最为重要的。可以很肯定地说，今后国与国之间综合国力的比较更多的是科学家之间的比较。

而我想成为一名科学家，一名有党性的科学家，一名能为祖国的繁荣、民族的复兴而做出自己应有贡献的科学家。科学工作者属于这个社会的精英分子，一个人的能力越大，他所应该负担的责任也越大，对社会、对国家、对人民都有着不可逃避的义务。

我国的核弹之父——邓稼先曾经与华裔诺贝尔物理学奖获得者杨振宁是同学。但是邓稼先在获得博士学位之后的第九天毅然回国，为我国的原子物理呕心沥血。在核弹试验过程中，曾出现一次哑炮，而在众人互相推辞责任之际。他，为了了解原方案的不足，而亲自进入试验场，用双手捧出了原子弹。在原子弹爆炸之后，在他的领导之下，我国仅仅用了 2 年 8 个月的时间造出了氢弹，相比美国的 7 年、苏联的 4 年、法国的 5 年，遥遥领先！而最终，邓稼先也因辐射而牺牲。他临终前留下的话，仍是如何在尖端武器方面努力，并叮咛："不要让人家把我们落得太远……"

邓稼先是一名共产党员,这对我影响深远。在二附中,在"晨晖"党章学习社团,我们很多有共同志向的同学相聚一起,学习党章,交流体会,更坚定了我的理念。

用著名的动能公式 $E = \dfrac{1}{2}mv^2$ 来做一个形象的比喻,E 为能量代表了成就,m 为质量代表了个人的能力,v 为速度代表了外界因素。一个人的成就不仅由他的能力所决定,更多则是由外界环境所致。例如邓稼先早年在西南联大及在美国的求学,奠定了他的基础与能力,而西南联大的理科教育氛围以及后来国家对他的需要等外界因素,就好比一个高速度的 v,使 E 更大,才能创造出中国的核弹,创造了举世瞩目的成就。相反,牛顿晚年生活在周围人一片阿谀奉承之中,即使他是百年难见的天才,但是他所处的环境,v 却很小,即使 m 再大,最终 E 也很小,因此他才会在学术上一事无成。所以,能够有一个良好的政治和科学氛围,对科学家的发展,是至关重要的。

前辈们的足迹已经在我们的眼前。在 21 世纪,我国要实现社会主义现代化,要在世界民族之林中真正崛起。这项艰巨的任务已经不可避免地落在了我们这一代的肩上。

我要在党组织的关怀教育下,像邓稼先那样去工作,成为一个为伟大政治理想奋斗的科学家,一个心中时刻有着祖国的科学家,一个真正为人类做出杰出贡献的科学家。我相信历史所赋予我们的任务,我们会比前辈们做得更好,更出色!

(选自《"晨晖"是什么颜色》第 173 页,华东师范大学出版社 2008 年版)

点亮了心中的那颗原石

厉潇渊

厉潇渊,2008 届晨晖社成员。本科毕业于北京大学物理学院大气与海洋科学系。美国普林斯顿大学环境工程系博士,博士论文研究空气污染对于太阳能光伏资源以及可再生能源并网的影响。目前于美国旧金山市 E3 公司从事环境与能源经济咨询工作。

三个月前,我完成了博士论文答辩,从普林斯顿大学环境工程系毕业。在 28 岁的年纪,终于结束了"学业"。

整整十年前的 2008 年 5 月底,我同现在的高三学生们一样,正紧张地进行着高考最后的冲刺。教室黑板的右上角,写着"距离高考还有×天"。那个×的位置因为过多的擦拭,留下了厚厚的粉笔印。个位数的数字让教室里的气氛紧张、压抑。平时晚自习的细碎交谈荡然无存。空气安静地仿佛能够听到所有人的鼻息,伴随着偶尔的深呼吸。对于当时的自己,高考不仅仅是一场升学考,更是人生前 18 年的一场期终考。为了这场考试,我们搁置下高三一年的时间,反复训练,熟能生巧。黑板右上角的倒计时从 100 天开始,仿佛预示我们正走向命运的岔路口。

高考给予了我们明确的目标,教会我们如何专注和努力。我们竭尽自己的心力,为了这个从小到大都被贴上"改变命运"标签的时刻。可是,面对人生的起起伏伏,我们需要的远远不止是全力以赴。同样重要的,还有如何在逆境中建设心态,以及如何寻找自我价值与努力的方向。

失败比成功更常态

在我从小接受的教育中,中考和高考,总是被无限放大为决定命运的时刻。正如很多父母和老师会给我们的同学贴上"好学生"和"坏学生"的标签,考试后的我们,也常常被标记为"成功者"或"失败者"。我们从来只是赞美和仰慕"成功者",学着做"好学生",却没有人告诉我们失败比成功更常态。学会如何面对失败比欣羡成功更重要。

从二附中,到北大,再到普林斯顿,我庆幸自己在前20多年人生的几个节点上,拥有这份成为"成功者"的幸运。可也是这张"成功者"的标签,让自己在很长一段时间,无法正视挫折以及直面自己的缺点。

2008年6月7日,高考的第一天,梅雨季的上海,潮湿闷热。语文考试前,我深深地吸了一口气,这是我最担心的一门考试。我从拿到语文考卷直到写下作文的最后一个字,右手始终不停地微颤,左手不停地擦拭着额角的汗。下午数学考试刚开始,一声响雷,伴随着大暴雨,带来了久违的清凉。6月9日,高考最后一天,交上物理考卷,我深深地吐了口气。我转身问我后座的女生:"感觉怎样?"她微笑地叹了一口气,有一些遗憾,更多的是如释重负。

从考场出来,憋了三天的同学聊起前几天的题目。我有意无意地听到了一些讨论,意识到自己在一道数学大题中忘记做分类讨论,物理的实验题理解错了题意,作文在没有太多思考时间的情况下用新闻里的川震故事编织了《他们》。一如既往,我把对每一科的感觉告诉了我爸,和他吵了人生的第一架,他说我没有全身心地投入,也许连第三志愿都上不了。我哭得撕心裂肺。从小到大,父亲在我的学业上倾注了太多的心血。我的每一次测验成绩父亲都会过问。对那时的我而言,父亲的肯定,已经内化为默认的动力;而他的质疑,仿佛天塌下来一般。出分前的几周,我几乎都住在学校,不想面对父亲,也不想思考可能完全不符合预设的未来。

最终,我还是高考中的幸运儿,凭借自主招生加分,将将赶上了北大的分数线。于是,那个暑假全家都沉浸在异常的兴奋中。仿佛那几周的事情全然没有发生过。可是,那段经历在我心中留下了很深的烙印。我常常会问自己,"如果因为几分的差距,去到了第二或者第三志愿的学校,那个暑假会怎样?我的人生又会怎样?"

带着无限的憧憬,我进入燕园,成为一名北大的学生。在高手云集的物理学院,学业负担远远超出了我的想象。近乎一半的同学都在高中竞赛中或多或少地接触过大学第一年的课程。零基础的我,吃力地学着高密度的课程,一个学期的新知识相当于高中两年的内容。北大的每一个学生都是各自高中的佼佼者,第一次期中考后,中游的成绩让自己很难适应;周围的很多同学也开始呈现出心态失衡。我开始更没日没夜地学习,辞去了社团和学生会的工作,周末的时候,用打游戏来释放自己。两年过去,我并没能像高中时候那样享受学习的过程,甚至对于很多学科都学得似懂非懂。在大三的时候，我选择了更有实用价值的大气科学。也希望不那么激烈的竞争环境能够有利于申请出国。大学最后一年，我和许许多多的同学一样，加入了留学申请的行列。我有幸进入本科导师的组中做毕业论文研究，经他推荐，前往他博士导师的科研组中继续深造。出国留学是我从小的梦想，常春藤名校更是我原本难以企及的目标。

我很感激幸运屡次眷顾，让我如愿以偿。这份幸运也让我成了"别人家的孩子"，被贴上了名校的标签。而这一张张标签也渐渐内化到自己的心中，成为"默认的人设"。我开始害怕面对失败，因为我害怕失败会破坏这些标签。我也害怕袒露心声，尤其是面对挫折的时候，我常常选择独自一人面对。我习惯于展示自己完美的一面，羞于面对缺点。

读博的第二和第三年，我迟迟没能定下研究方向，我的第一个研究项目，也因为与合作者的分歧，始终没能成文发表。在最艰难的时候，我常常因为压力过大，选择"明日复明日"地逃避。博士不仅是科研能力的训练，更是对自己内心的锤炼。我开始反思自己身上渐渐显露出的问题。就在博士最纠结的那几个月里，恰好读到一篇有关性格的文章。作者将为人处世的驱动力归为两大类："害怕"和"好奇"。被"害怕"驱动的人，最为在意自己在别人心中的印象：害怕暴露自己的缺点和无知，害怕失败，害怕风险。被"好奇"驱动的人，最在意自己的体验：好奇新鲜的事物，好奇不同人的想法，好奇高风险带来的回报。后一类人更容易在遇到困难时求助他人，也更容易在逆境中坚持。我惊讶地发现，前一类人的心态正是对自己的写照。"害怕"和"好奇"，就像是自己心中博弈的两个小人，一个放大风险，一个放大回报，而自己似乎已经让"害怕"的小人掌控了绝大多数选择。

我开始尝试改变自己。在和朋友聊天的时候，我把自己的纠结分享给他们。对于自己与合作者的分歧，也坦然告知导师。有拖延症的时候，会跟办公室的同事吐槽自己。渐渐地，我发现自己并没有因此而被嗤之以鼻。在袒露心声和吐槽自己的过程中，我得到了周围人的理解，因为几乎所有的朋友都有过被"害怕"支配的经历。相比一个人闷头干，我得到了更多的建议去解决棘手的问题，也有了更多的外在督促和鼓励克服拖延症。我也意外地得到了导师对我的理解，放下走到死胡同的项目，着力于更有影响力的研究方向。我也不再羞于将文章夭折的过程和同事分享，"没事，谁没有过一两次'狗血'的经历"，这是我得到的最多的鼓励。

面对他人时的坦诚，其实源于面对自己的坦然。这份坦然，让我开始享受工作的过程，好奇渐渐驱动自己投入感兴趣的项目中。不到一年的时间，我的研究《空气污染显著降低中国光伏资源》，因为创新的角度和突破性的发现，发表于影响力最大的科研期刊之一——《美国国家科学院院刊》。我也因此得到了同行的关注,后续研究得以与中、美、德、瑞的科学家一起合作开展。我也积极开拓科研以外的活动,成为"普林斯顿中国能源小组"的主席,组织举办了 150 人规模的第三届"留美中国环境学者论坛"。与此同时,我入选"普林斯顿能源与气候学者",走入普林斯顿当地的小学和中学,积极开展环境领域的基础教育。

坦然面对自己,也让我不再为了讨好别人而掩饰自己的态度。我是《奇葩说》的忠实粉丝。在二附中的时候,我曾非常乐于辩论,并在辩论赛中帮助班级得到全校冠军。可是,随着自己身边的环境越来越强手林立,我渐渐失去了表达自己观点的兴趣和勇气。蒋方舟在最新一季的《奇葩大会》上讲述自己从小到大如何被"讨好型"人格困扰,而又如何慢慢从中解脱的经历,我对她的感受特别有共鸣。在博士的最后两年,我开始摆脱沉默的旁观者的角色。敢于提问,敢于表达不同,展现真实的态度。虽然很多时候还是会害怕,但在这一系列改变中,我开始重新学会做好真实的自己,也慢慢找到自己在乎的价值和快乐,激发自己思考博士毕业后的选择。

寻找自身的价值

博士的最后一年半,我开始面临毕业的去向。我身边绝大多数的师兄师姐都选择了两条出路:留在学术界,走上博士后、助理教授、终身教授的轨迹;或离开学术界,去华尔街、硅谷从事高薪酬的工作。在我看来,环境领域的许多实际问题,仅靠学术研究是远远不够的。对于大多问题,如空气污染和气候变化,理论研究已经远远走在了实际行动之前五到十年。解决环境问题最需要的是尽快采取行动。就另一条出路而言,放弃多年所学的环境专业,仅仅因为高薪而选择一个职业,无法让我接受自己每天投入的巨大时间成本,更无法享受自己的工作。其实我所面临的不只是毕业后的出路,更是这一辈子想做什么,成就什么?

与人生的前 20 多年有所不同,之前的每一个阶段,似乎都有别人告诉自己清晰的目标。高中时,我们的努力是为了高考;大学时,我所处的环境中,几乎人人都准备出国留学,而这也与我从小到大的留学梦契合。这些预设的轨迹中,成功都有清晰的标准——名校。我同许多人一样追逐着名校梦,为每一次实现梦想而骄傲,却很少思考自己。我究竟与别人有什么不同?我想要做什么,又适合做什么?在职业生涯中,我想要成就什么?这一系列的问题,在博士的最后阶段一直困扰着我。

Ian Bourg 教授是我所在的普林斯顿环境工程系最年轻的一位助理教授。我有幸能够与 Ian 在两门课上合作，担任他的助理讲师，也因此和他熟知。Ian 比我长 10 岁左右，相比于和别的教授的代际隔阂，我们之间有更多的共同话题。在一次与 Ian 的闲聊中，我得知了他来普林斯顿前的经历。Ian 此前在美国伯克利国家实验室担任研究员并兼任伯克利大学的助理教授。他在伯克利的第四个年头，由于他夫人从事艺术领域的工作，在纽约能有更大的天地，他选择放弃伯克利的教职，举家来到东海岸的普林斯顿，一切从头开始。在美国的大学系统中，要成为终身教授，必须先做长达六年的助理教授，此后接受学院和学校评审委员会的层层筛选，才能最终拿到"终身"的头衔。Ian 在伯克利的四年时间，积累了大量的人脉和科研项目经费。放弃所有的这一切从头再来，这巨大的时间成本对绝大多数人都是难以想象的。我问 Ian 是怎样做的这个决定？他说，科研对他而言是一辈子的事业，不在乎一时的头衔和得失；而家庭是这个决定中主要的考量。对他而言，普林斯顿的学术环境更有吸引力，虽然短期有所牺牲，长期来说，这里更有利于他的发展。"那你又为何如此肯定科研是你一辈子的事业？"对纠结于毕业去向的我，很想知道他如何做的选择。Ian 和我分享了他选择职业的两大原则：好奇心和同理心。他的职业首先能够满足他对未知的好奇心，让他不断学习新的知识，同时开拓知识的边界。其次，这份职业能够实现同理心——他所从事的工作不仅仅利己，也能够对他人的生活有一点贡献。而在成长的过程中，他并非刻意选择环境这个领域，但阴差阳错地走上了科研之路，让他觉得这份职业非常符合他的期望，打算一辈子都投入其中。

和 Ian 的交谈给了我很大的触动。我没有想到，这个平时腼腆和蔼的法国人，平实地谈起人生的选择，居然释放出巨大的感染力。好奇心和同理心也成了我思考职业的标准之二。在此基础上，我又加上了责任心这第三个标准。

责任心贯穿了环境问题历史的始终。60 年代的一本《寂静的春天》，唤醒了美国一代人的环境意识，以及对于解决污染问题的责任心。环境作为一项"公共物品"，无论是国家还是公司和个人都趋向于免费索取（污染或排放温室气体），却很少有动力愿意做出贡献（减排）。环境问题的影响从来都不是均衡分布的，弱势群体往往更容易暴露于环境恶化的后果。以气候变化为例，欠发达国家，特别是太平洋和加勒比海的岛国，处于气候变化影响的重灾区。飓风、干旱、海平面上升等一系列气候变化的后果，对这些国家而言，都是雪上加霜的灾难性打击。减排温室气体更是一笔巨大的经济支出。而发达国家虽然排放更多，却大多处于气候变化影响较小的地区。全球任一地区的温室气体排放，对气候变化的贡献都是相同的。因此，任何少数国家采取行动，都不会根本性地改变气候变化的趋势和后果。改变需要绝大多数国家的努力，尤其是占全球排放绝大多数的发达国家。发达国家的减排相对成本较低,从全球的视角来看,其成本效益更大,特别是对于推动欠发达地区预防和应对灾难性气候。从时间轴上来看,以二氧化碳(CO_2)为代表的许多温室气体,一旦排放入大气,生命周期长达100年以上。我们这一代人的排放,会影响到我们曾子孙辈生活的环境气候。因此,解决气候变化问题,仅靠建立一套覆盖全球所有国家的利己的成本效益机制,是几乎不可能的。超越国界以及超越代际的责任心,不可或缺。

好奇心、同理心和责任心,让我最终选择了E3。我现在的工作,主要帮助美国的州政府、公共事业公司以及清洁能源公司制定温室气体减排的操作方案以及清洁能源在电力行业的资源规划。未来也会从事清洁能源投资策略,帮助更多的投资进入清洁能源行业。选择咨询业,让我能够不断接触不同的项目、公司和客户,满足我的好奇心;咨询就是站在客户的角度解决问题,我把自己的利益和客户的利益捆绑在一起,需要同理心去解决工作中的难题。清洁能源取代传统化石能源是温室气体减排最重要的一步,驱动我每天工作的,不仅是小我的利益,更有为了大我的责任心。能够在清洁能源领域最前沿的阵地工作,影响政策制定以及电力产业的战略,让我觉得所学得以致用。这其中创造的价值以及获得的回报,让我觉得满足和快乐。

晨晖创造了一个大胆思辨的环境

二附中可以说是我人生的转折点。二附中的三年,给予我的远远不只是一流的课程教育。我在二附中获得的视野、历练的人格,至今对我都有着深远的影响。

我仍清晰地记得,二附中的录取通知书伴随着一份书单,其中包含:《数学美拾趣》和《红楼梦》。那是我人生第一次津津有味地读完文字比公式还多的数学书,以前只知数学的严谨,却从不曾发现数学的美。开学的第一节语文课上,我们从《红楼梦》倒回两千多年前,开启了长达三年的"文化苦旅":从先秦文学,《战国策》《史记》,到唐宋八大家、明清散文。我们的语文老师——魏国良先生,向我们展示了语文可以不止停留在教课书上的内容。他亲自编纂的教材,让我们在课纲的束缚中"戴着镣铐跳舞",在"规定动作以"外,"自选动作"大大提升我们的阅读量和文学素养。高二那年,"晨晖讲坛"的横空出世,更是让我眼界大开。我们所听所学不再限于课堂。在每周一次的"讲坛",我们能够听到全校所有的老师对于课程以外知识和问题的真知灼见。陈明华老师带我们走入"文明冲突"的讨论,思考历史长河中人类不同文明间的合作与对抗,畅想未来世界可能的格局。魏国良先生给我们分享"为人三件事",当每个人都沿着既定轨道前行的时候,在我们心里激起对人生意义思考的涟漪。"从容眷顾,品味幸福,有所追求"。这人生格言,在宿舍门口的黑板报上停留了很久。直到我毕业之后,魏先生退休,似乎还在传唱……

在二附中三年里,如果说之前都是在探索与汲取,晨晖小组创造了一个大胆思辨的环境,让我牛刀小试地"针砭时弊"。胡立敏老师鼓励我们每一位晨晖组员积极思考时下的热点问题,我们每个人都针对感兴趣的热点话题跃跃欲试地表达自己的观点。我和朱伟选择教育问题作为切入口,从亲身经历,探讨时下教育制度对青少年成长问题所匮乏的关怀。我们越聊越投机,经过几个周末的马拉松式讨论,起草了一份充满批判性的报告。然而,这份"负面"的报告最终没有通过校领导的审核。我们不得不将报告改得更"正面"与"积极"。也许因为这段经历,在给晨晖新组员的分享会上,我告诉大家要"慢慢学会如何磨平自己的棱角"。胡老师却马上提出了不同的观点,我们应该学会如何"将棱角越磨越尖",因为"棱角就是我们身上最可贵的东西"。胡老师的这段点评,我至今都印象深刻。他以间接的方式鼓励我们保存这份大胆的思辨。我们或许会因为种种原因而暂时妥协,却不要因为挫折而停止思辨。那一刻,胡老师点亮了我心中的那颗原石,至今犹存。

在我进入二附中的时候,学校在原有的五个"一百"培养目标基础上,又加入了第六个"一百"——一百个小时的志愿者服务。志愿者活动是我高中生活重要的一部分。张江敬老院、周舟文老先生家以及塘桥街道"阳光之家"是我每周五的"必修课"。虽然当时的志愿者活动只是停留在聊天和简单的游戏,但在与老人和弱势群体的接触中,我懂得了陪伴对一个人有多么重要。高三的时候,我们已经将"阳光之家"志愿者项目转交给了高一的学弟学妹,一位"阳光之家"学员却自己乘车找到了二附中,到我们班里寻找所有跟她一起玩过的朋友。我们小小的付出,在她的心中占据了如此重要的分量。这个小小的插曲,至今让我感慨不已。无论是选择职业还是为人处事,我都会要求自己带着一颗同理心和责任心,哪怕只有一点点贡献。

在二附中的三年,对我影响最大的是我的班主任——孟祥萍老师,我们都称她为孟妈。在孟妈的鼓励和指点下,我担任了两年多的班长。而这两年多的历练,让我学会了倾听,学会了如何感染和领导一个团队。我并不是一个天生具有领导力的人,在我初当班长的那个学期,常常与同学产生矛盾。我总是按着自己的想法处理事情,造成了与他人的信任危机。在孟妈的提点下,我慢慢开始学会倾听和团队合作。无论是志愿者活动还是教师节、老师生日的准备,我开始纳入更多的同学一起筹备和组织。集思广益让活动更出彩,合作让团队之间建立了信任。同时,大家分担了我许多工作压力。一年多的时间,班级形成了一套良性的自我运转机制,参与度的提升,让集体的凝聚力更强。

2008 年 6 月 21 日,夏至,2008 届毕业典礼上,我看着记录我们三年生活的《最长的电影》,合唱着《放心去飞》,却无法真的放下这三年的时光。

离开二附中整整十年,才慢慢意识到,我的好奇心、同理心和责任心,启蒙于我在二附中得到的教诲。卓然独立,越而胜己。二附中的三年,我真真实实地体会到了追求卓越的精神。感谢二附中晨晖的启蒙,我不会停止开阔视野和追求独立的人格。

2018 年 6 月 24 日于美国加州佛利蒙

附:

我与"晨晖"的相识路

2008 届 4 班　北京大学　厉潇渊

以前,从没有想过入党这类的事情。总以为党是和大人有关的事情,我们这些小孩子谈何入党呢？自从进入了二附中,我听说了晨晖,听说了学校有这么一批为了培养青年党员努力着的人,我的观念发生了质的飞跃。

其实当初递交入党申请的时候还是一个很偶然的机会,班主任孟老师手里拿着我们班的第一份申请,走到我面前,给我看了一眼,说:"现在有很多学生都交了入党申请,我作为一名老党员,觉得你的条件还不错,看你自己的觉悟了。"那天是周五,回家坐在地铁上,孟老师的一语提醒时时回荡在耳边,我始终在想几个问题,党是个什么样的组织？入党为了什么？我作为一个学生也能入党？一连串的问题蹦入了脑海。而当我坐在电脑前,为我的申请煞费苦心时,我依然抱着试试看的心态。

直到听了胡老师主讲的晨晖讲坛——"晨晖"之路,对于晨晖,我有了新的认识。看到一组组学习小组的成员介绍着自己的组员,展示着访问老校长、参观浦东党校的活动经历,我不禁为这个组织的丰富而倾美。说实话,最令我震惊的,是胡老师讲到"晨晖"起步时的那段经历。不曾料想到,这么一个庄严、高素养的学生社团,竟起源于一个学校当时最头疼的纪律混乱的班级。能将一个周六打牌、霸道横行的班级,带到学习氛围浓厚、高考数一数二,我想胡老师确实有不凡之力,而"晨晖"精神更是在其中起到了推波助澜的作用。"晨晖"既然能从思想上转变一批顽皮、不懂事的孩子,而如今在一批优秀学生的带领下更应该会成为高素质青年的摇篮。尽管还没有达到这么一个目标,但我想,"晨晖"正朝着这个方向发展,前进。这便使我萌发了加入晨晖的念头。

　　作为我们班党章学习小组的成员,我非常荣幸地被选为了晨晖党章学习小组的预备成员。记得那天下午第一次召集高二成员开会还和我们班的足球半决赛撞到了一块儿,本以为这将会是一段"拉锯战",还想听了一半便偷偷溜去参加比赛。谁想晨晖的学生老师竟如此爽快,没有一句废话,而且十分简洁又完整地完成了交接仪式。印象最深刻的莫非 2007 届学生们洒脱、自然的风格,这无疑又让我对晨晖有了巨大的改观。我想所有的人都会以为,党章学习小组就是大家端端正正地坐在桌子周围阅读、背诵党章的这么一个社团。却不想,从学长们口中得知的晨晖竟是活动丰富、形式自由、注重学生素质发展的一支团队,与长辈们讲述的那个时代的党章学习小组形式迥异。这更进一步地吸引我加入晨晖,体验晨晖。说句真心话,作为思想开放、活泼活跃的现代学生,这种在实践中学习理论的方式创新而且是可持续的。

　　如今,我很荣幸地成为了第二小组的联络员,在晨晖党章学习小组中担起了一份责任。在我们小组的第一次讨论关于"十七岁迎接十七大"的课题时,每个人都展现了个人的独特的风采,让我领略了晨晖预备成员丰富的思想和开阔的眼界。但同时,对于当代学生的一些问题,我也产生了自己的思考。很多同学都发表一些负面的看法,我想这种具有批判性的看法是不可缺少的,但当我问起大家有些什么改进的建议时,所有的人都哑口无言。我想,晨晖作为优秀学生汇聚的社团况且如此,那么当代学生的状况就不言而喻了。17 岁的青年具有太多的叛逆性,对于周边的世界有很多主观片面的看法,我想自己也时常会如此看待问题。进入晨晖这么一个平台,应该让一群稚气未脱的少年或是青年,走出稚嫩,更加成熟地看待社会。我想,晨晖不会仅停留于对马克思主义的学习,更应该是成员们通过探讨与老师的引导,思考人生、思考一生目标的一个组织。进入晨晖不仅仅是读党章,看党史,进入晨晖的每一个人,应该在付出的过程中成长。这就是如今的我对于晨晖的认识。

　　周四中午在同胡老师的交谈中,我发现了他的观念中有一种让我震撼的东西——晨晖不是专为培养党员建立的,晨晖是让当代学生学会思考人生的终极目标,追求自我的实现。

　　从认识晨晖到走入晨晖,我充满了期待。

(选自《"晨晖"是什么颜色》第 170 页,华东师范大学出版社 2008 年版)

对于天体物理最质朴的热爱与兴趣

——梁赋珩访谈

采访：梅宇杰

梁赋珩，2013届晨晖社总联络员，清华大学物理系天体物理硕士研究生。

带动每个人进行多角度全方位的理性思考

梁赋珩学长是一位非常热心的大学霸，尽管寒假仅有四天时间停留上海，仍抽出了一个下午，将他的人生观价值观与我们分享。他的批判性理性思考、一丝不苟的学术态度，让我们受益颇多，对他的敬意油然而生。

二附中的有志青年在加入晨晖时，都怀揣着各自的目标与情怀。当我们问及梁赋珩学长进入晨晖的初衷时，得到的答案十分新颖。

"自己当时身在美国，与另外一所中学有个交流项目，是班主任帮我报的名。其实高一的时候我上过一次党课，并没有完全思考清楚是否要加入晨晖社。所以得知老师帮自己报名的时候，心情是有些复杂的，因为并不知道我在这方面有多大的兴趣，自己的见识也未必达标，不知能不能和晨晖社合拍。"

面对未知的机遇，学长并没有选择退缩，而是决定一探究竟，他积极地参加晨晖社的活动，审慎地打量着晨晖社的全貌。在活动中他惊奇地发现晨晖的风格跟他想象的其实不太一样。这得得益于晨晖的指导老师老胡，学长说"他讲了很多有意思的东西，用现在的话说叫讲段子"。讲到这，我们会心一笑。当谈到当上总联络员的事情时，更是让人忍俊不禁："在后来的一个讨论环节中，要讨论一些校园里的事情，没戴眼镜几乎什么都看不清的学长说了两句，过了一段时间，老胡就让我当总联络员了。"也许过程并没有学长描述的那么风轻云淡，但学长的实力绝对不容小觑，也让我们对接下来的采访兴致盎然。

　　学长怀念在晨晖的时光,他说印象最深的人还是老胡,"因为他本身就是一位非常让人难忘的老师。我高二的时候他带了一整年,在那短短的一年时间里面,确实给我留下了很深的印象。一方面是他本身富有特点,活动的时候经常跟我们开玩笑,说正经事的时候也立场非常坚定,给我们传递了一些正能量,也给我们分享了很多先进理念和正确价值观。另一方面呢,就是我印象中是他最初创立的晨晖社,社团主要是基于他自己的愿望创立的,并且一直带了下来,我觉得这份心意和这份执着是非常令人敬佩的。这么多年,我觉得晨晖社团发展到今天也是非常非常出色,肯定比我们当年更出色。"关于晨晖社的建立,老胡的确功不可没,也许建立晨晖之初也是经历了千辛万苦的。正是有了这个平台,造就了一批批祖国的栋梁之才。也正是一批批优秀的晨晖人,成就了今天如此优秀的晨晖社。

　　造访浦东干部学院也使他记忆犹新。"浦东干部学院,非常气派宏伟,进去时心里挺受震撼的。那次活动之后,大家写感想心得,有同学提出了一些负面或者说批判性的想法。当时胡老师在,鼓励我们畅所欲言,进行开放性的讨论。正是他的这种开明造就了晨晖社的氛围。"听闻这一番话,我感到十分震撼,对晨晖社也有了一份新的认识,心中的归属感也增添了几分。晨晖社的确是一个相当与众不同的社团,它的全名叫晨晖党章学习社团,理应是很严肃而庄重的,却能求同存异,允许每个人畅所欲言,发表不同的意见,甚至能包容一些比较偏激的言论。这不正是所谓"君子和而不同"吗？这种宽松自由的氛围也会带动每个人进行多角度全方位的理性思考,对于高素质人才的培养是大有裨益的。

从朴素的素材中感受世界的多元

　　晨晖社带给学长的意义是重大的。晨晖当时的各种教育对他后来的成长起到了非常大的作用。晨晖的氛围是非常自由的,不会强行给大家灌输,而是通过讨论,激发大家自己的思考,让大家自己塑造三观。通过社会实践,提高素质,得到锻炼。学习党章、从条条框框有定论的东西,储备基本的知识。晨晖更大的价值在于对于每一个学生的思想政治素质的培养。我们高中会学一些政治经济哲学常识,主要是告诉我们社会是怎么运行的,当然也重要,但是不涉及太多主观的深入的东西。而思想政治素质教育恰可弥补高中教育的短板。通过晨晖社这种方式,一群有兴趣有追求的人聚在一起,大家一起讨论,一起学习,看问题更深刻角度也更多,大家很好地完成了这方面的教育,走上社会以后,在未来 30 年 50 年或者更长的人生当中,你可以更好地认识社会国家是怎么样的一个形式。比如每天你看待身边的新闻的时候,会看得更清楚,也有助于我们认识自己认识世界。晨晖的教育,用了很多方式方法,比如说社会实践等,非常多元。这让晨晖人在课本之外,更多地接触到了社会。

当年梁赋珩学长这一届晨晖人也采访了以前的校友,从校友的来稿中感受到强大校友的力量。"校友给我们的稿件富含正能量,你仔细去看会发现每一个人的想法、三观都有不同的侧重。每个人的经历也不一样,给我们每一个青年的建议,都会略有区别。这个时候,我们就能从这些很朴素的素材当中感受到这个世界的丰富性和多元性。校友这个群体是非常有价值的。如果你们能够把校友的这些故事,一代一代传承下去,那么将来校友可以不断给在校的晨晖的同学提供各种各样的资源。我觉得它有非常独特的价值。"

从学长的言语中,不难体会他对晨晖的感激之情,晨晖社塑造了他最初的人生观,正面地改变了他的人生轨迹。

理性思考方显晨晖人本色

作为清华物理系天体物理中心的硕士研究生,学长的学术水平自然很高,交流到他的专业时,他侃侃而谈,"我的专业叫天体物理,是现代天文学的热点方向"。为了让我们理解得更透彻,他又进一步用通俗的话来解释"我们向天上看能看到的所有的东西,基本上都是天文学的范畴,都会研究。"

他举的例子也相当专业前沿,"比如说小到我们太阳系,太阳是怎么动的;比如陨石,因为可能会撞地球,大家可能会更关心,但了解得已经很透彻,做的人就少了,不是特别主流。最近一二十年的主流又重新回到了银河系。了解银河系的结构,通过现在的结构来推测它以前的成因。再大一些如河外星系,有些看起来赏心悦目,有些却不符人的审美,研究它们的演变。更大就是我们整个宇宙,整个宇宙的几何。我们知道我们生在三维空间,这是我们对所处的几何的认知,但是仅仅只有三维概念是不够的。这个就叫宇宙学,就是研究所谓宇宙膨胀。宇宙膨胀指的并不是两个东西之间离得非常远,而是我们用的坐标系的格子在变得越来越远。专业的说法就是研究它的几何。当中还有一些非常有趣的元素,比如说黑洞,黑洞在星系当中有,在我们银河系内部也有,很多人研究它;还有系外行星,这也是很有趣的元素,因为系外行星上面可能会长草有生命;还有一些恒星可能突然哪天就炸了,也很有趣。"

在讲述时,他非常注意停顿,以便我们及时理解。从他讲述时的神采,运用的语言，我们不难看出他对于天体物理的最质朴的热爱与兴趣。也许凭借着华二学子自身的修养和毅力，也可以做出一番事业。但正是由于这份热爱，才能让他不断雕琢自己的学术水准，百尺竿头，更进一步。

初看天文学领域的研究，都跟人类世界没有直接关系，然而它的意义却是非凡的。它有助于启发哲学上的思考，人类从哪来，在整个宇宙在整个世界当中是什么样的地位？这个是天文学确实可以告诉我们的，学长认为它是有意义的。"虽然它对于生产力的发展没有直接的帮助，但是除了生产力以外，其实还有很多很重要的东西。"作为听众的我们深以为然。"我们讲精神文明，我们讲人类文明在发展的过程当中，总归渐渐觉得生产力越来越不重要，因为它已经越来越发达。那这个时候天文学就会变得越来越有意义吧。"他补充道。在做理论研究的同时，学长也会去探寻、挖掘理论的意义。正所谓学而不思则罔，思而不学则殆。学长很好地实践着这句千古名句。这品质也恰恰是晨晖精神最好的体现，他深入每一个晨晖人的骨髓，于不经意间流露出来，却是那样光彩夺目。

正当我们听得津津有味，一位同学向他提问："您可以给我们讲讲黑洞吗？""好呀！"学长很爽快地就答应了。"很有意思的一点是很多学科的人都会研究它，而对于天文学家来说，它是一层膜。膜的意思是，我们不关心黑洞里面的东西，天文学家只关心黑洞的那一层，会对它周围的东西产生什么作用？比如说把周围的恒星吸进去，或是把后面的恒星射过来的光，让它偏转一下，专业术语叫引力透镜……"

对于未来，学长已经有了比较明确的规划。他会选择继续执着于学术研究的道路上，愈探愈出，愈研愈入，愈往而不知其所穷。有始有终，方是晨晖人应有的态度。

恍惚间以为他是学社会科学的专家

一般来说，一个搞学术的人，我们会要求，或者说他自己应该以潜心学术为荣，而不应该被其他事情分散了自己的精力。而学长，则是一位比较独特的研究者，他认为，"政治生活是一个'人'之为'人'所不可或缺的，是精神力量的源泉；而政治信仰和身处组织之中，则是作为'人'，所难能可贵的一笔财富。一个科学家也好，工程师、企业家、政治家也好，首先都需要是成熟的'人'。"这样的说法令人耳目一新。我想，学长口中的政治，是指对社会治理的行为，是各种团体进行集体决策的一个过程，而非特指政府、政党等治理国家的行为。

他本人非常注重实践体会，并以自己的方式思考重要的事情。学长利用周末一天去北京的城中村,看城市化的进程当中,原来是村庄的地方,怎么征地,征地之后怎么盖新楼,怎么处理拆迁等问题,感受体会其中的各方利害关系。也有就在学长自己身边的,他采访学校里面的职工,甚至职工都可能说不上的,可能就是一些合同制的门卫保安,或者一个楼的管理员,采访他们的人生经历,他们每天的生活和所思所想。学长告诉我们:"对当时的我来说是很新颖的,是从来没有接触过的。"他的话也仿佛为我们打开了新世界的大门,这些东西,我们也未曾去思考过。学长也到过敬老院福利院,参与社会公益活动;去过共青团的委员会,去看他们的工作,从他们的角度出发去看社会。大学里为期一周的江苏的、盐城棉花产业考察,调研一个产业的转移,然后看这个产业的转移对于当地人的影响,对于国家战略的反应;他还做过一个台湾的,了解台湾的非政府组织,就是或者叫民间组织,看他们在整个社会当中发挥的作用。

"整个社会其实是分很多的层面,后续的这些层面,如果我们看不到,那其实是没有真正了解的。"学长肯定地说道。在寒假,身为本科生辅导员的学长参加了一个本科生的活动——了解北京冬奥会的高铁修建。北京冬奥会要修一条从北京到张家口市的高铁,要征地,途中经过很多种地村庄,张家口市也要全力配合,把原来的车站拆了,盖个新车站。"大家可能都只知道要开冬奥会。但是大家不知道的是在铁路修建过程当中,底层的老百姓的想法,也不知道张家口的市政府的想法。"学长娓娓道来,"其实这是不同的问题。开冬奥会对国家形象是很好的。全世界的人都知道,中国的冬季运动日益兴盛。但是对于张家口市政府那就是不一样的事情,他们要想的就是财政问题,建这么多场馆的钱的来源,河北省政府并没有那么多拨款。中央政府可能拨款了也可能没拨,这就是要调查的东西了。"学长没把研究的定论告诉我们,只是启发我们,要多关注这类社会实事,多调查,多思考。

学长又谈到了改革。"看新闻报道觉得改革非常容易,只不过是一篇这个新闻稿,记者把它念出来。但是实际上真的要改革的时候,我觉得碰到的问题就大了。你会触及一些人的利益。比如说确实有一些人觉得这个东西不能改变,觉得它应该存在。也有可能因此牵一发而动全身,各种各样的问题接踵而至,从中看出整个社会整个国家是很不简单的。你看它本质的时候,要区分开哪些是好的,哪些是无奈之举,或者从不同的角度看,你会发现他们重视的是不同的方面。"听着学长头头是道地分析评价,恍惚间以为他是学社会科学的专家。

笔者以为,这才是真正对国家、对社会、对人民有意义的事情。现在的中国,有着太多盲目的冲动青年,他们打着爱国主义的旗号,自比愤青,看似针砭时弊,实则人云亦云,而且不得要领。只有把自己真正代入到情景之中,了解其本质以后,进行过辩证思考,权衡完利弊之后,才能有发言权,这是学长带给我的启示。

看一个社会全貌的时候,会发现它远远比想象的要复杂。不是好与坏能够评价的。在这样的情况下,总体的判断显得相当关键。如果没有总体的判断,可能就会受到舆论风向的引导。学长总结道:"接受老师、书本的指导,发展出自己的一套思维模式,取一个平衡点,一步一个脚印建立一个正确的比较多元的三观是重中之重。然后再根据自己的思维模式,去看社会事件、群体,你大概能够不受舆论的风向而摇摆。"讲到这,令人豁然开朗,这大概就是学长这么注重政治生活的原因吧! 我也从中隐隐约约地感受到它是立身之本,精神源泉,不可或缺。

"人生最终的价值在于觉醒和思考的能力,而不只在于生存。"这个从古希腊就被道破的经典之句一直流传至今,我想,这也是对梁赋珩学长人生哲理最好的诠释,从进晨晖的意义、专业的抉择、学术与政治生活的关系,他无时无刻不在思考,而且是理性地成熟地进行思考。因为思考,他打开了通往新知识的大门;因为思考,他获得了无尽的精神财富;因为思考,才造就了现在独树一帜的梁赋珩,而不仅仅是芸芸众生中普通的一员。晨晖社要培养的,正是这样理性而有主见的思维模式吧!

采访者简介:

梅宇杰,二附中 2019 届 3 班,晨晖社成员。曾获上海市科创大赛一等奖。拥有一颗热忱的心和远大的抱负,喜欢读历史,热爱围棋、篮球等运动。人生征途漫漫,祈盼焕发出自己的光彩!

以一种别样的视角面对世界

——贺骊印访谈

采访：曹劼

贺骊印，2012届晨晖社成员，南京大学地学院本科毕业，加州理工学院环境科学与工程专业。

本科第一年就递交了入党申请书

访谈中聊到了学姐在晨晖的经历。进入高二后，学姐通过老师、同学等途径了解到了晨晖，加入了晨晖。学姐说，当初加入晨晖的主要原因有两个：第一个，功利地讲，是想入党；第二个，是想接触到全校最优秀的一批人，也可以听老胡讲一些社会新闻，既可以起到拓宽知识面的作用，又可以在学习之余了解社会，作修养、放松之用。那时候，每到晨晖社的活动时间，来自不同班级的同学便聚在一起，听老胡"扯"，听同学们"扯"，讨论，争辩，学习。或许晨晖成立的初衷十分简单，只是在学习之余，二附中里一群有着共同志向的人聚在一起，谈天说地，只是学生们在象牙塔里对现实世界的一个补充。然而随着发展与传承，晨晖也逐渐变成了一个在遐想之外更注重于"脚踏实地"的学生社团，立足二附中，走向世界。

高二时，学姐在上海海警边防支队进行社会实践活动。战士们都20岁出头，比当时的她大不了几岁，风华正茂。他们把一生中最美好的年华奉献给了党和人民群众，保卫着祖国的海上安全和人民群众的财产安全。"随时进入战斗状态！"他们说的这句话至今还让学姐记忆犹新。这是他们的职业操守，更是对党对人民的承诺。学姐说，她从这次社会实践中得到了真切的感悟，当今祖国的繁荣昌盛和人民的安居乐业都是因为有强有力的军队保障。在晨晖的学习激发了学姐强烈的社会责任感和积极加入中国共产党的想法。虽然高中期间她因为年龄原因未能入党，但学姐并没有因此停下向党组织靠拢的脚步。在南京大学的本科第一年她就递交了入党申请书,并积极参与党课培训,以优异的成绩通过了党校的结业考,于 2013 年光荣地成为南京大学 2012 级第一批入党的本科生。

二附中教会学姐的是"卓然独立,越而胜己",而晨晖更是教会她要走在同龄人的最前面,并且敢于承担责任。这不仅鞭策着她在学业上刻苦钻研,也激励着她在工作中发扬党员的奉献精神。本科四年中,学姐的成绩稳居院系前三,连续三年荣获国家奖学金等各大奖学金,以及校级优秀学生、校级优秀毕业生等荣誉称号。此外,本科二年级,她担任系团支部书记,组织了若干团组织生活,得到了老师和同学的肯定。这些难忘的经历都将激励着学姐在研究生阶段的学习和工作,在未来的追梦路上继往开来,再创辉煌。

选择遥感技术想为国家尽一份力

学姐非常热情,理科人才的逻辑思维和包容思想,给我留下了深刻的印象。

学姐说,她的高考成绩并不是特别理想,没有考进高中时特别想读的北大、复旦等校的热门专业,比如金融和数学专业,转而选择在南京大学地学院就读。南京大学地学院在全国范围内,是学术水平高、科研能力强的顶尖院校,虽然学校在国际上的影响力可能不如北大清华,但地理学科绝对是南京大学的优势学科之一。在南大,她选择了遥感技术作为本科后期的方向。遥感,是指非接触的,远距离的探测技术,她通过遥感器这类对电磁波敏感的仪器,在远离目标和非接触目标物体条件下探测目标地物。二战中,各国已开始对于遥感技术的研究工作,二战后,美国、苏联等国相继发展了其拥有专利的遥感技术,作侦测敌情、获取情报之用。然而我国的遥感技术,直到 1970 年才开始慢慢起步,仅仅拥有三四十年的历史,目前国内和国外的技术水平还是存在着较大的差距的。现在,遥感的应用已不再限于监控敌国,而扩展到了生活,包括对自然灾害的预测,对河湖水位、环境污染范围的记录等。遥感技术使得人类能从"上天"的角度观察地球,探索地球,开发地球,保护地球。中国的遥感技术,自然要由中国人自己开发,在这个领域仍有大片未开发的技术森林,等待着学姐这样的地理人才去开发。当我问到她为什么要选择将遥感作为未来的方向时,学姐说"中国的遥感技术是很有前景的一个专业,我选择遥感技术想为国家战略性产业尽一份力。"

学姐虽然没能考进自己所向往的数学和金融专业,但学姐非但没有放弃希望,反而立下求学意志,来到南大,在辽阔的新领域探索。到底是选择从自己出发,为自己未来的名望、财富、地位求学,还是从社会出发,"为中华民族崛起而读书",这是值得我们思考的问题。如今,很多高考状元进入高等院校,学习的不是他们擅长的专业,而是金融、管理这样"油水多"的专业,清华大学施一公说:"当精英都想做金融的时候,这个社会一定出了大问题。"

学姐说:"我觉得南京适合静下心来,好好读四年。""南京大学选课较为宽松,鼓励辅修或者读双学位。"从学姐的一字一句中可以看出,对于学姐而言,进入地理学院学习可能只是高考时的一次意外,但在地理学院的四年或多或少地改变了她对知识、对人生的看法。很多人觉得,高考结束,进入大学后就可以放松,可以不那么努力地学习了,然而对学姐而言,这只是进一步学习的开始。可能就是这样的观念才使得她坚持貌似"不挣钱"的学习研究,在当年高中同学大学毕业找到一份稳定的工作之时,进入加州理工继续研读。学姐坚持了当年进入大学时的"初心",矢志不渝地追寻未知。我觉得,可能这便是知识分子的"工匠精神"吧。老胡经常说,不管进入什么领域,就是要用心做,做到最好,我觉得这在学姐身上很好体现了出来。这可能也是学姐对她自己的要求,我觉得,这应该成为每个优秀的人对自己的要求。所谓"脚踏实地,敢于摸天",说的正是对远大目标的一种执念。

学姐在加州理工获得了全额奖学金的支持,因而生活压力较小。学校除了担负她一年四万余美元的学费以外,还为其提供了三万三千美元的生活费。在学习工作之余,学姐还兼职做一些地理学环境学的美国 PhD 申请咨询,帮助国内一些希望到海外深造的同学改申请材料,准备面试等,生活非常充实。

使命感就是用所学知识更好地服务社会

当谈到晨晖给她带来的影响时,学姐说,作为当代青年的历史使命与社会责任感,是晨晖带给她最重要的东西。"在和平时代,作为青年学生,我们履行自己的历史使命的最好方式就是用所学知识更好地服务社会,创造财富。"大四时,学姐放弃了保研资格,申请出国攻读环境遥感博士学位,目前就读于世界前五的加州理工学院。学姐说,在空间信息技术领域,中国还有很大的提升空间。卫星遥感技术通过人造地球卫星获取的数据实现对国土资源进行动态监测,对自然灾害灾情进行动态监测和评估,对农作物长势进行监测和估产,从而为国民经济可持续发展提供科学的决策依据。我国是人口大国和农业大国,粮食问题是我国政府非常重视的问题。攻读博士学位期间,学姐主攻叶绿素荧光遥感领域。作为最近几年来发展的进行植被光合作用研究的新型遥感手段,叶绿素遥感可实现对农业和林业的精准动态监测,不仅能实现对产量的精确评估,还可以为灌溉提供决策依据从而提高产量。"我相信,体现自己社会责任感的最佳方式是毕业后能为祖国的空间信息技术和粮食安全领域贡献自己的力量。"学姐的这番话深深震动了我,因为在这样一个争名逐利的时代中,学姐能坚持作为一个知识分子的本职已是不易,而化现实理想,从事实出发,确定目标,持之以恒地努力下去。有这种敢为天下先的探索者精神,我相信学姐的事业必定会随着国家现代化的进一步建设蒸蒸日上。

学姐说,晨晖精神生生不息,而晨晖社也为晨晖人,为二附中人搭建了互相交流的网络,因为这一群学生当下可能只是学习上的伙伴,而未来极有可能会成为商业、科研、政治圈的合作伙伴,创造历史。

最后,学姐回忆说,老胡希望晨晖社的成员是学校中最杰出的学生,我觉得老胡所说的"杰出"指的不仅仅是学业成绩上的优秀,更是独立思维能力的优秀,有对社会、世界、真理的个人理解,有兼济天下的情怀。在这个"应试第一"的年代里,在每个人都埋头读书、疯狂刷题的背景下,晨晖人在高中通过实践获得的知识积累是与其他学生完全不同的。"腹有诗书气自华",晨晖人追求的不仅仅是光鲜的高考成绩,更是对这个社会的深层理解,对身边人、天下事去思考,无论是在学习还是工作之中,这种能力体现出来便是"天下为公"的自觉。所谓"天下为公"不是一小部分高精尖人才的专有名词,更是每个有情怀、有想法的人必备的素质,而晨晖所在做的,正是在高中阶段对这种人才的提前培养,这种教育可以拓宽学生的眼界,深化看问题的层次,也使得晨晖人在未来的人生里,不论遇到什么困难,诸如高考失利,甚至于职场受挫、感情失意,都能以一种别样的视角面对世界。

我想贺骊印学姐已经做到了老胡所说的杰出了。

采访者简介:

曹劼,2019届2班,晨晖社总联络员。热爱历史学、哲学。

创业方知征途远

破芽萌发出一朵视野之花

——孙佳骏中关村谈创业

采访：杨欣怡

孙佳骏，2009 届晨晖社成员，2013 年毕业于清华大学数学系。现任北京鸿合爱学教育科技有限公司 CEO。

和孙佳骏聊起二附中的生活时，避免不了地，谈到了有关课题的话题。

在二附中的日子里，孙佳骏做过很多课题研究，甚至在老胡的语文课堂上，都参与过一些极具趣味的小型课题研究。举其中一例而言，他当时做过一个有关于"小额信贷"评估申请人的信用指数的课题，还为之建了个数学模型，最后拿了"明天小小科学家"的三等奖。

"在课题实践的过程中，会遇到很多错误，我大学毕业后再回头看当初的研究，发现里面有非常多的错误，甚至连模型都建错了。"关于对课题研究的看法，他这样说道，"但是做自己喜欢的事情是很快乐的，我觉得不论是学科竞赛、模拟联合国还是科创比赛，都应该是出于兴趣地去体验，而非一味地追名逐利。"

兴趣，也随之成为了他推开晨晖社大门的动力之一。

孙佳骏是来自 2009 届晨晖社的社员，当时晨晖社举办的一些活动吸引了他。出于对这些有关于历史、时事时势的探讨与分析的兴趣，他就这样来到了晨晖社，开启了一段让他感觉在课业学习和普通的学生社会实践之外的一种不一样的体验，踏上了一段与课业学习和普通社会实践迥然不同的旅程。

当然，往届的优秀晨晖社员身上的诸多闪光点也是吸引见贤思齐的孙佳骏加入晨晖社的另一因素。正巧的是，晨晖社的社团指导老师正是孙佳骏的老师，这一切冥冥之中牵连起了他和晨晖的不解之缘。

毕业后的创业之旅艰辛而繁忙，孙佳骏对碎片化的往事已有所遗忘，但回忆起晨晖社的老师和同学们，一切历历在目。孙佳骏说，老胡是个很有个性、风趣幽默的人，他总是把眼镜低低地架在鼻梁上，眯着眼睛看着同学们，一副和蔼可亲的模样。

在晨晖社的日子里，孙佳骏认识了一些优秀杰出的同学。他认为，晨晖社的同学不仅十分聪明，而且大都自律、有理想、有志向，在平日与他们的交流与相处中，往往能受到一些启发与激励。

这一届的晨晖社完成了一项社会实践课题——对改革开放三十年若干社会现象的思考，孙佳骏参与其中。他还记得，当初他参与参访了渣打银行的高管钱晶和绿源电动车的创始人。其中，热情接待他们的钱晶学姐也是二附中的老校友，在采访过程中，他感受到了学姐对二附中的深厚感情。

这些杰出的访谈对象，在孙佳骏的印象中，言行举止都很得体，而且大多为人谦逊。完成这样的社会实践课题，既让他结识了一些优秀的二附中校友，锻炼了自身的沟通能力与协调能力，同时对于他个人树立理想和扩大见识面有一定程度上的积极影响。最终，这些特殊的体验和收获，慢慢地融入了自己未来的生活和对成长的思考。

对于晨晖社的社会实践活动，孙佳骏学长提出了展望，希望晨晖社的社会实践活动能跳开社会实践这个行为活动本身，挖掘其中更深的意义和价值，让晨晖社的社员们都能得到更进一步的锻炼。

而相比社会实践活动，孙佳骏印象更深刻的还是晨晖社的党章学习，这也是他对晨晖生活最感兴趣的地方。他认为，学习党章等基础知识，这是晨晖社社员一个主流的、结果性的目的。学习《共产党宣言》，了解中国共产党和其他民主党派等，虽并不意味着每个人都要入党，但是对党章、对共产党每个人都应有所了解，只有在了解后，才能判断自己是否有选择入党的意愿。

晨晖社的经历不仅对于孙佳骏在大学及以后的日子里形成自己的"三观"有良好的奠基作用，同时给他在大学和之后的组织生活，尤其是理论学习方面，打了一个较好的基础，也培养了一定的这方面的兴趣。

孙佳骏还回忆起了晨晖社参与的讲座分享，社员们坐在一起讨论问题，或者是学习理论知识的场景，这样一块块琐碎的场景碎片，拼凑出了他在晨晖社的往事记忆。

二附中的三年，在晨晖社的活动之外，孙佳骏不仅当过社团联主席而且还担任过学生会主席，他还深度参与过学校的各类活动，他回忆起高一那年办艺术节，通过重重关系,他请来了戚薇等三个嘉宾前来义演,举行了一个小慈善,甚至还被媒体报道了。举办各类活动,写策划,推动落实策划……这大概也是他身为学生会主席的日常。

晨晖·种子·视野

晨晖的活动,在大多数社员繁忙的二附中生活中,占的比重还是较低的,对于晨晖的意义,孙佳骏则将其比喻为了"一颗埋下的种子"。

晨晖所埋下的这颗种子,让很多晨晖社的社员提早接触了一些高中时代接触不到的东西,从而帮助自身形成一个良好的"三观"。晨晖是一个不一样的平台,它将这些有关于社会现象,有关于时势与政治的问题,提前在高中阶段展现给了同学们,促使同学们去先一步地思考社会,思考历史,使得大家在真正踏入社会之后,能够理智地、有深度地去看待这些问题——加入晨晖社,帮助孙佳骏形成了一个较为正确的、系统的、高观点的视角去看待一些社会、历史与政治问题。

而这颗种子,在大多晨晖人的人生路上破芽萌发,开出了一朵视野之花。

视野的第一内涵,是一个较为正确的价值观,对于党,对于我国历史和社会现状的了解和看法,常常受到学生时代经历的影响,晨晖社将这些问题作为主要研究和学习对象,培养社员对于社会与国家的使命感与责任感,对学生个人的价值观有一定的塑造作用。

另外,孙佳骏谈到,在大学里,由于生活节奏不同、选课不同,班级和年级的凝聚力显然不如高中时期,生活场景上耦合得也不是那般紧密,因此召集大家前来进行一些活动或是讨论问题其实并不容易。由于组织的范围扩大,大学的院系基层党建工作落实起来就相当平淡甚至存在无序的情况,学生辅导员肩上的责任感和驱动力也不是那么强烈,不比过去在二附中里像老胡那样的热情。

孙佳骏所在的院系基层党建工作就做得较为普通,毕业后选择了创业就更是"俗事缠身"。在这种情况下,能继续在理论学习上花费的时间就减少了,更多的时间与精力放在了工作本身与自我提升上,因此平时不太能非常积极地参与组织活动。

但是,即使是这样,孙佳骏学长还是心怀热情,他仍然对从事有社会价值的事业、用与自己个人志趣相匹配的方式为人民服务这件事情,保持着高度的热情,并且坚毅地实践着。

我猜测,这大概就是视野的另一个更深刻的内涵——前进的视野,这是一种在尘世干扰之下，依旧能清晰地看到、执着地坚持自己的道路的能力与信念，也或许曾是晨晖潜移默化中所赋予社员的东西。

孙佳骏认为，这就是从真正的信念层面对他的影响较为深远的东西，也是晨晖社赠予他的一笔最宝贵的人生财富。

就这样，孙佳骏带着他的视野，一路勇敢无畏地前行在创业路上。

理想·前进·创业

"如果我选择去一家普通的公司打工，或者做一些很无聊的工作，每天做的决策数量实在太少，而且我你所做出的决策所能产生的影响，也不够大。而如果进行创业的话，每天都有非常多的决策要做，风险也很大，我认为在这样一个高度不确定的环境里，有助于你学习，提高判断力，更加了解外部世界……"

孙佳骏承认，当初自己对于创业的认知确实存在偏差，有莽撞的成分，在创业的过程中也不断地被"教育"着。但是选择创业，也是孙佳骏实现自我理想的一种锻炼方式，对于他来说，追求的生活目标，是更多了解这个世界，包括它的运作方式，而选择创业，就常常要对一件难以判断的不确定性较大的事情给出判断，最终现实会印证自我的判断的是非性，而往往，判断与决策的成功，会带来饱满的成就感。

"不仅是创业，还有投资，甚至是从政，哪怕是当一个村官，也面临着县里资源的利用分配等一系列的问题，这些职业也都具有类似的高度的不确定性。相对普通职业来说，创业给我带来的进步更大。所以我选择这条道路，跟自己追求的生活方式和理性都有关系。"

其次，谈及高中生活对自己创业的影响，孙佳骏回忆说，在二附中的时候，因为做过学生工作，会比同龄人更有经验，更有自己的想法。他说，有人曾经告诉他们说"就算出去擦桌子也要擦得比别人干净"。这种教育模式还是非常影响孙佳骏的，让他有决心做好一切事，最后发现精益求精的过程变成了一个有趣的过程。

而在清华的时候，自己并没有对数学有很深入的学习，往往是"突击式的学习"，所以对学习并没有任何的畏惧，遇到不熟悉的领域，"没关系，熬个通宵！"孙佳骏举例说，其实自己一开始不太会写代码，但当时没有程序员，只能现学现写，最初创业时有一半的代码都是自己一个人写的。他觉得无所畏惧是一种很重要的品质，没有畏惧地做一件事，往往能被激发的潜力更多。

漫漫创业路

孙佳骏在大二的时候开始了他的第一次创业,做的是留学咨询公司,当时公司在上海,自己在北京负责市场运营。那时候还很年轻,这一次创业让他们更多地明白的是创业并非想象中那么简单,和在学校中做相对封闭的学生工作是不一样的。在市场冲浪,事情如果没有达到理想结果,下个月就可能吃不上饭,所有之前的投入可能都要打水漂,甚至是要赔钱,合作伙伴也可能离开自己。相比较学生工作,创业的不确定性更大,反馈更即时,但是这样一种不确定的有挑战的工作方式,对当时的孙佳骏来说,还是极其有吸引力的,这也成为他选择继续创业的原因。

第一次创业由于课业冲突和一些分歧就结束了,孙佳骏回忆说,在那以后他在校做过一些小型的项目,接触到了互联网创业圈。

"我在大学生创业者中算出道比较晚的。当时 MOOC 在全球范围里火了一把,那时候和在清华的二附中校友准备做这个项目,而北大有个老师正好有个相关的项目可以让我们接手,但是没过一两个月,投资出了点问题,我又和团队里的人还没混熟,树倒猢狲散,这个项目就结束了。"

"刚大学毕业在北京创业的时候,那时候没钱,穷啊,正好还和朋友一起做项目。那时候穷到在北京没有房子住,和朋友一起住在北航的宿舍里,两个人一张床。有时候工作回来比较晚,回北航的时候热水都已经关了,大夏天的,只能在洗漱间用牙刷杯接点水把澡洗了,这样的日子过了一个半月。"孙佳骏笑着说,但其实还不算他创业最困难的时期,现在回忆起来,在北航的那段时间,还挺有意思的。

就这样,他开始了真正意义上的第二段创业,开了个培训机构以作过渡。当时在北京开培训机构是相当困难的,因为有新东方和好未来的存在,大部分小机构很难生存。孙佳骏选择了一个较小的市场——艺术生文化课培训,当时这个机构持续了一年左右,也有差不多两三百人来听课。

这一次的创业经历又给了孙佳骏新的体会,他以前做的创业项目,如留学咨询等,都关注的是一些比较高端的市场,互联网项目,也只是把自己关在房间里,最多和客户交流一下,并没有接触过中国底层渠道、市场服务,但是做培训机构,需要跟多方招生渠道沟通。

"有时候为什么说名校出身的创业者不接地气,也不知道怎么打交道。虽然我现在做得可能也不是很好,但是那次创业经历给我上了重要的一课,书生气在市场上是过不下去的。"

他明白了中国教育质量的不均，不能按照自己在上海的经历判断行事。

但是，孙佳骏并没有接着做培训机构，因为他想服务更多人，培训机构也没能给他带来足够的成就感，他希望能寻求更技术的、更有商业价值的、能服务百万人的创业项目。

这一次，在 2014 年下半年，孙佳骏开创了"可乐学习"，当时遇上了极好的政策环境，这一次的融资相当顺利，还参与了一些奖项的评选，但是万事没有如此顺利，他的公司仍然面对着资金的短缺和转型问题。"可乐学习"在 2017 年被国内教育信息化领导企业——鸿合科技所收购。而孙佳骏，如今担任其旗下子公司北京鸿合爱学教育科技有限公司的 CEO。

他最后转型的方向就是给中国公益中小学做教学服务类型的应用，希望用市场化的方式，帮助教师提高教学质量，帮助学生学得更好。

困难与感动

孙佳骏清楚地记得，2016 年 8 月到 10 月的时候，是他创业以来最困难的时期，在 2016 年上半年刚经历了一次创业转型，还没来得及把业务跑明白，手边就不断地"没钱"。

"最困难的时候团队就只有十几个人，也就是说，几乎每个部门只有一个人，那时候就一个工程师，他一个人写代码，就一个产品设计师，一个运营……"孙佳骏说，"当时没钱的时候，甚至就拿着自己的产品，向自己的竞争对手推销自己做的项目和之前遗留下来的一些技术、产品成果，这种事情其实是很屈辱的，常常是在微信上找到一些陌生的同行，找了各种公司，各种卖产品，拿到了一些钱，但大多数情况下都是被投资人拒绝的。当时还开始欠工资，有人跟了我两年也没涨过工资，最多的一个人四个月没有领工资，而自己半年没有给自己发过工资。那时候'合伙人'也只有我自己一个，各种压力都要一个人承担，整个人是相当疲惫的，2016 年 12 月，家里还出了特别大的变故。"

但是创业以来最感动的一件事也发生在这个困难的时期，2016 年 11 月，他跟老员工们说，12 月圣诞节迫近，过了圣诞就是元旦，不久后又要过年，11 月如果搞不定融资，就差不多要关门了，但是朋友们纷纷鼓励他，一群喝得烂醉的人彼此安慰。随后，大家万众一心，机遇来临，困难逐渐化解了。

真实的创业

孙佳骏说,教育领域其实不是能挣大钱的领域,至少不是很快能挣大钱的领域,不比互联网金融、直播、区块链、小程序游戏等,政府有一定的监管力和市场也一定程度上碎片化。但他目前仍留在这个领域,主要是因为路径依赖和在这个领域的大量经验积累,也或多或少有一些情怀,创业过程中看到了很多未解决的问题,也有很多试图解决这些问题的创业者,便因此有了一种"英雄情怀",想要试图解决这些疑难的问题。

"但我也是愿意尝试去做别的事情的,我对教育领域的一些问题非常感兴趣,但我并不打算一生都专注这个领域,我觉得解决有意义有价值的问题,都是我愿意做的事情。"

这是孙佳骏自己未来人生规划的一种视野,创业之路艰辛,时而扑朔迷离不可确定,试问要如何一路坚定前行?那绝不是一头乱撞地四处奔走,而是要有这种前进的视野加持在身,才可以清晰地看清眼前路,稳扎稳打地走好每一步。

同时,创业,战略上的错误和决策上的错误天天都在发生,就相当于一个在不确定信息环境中判断和决策。孙佳骏将创业比作赌博,创业和赌博一样没有办法苦练技术。

"大家有时候认为创业者或许会因为失败而一蹶不振,就好像狙击手打坏了一枪以后再开枪会手抖一样,但我生活里身边的创业者,绝大多数都是一种'上瘾'的状态,即使他们失败的时候会很沮丧,但是最多半年,又变得生龙活虎的,能够重新站起来,总有办法东山再起。"

孙佳骏说,每次失败以后,就给自己一个休整期,沉淀一下,寻找新的机会。

"大家对创业确实有很多误解,创业并不是九死一生、惊心动魄,也不是每个问题都会伤筋动骨,对创业的热爱,也是藏在内心深处的,并不会像鸡汤创作一样经常自己感动自己,其实每天经历的事情都是很理性的,每天虽然都是小问题不断,但是慢慢就习惯了,见招拆招,过的也是普通的生活。"

结语

最后,对于学校、晨晖与自己未来的发展,孙佳骏学长提出了自己的展望。

对于二附中,希望能继续独树一帜,能更加关注对学生的底层能力的培养,关注对各种类型同学的培养。

对于晨晖社,希望能更多地聚集、吸纳有思想、有理想的二附中青年学子。并且希望这些学生能够在较好的指导之下,逐渐进一步发展晨晖精神,成为晨晖社这个团体的主人。

对于自己,希望能继续提升自我、提升认知,在创业之路上坚定前行,努力工作,完善自我理想。

通过和孙学长的三次交流,我发现他确实是个非常有自我想法的人,选择创业的初心和决心,面对困难的坚守……也许晨晖和二附中只是他人生里短暂的一部分,但我也确实看见了,晨晖人、二附中人,所应当成为的样子。

孙佳骏的视野究竟是什么?艰难复杂的创业确实也可能如他所说,常是俗事缠身不可解,囿于繁忙,困于不休不止、来去不尽的决策和成与败,这好像都是很世俗的东西,或许有时候圣洁高尚的理想总会和现实有些许的出入,但成功者也绝非是一个空想者,也或许不是梅诗金的《白痴》所描绘的那样企图全然用信仰和爱去拯救世界。这篇采访记录也并不是意图记录和颂扬他远大的理想,而是告诉看到这篇文章的所有人,如何实践自己的理想。

是否被尘世纷扰阻碍了理想?是否被众说纷纭质疑了理想?是否被重重困难击溃了理想?那么,再确切一些罢,希望看到这篇文章的你们,能学会在千姿百态的世俗烦扰之下,拥有像孙佳骏那样的视野,就可以无畏前行。因为拥有这种视野,便能拨云见日,就可以明白,世俗缠身,不过是种历练,也是理想实践的必经之路——开培训机构时对底层市场的摸索,拉拢投资时的推杯换盏,无疑,都是磨练。

前进,要有视野,要有像他那样的清晰的自我认知,也应该有决心,应该有面对艰难的无所畏惧,应该有方向,应该有规划,应该有情怀。

希望晨晖埋下的这颗种子,可以在更多晨晖人的人生路上开出视野之花。

采访者简介:

杨欣怡,二附中 2019 届 5 班,晨晖社成员。喜欢交流,热爱探索高效的办事方法,追求效率,注重细致。

更重要的是有共同的信仰

——晏麟的故事

采访：张若欣

晏麟，2006届晨晖党章学习小组创始人之一，复旦大学金融学学士，荷兰格罗宁根大学金融学硕士，现在沪工作。

"现在回想起来，我在学生时代无法预见晨晖对自己的影响是如此深远，二附中和晨晖对我的熏陶，从很大程度上，决定了我过往的人生道路并将引导我未来的路。"

作为第一届晨晖成员，晏麟对二附中和晨晖社充满了感恩，更希望晨晖的精神和其所提倡的价值观能在青年学生中得到传承，让每一届学生都能不忘初心，帮助他们在未来的道路上走得更远，更坚定。

晨晖党章学习社团自2006年创办开始，已经见证了12届社员的毕业。对于这些光荣的毕业生来说，晨晖社在他们心中究竟有着什么样的地位？交流切磋的平台，切身实践的组织，还是立德立人的起点？

在第一届毕业生之一，晏麟的心里，晨晖社符合所有这些定义，又不局限于这些定义。

当她第一次怀着好奇又带点紧张的心情，坐在格外优秀的同龄人之间，坐在亲切而睿智的指导老师身旁时，还不能预见晨晖社将潜移默化地，为她的未来带来如此深远的影响。她迈出党章学习社团踏进社会，考入强者云集的大学，踏上边实习边学习的道路，潜入创业打拼的汪洋，再继续探索新行业机遇加入外资企业。时至今日，已在外资物流地产开发投资企业担任财务与运营资深经理的她蓦然回首，越发体会到很多人生抉择背后，都藏着一段来自于高中青葱年华的记忆——原来，一路晨晖。

在晨晖社日常的学习活动中，晏麟眼里的社团指导胡老师是一位极有气场的知识分子，骨子里有着非常倔强的一面。用她的话来说，胡老师充分诠释了"不抛弃不放弃"的精神。她不止一次强调，晨晖社从当初在2006届高三毕业班建立，一直到现今壮大,少不了胡老师的坚持与坚守,值得后辈去体会,去学习。正是胡老师的言传身教,激励她在精于学业的同时,坚持一身正气与做人的坦诚,做一个让别人感觉温暖的人。这就是她理解的"穷则独善其身"。

在高中时代就能找到能够为之不懈坚持的价值观,对晏麟来说实属幸事。在传达着"穷则独善其身"的校内讨论会之外,晨晖的校外实践也对她影响颇深。高中她就递交了入党申请,回想初衷,晏麟认为还要归功于晨晖社的熏陶以及实践对她的影响。2006 年,由二附中安排,晏麟与各班级的学生代表参观了老一辈校友刘玠管理的企业,在与老一辈党员的交流中,切身感受到了"达则兼济天下"的精神。

"相信在现阶段的晨晖,其成员亦是同龄人中的佼佼者。"晏麟面对现在的晨晖社成员,毫不吝啬她的夸赞与期许,"这不仅是指学习和工作能力强,更重要的是成员有共同的信仰,有更高的精神追求。这样的团体,给予我向别人学习的机会,向往与优秀者共事,同时,在压力中前行,也让自己更加谦逊。"

从二附中毕业后,她通过复旦第一届自主招生,进入复旦大学求学。而后根据大学绩点和高考成绩的综合排名被复旦国际金融系录取。复旦国际金融专业在当年的高考录取分数线非常高,班级中云集着各省市状元,她的一位室友更是当年上海市理科状元。突然置身于这样一个身边同伴格外优秀的集体,她难免会感到有些压力。她回忆这一段经历时,却没有任何关于艰难适应的抱怨,只客观评价这"是压力,也是动力"。原来在晨晖所培养的谦逊,使她能够以更好的心态自处,不妄自菲薄,而是从大学同窗身上获益良多。时至今日,她仍然在工作岗位上与二附中、复旦的同窗互相切磋学习。晨晖所聚集的优秀人才资源,对于每一个成员来说,不仅仅是一时的同伴那样简单。这一段在共事中"见贤思齐焉"的经历,将是我们受益终生的宝贵财富。

对于第一届晨晖社团元老们来说,高三的忙碌限制了他们可以分配给晨晖的时间,其实晨晖真正活动的机会都是挤出来的。有限的机会反而使得同学们对每一次实践更加用心,执行起来积极许多。让晏麟印象最深的就是对浦东干部学院的参观。她说,当时是胡老师发起了这个提议,于是晨晖社团写信给时任上海市委副书记的王安顺同志,表达这样一个想法,得到王安顺同志的支持和肯定后,联系浦东干部学院进行参观,对方还安排了专门的座谈会。现在她回想起来,当时,作为高中生的他们参加这样的活动,不能够真正明白自己做这件事情的意义与收获。"可正如我一直相信的那样,这样的活动会接触'三观很正'的人,会让自己逐渐意识到自己希望成为一个怎么样的人。"胡老师,就是她所认为"三观很正的人"里最典型的例子之一。因此在一个同伴、老师、社会活动的采访对象都"三观很正"的群体里,她不知不觉被感染了。

晨晖设立之初,晏麟和同伴就遇到了第一个意想不到的挑战。胡立敏老师提议给时任上海市委副书记的王安顺同志写信,汇报晨晖的创立以及进展。第一次给看上去如此遥远的市领导写信,几位学生都怯生生,觉得不可思议,"还可以这样子啊,会有回信吗?这信可以被王安顺书记收到吗?"同学们在胡老师的鼓励下,在信中介绍了晨晖概况,也表达了想要前往浦东干部学院学习的心愿。出乎意料的是,他们真的收到了王安顺副书记的回信,副书记还盛赞了晨晖学习小组的意义,之后前往浦东干部学院的参观也得到了支持和安排。此后,晨晖学子继续见证着社团在充满挑战的征程上,一路前行。走过十余载光阴,晨晖社成了二附中的明星社团,还将成果汇集出版。这一切让晏麟备受鼓舞,坚信"有志者事竟成"。

晨晖以外的大千世界里,有更多的挑战等待着她。2008年,晏麟被选拔参与复旦—荷兰格罗宁根大学双学位项目,赴荷兰完成本科最后两年的学习,并在2010年取得复旦大学国际金融系金融学专业学士学位和格罗宁根大学国际商务专业学士学位。2011年,她又取得荷兰格罗宁根大学金融学硕士学位。毕业后她进入一家欧洲企业从事财务工作,在该企业位于新加坡的亚太总部接受了一年半的培训,而后被委派回上海担任该企业中国区第一任财务主管。她现在回想起当时面对的压力与挑战,仍是战战兢兢。但这几年,让她快速成长,不仅在业务能力方面,更在心态上发生蜕变,开始敢于突破自己的舒适区。

工作四年之后,正逢互联网创业热潮,在前同事的邀请下,晏麟毅然辞职加入创业大军,负责团队的招聘和财务管理。和其他合伙人一样,她在创业公司的工资每月只有3000元。虽然几经周折,公司解散,但她在这段经历中突破了自己,甚至偏离了大学刚毕业时的职业规划——她想体验创业这种生活方式。有了此番经历,她格外尊敬所有无论成功或失败,始终在各自领域打拼的创业者、开拓者;更明白那些企业家的成功,除了所谓运气之外,更基于大多数人不愿意付出的艰辛和努力。

当然,她并不是鼓吹在高大上的行业得到高薪或者创业之后身价上亿才算成功,而是想要鼓励晨晖成员追求挑战自我和摒弃世俗之见的勇气。无论是在高考路口选择院校专业,还是毕业后选择职业,都要坚信自己的选择,并为之努力到极致。

晏麟高考前的理想是进入保险业,立志改变当时保险市场的乱象,进入复旦之后她选择了经管类专业。被分入高手如云的复旦国际金融系后,她有过很多的迷茫、纠结。毕业时,她觉得所学知识都过于宏观,只接触抽象的财务报表分析,而不懂背后的微观会计逻辑,对她来说这样的知识架构不足以支撑未来的职业广度和深度。而当时金融专业毕业生所热衷选择的证券、银行、咨询等行业,都离不开对企业运营的扎实理解,思考再三,她决定第一份工作去企业学习具体的财务运营。虽然她没有选择直接完全应用已有知识,而是进入了相对不甚熟悉的领域,但她却通过这份工作获得了扎实的财务会计功底,与所学的金融专业知识互补,这让她对于现在从事的投资工作驾轻就熟。这份收获,要归功于敢于选择,又敢于坚持选择的信念,而究其滥觞,这份信念在高中的晨晖时光中就埋下了"有志者事竟成"的种子。

采访中,晏麟几次不好意思地声称许多晨晖的记忆早已被岁月带走,可实际上,她是最亲切说得最多的学姐之一。

记忆没有说谎,那些细节性的词句散在了风里,曾经那么熟悉的音容笑貌与眼眸隔了一层朦胧的薄雾,但却总有那么几缕晨晖静悄悄跟随她一路。这不是被大家所熟识的记忆,也许也不符合大多数人对晨晖最深刻的定义,但从她本人独一无二的视角来看,逃过岁月冲刷的这所有,就是晨晖最好最光明的样子。

笔者从这些记忆的碎片里看到的是一位曾经怯生生的小姑娘,在晨晖这个温暖的集体中学习,成长,经受历练,把这份经历不自觉地带入此后的生活。晨晖对社员们强调踏实又鼓励梦想,提供与优秀的伙伴们切磋交流的平台,并让每个人作为集体中的一员,直面挑战,战胜障碍。晏麟学姐调整着心态的同时,也逐渐变得更加善于为人处世,晨晖就这样,使她成为更温暖、更优秀的自己。

晨晖的情怀是无法被一两句格言概括的,晨晖情怀的痕迹无处可寻又无处不在,它所引起的共鸣在它的毕业生心里,也在所有聆听者与记录者心里。

往后的日子里,也会是一路晨晖。

再后来,晏麟与同是二附中人的先生喜结连理,对方是复旦的医学博士,在 2018 年初也光荣成为一名中国共产党员,目前就职于上海华山医院,做一名外科医生。她说:"我们很幸运能生活在中国最好的时代,我们衷心希望母校二附中能坚持'追求卓越'理念,办成世界一流的学校,为国家和社会培养一批又一批的人才。也希望我们的孩子将来也能到二附中读书,进晨晖社!"

采访者简介:

张若欣,二附中 2019 届 3 班,晨晖社总联络员。唐君远奖学金一等奖,有志于社会学与语言学的研究。

命运千回百转,终有不负初心

——徐慕文访谈

采访:吴珂

徐慕文,2009届晨晖社成员,毕业于北京大学俄语系,获经济学双学士学位,在校期间曾任北大模拟联合国社团学术总监。毕业后先后供职在联合利华、瑞安房地产和坚果云,现任众安科技(6060.HK)商务总监、首席技术官助理。"在晨晖,我学会了以更诚恳更贴近时代的视角,去看待时代变迁和党的方针政策。"

光阴似箭,日月如梭。2006年德国世界杯后,进入二附中学习的三年时间尚且历历在目,一转眼我从二附中毕业已经到了第九个年头。在校期间,我经历了二附中的50华诞,还记得那年校庆期间不少著名校友荣归故里,我当时还承接了一份小记者的任务,采访了上海电视台家喻户晓的著名新闻主持印海蓉学姐。九年后,我惊觉自己也将以"校友"的身份,亲历母校的60周年盛大校庆。隐隐中,我觉得自己该做些什么,来为母校的60岁生日献上贺礼。

毕业九年,自己心知肚明,很难在传统意义上被定义成一位"杰出"或者"优秀"校友,也许假以时日,我能够对社会的变革、身边人的福祉作出我力所能及的贡献,我也相信自己正在历练的道路上执着前行。然当下,在此时此刻,我想自己就以一个"普通"校友的身份,也应我在"晨晖"的授业导师——胡立敏老师的邀请,忠实写下我毕业九年,从大学求学期间到工作第五年的心路历程,希望以所有我经历的成绩和挫折,我的起伏和得失,为学弟学妹照亮一些行舟途中的暗涌与湍流,希望我的经历能带给广大的二附中曾经、现在和将来的同窗们一些小小启发,愿大家能在平凡的历程中变得更好,变得不平凡,以之为盼。

北大求学:未名湖畔好读书

在二附中学习的高光时刻,恐怕是高三的寒假确认被北大的外文学院保送录取。

那时的我兴奋而踌躇满志，却没有想到那是一段"更艰苦而对我影响深远"的四年生涯的开始。和很多进入北大的普通同学一样，是父母、亲朋好友眼中的天之骄子，可是只有真正踏进北大校园之后，历经前半年的"重新定位期"之后，才真正理解了在此藏龙卧虎之地，自己该如何"夹缝求生"。

我从来不是任何意义上的大牛，虽然在二附中当届历史班同学中有数一数二的成绩，但我仍然是凭借着好几分的幸运才踏入了北大的殿堂。初入北大的风光，很快就被极强的焦虑感取代——更可怕的是，这种焦虑感似乎无法向身边人言说。同学们，他们恰恰是你焦虑感的来源；而对于千里之外的父母而言，为了避免他们不必要的牵肠挂肚，最好的策略乃是报喜不报忧。仅仅是入学的第一个月，我就深切意识到我不是我们班上语言天赋最出众的那个，也不是最勤奋刻苦的那个，我只能灰溜溜地"混"班里中等偏上的成绩，而我自认为已经做出了不小的努力。

对于过往考试多次依赖突击、小聪明和超常发挥的我来说，学习语言是一项需要长期沉浸、反复操作的过程，可以说和不断尝试在实验室做实验是有异曲同工之妙的——因为反正短期你也看不到什么变化或者进展。但我本人着实是一个好胜心很强的人，我其实并不甘心长期在学业上居于这样尴尬的位置。所以贯穿整个大一至大二上的时间，在内外力共同的作用下，我可能开始了我人生中第一次正正经经去尝试刻苦用功，从坚持一个习惯开始：每天早起，去未名湖畔晨读俄语课文。

现在听起来真是非常矫情的一件事，不过很庆幸我当时坚持了一年半的时间。初入燕园听过一句话，"大师身旁宜聆教，未名湖畔好读书"。我并不是未名湖畔晨读的发明者，事实上，每天我六点多抵达未名湖旁的座椅前，甚至还得找找位置——有太多人比我起更早，更刻苦。对于语言学习，真的没有太多捷径，唯有多读、多听、多说、多练。这个好习惯显然也没有把我送上全系第一的宝座，但我确实从这之后开始稳定在专业前几。至于之后为什么晨读慢慢淡出了？一则是因为我的专业学习进阶到了晨读收效甚微且更复杂的阶段，二则（或许更重要）是因为这个习惯逐步让位于我的经济学二专学习和懒觉，让大家见笑了……

言归正传，我从心底里感谢北大对我的教育，不仅仅关于在这里受到的学术培养，更是有外在的强大动力，去逼迫自己不断跳出原来的舒适区，培养出坚持的韧劲。可能很多同学在高等教育前就收获这样的优异品质，但对于晚熟的我来讲，是北大的氛围帮助我完成了塑造和蜕变，使我能够长久受益。

当然，北大绝不仅仅只有学习一件事，这一点跟二附中何其相似。在校期间，我还长期投入一件我十分感兴趣的事业——模拟联合国（以下称模联）。早在二附中念高二的时候,我就加入了由瞿平老师、刘晴敏老师带队的模联社团,并先后参与了北大、复旦面向全国高中生开展的模拟联合国活动。该活动旨在让学生通过扮演联合国舞台上的各国代表,深入了解外交官在国际舞台上的合作与博弈,并在青年时期树立世界公民的心态和全球视野,为成长为更有担当和社会责任心的人作出坚实铺垫。高中参会时我是以代表的身份,不过大学阶段,我则换了一个全新的角色,成了大会的组织者、主席团和学术水平保障人。直到我进入大四毕业阶段之前,我一直都是北京大学模联社团的中坚力量,对于这份事业的投入完全是兴趣和热爱在驱使着我。每年,看到略显青涩与稚嫩的高中生来到燕园,看他们展现与自己年龄和身份不相称的成熟、思辨与睿智;在这样一个模拟的舞台上唇枪舌剑抑或是达成共识;从第一场会议的生疏到最后一场会议的成竹在胸;这可能真的是我经历过的非常纯粹的快乐。

在北大的四年,是非常重要的四年。我的人生观、价值观萌芽于斯,发愿成为怎样的人,未来做怎样的事,这些个不算太成熟的想法生长于斯。在 2013 年从北大阔步走出的千余名毕业生中,我怎么看都不是特别的那个。不过,感激有了这四年的积淀,让我能以更从容的心态,迎接走上社会的挑战。这是我一生都会珍视的宝贵财富。

初入职场:直挂云帆济沧海

本科毕业后,我直接进入职场。我的第一份工作是加入联合利华(Unilever PLC.)位于上海的北亚区总部,经历了万里挑一(14000 余人)的层层选拔,成了一名市场部的管理培训生。当时很多人都艳羡的一份 offer,在我现在复盘看来,却是一次不折不扣的失败——我在联合利华的工作时间,只维持了短短的十个月。

戏谑地说,接受联合利华的 offer 是一段"孽缘"的开始,这其实是一个不够深思熟虑的决定。在大学期间,其实我很早就想清楚了,本科毕业后我应该会放弃在学术上继续深造的想法,尽快步入商业社会,寻求一份自己憧憬并能实现价值的工作。自大二开始,我便在有限的业余时间中寻找实习机会,并在互联网公司、会计师事务所和咨询公司都留下了足迹。而不同于上述公司类型,联合利华是一家全球知名的快速消费品行业巨头,且市场部的工作在我真正开始全职工作前,并没有接触过。

我本以为,加入联合利华可以更好地践行我的理想。公司素有快消行业的"黄埔军校"美誉,有着丰富的资源和平台化的学习机会。联合利华旗下的产品线从洗发水清扬、沐浴露力士、多芬沐浴乳这样的个人/家庭洗护产品,到家乐鸡精、立顿茶、和路雪冰激凌等餐饮零售品牌,都早已进入了寻常百姓家。我曾经一度以为,自己通过运营、推广这些产品，能够将更好的生活方式带给千家万户，我所做的每一天工作，产生的每一点提高，都会让我们的国人乃至更大的世界范围内民众过得更滋润，我和他们的命运是如此紧密相连、休戚与共。然而随着工作的深入，也给了当时的我很大的困惑：好多次市场线上线下的明察暗访，都冷冰冰地揭示出消费者的想法跟我的想法并不一样，我用一种高高在上、自以为是的心态和视角审视消费者的需求，是多么可笑。而我每天重复考察排货量、门店促销额度、反复培训线下的促销员，还有构思拍广告的技巧，与其说是努力贴近消费者的真实需求，不如说是为了销售而销售，我所做的一切除了能够增加公司的营收和利润，我看不到消费者必须使用产品的理由，我只是不断更新我的说辞，磨砺我的包装和忽悠技巧而已。我很快陷入了痛苦和迷惘。在和直线领导的沟通也无法排遣我内心的积郁之后，我选择了离开。

　　四年来，我一直在反思这段初入职场并不愉快的经历。我相信，这其中也有不少是值得我跟二附中的学弟学妹分享的宝贵经验教训。我想说的第一条，应该就是：尽早认真做职业规划。"人无远虑，必有近忧"，此言不虚。无论是走学术道路还是走职业道路，一份早期就开始的长期计划，远胜于一个病急乱投医的鲁莽决策。因为前者给了你不断微调和修正的机会，而后者只会给你留下"要是当时我早点想想就好了"的后悔情绪。大学期间，虽然我较早尝试去不同企业实习，但是真正意义上的职业发展规划、职业咨询，却从来没有出现在我的案头。我想说，其实大学的职业发展规划中心有着非常好的老师和资源，如果在大学期间有不知所措的时候，想不清楚未来该何去何从时，大学和院系的相关老师是最好的伙伴。他们会在试图全面了解你的兴趣和志向后帮你通盘考虑，为你的未来就业指明一个或者数个可能的方向。

　　第二条建议是：在充分了解的基础上，再行判断。我在大四求职路上，只是因为快消是个"金饭碗"、联合利华是家500强且待遇相当不错、可以回到上海工作，而无视我从未在快消公司、从未在市场部实习过的风险，贸然做出了选择，这在事后被证明是个非常致命的错误。如果我早些在实习中就有意去尝试申请，实际上手过有第一线的经验，相信我在大四做决定时，会有更多的权衡的基础和样本量。对于正在求职路上，或者正处在谋求跳槽档口的校友们来说，希望大家慎重考量自己的优劣势，也充分了解对象单位的工作性质和企业要求，知己知彼方能百战不殆。而且千万不要被所谓的金饭碗迷惑心智——大家口口相传的投行、咨询、BAT、快消、四大，有些工作高薪高福利，有些工作做两三年就可以跳去非常强势的机构，这可能都是让应届毕业生趋之若鹜的理由。然而，天下没有免费的午餐。投行的高薪来自永无止境的加班加点和健康透支；咨询的高薪来自频繁的差旅和日以继夜的PPT绘制；互联网公司福利好，成立的基础是 996;四大跳槽去 PE/VC 则要忍受至少三年极不具性价比的高强度劳动……凡此种种,不一而足。如果你没有做过踏上岗位前的"尽职调查",你不会有勇气和耐心去忍受这份工作给你带来的黑暗面。渐渐地,高薪酬也就那样了;加班也麻木了,我不想再深入思考了;这份工作太无趣了……这些感觉就会纷至沓来。我希望每一位学弟学妹做出的选择都是经过慎重思考和判断的,因为只有当你见识到了这份工作的不堪和负能量后,你才能知道自己是否仍然愿意为它一往无前。

最后一条建议,恐怕是知易行难的,那便是:相信自己,并保持开放乐观的心态。我常以一句诗来勉励自己——长风破浪会有时,直挂云帆济沧海。初入职场遭遇不顺利,对那时的我来说,算是一记沉重的打击。为了尽快恢复,我给自己安排了近两个月的休假。很难说我当时做了什么刻意鼓励自己振作起来的事或者听取了什么意见,但我逐渐改变了对这段经历的看法。我相信自己的能力和眼界没有问题,而只是非常遗憾地,没有被放置在正确的位置上。这一段长休假我仔细分析了自己的 SWOT(优势、劣势、机会、挑战),并重新投入了职业生涯的新战斗。我是个足球迷,对很多球员来说,平均不到 20 年的职业生涯,尚且要经历状态的起起伏伏,何况于需要"为祖国建设健康奋斗 50 年"的我们? 有一点波折实在是不可避免的。我想,自信对于一个人的重要性毋庸置疑。只要仍然相信自己,前途就会是一片光明的。

创业生涯: 而今迈步从头越

在我的职业生涯中,持续时间最长的是在创业公司的经历,这一段经历也可以说是迄今为止我在职业发展中最珍视的明珠。我所在的创业公司叫坚果云,是国内领先的办公云存储厂商。2018 年一季度,公司收到了来自今日头条 1 亿元人民币的战略 A 轮投资,成功坐上了发展的加速火箭。回首过去接近两年半的创业公司生涯,不禁感慨万千。回首曾经刚刚来到公司时,惊诧于几乎可以算得上"破败、简陋"的办公环境,不到 30 人的员工数,之前工作中习以为常的五星级酒店、餐补车补、差旅待遇,都不存在了。说实在的,这可能看起来又是饱汉变成饿汉的"矫情",但对于当时的自己,因为这种巨大环境和心理落差带来的阵痛和不适感,持续了将近两个月。

公司的第一堂课就是:结果导向,拿实力说话。在创业公司,大家所理解的 996、高强度、高速运转,都是比较贴近实际情况的。在这样的环境里,无论你是名校毕业还是之前某些行业的大拿,你所谓的身份、你的抬头,其实只会给你更大的负担。你曾经做得越好,大家越会对你有更高的期望,迫切希望你能带领公司攀上高峰或者越过泥淖——前提是，你得先证明你自己。所有的创业路，都是向死而生的。今天你做不好，明天你就没饭吃，后天你就得饿死。这恐怕是我最有切身体会的"话糙理不糙"了。所以，你要证明自己，迅速表现出你对于公司增长或前进的价值，公司才能活下去，你也能真正立足，发展自己的能力。刚刚来到坚果云，没有人给你抬头，大家只是望着你，想看看你有什么能耐。所以，我从一个电话销售做起——是的，就是大家经常挂电话的那种电话推销，每天要打上百个电话。这个过程除了要忍受电话那头的冷暴力，也承受了更大的心理压力，我每天问自己：你不是二附中毕业的么？你不是北大校友么？你怎么每天都在打推销电话？在坚持了两周，我已经濒临崩溃——才坚持了多久，"我整个人都不好了"。但是我也取得了点滴的收获，我学会了放下身段做事；我体会了创业的艰苦环境而不是那么充满光鲜的事；我取得了不错的业绩，按照结果导向的逻辑，我顺利得到了同事和CEO的认可，所以我可以开始进阶，面对企业客户，输出公司的产品和服务能力，争取为公司打开更多、更大的市场。

公司的第二堂课是：永远不要想当然。我们曾经有个很接近拿下的国企客户，客户的CIO（首席信息官）跟我们已服务客户的CIO是圈内好友，我们觉得凭借着这层关系和我们本就不错的产品优势，这个单子是十拿九稳的。然而最终，我们却失去了这个有着良好基础的项目。事后复盘，我们发现，其实中标的产品，本身跟客户已经在使用的一款办公会议系统有着高度兼容性和可集成性，而他们的云存储，作为底层的文件和非结构化数据载体，可以非常好地得到利用。站在客户的角度考虑，这可远比有关系重要得多。想明白这点，也就释然了。其实，贯穿我两年多的"坚果云生涯"，有着很多很多的失败案例，这只是其中之一。但是，所有这些失败，最终换来了我的成长。我可以放低姿态，从电话销售做起，成为公司的销售业务骨干，并最终成长为公司的销售总监，主管并负责所有公司的对外销售业务。这两年多的时间，我见证了公司从一个名副其实的小公司，成长为一个年度营收超过五千万元人民币、估值上亿并成功完成A轮战略融资的、在行业内部为人所称道的明星公司。

虽然目前，我已经身在一家互联网科技巨头开始了我新的冒险旅程，但是回首过往，依然有一种"会当凌绝顶，一览众山小"的感慨。感谢坚果云让我收获了如此之大的成长，这种成长的加速度，可能在普通企业内绝无可能经历到。当然，我不是鼓励学弟学妹尝试互联网类型的创业公司，因为这段历程本身绝非一帆风顺，个中经历的成败与波折冷暖自知，难以尽述。但在创业者开创的每一家创业公司的深度参与，最终在战略、投资、营销、BD等不同职能上让个体收获的实践和认知，可以称得上是在当今商业社会中所能得到的最快经验加成。

结语：不负初心

在二附中的三年学习中，有一段是我特别难忘的——学唐宋八大家。这八位文人才华、志趣各异，但是他们都给后世留下了宝贵的人文和精神财富。在他们中间，我个人特别推崇柳宗元，他甚至在很大程度上启示了我的人生。我想引用一段我在高中随笔中写下的文字：

"子厚踏实。历史上遭受一次打击一蹶不振的例子太多了。'梁王坠马寻常事，何须哀伤付一生。'贾长沙陷于自责郁郁而终，他的词赋本可价比相如，却只能留作千古咏叹。而子厚却例外了。贬至地方期间，他在管理上卓有建树，政绩出色。为官他不招摇，始终不搞阿谀奉承，只可惜这样的清正也绝了他升迁的机会。他的文学、他的水平声名在外，但到底一直以谦逊的态度对待世间一切。他为人也仿似那股静远流长的清泉，淡泊，所以明志；宁静，因而致远。他尘土了世俗的志趣，所以他的名字就可以幻化成一道丰碑，万世长在。子厚如泉。他让我感悟平静中往往也能透出石破天惊的力量，通达古今，去拥抱真正的理性精神。"

一直以来，我都以柳子厚的精神来鼓舞自己，慢慢学着韬光养晦，学着厚积薄发。我也感谢在求学、工作道路上，给予自己无私帮助的老师、亲友和同事，是他们的引荐和指导才让我走到今天这一步。也正是在无数的历练、失败、成功和试错后，我逐步理解了自己的长板和短板，在小步快跑中实现了自我的成长和迭代。

命运千回百转，终有不负初心。从二附中到北大，再从北大到如今的社会工作中，仿佛我手攥着一张开赴梦想的船票，虽有波折，但稳健前行。我感恩过去，能与二附中相知相遇；更庆幸未来，仍能与同窗校友相互扶持。未来还有很长的路要走，能"以附之名"迎来母校 60 华诞，也和诸位同舟共济，乃是我的幸运与荣耀。

2018 年 5 月于外滩源

采访者简介：

吴珂，二附中 2019 届 8 班，晨晖社成员。

将晨晖精神传递给更多的孩子

——周岱蒙访谈

采访：韩易蓓

在这个时隔十年又飘了一场大雪的魔都，注定是如此的不平凡。在飘雪后的一周，我遇到了这样一个神奇的人——周岱蒙。

周岱蒙的神奇在哪里呢？

他是 2008 届校友，现供职于好未来教育集团，就是大家所熟知的学而思培优。2012 年 1 月至 2017 年 6 月，他担任上海学而思英语学科初中总负责人，统筹运营近万人学员规模的产品线及近百人规模的教师团队以及数十人的全职管理团队，可以说在这个领域是一位领袖级的人物了。

2017 年 7 月至今，他被调往学而思英语总部，先后出任国际高端产品线全国产品培训师、双师英语初中产品研发负责人，工作内容更多地开始从一个分校辐射全国各地分校。

岗位的特殊性，让学长的工作分为"教学"和"管理"两方面。

简单说，他是一个教育者。这一角色源于二附中对他的教育。

教学方面，他先后培养出众多优秀学员，其中不乏考出上海中考英语单科最高分的学员、摘得科普英语竞赛市一等奖的竞赛达人，以及初中毕业便考出雅思 7.5 分的高分高能学员。可以说是硕果累累。

学长所教授的课程是"欧标"，也就是"CEFR-欧洲语言教学与评估框架性共同标准"。形象点说，雅思就是其中的一层。

与我们大多数人所经历的英语教育不同的是，这个非常高端的欧标在整个教程当中是非常科学的，也就是说我相当于从重新认识了如何进行科学的英语学习。

因为这个教学构架与我们平时接触的英语教学有着很大的差别，所以他除了是一个英语教师，同时也是英语教学产品的一个设计者，也是英语老师的培训师。

所以,他是一个教育者。

作为一个教育者而不仅仅是一名教师,学长从各个不同的方面去改善甚至改变了许多孩子的英语学习方法和对于英语这门学科的概念,让它们从畏惧英语到慢慢接受甚至喜欢上英语。这或许就是学长完善改进"欧标"课程所存在的意义,让学生从本质认识英语,提高了学校申请的成功率。

不仅仅是对于他的学生,更是对于他,在不断完善这个课程框架的同时,也不断完善了教学能力,完善了自己作为教育者的身份。

"我自己在学生时代遇到的都是相对比较好的老师,但是我也从其他朋友那边了解到有很多老师其实在教学过程中使用了一些非常不科学的方法,所以,这会让我觉得如果我能去改变一些孩子,在整个英语学习过程中,对他的兴趣、方法、习惯、思维,都会是一件非常有意义的事情。说实话,对于我选择教育事业影响比较大的还是我的授课老师。尤其是英语刘砚老师、化学夏家骥老师和王娟老师,让我个人对学科的魅力、课堂的魅力,乃至老师的魅力,有了直观的了解。"

在华二的岁月里,老师的个人魅力给学长埋下了立志成为教育者的种子。可能随着岁月一年一年的流逝,他已经记不起那些引人深思的上课内容、那些一点一滴改变他的温柔言语,但这些老师的魅力深深印刻在他的心里,而这些也是支撑学长这么多年坚定地在教育这条路上走下来的原因。

具体说,他是一位管理者,管理者的思维得益于晨晖社的滋润。

管理方面,他拥有极强的管理能力。前期的韬光养晦,使得团队在市场上获得极高口碑,招生量成倍增长。让学而思在数理化这些传统强项之外,开辟出一个新的强项。

另因综合业绩表现出众,他先后被派往剑桥、港大等学校进行交流学习,并参与讨论教材研发事宜。率领研发小组,紧跟世界英语学习风向,带领小组创造新的成绩巅峰。

对于周岱蒙来说,在晨晖社的学习、交流,让他找到了作为一个管理者的座右铭——"务实"与"务虚"共进。

"务实",是一个再普通不过的行为准则,但也正是因为普通,才使得它成为日后教学、工作中不可或缺的存在。在晨晖社期间,不论是学术学习还是社会实践,每一次的教育和交流都让他深刻地意识到,任何想法在落实的时候,必须有一个"立足点"。这个立足点可以发源于抽象的理论、概念,但绝不能止于此,因为一旦某件事的"立足点"飘在空中,而不能被付诸应用,这件事也就缺乏了实际意义。而这恰恰是他在教学、管理工作中最实用的黄金准则。无论怎么仰望星空，永远都要脚踏实地。

作为一名教育方面的管理者，他在工作中给自己提出了几个问题，也是目标：纵使了解再多教学法，孩子没有兴趣跟你学又如何？纵使有兴趣跟你学，学习之后没有效果又如何？纵使孩子学习成绩提升了，但这学习的过程对他日后的发展再无其他作用又如何？这一系列问题，都驱使着学长，在教育工作中，不断反思"理论""兴趣""效果""思维"的相互关系，争取让孩子能接受"受益一生"的学习，切实开发出适合中国英语学习现状的课程构架。

晨晖社带给他的不仅在于"务实"这方面，而更在于务虚。虽然"务虚"这个词听上去非常假大空，非常不切实际，但对于学长来说"务虚"的意义其实完全不亚于"务实"，甚至可以说，"务虚"是他在作为一个管理者的"精神支柱"。"理论，或者说'虚'的存在，就如同一根你手边的准绳、一把高悬于心的戒尺、一根无所动摇的支柱，既能在任何场景下应用，又不为任何场景左右偏倚。团队的管理、沟通多为'动之以情、晓之以理、制之以法'，而其中，'情'应矢志不渝，'理'应不偏不倚，'法'应刚正不阿，这很大程度上保证了我所经手的团队的健康运作。"学长这么说道。也正是这样，他能将他所感受到的晨晖所学到的东西运用到开发小组的管理中。让他能更好地管理小组，取得佳绩。

所谓"脚踏实地，仰望星空"，便也是在说，做着实事，也怀揣梦想与信念！也就是"务实"与"务虚"的完美结合，让他成为一个更好的教育者，同时也是管理者。

他，是周岱蒙学长。

教育，对于周岱蒙学长来说，是一份职业，更是一种传承。将他所感受到的晨晖精神传递给更多的孩子。

"愿更多心怀梦想的学弟学妹，能从华二展翅，放心去飞！愿更多业有所成的华二校友，能多回家看看，落叶归根！愿金钥匙能不断开启辉煌的新篇章！"这是他给我们的话。

这次采访在新春佳节，又是学长前往欧洲出差的前夕，再加上时差等因素的影响，我们并未能和学长面对面交流，而是使用电子通讯工具，但还是非常感激学长能接受我们的采访。

对于一个人来说，青少年阶段对其未来发展受到的影响最大，一个教育者，理应当对学生的成长负起责任，将支持学生的全身心发展作为己任。周岱蒙学长，在其青少年阶段，受到了华师大二附中老师个人魅力的影响，立志成为一个改变别人的教育者，而在其长大之后，完成了他的目标，成了一名可以改变他人的教育者。他也成功地担起了作为一个教育者的责任,立志从当下做起,努力改善现下中国英语教学的方式,让中国的孩子可以自主地,更省力地学习英语,使用英语。

在作为教育者之余,他还是一名管理者,要统筹管理教学研究小组。"务实"和"务虚"可谓是在精神层面和物质层面对他的工作提供了双重的保障。我们也应该向学长学习"务实"和"务虚"两手抓,在抓理论的同时也要切合自身实际,努力实现自身理想。

周岱蒙学长作为一个教育者和管理者,很好地协调了两种身份,我们应该向周岱蒙学长学习,找到自己人生的指引,并扮演好各个身份,在学长学姐的榜样带动下,传承晨晖精神。

采访者简介:

韩易蓓,二附中 2019 届 5 班,晨晖社成员。上海市青少年科技大赛二等奖、全国奥林匹克信息联赛上海赛区二等奖,对计算机科学和心理学有兴趣。

在工作与生活中增加信仰的力量

——任毅访谈

采访：顾未易

任毅，2007届晨晖社成员，毕业于复旦大学统计学系，任职于某证券股份有限公司。

任毅学长平易近人，性格外向开朗，热衷于自我提升，时时践行着我校"卓然独立，越而胜己"的校训，尽自己所能把每件事情做好。并且他非常健谈，与我们的谈话中热情洋溢，访谈时间也因此远超了预期。

良好的习惯能够帮助你独当一面

学长首先从晨晖社党建工作的思想汇报谈到了养成良好习惯的重要性。

当时学校分管学生党建的蒋建国老师和晨晖社胡立敏老师，一直要求有志于入党（或者已经入党）的同学，定期向党组织写思想汇报。这有点类似于曾子所说的"吾日三省吾身：为人谋而不忠乎？与朋友交而不信乎？传不习乎？"时常对过往的事情加以总结，让我们生活得不至于太粗糙。

学长在大学期间坚持写自我反思总结，体会很深刻。他说："在大学里人是很容易迷茫的，我在不断地撰写思想报告的过程当中，仔细琢磨不同时期事态的发展以及自己当时的表现。"

"写思想汇报有两个好处，第一就是可以自己把事情理顺，"文章写出来总不是只给自己一个人看的，他接着说，"第二就是文章上交给大学里的党支部之后，会找你沟通、交流，也就因此比别人多了一个指路人和学习的机会。"

谈到这里，他借着这件事引出了一个深刻的话题，那就是：无论是学习还是做事，都要有一个良好的习惯。学习习惯、做事习惯对一个人来说意义深远，尤其是当一个人面对种种诱惑,不知所措的时候,如果他拥有一些比较好的习惯和特质,其实是更容易收获机遇的。"学历的高低是一个人命运的一部分,这是和个人的努力有关的,也许还能凭借自己的智商水平和奋斗程度高低来决定自己能去哪一所大学,但是纵观人生,更多的时候是机遇决定了一个人的命运。机遇是不可预见的,也是由不得你来决定的。如果遇到机遇降临,而你却没有做好准备,良好的习惯是能够帮助你独当一面的。尤其是做事情的习惯,如何把事情分解开来,一步步地把它们做好,是尤为重要的。"

学长滔滔不绝地向我们叙述着他自己的故事、晨晖的故事、二附中的故事,因此我们话题不仅生动活泼,而且涉及面也很广,从个人到社会、从学校到国家、从撰写阶段性总结到党建工作,如此种种,让我们如醍醐灌顶,获益颇多。学长的才思敏捷,我们的采访也持续了近一个小时,大家也都丝毫没有流露出疲惫。也许,"追梦晨晖"中的"追"字就在这里体现:那是一种促人奋进的精神力量,一种敦促人们不要停歇的使命感和责任感,一种为了自己的执念,放手一搏的无畏,一种——晨晖人的精神!

晨晖精神让我们看得更远

任毅学长于高三加入晨晖党章学习社,在社期间,主要参加了"采访二附中第一任老校长——毛仲磐先生"、"参观上海浦东干部学院"等活动,并且借助晨晖社的平台,结识志同道合的朋友、结交德高望重的前辈,为自己今后的大学生活打下了一些人脉基础。

他们当时晨晖社的日常活动内容,主要是参观、学习和交流。时而会请一些优秀校友回母校演讲或者是请德高望重的老师做客晨晖社。活动时间是不固定的,但是频率总是保持在一学期两次。

对于采访老校长的活动,任毅学长回忆道:"当时我们采访他的时候,毛校长年纪已经很大了。"二附中建校伊始,还是在枣阳路老校区的时候,对口的生源来自于曹杨新村,大多都是工人子弟,他们那时候是七年中学制。

据学长的转述,二附中第一年建校就办得不错,是因为当时很多老师年纪比较轻,常住在学校里,师生之间接触的时间比较长,也不存在代沟。良好的师生关系为日常教学的推进打下了很好的基础,这一点也是我们寄宿制学校的一个很大的优势。据了解,毛校长在担任校长的第二年就参加了当时教育界的群英会。

令学长印象比较深刻的是,毛校长还当场给来采访他的同学拉了二胡,并且交流了自己的兴趣爱好，比如喜欢阅读金庸的武侠小说等。不难看出，即使到了暮年，毛仲磐校长也依然精神矍铄。从这一件小事，也可以看出毛校长作为当代的教育家，对待教学不仅限于自己所教授的学科知识，还很看重个人修养和品行的培育。他身体力行，影响了一届又一届的学子。二附中人之所以风度翩翩，与这些春风化雨、颇具魅力的教育者密切相关。

对于参观上海浦东干部学院的活动，学长没有细讲，只是粗略地介绍了一下活动的经过。除了这两次的集体活动，任毅学长还提到了晨晖社于他最为重要的一点，那就是为他提供了一个能与同学互相激励、学习，去研究党的文献，并向优秀的共产党员学习的平台。众所周知，在中学学习阶段，由于考试的压力，一般学生们很难有机会去认真思考未来的目标与发展方向。对于党的理论、马克思主义、十九大提出的新思想，以及习近平新时代特色社会主义理论等，也更不会有太多中学生会抽时间进行文本细读。

"正是晨晖社的平台给了我这个机会。从理论中来，到实践中去，做社会调研，去感受被访者的工作和生活，同时也为将来的自己做好思想上的准备。"任毅学长在接受访谈时慷慨激昂地如是说道。

"你们知道，晨晖社的全称是晨晖党章学习社。我高三的时候入党，在这一年里学习党章，用的是小开面的版本，有的时候随身携带，可以时常翻阅，做一些文本细读的工作。你不要误以为党章里面有很多套话，其实它很厉害，把各种的可能性和方方面面考虑得非常到位。我个人就非常佩服我党的理论工作者和制度设计者，他们是非常具有前瞻性的。"

学长还从长期和短期两方面分析了晨晖对他的深远影响，他说："从长远来说，人生路上总会有许多意料之外的困难，一时之间难以找到解决问题的切入点，但是晨晖社会给予我们一种信仰，会让我们明白人生毕竟是一场马拉松，是否抵达终点和目前走些弯路，也未必有很大关系。从短期来看，如果没有晨晖社的锻炼，那么进入大学以后是很容易进入迷茫期的，专业与行业、学习与游历，究竟如何取舍怕是难以标尺，但是晨晖社会让我们看得更远，准备得更早。"

可见，晨晖社不仅能让学长对高考择校有一些把握，也使他在未来择路的时候更加笃定，知道自己要的是什么。

在对这一议题的回答最后，他补充了一句，"我认为晨晖社对我的影响，既给我留下中学生活美好的回忆，又让我在将来的工作与生活中增加了信仰的力量。"

晨晖社的日常活动也包括对时事热点的讨论，这一传统延续多时，学长也对此发表感叹。高三的学业紧张,能有机会在周三的下午放学之后,对社会热点发表自己的见地,是一件很有意思的事情,如今想来他也依旧认为是这样。学长毕业十多年,对当时讨论的议题已记不太清了,但是他们这一届参与了 2008 届的社会实践课题的调查研究"重视建设培养青年马克思主义者的创新型环境"的讨论。时至今日,我想定有相关的文字资料得以保留。

举个例子吧,比如两年前高考改革,从"3 + 1"模式改成了"3 + 3"模式,这一政策的出台是与同学们的升学密切相关的,新政的出台意味着对之前模式的翻盘重来。无论是 2016 届(最后一届"3 + 1"高考模式)的同学,还是 2017 届(第一届"3 + 3"高考模式)的同学都积极参与,并就此议题进行了激烈的讨论。

在与任毅学长的交谈之中,间接地获取一些当代青年人的迷茫与执着、梦想与思考,着实是一件十分激动人心的好事。我们每一个人都是独立的生命个体,所处的时代、所接受的教育、所遇到的人事物决定了我们究竟成为什么样的人。

心有猛虎,细嗅蔷薇。这句话是说,人心也是猛虎和蔷薇的两面体,若缺少了蔷薇不免莽拙而流于庸俗,缺少了猛虎不免怯弱而失气魄。我们在青年时期形成理想的过程中,要如猛虎,以闯荡的视角去看世界,确立自己的目标和方向。同时,又要有一种纯粹的对美好生活的热爱。两者缺一不可。

采访者简介:

顾未易,二附中 2019 届 2 班,晨晖社成员。英语课代表,团代会代表,对社会科学有浓厚兴趣。

永远保持对世界的一些疯狂想法

——沈文杰访谈

采访：叶艾婧

沈文杰，2008 届晨晖社成员，复旦大学数学与应用数学学士和精算学硕士。现在风险投资领域工作，Sky9 Capital 执行董事。

把"价值"从"名利"中独立出来

"投资是一件非常有意思的事情，它在为社会创造价值的价值观下帮助企业名利双收。"对于为什么会选择这个行业，学长如此解释道。

何谓"创造社会价值"？ 学长用埃隆·马斯克和他的三家科技公司来举了个例子。埃隆·马斯克，因打造出世界上最大的网络支付平台 PayPal、造出了全世界优秀的电动汽车特斯拉汽车、完成了私人公司发射火箭 SpaceX 等一系列刷新人类想象的科技成就，在《彭博商业周刊》2017 年度全球 50 大最具影响力人物榜单中位列第 43 位，也因项目的巨大成功而吸金无数。但他并未在功成名就后安于享乐，而是适时地利用他的名吸引更多的社会资源，将名实实在在转化为真金白银的社会投资，在新能源汽车、可回收火箭以及其他标新立异的项目上进行了大量的人力物力投入。对于埃隆·马斯克而言，其名成就于奉献，其利反哺社会，而他也必将从一位科技狂人成为前无古人的一代科技之父。

作为胸怀社会责任感的投资者，投资好的企业其实也就是积极参与推动社会进步的进程。"能创造社会价值的好的企业很多，除了埃隆·马斯克的三大科技公司，还有很多企业在各自的领域努力使人们的生活变得更好。比如说微信使人与人之间的互动变频繁，沟通因此变得高效；比如说京东、淘宝使购物变得更方便，交易因此变得顺畅；比如网易严选，使大家以更实惠的方式享受生活；比如小米，使更多的人看见互联网的价值,让他们能够看得更多,玩得更多,享受更多;比如今日头条,让人们能够更便捷、更高效地接收信息……他们都在各自的领域,以不同的方式为这个社会创造价值。"

"诚然,我们这个世界还有许多不够好的地方。我们希望做一些事情,来让世界变得更好。所以我们在投资的时候,通常会考虑:这个公司在做的事情,是不是在创造价值?我们希望我们的投资能够以这份价值为最终目的,最大化地推动社会的发展。"这就是把"价值"从"名利"中独立出来看的原因。

不过,赢取名利和创造价值,这两者一定不是矛盾的。"许多案例表明,当一个企业在创造价值的过程中,如果它成功地创造了这种可持续的价值,那么往往名和利也会随之而来。因此,我觉得这份工作的意义在于,它不仅能使你投资的那些企业名利双收,更重要的是,你的投资所支持的那些人,正在改变这个世界,使我们的世界变得更好。"

你也许就能改变你希望改变的事情

"在二附中的时候还谈不上理想,或者说你并不知道以后具体要做什么,因为那时你并不了解这个世界,许多事情在那时还太抽象了。"

"但是读书的时候你会崇拜一些人",他说,"这些人身上会有一些令人向往的地方,比如乔布斯、马云……他们作为开创一个行业的人,不仅有疯狂的想法,更有野心和执行力去千方百计地将这些想法实现。在这个过程中,他们遇到了各种层出不穷的困难:要知道怎么去融资、拿到更多的钱;要去完善自己的产品、解决各方面技术的问题;需要更多能够管理公司的人才;要去做商务、去面对竞争对手的攻击……会有非常多的事情要去处理。创业的每一步都是艰难的,但是这些人都坚持下来了,因为他们内心始终都有一个强烈的愿望——他们要做一件非常伟大的事情。比如,马云的抱负是使商业变得更顺畅、更高效;扎克伯格的抱负就是想让人与人能够通过网络相互连接……他们都是一些非常有抱负的人,但他们不仅有抱负,更有实现抱负的实力与努力。这些都是十分难能可贵的。"

然而,能够做到那样程度的人少之又少。"不是每个人都能成为成功的企业家,也不是人生的每个时刻都能有机会做这些事情。成就一番开创性的事业需要一种使命感,这种使命感是来自内心的。在人生的某个时刻,你会觉得,我注定就是做这件事情的人;并且做这件事情的人,非我不可。这就是使命感。"

问及如果时机合适时,自己是否会选择创业,学长如此回答:

"于我而言,这也许是一个未来的可能性,但这份可能性现在还没有到来。我觉得要对自己有一个清楚的认识,有些事情,不是'希望做',就能够做到;也未必'能够做到',就意味着此时此刻,你能用这个方式做到,你可能要换一种方式来做。我现在自己虽然没有在创业,但我的工作却在帮助创业的人们。虽然可能做到那种程度的人很少,但我期待能够遇到下一个马云。"

我问道,有没有这样一个词,能够描述你现在生活的核心?

"Crazy,永远保持对世界的一些疯狂想法。就像扎克伯格创建 Facebook 一样,他居然说,可以根据'六度理论'(任何两个陌生人之间最多经过六个人就能够联系到一起)创建一个社交平台,把世界上所有人联系在一起,这难道不就是一个非常疯狂的想法吗?任何改变都离不开创新,所以能够改变世界的想法,一定是最疯狂的。"

有时,人们会说"有些事情就是这样,你没办法的"。但他认为,"如果你能对这个世界保持一些疯狂的想法,并且你真的在付诸行动,那么你也许就能改变你希望改变的事情"。

"我们公司文化中有一句话:'所有伟大的想法,都有成功之路'。实际上,有些人的确有非常伟大的想法,并且,他们找到了这条路。这就是我们做这些事的目标。"

地上为什么会有很多垃圾?

"我以前在四川北川支教过。四川地震之后,我们学校每年暑假都会有公益性的社团去那边支教。我参加那年是 2009 年的夏天,在大一的暑假。"

在四川大地震中,北川县是受灾最严重的地方,整个北川县几乎都在地震中被夷为平地,八成的建筑都沦为废墟。震后,灾民离开了旧县城,在旁边的安昌河畔重建了新的北川县。"当时重建工作还在进行中,所以只有学校是水泥砌的,其他房子都是临时搭建的简易棚户房。白天小孩来学校上课,晚上就回到那些房子里。"

"灾区学生很少,没法分班级,也没法按教材上课,那些两三年级的小学生就只能大家都坐在一起。白天上课,晚上我们会组织一些体育活动,比如打乒乓球、打篮球、踢足球;还有一些文艺活动,像唱歌、小游戏之类的。有时还会带孩子们去学校做打扫工作。另外我们还会去学生家里家访,反映一些平时学习生活的情况。"

"虽然重建工作正进行得如火如荼,但毕竟还是灾区。灾后重建是一个漫长的工作。在县城里参观的时候,可以从远处眺望到废弃的北川旧城,目之所及大多都是断壁残垣,能够看到的也只有砖石和瓦砾。"这种景象带来的触目惊心之感,或许并非亲历之人难以用文字的形式描述出来。"你可以想象一下,那么大的一座城全部没有了,只剩下一片废墟。非常震撼。"

"而我最大的感触是,这不是我想要做慈善的方式。"

两周短暂的灾区支教经历,带给他的不仅是对于生命的思考,还有更多的反思。

"虽然我觉得支教的确是一件正能量的事情,但在这过程中,单个人能做的事情其实非常非常少。你风尘仆仆地赶过去,可能只是去那里陪他们玩了一会儿,或是教给他们很少的知识,然而只过了两个礼拜,你就得离开了。也许最后他们会很舍不得你,但除此之外,你能做到的事情真的很少。"

"我去支教的目的是想要让这个世界变得更好,想要去帮助更多的人,但这种程度还远远不够。"

那次四川支教经历带给他许多思考。他深刻意识到,一个人的力量是渺小的。如果真的想要让世界变得更好,不能依靠这种蚍蜉撼树般微不足道的改变。

"好比路上有很多垃圾,你把它们捡起来扔掉了,你的确做了一件好事,地也的确变干净了。但你有没有思考过,地上为什么会有很多垃圾?究其原因,还是人们对于乱扔垃圾的行为不够重视。这个问题没有得到解决,几天之后,地上还是会扔满垃圾。"

学长说,自己有一个"一以贯之"的追求,就是寻求一种更好的方式,来为这个社会做出改变。从那时起,他就始终在为此努力。

"我们公司现在在做的一些事情",他展示了在公司网站上一个名为"Social Impact"的页面,"就是一直都以能够带来结果为追求的。"

在"Social Impact"的页面下,是公司为帮助贫困地区而开展的一些公益项目。如悬崖村调研。项目捐款:30000 元。影响力:6000 万元。

大凉山是西南部最贫困的地区之一,在那里调查记者陈杰发现了一个孤悬的村子:出入的路只有悬崖上的 17 条藤梯!2016 年 3 月,陈杰向爱的小屋寻求帮助,获得调研资金,和同事带着直播设备,冒着生命危险,沿着孩子们的上学路线攀爬,用第一视角直观记录"800 米最险求学路"。

2016 年 5 月报道一经发表即获得了各界关注,汪洋副总理更是第一时间批示:要妥善解决好这个问题。随后多家机构、企业为悬崖村提供了多角度的帮助。爱的小屋种子资金用三万元撬动了六千多万的支持,带去了关注的力量,推动了阿土列村的飞跃。

"例如这个悬崖村调查。你看,上面写着项目捐款是多少金额,社会影响力是多少量级。项目捐款的数值是我们直接捐赠的金额,但这个数字里没有显示的是,我们还做了很多社会的工作,使得整个社会关注到了这个事情。在我们做了这件事之后,有更多慈善组织、企业机构为那里募集捐款、提供各种帮助,政府也前往实地考察,进一步做出长期的扶贫规划。只有去调动、借助这些组织机构的力量,才能为悬崖村真正解决问题,这就是社会影响力的价值。

"我们追求的不是去做一件好事,而是追求做一件事能带来好的结果。我们希望能够真的去解决这个问题,希望我们能引导这个事件,使这个事件整体变得更好。

"如果路面有垃圾,我们不是仅仅把它捡起来,而是说,我们要让这个社会所有的人都能意识到不能乱扔垃圾。如果我要让买卖更加方便,我肯定不会站在店前告诉每个人这个商品好不好,而是要做一个像淘宝一样的交易平台,以所有卖家的评论作为评判标准,这样你就能充分了解这个商品,并且能够方便地买到它。

"虽然个人的力量是微弱的,但我们希望能够通过自己的力量影响到更多的人,使得整个社会去关注到这个问题,从而调动社会上更多的资源来从根本上解决这个问题。"

去"做"一件事,与真正"做好"一件事,是大有差别的。

"所以我们关注的不是'所有人的想法',而是'所有伟大的想法'。我们在寻求影响整个社会,最大程度地使这个世界变得更好。"

学长忽然问我为什么加入晨晖社?

在与沈文杰学长的交流中,我们很少谈论关于晨晖社的话题。学长也自称,自己在二附中的经历并没有什么特别的。

采访快结束时,学长忽然问起我"为什么加入晨晖社?"

我的确犹豫了一会儿。我想,这大概是发自于内心的愿望吧——想做一些更加"有意义"的事情。或许今天所谓的"意义",十年后再回过头看也不过如此;但无可否认,加入晨晖社的确让普通的高中生在学习之余,能够从书本中抬起头来,去认认真真地感受他们身边真实的、辽阔的世界。

晨晖社是一个很不一样的社团,或许就在于晨晖社有着它的独特内核,晨晖精神不是停留在口头上空话,正是需要晨晖学子在社会的风浪中滚打磨砺,去亲身体验的。晨晖一年的学习实践,或许需要用你一生来检验。

虽然加入前曾经想象过"晨晖党章学习社团",照本宣科地诵读党章的场景。然而亲自参与其中后才明白,晨晖精神,贵在实践。从一开始只是为了完成集体任务而努力,再到后来真正沉浸于实践本身,这其中最大的收获,就是在这个过程中自己去感知、去品味、去领悟这个世界。或许在庸庸碌碌、人云亦云的生活中,我们的确需要有这样一个平台,能在恰同学少年的宝贵年华里,满怀着一腔热血,去说一些常人不敢说的话,去做一些真正有价值的事情。

无论是"老三届"的故事也好、"小人物"的故事也好,晨晖社的前辈们在探寻这些不同寻常的人生经历的过程当中,相信也在社会的不同角落窥见了生活的千姿百态。因此他们的文字里,对于所见所闻有着异于同龄人的深入思考。这或许就是晨晖精神的魅力。晨晖精神,并不是一纸空谈,而是真正渗透进每一个参与者的骨髓中,改变其认知世界的视角,并在潜移默化中影响一个人的一生。所以,那些从晨晖社中走出的人,透过晨晖折射出了不尽相同的色彩。无论身处何方,心处何方,相信晨晖人始终不会变的,是永远保持对自己所处世界的独立思考。因此晨晖社真正"有意义"之处,不在入党,不在于光明前途,而恰恰是"晨晖精神"这笔宝贵的精神财富。

学长说:"无论什么行业,都是没有高低贵贱之分的。至于以后要做什么,你要问你自己的心。"十年过去了,学长把这样的晨晖精神从二附中带出了校园。对于他而言,或许那时还对未来知之甚少,但坚持"让这个社会变得更好"的初心却从未改变。晨晖精神不再停留于一句空话,而是真真正正地在社会中得到了实践。这,或许就是晨晖精神最好的体现。

希望自己,希望所有的晨晖人,在走出二附中校园之后,不要被社会磨去了棱角。晨晖精神,应该从晨晖路上冉冉升起,照亮二附中人前行的足迹。

采访者简介:

叶艾婧,2020 届 1 班,晨晖社总联络员。对国际关系有浓厚兴趣,为更多地了解这个世界而且学且行中。

衣褐百姓相扶将

"小人物"的声音可能并不大

——蒋韵哲访谈

采访：沙一洲

蒋韵哲，2016届晨晖社成员，上海交通大学生物信息专业。

提及晨晖社，蒋韵哲认为对于自己影响最大的还是晨晖社每年完成的课题，那一年将眼光聚焦到了"小人物"上。所谓"小人物"，是指他们平凡，却在自己的岗位坚守。他们虽小，但他们首先得是个人物，因此他们虽然平凡，却绝不平庸。人生不止眼前的苟且，还有诗和远方。

"青椒"或许带有些许苦涩的滋味

当时蒋韵哲的采访对象是复旦大学的青年讲师陈琳老师。

陈琳是复旦大学马克思主义学院的一名讲师，教授的是"毛泽东思想和中国特色社会理论体系概论"（简称"毛概"）。提起"毛概"，或许中国的大学生们会露出会心的微笑，当然，也或许是苦笑。"毛概"可能是大学中比高等数学还要让人头痛的一门学科了，一堆又一堆的专业术语、照本宣科的课堂、死记硬背的知识点，以及不得不过的考试，使得"毛概"成了广大中国大学生对之情感暧昧的课程。然而，陈琳老师的课堂却与普通中国高校的"毛概"课堂大有不同：种种思想理论，在她的课堂里跳出教材的窠臼，成了真正鲜活的事实例证。陈琳老师上课从不带课本，她一路旁征博引，妙语连珠，能从思想政治谈到经济学名著，因此她的教室里总是座无虚席。

"这样一门同学们最提不起兴趣的课程，在陈琳老师的讲授下变得趣味盎然。然而,当《新民晚报》等报纸争相报道这位别具个性的老师,报道她的'毛概'课程之时,陈琳老师还只是复旦大学中的一名讲师而已。"蒋韵哲介绍道。

这使得蒋韵哲想去了解陈琳老师这样的"大学青椒"(大学青椒,是对于高校青年教师的简称,通常是指初入职场、年龄小于 40 岁、中初级职称的一类人群)的现状。被称为"大学青椒"的这批教师往往面临的是来自专业、家庭、社会多方面的压力,因此这个"青椒"的"青"字,也带有些许苦涩的滋味。是努力做科研评一个好的职称还是当一名同学喜爱的能够"传道受业解惑"的贤师成了"大学青椒"所思考的问题,陈琳老师选择了后者。

要想采访到陈琳老师,第一步便是与她取得联系,可是找到陈琳老师的联系方式可让蒋韵哲经历了一番周折。一个中学生要想联系到复旦大学的老师并不容易。

后来,蒋韵哲想起陈琳老师曾到二附中的"晨晖讲坛"做过一次名为"《共产党宣言》有保质期?"的讲座,于是蒋韵哲便通过教务处的王骁老师得到了陈琳老师的联系方式,并通过发邮件的方式与陈琳老师进行交流。这倒是"踏破铁鞋无觅处,得来全不费工夫"。

为了使自己的课题更完善充实,在采访陈琳老师之外,蒋韵哲还面向高校学生发放了关于毛概课程的调查问卷,并对二附中一位在复旦大学的学长进行了采访,询问他对于陈琳老师的毛概课的看法。可以说,蒋韵哲为了做好这个关于"小人物"的课题,可是付出了"大心血"。

"陈琳老师带给我的感触很深——她当时家里还有一个很小的孩子要照顾,可以说生活压力非常之大了。但她还是坚持每天把白天的课上好,并且很认真地给我回信。"

"高三这一年的话,关于'小人物'的案例我在作文素材里用到挺多的(笑),因为关注了小人物的发展现状,自己也的确看到了那一个个平凡而不平庸的坚守在岗位的人。至于未来的发展,我就希望自己也能做到像那些小人物一样,自己的声音可能不大,但始终要坚持自己所热爱的事物。"蒋韵哲这样说。

著名的戏剧家斯坦尼拉夫斯基在论述表演时这样说道:"没有小角色,只有小演员。"事实上,这句话不仅适用于舞台,生活又何尝不是一个草草搭起的戏班子? 无可奈何也好,接受现实也罢,每个人都有着自己所要扮演的角色。角色没有大小,人格却有高低。

陈琳老师敬职敬业的工作态度以及亲和力给蒋韵哲留下了深刻的印象,而晨晖社的课题除了在考试方面给予蒋韵哲帮助之外,也使得他对于自己的未来有所思考。

始终要坚持做自己所热爱的事

蒋韵哲是二附中 2016 届的学长,照常理来说他今年应该已是大二的学生了。可是当问起他所在的年级时,他有些尴尬地表示自己还在读"大一"。

在交大的第一年,蒋韵哲就读的专业是"行政管理",但在一年之后他选择转到生命科学技术学院学习生物信息,这意味着他将从零开始学习大学的课程,这对于他来说,是一次新的开始,更是一次挑战。

当问及他为什么选择转专业时,蒋韵哲说自己综合评价的志愿没有填好,自己觉得对行政管理没什么兴趣,对生物和化学更感兴趣。

在加了蒋韵哲学长的微信之后,笔者发现学长经常会记录下自己在大学化学上一些好玩的事情。他觉得大学的理科类课程有些"玄",作为最后一届高考"3 + 1"制度的毕业生,当时在高考就选了化学,所以本人也挺喜欢化学的,就会经常"吐槽"一下大学的化学课程。

在上了两次"大一"之后,蒋韵哲坦言对生命科学的学习要更努力一点,生物、化学、高等数学,这些理科类课程一门都不能拉下,更别提身边的同学们在高中时期都是参加过各类理科竞赛的学神了。同时,蒋韵哲作为"3 + 1"时期没有选物理的学生,大学却要重归"大学物理"的怀抱,会有听不懂老师讲什么的时候,这实非易事。对于未来在学业上的计划,蒋韵哲打算去美国读研究生,并且未来极大可能从事科研工作。

在大学的这两年里,学习之余,蒋韵哲还积极地参加了交通大学的社团和学生会组织。

在社团方面,他加入了交大的南洋通讯社。准确来说,南洋通讯社并不是一个社团,它是交通大学党委宣传部下属的一个新闻机构,类似于二附中的电视台。而蒋韵哲在南洋通讯社中负责事务中心的工作,主要任务是筹备每学期的团建工作、招新工作以及每学期的成员大会这样的事务。

"因为拍照和文字比较菜。"他这样说。

"学生会"的工作与二附中团学联相似,蒋韵哲选择加入秘书处,主要负责收集其他中心的日常活动和学生代表大会召开的筹备工作。在采访的那段时间,蒋韵哲正在负责上海交通大学第三十届学生联合会秘书处的招新。他觉得在"学在交大"这样一种氛围中招募干事,是一件有些困难的事情,这与高中时候团学联报名的趋之若鹜大有不同。招新的前期准备包括了招新宣讲会,需要一栋栋楼,一个个系去进行宣讲,俗称"扫楼",最后由两轮面试选出新成员。大学的学生联合会就很大了,一个中心下面还有好几个部门。一般每个部门都有"破冰活动",大概是部长带着十几个小朋友出去吃一顿饭。

如今,蒋韵哲以领导者的身份带领干事活动,便觉得自己责任突然重了。小朋友们如果处理事务出现问题,最后还是要自己负责。回顾过去,在学校工作中的点滴也让蒋韵哲想到了自己当年做干事的时候也有很多事情没有处理得很好,也跟如今的小朋友一样。

这些工作和活动,也让蒋韵哲在沉迷学习之余获得了更多的历练。

与蒋韵哲交流中可以感受到学长是一位十分温和友善的人,言语非常平和精炼,用的表情包也十分可爱。蒋韵哲学长说他也希望自己能够像那些小人物一样,自己的声音可能并不大,但始终要坚持做自己所热爱的事。

现实中人们在祈求丰腴理想的同时,总会被骨感的现实硌得生疼。有的学生迫于家长的压力,选择了一门自己毫无兴趣的专业;或者有的自己也不清楚想学些什么,糊里糊涂就进了某个专业;再或者因为社会上对某些学科的固有偏见而放弃追寻自己的心之所向。在这个尖子生迫于家庭压力、就业需求纷纷选择金融类专业的时代,在这个"生物"这门专业被认为是没有前途、又苦又累、挣不到钱的时代,还有这样一位学长坚持自己感兴趣的东西,这个"选择",这份"坚持",让人感到欣慰。

其实,学长对于专业的选择跟他的课题关于"大学青椒"的研究也有着很大的关系。在当今的中国,普通人对于大学专业,有着一条约定俗成的歧视链。学金融、管理的,专业名字里带着"金"字,自然是最让旁人艳羡的一条康庄大道;学工科的稍微差些,不过好歹是应用类的,也能找到一份不错的工作;学理科就要累一点,要搞科研,很多人坚持不住,不过好歹还有些经费拿;学文科社会科学的,整日里说些教人半懂不懂的话,搞的都是些闲片子;艺术类专业也是如此,自创设伊始便被毫不留情地扣上了一顶"不务正业"的大帽子;至于马列主义哲学,更是让人们觉得毫无用处了。在《光明日报》对于陈琳老师的报道之中,笔者了解到陈琳老师曾经问过复旦大学的学生们一个问题:如果你是复旦大学的校长,你最想做什么?其中一名同学答曰:取消思政课。

我想,这或许与清华大学的施一公教授在他的演讲中提到的"自己最想招的学生想去学金融"形成了鲜明的对比。一个是大学里最热门最抢手的课程,一个是学生们最厌烦的课程,人们从小把马列毛共产主义挂在嘴边,可是谁又能真正说清楚,不戴着有色眼镜,客观地讲述"共产主义究竟是什么"? 这并不是说追求财富是可耻的,也不是说经济学、金融、管理专业的学生就是庸俗之人,但是这样的现象告诉我们一个现实：当今的大部分家长逼着孩子去学竞赛，学许许多多的知识，最后不过是为了把他们送到一个还过得去的某大学某热门专业，学成之后可以找一个好工作。

当学习和思考与金钱成为交易的货物，当学习的价值被明码标价，当就业前景成为专业好坏的衡量标准，我们的教育是否已经变了味？

祝愿蒋韵哲学长学业顺利，也希望我辈能够拥有蒋韵哲学长一样的信念：做一个平凡但不平庸的小人物，真正地去从事一些自己喜爱的事情。

采访者简介：

沙一洲，二附中 2019 届 2 班，晨晖社成员。话剧社社长，沉迷文史哲。

"晨晖"指向的是前路

——陈凯帅访谈

采访：陈骏雄

陈凯帅，2011届晨晖社成员。国际法学专业硕士研究生毕业，曾在武汉大学、华东政法大学和德国马尔堡大学学习法律和德语。目前在英国史密夫菲尔律师事务所（Herbert Smith Freehills LLP）担任中国法律助理，服务于上海办公室争议解决团队。

俞帆是个特别"可爱"的人

对于陈凯帅学长来说，晨晖社团对他的影响，主要来自总联络员俞帆的潜移默化。俞帆为人正直，可谓是陈凯帅的高中生活的良师益友。他们共事的那段日子里，陈凯帅学长总是能从他身上学到很多东西。最令他印象深刻的是俞帆学长送给他的四个字"廉善亲和"，让他首先要做到自律节俭，然后还要善良正义，还要待人亲切、处事和善。陈凯帅学长说，每当他遇到种种抉择时，他更愿意用这四个字来指引自己，秉承晨晖精神，堂堂正正，大大方方地走下去。

问及俞帆的形象，陈凯帅说俞帆是个特别"可爱"的人。我们都不由得笑了出来。但陈凯帅学长接着解释道，说他可爱，是因为他对社会有着独到而又犀利的看法。他总是能透过现象看本质，能见微知著，冷静分析。陈凯帅学长还表示："我很希望能练成他这样的功力，但是大概还远远没有达到他的水平吧。"

"那这位俞帆学长长相如何啊？"听到陈凯帅学长绘声绘色地大谈特谈俞帆同志的种种优点，我们不禁随口问道。陈凯帅学长趁机打了个趣："他是个个子不高，很有正气的男孩子——当然他现在肯定已经成了一个很有正气的'老男人'了吧，哈哈。"另外一个让陈凯帅学长印象深刻的是，俞帆学长有着极强的自我约束力。虽然说平时也并不是那种不苟言笑的人，但是在根本的原则性问题上他还是很严肃的。他说俞帆学长是个乐于追求卓越的人,自我克制,不该做的事情绝对不做。自制力也是他的品质之一。"他是我见过的最可爱的人之一,而我一直努力想要成为像他一样可爱的人,但是我觉得到现在为止我还有很长的路要走啊。"陈凯帅学长感慨道。

晨晖社的确是个藏龙卧虎的地方,许多人都有着自己特别的优点和特长。在晨晖社一次次的活动中,陈凯帅学长就从俞帆那学到了很多,不论是一开始说到的"廉善亲和",还是后面提到的对国家问题的思考,或者是自制力,还有文字功底和日常积累,都在潜移默化中影响着陈凯帅学长,引导着他前进。能遇到俞帆同志这样的朋友,是陈凯帅学长的幸运,是晨晖社同学相互学习的必然。俞帆学长和陈凯帅学长传递着"可爱"的形象,也传递着晨晖人正直勤勉的精神。

李志聪老师的理性和冷静

除了俞帆学长,还有一个让陈凯帅学长印象颇深的人。他就是二附中校长,时任二附中书记的李志聪老师。李老师在某一次入党积极分子学习中告诉陈凯帅他们说:"为共产主义牺牲一切,其实在新时代已很少适用,但为共产主义和社会主义建设牺牲一点自己的私利,我们还是应当做到的。"李志聪书记在陈凯帅学长眼中是一个感召力极强的儒者。"他对国际问题尤其国家政治有着很深刻的了解,能做出很独到的评析。"陈凯帅学长回忆道,"我记得最清楚的就是,当年正值奥巴马和麦凯恩两个人竞争美国总统之位,他就在晨晖讲坛上以共和党和民主党的'驴象之争'为题,引出了一个极其生动清晰的讲座,主要讲美国的民主制度。他从竞选开始,讲美国的党派,讲美国的权力制度,讲行政、立法、司法三权分立,讲三个权力如何互相制约,如何互相影响……他还分析了这样的民主制度和我国社会主义人民民主专政的区别以及各自的利弊。他还由此引申了由于美国的政体对政府行动力的作用,使得美国在国际社会上面对纷繁的国内与国际事件都作出了怎样的决策。"通过李志聪书记对美国政体深刻而又清楚的分析,陈凯帅学长明白了西方所谓的"民主"制度背后的真相,也明白了为什么称中国的特色社会主义制度是"先进的"。"李志聪书记给我的印象就是非常智慧、犀利,对国际问题有着强大的分析能力,可以庖丁解牛般把政治风云背后的博弈展现给我们看。"陈凯帅学长高度评价了李志聪校长分析国际问题的能力,"可以说他的一些分析颠覆了我之前对国际政治事件的认识,也让我能更加成熟、更加理性地思考。"

其实李志聪校长对国际问题的分析,也影响了陈凯帅学长的人生轨迹。李志聪校长对西方所谓"民主"制度的剖析更坚定了陈凯帅学长的意志,让他以更全面的视角认识身处的社会和更为广阔的世界。他告诉我们,最近一次见到李校长,是2017年他在北京参加中华人民共和国最高人民法院的"第四批法律实习生"见习计划期间,李校长和老师们来北京宴请校友。他那天很早就到场,有机会和李校长一同回忆晨晖往事,并在毕业6年后再次合影留念。讲到这一段,他尤其兴奋。"他是一个富有感召力的儒者,英姿不减当年。"

能够通过遴选在中国最高审判机关参加见习工作已实属不易,进一步参与到国家立法参考和司法解释的制订工作,更是非常事。这也是晨晖精神的核心之一,即培养社员的家国情怀,让二附中培养的人才不负国家的投入,让更多的同学走上建设有中国特色社会主义的轨道。

从李志聪校长身上学到的,使陈凯帅下决心成为一个理性并具有理性冷静分析问题能力的人。国际社会风云变幻,平日生活也可能错综复杂,意气用事可能会招致负面结果。遇到问题和选择的时候冷静地权衡利弊,尽量考虑周全,作出不让自己后悔的选择。有的人觉得晨晖社是又红又专、形而上的一个组织,实则不然;晨晖社是一个亲近生活、传递着理想与实干的社团。晨晖社指引了陈凯帅学长,给予了他对国内法律事业发展的信心,将他的理想与国家法治改革和国家经济发展的需要结合起来,吸收前辈的品质和优点,结合自己的才能与梦想,踏实而光荣地为祖国献上一份力。

做一个践行晨晖精神的人

谈这两位人物谈了这么多,那他们对陈凯帅学长的影响体现在哪里呢?我们询问了他的生活现状。听到这个问题,陈凯帅学长表示:"我目前从事的行业是法律服务行业,学习的专业是国际法学,目前从事的工作主要集中在国际仲裁方面,在一家具有百年历史的著名英国老牌律师事务所担任中国法律助理,在与国际化顶尖法律服务团队协同合作的过程中,我体会到在外国人眼中中国的国际地位日益增长,世界各国人民在商业交往中日益尊重中国的商业安排和交易习惯,在此大背景下,越来越多像我这样具有本地实践又具备国际视野的人才更受青睐。"

"中外经贸交往日益紧密,越来越多人把眼光放向中国,我作为中国人,又有什么理由拒绝在家乡的大好机会呢?以国际商会、新加坡国际仲裁中心为代表的外国仲裁机构纷纷在上海设立代表处,加强其与中国的联系,而这便是中国法律人弯道超车的好时机。越来越多的工作机会将开放给具有中国教育背景和良好汉语能力的国际人才。从这一点来看,母校的语文老师一定是我最想感谢的。"

在晨晖社的那段时间里,陈凯帅学长积攒了对国家的信心,正是源于对为国家法治建设的信心,以及为国家法治发展出力的原动力,也就是晨晖社给他的影响,才使他做出了这样的选择。他相信,在国家法治建设的方针和全面落实市场经济和日益融入全球化自由贸易的倡议之下,在中国能有更好的发展。因此相比在西方,他更愿意留在他的祖国中国,在多元文化融合的故乡上海,开始他的法律从业者生涯,发展他的事业,为国家的外向发展做出属于他的贡献。"原来如此。"我们点了点头,这就是俞帆同志和李志聪校长,以及晨晖精神给陈凯帅学长带来的深刻影响吧。

"在晨晖精神下,您有什么特别的守则吗?"我们还很想知道晨晖精神在他内心的体现。他的人生守则有两条:一是待人以真诚与善良,正如俞帆同志所言;二是不断地追求更高。就像二附中的校训一样,"卓然独立,越而胜己"。

我们还想看看如此一位雄心勃勃的未来的律师有什么样的目标。"首先,我需要向您解释一下,'律师'二字不可随意使用,严格意义上,由于我此前通过了相关国家资格考试,具备中国法律职业资格,但尚未在任一城市司法局注册为'律师',同样也未取得外国律师资格。"

"从目前的情况来说,虽然我在上海从事法律服务工作,但由于我的管带律师为香港律师会(The Law Society of Hong Kong)在册事务律师,因此我在法律意义上接受中华人民共和国香港特别行政区《律师执业规则》的约束,作为法律助理(Paralegal)执行法律相关事务。因此我不能被称为'律师',目前,我可以被称为'法律从业者'(Legal Practitioner)。"

"我今年的小目标就是尽快适应纷繁复杂的国际仲裁环境,在见习期间敏学好问,希望能通过我的努力,逐渐积累经验,提升自己,用自己的能力为这个国家相应领域做出一些力所能及的事。这样也就无愧于家人的期待、晨晖社的引导、学校的培养和国家的投入,更无悔于自己的人生了。"出乎我们的意料,他的回答简单而踏实,丝毫不像他在描述俞帆同志和李志聪校长时那样滔滔不绝。这大概也是晨晖精神的一种吧,在人生规划上稳重踏实,把理想和实际有机地结合。

我们从他身上发掘了这么多的晨晖精神,那么,在学长自己的心中晨晖精神是什么样的呢?"晨晖精神哦,就是那种精英还是精英,但不会聪明得过于机械,不会因为精通趋利避害就做精致的利己主义者。就是法律人所说的'pro bono',拉丁文的'无偿提供服务'。"就像李志聪校长说的那样,晨晖人应当为社会主义的建设做出一些牺牲,做出一些贡献。也就是说,在工作上要优秀聪明,而在社会生活上则要"傻"一点,做点公共的善事。"晨晖社就是一群乐于奉献自己课外时间的精英学生基于无偿服务的心而聚起来的,我觉得这个定义就是我心目中的晨晖精神。还有就是有组织的志愿者活动或者捐助,这些都是回报社会的行为,也是晨晖社社员都愿意为之付出的行为。

"那您当初为什么会加入晨晖社呢?""首先,当然是因为俞帆总联络员的热情推荐,让我对这个社团产生了兴趣。但是回想起在晨晖社的那些经历,回想起胡老师侃过的那些大山,想起俞帆同志与我一起的那些时光,想起李志聪书记给我的引导……只要想起在晨晖的经历,他们的话语就萦绕在我的耳边,他们的形象就浮现在我的眼前。我觉得在晨晖社的这段光阴没有虚度,如果再有一次选择的机会,我也会毫不后悔地加入晨晖社,做一个晨晖人。"陈凯帅学长回忆起那段时光,又一次感慨起来。

"您对自己的现状满意吗?"听到之前陈凯帅学长如此自信自豪地向我们介绍自己的人生经历,我有点觉得这个问题多余。但是他的回答又一次与我们的想法相反:"我认为自己是一个普通人,还不够优秀,还不是精英。但这些都没有关系,我们的校训不是说要越而胜己嘛,胜过昨天的自己,我自己就觉得我够卓越了。没有最高,只有更高,如果持续追求一个遥不可及的目标会让人迷失方向;但是如果目标仅仅是超越昨天的自己,那么就会在人生的道路上不断地、充满自信地前进下去吧。所以我也会每天尝试超过昨天的自己,这样日积月累,相信量变能引起质变。我也希望能通过逐渐提升自己的能力来给这个国家做出更大的贡献。"这也许就是俞帆同志的文笔给陈凯帅学长的震撼作用吧,他似乎很注重积累,他并不是因为有了现阶段的成功,就像打了鸡血一样却又仅仅是三分钟热度;他有着长远的打算并愿意为之付出长久的努力。

内心深处有柔软细腻的一面

陈凯帅学长还告诉我们"对己克制,对人宽容",可以说是晨晖精神的一种体现。对己克制,就是严格自律,勿以恶小而为之。绝大多数人都有大的是非观念,出格的事情肯定不会做。但是一些在整个人生整个世界来看无关痛痒的小事呢?一路走来,一定会遇到许许多多小小的诱惑,在这些的诱惑下我们是选择小小地放纵一下自己,还是选择要坚持守则拒绝诱惑,这便是"对己克制",也就是"君子慎独"。对人宽容,这个道理谁都懂,但是又有多少人能做到?忍住这样顿时的火气却需要很大的涵养。所以说,"对己克制,对人宽容"这八个字看起来简单,实行起来却不是一般人能做到的。

最后,我们问及他的人生理想。尽管之前几次预测错误,我还是猜测他会有一个震撼人心的雄心壮志。但是我又一次错了。"我的人生理想啊,其实也不算高。我的愿望就是有一个幸福的家庭,用我自己的能量来影响身边的人。我希望能成为我身边的人心中的一股力量,这样一起互相扶持着走下去。说到底,晨晖教会我们如何做人。"如此平淡的理想,出乎我的意料,没有想到在这样一位充满活力的人内心深处,也有这般柔软细腻的一面。

晨晖社不仅仅是个培养社会主义人才的组织,也是一个塑造完整人格的社团。陈凯帅学长在晨晖社的感染下明白了要如何将个人理想和国家需要结合起来,他把为中国特色社会主义奋斗的精神追求和学习法律、在法律领域从业的个人目标相结合,深知正在蓬勃发展的中国更具前景,更加符合社团、学校和国家对他的期望,于是积极投身于不断发展着完善着的社会主义法治,努力成为中国新一代青年法律的从业者。同时晨晖社老社员和老师也影响着他,把他塑造成一个"廉善亲和",而且处事冷静、"对己克制,对人宽容"的人。这是晨晖社与为中国法治奋斗的陈凯帅的故事;也是晨晖社与一个不断成长的,刚步入社会的青年人陈凯帅的故事。

采访者简介:

陈骏雄,二附中 2020 届 9 班,晨晖社成员。关心时事,爱与同学讨论分享自己的见解。

但行好事，莫问前程

——程嘉颖访谈

采访：谢承翰

程嘉颖，2012届晨晖社成员，清华大学建筑学院本科毕业，后就读于美国约翰霍普金斯大学公共卫生学院。目前已回上海工作。

一个引领确立理想信仰的平台

初见时，晨晖经历是我们首先要讨论的话题。学姐告诉我们，她当初抱着和同学讨论学习的心态加入了晨晖，走进晨晖后，才发现它是以做课题的形式实现同学与老师之间良好的互动，并通过探讨时事热点培养同学的社会责任感，是一个引领学生确立理想信仰的平台。

当时晨晖社还是"晨晖党章学习社团"，虽说"晨晖"二字是源自二附中路名，但她很喜欢这个名字，因为它象征着高中生的青春阳光和活力。

当年的社团负责老师胡老师曾亲自向学姐指导晨晖举办活动的宗旨："坚定理想信念，努力成为青年马克思主义者。"直至今日，学姐还能清晰记得胡老师的这句话。

晨晖通过学习党章，广泛讨论，以课题探究的形式，深入城市和乡村开展社会实践，完成课题报告，例如2007年的《重视建设培养青年马克思主义者的创新型环境》，2008年的《风雨三十年——纪念改革开放30周年》，2009年的《"90后"一代主体价值观探究》等非常有深度、有意义也很有趣的课题。

当时学姐的课题是关于吴孟超院士的。吴孟超，中国肝胆外科创始人和开拓者，国家最高科学技术奖获得者，中国科学院院士，第二军医大学东方肝胆外科医院院长。她想了解的是：吴老当时已经年近九旬，却一直坚守在手术台上，是什么让这位医学泰斗坚持不懈并具有如此强烈的奉献精神。在当时，吴老精神已被概括为"勇闯禁区、勇于创新、永不满足、永远争先"，但是经过实践调研，她认为吴老精神的内涵还包括以下两点：一是把工作当成事业来做；二是感恩的心态。这样的精神也被她写进了社会实践小论文，被收录在《党旗映"晨晖"》这本书中。

通过这个课题，她不仅接触了解到一名德高望重的医学泰斗的为人处事的风范，还在与老师和同学的交流沟通中理解了"有担当、有社会责任感"的深重含义。后来她意识到，自己当年作为高中生，在面临人生抉择的时候，这些精神都鼓励着她追求崇高，使她一生受益。

一片属于思想的静谧天空

另外，学姐印象较深的是她们的"90、90"课题。当时是建党 90 周年，她们这些被称为"90 后"的孩子们，对党的 90 年历程有着特殊的感情。她们商定，当年的主课题是《东方·晨晖·90·90》——围绕中国共产党成立 90 年来领导中国人民奋勇前进的历史历程，以"90"后的眼光，关注世界和中国命运的新发展。

还记得当时胡老师鼓励她们说，上海话里"90"谐音"就灵"，她们趁着建党 90 周年的契机，相信可以做出一个有深度有意义有灵魂的课题。

这个课题分为两块：一是，"风雨同舟"90 年；二是，延安召唤"90 后"。第一版块，她们在胡老师的指导下，分了九个子课题，深入上海的社会基层，开展社会调查。第二版块，她们拟利用暑假，到延安去，重点、深度考察在血雨腥风的战争年代，为什么会有无数的知识青年抛弃舒适的生活，冒着生命危险，前赴后继，奔赴延安的深层原因。这也就有了后来到中国延安干部学院参观学习机会的故事。

在讨论《东方·晨晖·90·90》课题时，她们从亲身体验中衍生出一些思考。

"从幼时起，我们都争着早日戴上红领巾。上了初中，又争着申请加入共青团。然而作为高中生，当被问起自己当年为什么要加入时，我们却往往连一个令人满意的答案都找不到。我们只知道老师鼓励我们这么做，我们只是觉得早日加入少先队早日加入共青团是一件光荣的事，并没有足够的教育来告诉我们这一行为所蕴含的神圣意义，我们也并没有真正意识到伴随而来的责任的重大。到高中，大多数同学都能清楚地说出自己未来的理想，这些理想更多的是个人的职业规划，而不是对于人生意义更深入的追求和对于社会责任的勇敢担当。有些决心出国留学的同学，离开之前就坦率地表示不再回来。伴随着社会发展的瞬息万变，大家越来越关注自身的生活品质，这本不是一件坏事。可与此同时，也有越来越多的人，漠视了内心深处的精神追求，甚至一些同学内心也开始缺少对于整个国家与社会的责任感。'时刻准备着'的纯真和共青团员的激情,在许多高中生心里,渐渐淡去了。中华人民共和国成立之前,数不清的革命青年,为了遥远而崇高的理想,不惜牺牲一切,将生死置之度外。可现在,这一切都仿佛只能发生在历史书里让人回味了。"

越是困惑,越是需要一片属于思想的静谧天空。

正是基于现实生活里的思考,学姐们迫切地想知道为什么在那个年代,有那么多热血青年无怨无悔地奔向延安,献身革命;他们又是如何在延安树立自己的信仰并用一生去坚持。她们非常想深入历史内部了解历史的真相,她们也想通过这样的方式,引起更多人对青少年信仰淡化问题的重视,并及时谋求补救与改革的方法。

也正是基于对社会、对国家现存问题的忧虑,让学姐愿意牺牲宝贵的学习时间来调查、研究、解决这一问题。这样的工作或许无法对她们的升学与前程产生直接影响,但她们依旧无怨无悔。这,或许就是晨晖精神。

晨晖同学的想法,经过不断的磨砺和修改,最后定稿为给时任上海市委领导俞正声同志的信。俞正声同志在亲笔回信中表达了对晨晖社团的支持和鼓励,为此学姐感到特别自豪。

学姐的课题也戳到了我的心坎里。近年来,青少年信仰淡化,已经逐渐蔓延到一些高中生、大学生,这种现象的产生是有其现实原因的。如今的学生生活安逸,不曾受到任何生存或者是基本尊严的压迫;而科技的发展使得能激发人类身体奖励机制的手段越来越多,例如手机小游戏会让人沉浸在不断升级的短暂快乐中,人们有时很难抵挡住这些诱惑。在这样的情况下,未谙世事的学生,很难再去立下鸿鹄之志并坚定地实行。

并非是太平盛世就可高枕无忧,还有很多事情值得我们去做,还有很多责任需要我们去担当。要解决青少年信仰淡化问题,除了要从以前的革命先辈中吸取养分,更多的,是要让当代的学生更多了解祖国面临的任务、人类发展的困境,从各个角度去剖析它、思考它、解决它,不能闭门只读圣贤书,成为"奴隶式教学"的工具。

支教,给孩子们播撒下一颗种子

离开晨晖后,由于晨晖社带给学姐的心系社会、有社会担当的精神,她加入了清华大学校团委"公益联盟"社团,并担当一个支教团的主要负责人。其中,她在甘肃省张掖市民乐县一所小学支教的经历尤为特别。

这所学校之前没有和清华对接过，有幸的是那个学校的校长曾来清华进修过。得益于她们社团的支持，她本着"试一试"的想法，看是否能够去那边开展支教活动，没想到立刻得到了校长的积极支持。在校长和学校其他老师同学的帮助下，她们为期两周的支教活动非常成功。

她们当时在民乐县的一所小学，团队有十多个同学。由于这次支教得到了当地政府、学校校长还有老师家长等全方位的支持，她们的支教活动开展得非常顺利。同时她们这些同学吃住都在一起，培养了深厚的友谊。

然而，学姐却并不满足于此：她在民乐县不仅是在教书，更是在学习、在思考。

在那边支教一段时间后，她和那边的孩子建立了联系。他们有时会问：老师，外面的世界是怎样的？高铁有多快？智能手机有多普及？于是她问自己，她们怀着一番热情，来到这边开展支教活动，不知道对于当地的学生们，又能带来哪些改变？

她过去后发现，祖国的贫富差距依旧巨大。作为在大城市长大的她，对电脑智能手机仿佛都是无师自通，接收信息非常便捷，从未想过他们那边的老师可能还不太会EXCEL，可能只会用智能手机打打电话，而那些孩子可能更难接触到最新奇的知识。

支教，就好像给那些孩子播撒下一颗种子，用她们的只言片语让孩子们获知些外面的广阔世界。然而，在学姐眼中，这也存在一些问题：首先，她们作为大学生，很难讲清楚发达地区的生活；其次，这两周后，她们就要离开，可是这些孩子还是会回归原来的生活，但是播撒在他们心里的种子，不知道有没有合适的土壤可以生根发芽。

想到可能还是长期的支教活动对支教对象的帮助更大，于是，她还在当地的时候就提出，希望能与当地学校发展成一种长期对接的帮扶关系。她当时写了一封建议书，发给了在北京的她们社团里的学长学姐，向他们请求帮助和支持。不过当时还在暑假，一时也难以推进这个活动。听说后来，她的学弟学妹们进一步推进了这个计划，她当时同去的一个学弟，还带领团队被评上了清华十大实践社团。相信这样一来，那边的孩子们也可以收获更多，让这样的支教活动更加有意义。

学姐的思考与实践，或许在不经意间，就带给了更多的孩子知识的曙光。

让我们怀有更崇高的情怀

谈及晨晖，学姐笑着告诉我们：她觉得到目前为止最开心的时光就是在二附中的三年，而在二附中，使她成长最多的，就是晨晖社。

"在晨晖，我们的内心得以充分展示，我们的能力得以完整体现，我们的理想得以正确树立。从最初的号召晨晖人做课题,在建党 90 周年之际完成小课题研究,到去往中国浦东干部学院参观学习,以及现在对学弟学妹的传承,我都是在晨晖一点点成长的。

"胡老师的教诲还历历在目,我的电脑里还留着当初晨晖不断修改的稿件,这是一笔财富,同时我也体会到了晨晖的信任和期望。从加入晨晖以来,老师们一直对我倍加鼓励。我时常会把自己的想法向胡老师请教,我知道有时自己的想法还属稚嫩,但胡老师不厌其烦地鼓励我、支持我,这是晨晖对我的信任。我不知自己是否能在众多优秀学子中脱颖而出,但在晨晖的温暖怀抱中,我和每个晨晖人一样,内心充满感激。"

在晨晖的日子里,胡老师的一言一行令学姐记忆深刻,在她眼中,胡老师是一个不拘泥于书本的人。无论是我们晨晖社活动的设计,还是社里的管理,胡老师亲力亲为,并且时常有新奇的想法,跟他讨教总觉得信息量满满。

而在开展活动的过程中,通过和小伙伴的交流,还有我们做的关于社会热点的研究,都让我们这些高中生怀有更崇高的情怀,一生受益。不忘初心,追根溯源,这还是在晨晖社学到的精神。

如今晨晖传承已逾十年,学姐也表达了对我们的期望:"正如我们当时也是受学长学姐的指导,如今的十年晨晖给予了你们更多学习的机会,有更多思考的空间,这些都是很珍贵并且能够让你受益终身的。也希望你们可以像我们一样,多听多学多问,享受在二附中学习的三年,享受在晨晖社的每一天。

学姐说:"但行好事,莫问前程,与你们共勉"。

采访者简介:

谢承翰,二附中 2020 届 7 班,晨晖社成员。校科协主席,热爱音乐、运动。

追寻内心,选择有价值的事业

——高梦扬访谈

采访:单佳铭

高梦扬,2013 届晨晖社成员,清华大学的经管学院。

每个工作都有它相应的价值

初入晨晖社,懵懂无知,只是一下子被其聊天的内容感染:总觉得这群人是不一样的,他们有着与众不同的远见与视野。

高梦扬是 2013 届的学长。为什么会选清华大学的经管学院呢?学长坦言说,选这个专业主要还是因为自己是文科生,而经济学作为与实践紧密结合的社会科学,对文科同学是极具吸引力的。谈到就业,学长说,一个人的选择需要综合各方面考虑,将个人志向与社会价值这两方面集合起来,加以理性的分析与判断。

高梦扬学长曾面临一次重要的选择,由于对所学专业的迷惘,他在大二时曾想过换专业,最后因为各种原因,最终留在了本专业。"专业选择的问题我思考了很久,最后找到的答案是,即便一开始没有对某个方向表现出强烈兴趣,但如果做到干一行爱一行,在这片天地间,我们'晨晖人'也是能有所作为的。"的确,爱一行干一行,是内心的兴趣使然,而干一行爱一行,更是利人利己的可敬之举。

学长选择了这个专业,选定了他以后要走的道路。但其实,也正如他所言,无论最后选择了什么,都要克服困难坚持走下去并且尝试去喜爱。问及如何对待困难,他回答说:"困难是每个人都会遇见的。首先得去积极面对,其次要适时调整心态,也不必去羡慕其他同学已经取得的成绩。尽力而为,无愧内心。"

作为"晨晖人",我们应该秉持什么样的职业观?高梦扬说:"每个岗位都是有价值的,但每个人心中都有衡量职业选择的标准。可以对于'晨晖人',我们要首先考虑社会需要,也就是岗位的社会价值,将个人志向与社会发展紧密地结合在一起,到国家、人民最需要我们发光发热的岗位上去。优秀的科学家、政治家、企业管理者等,这些岗位正是晨晖社的同学们应当追求的。"学长的话直截了当地指出了优秀人才应当具有的自身定位。

唤起同学们的公共服务意识

学长在采访时说到,就读清华大学的二附中毕业生在学生组织参与度方面尚显不足。高中时,同学们参加团学联活动,许多是出于"优秀是一种习惯"。但到了大学,这就不再是一种"习惯"或"标准"了,很多人选择远离公共服务活动。高梦扬学长说,相较而言,期望二附中的后来者多多担起社会工作的重任,提升公共服务意识。

从空想到理想

当被问及高中时的理想,高学长坦言说,包括自己在内,许多人都要首先经历一个空想的过程,在模糊的愿景中勾勒出理想的雏形。刚进入二附中时,老师总提到一句话:"高中生活就是将自己打碎,再重新塑造一个新的自己。"当自己接触到更多现实而理性的事物,就会发现原先的想法并没有那么成熟,甚至过于空想化。"不忘初心,脚踏实地,面向未来"——这是学长希望送给晨晖社团成员的话。

人生的目的是什么?面对这样一个宏大的话题,其答案显然是不唯一的,但关于此问题的思考却是"晨晖人"必不可少的。正是这样的思考,才让我们逐渐清晰自己的人生价值,将"空想"在高中阶段乃至今后一生的奋斗中转化为理想,并笃定地走下去。

采访者简介:
单佳铭,二附中 2020 届 9 班,晨晖社成员。对高中物理竞赛有浓厚兴趣,高一时获得高中物理联赛二等奖。

以"小人物"的视角看世界

——陆煌蕾访谈

采访：王皓

陆煌蕾，2016 届晨晖社成员，北京大学中文系。

忙忙碌碌"小人物"中的一员

金桂、银杏、雪松、黄杨，水禽、鱼儿、小猫咪，踏入晨晖路英气逼人，走出晨晖路眼含星辰。陆煌蕾在晨晖社度过了两年，最大的收获是"向小人物学习"的社会实践课题。两周一次的常规集合，以及实践课题期间的讨论策划，伴着二附中长廊的风雨，晨晖路上的落叶，把"小人物"三字印入她的心中。

刚进入二附中的时候，陆煌蕾就选择了媒体人这一人生轨迹：做民众的眼睛，把我们身边最真实、最原本的一面展现出来。正因为这个理想，陆煌蕾的三年学习生活都围绕着"电视台""新闻部""采访"三个词展开。

"学姐，你在电视台的时候主要做什么工作的？""剪辑、摄影，还是其他？""都做过。"晨晖讲坛，校运动会，高二的学农，南京、绍兴的社会考察，元旦文艺汇演的狂欢之夜……只要是需要报道、记录的时候，就总少不了陆煌蕾的身影。人才济济的二附中校园里，陆煌蕾只是其中忙忙碌碌的"小人物"中的一员。陆煌蕾和她的伙伴们，通过二附中的光影、声响，向全校师生传递信息，向前辈后生证明自我，向社会大众展现二附中的风采，为校园里的人与人构筑起信息共享的桥梁。

"当时我还是班长，因为有新闻部的工作，所以平时就比较繁忙，很多工作就交给另一位班长了。"学生会的部长、班长，即便是两个身份中的一个，也足以令人忙到焦头烂额——每每遇到集体活动，班长永远是那个担子最重的人：班级行动的策划要由班长来完成，而若是出现问题，班长就又必须承担责任；部长工作也不轻松，当部员结束忙碌,得以休息片刻时,部长还需要做整理工作,安排下一阶段的事。而她,就这么身兼两职度过了高中三年。

虽然团学联的事务颇多,但是班级的日常纪律维持依然有赖于陆煌蕾的管理,午会课、晚自习……班主任老师不在的时候,她作为班级的管理者站了出来。

适逢年级活动,她又理所当然地成了班级同学与年级组、学生处、教务处老师们沟通的使者,当老师开始派发任务时,前去开会的总是她,记录会议内容,并带回班级。当班级活动结束,她又会对班级里任务的完成情况、同学的意见加以总结,反馈给相关的负责老师。

三年时光,陆煌蕾和老师、同学不断地、频繁地"打着交道",获得了更多的与人相处的经验。

了解"小人物"所不为人知的特质

"我是高二加入晨晖社的。"因为当时晨晖社老胡生病住院,所以晨晖社 2016 届社员刚入学的那年并没有开展课题研究,就连 2016 届的招新活动也是到了陆煌蕾高二时才进行。

熟悉了校园生活的二附中学子,对社团、选修课等课业的选择,有了更深的认识,不同人选择了不同的"路":不少学长选择了学科竞赛来实现自我价值;众多前辈加入了"科协",在科创课题和答辩环节中崭露头角;数量可观的学生融入了模拟联合国、辩论、英语演讲等活动"圈子"。而晨晖社的课题研究,无疑是一条康庄大道。

"其实我当时还是挺有家国情怀的,晨晖社是一个很好的平台,我想通过社会实践来获得不一样的视野。"经过一载春秋,当时的陆煌蕾对于晨晖社已经有所了解,抱着想要在高中阶段做些什么成果出来的想法,加入了可谓是英才云集的晨晖社。

作为晨晖社的一员,周三的晨晖社集会,活动开展无疑是有着不小的意义。或是老胡诙谐幽默的话语启迪众人,或是邀请其他老师来介绍其对于马克思主义的独特见解,或是社员之间进行的意见、想法讨论……每一次的社员聚集,都是一次新思想的诞生。它们未必对未来的路有多少裨益,可一个新的角度、一个新的逻辑,渐渐让思想方法发生了实质上的转变。

陆煌蕾在二附中的三年里迷茫过、痛苦过,可晨晖引着她缓缓走下去,集会、实践、策划……一步一步。

2016 届晨晖社社员进行了名为"向小人物学习"的社会实践课题,分组进行,先后采访了社区医生、新闻工作者、反恐警察、居委工作人员等一系列一线基层岗位的从业者,并做了其他方面的调查与分析。那次社会实践课题,让我们了解了基层的"小人物"所不为人知的特质。面对变革,"小人物"的作为较为详实地记录在了课题报告中。同时,报告本身也希望我们青年能勤勤恳恳积蓄力量,向前辈们学习。

陆煌蕾基于自身对新闻媒体的向往,选择了媒体人这一调查方向。

她采访参观了上海报业集团、SMG 大楼,同时发放了相关问卷,先后整理了不少的数据,并进行了一定的分析,寻找媒体人眼中的真实、心中的坚持、脑中的期许。从陆煌蕾眼中的媒体人着手,她进行了一系列的详细调查,修正自身的认知,也将最为鲜活的媒体人形象记录了下来,呈现了出来。

采访过程并非是一帆风顺的。的的确确,这次社会实践采访的是"小人物",可即便是小人物,也会有他们的忙碌、他们的坚守,正如戍边将士一样,想与他们联系,并非那么容易。

上海报业集团的采访尚且顺利,当时陆煌蕾通过电子邮件联系了上海报业集团,就立刻与工作人员取得了联系,之后参观的时候,还有新媒体部门的负责人做接待,可以说轻轻松松就获得了所需的相关信息。

而 SMG 的采访则经历了一些波折。既然把采访、参观、调查的对象定为了 SMG,那么采访勤勤恳恳、踏踏实实工作的印海蓉就必不可少了。"……想到采访印海蓉,可能是因为以前早间新闻、晚间新闻播报一直见到她的缘故……加上她也一直在 SMG工作的缘故……最主要的是她是校友的缘故吧。""当时我想采访校友印海蓉学姐,可是向 SMG 打电话一直得不到接线员反馈,确实是一个困难。"这件事拖了一个多月,迟迟等不到 SMG 的回音,因此社会实践课题的进度也一度停下了脚步,还是通过学校联系上了印海蓉学姐。

"后来还是老胡给我们出了主意,通过校办联系到了印海蓉,因为是校友嘛……"就这样,陆煌蕾通过校办拿到了印海蓉的私人联系方式,"后来取得了联系,最后采访工作总算告一段落。"

随后,陆煌蕾又花费了不少的时间,整理采访所获,提炼文章信息、斟酌论文言语……都说好文章是改出来的,历届晨晖课题的定稿,都需要自我的审视、负责人的批阅,那种反复推敲的过程,想必也花了不少的经历吧……可无论如何,一篇关于媒体人的课题报告就这样完成了。

与众多迥异的"小人物"打交道

"学姐,老胡给你的最深印象是什么样的?"很快就收到了评价"有生命力……完全止不住的生命能量……胆大什么都敢做哈哈哈……"

作为晨晖的主心骨,老胡,这位历经风浪的老教师,影响着每一个晨晖人。

"敢于摸天"的话语尚且像是循环播放一般在意识深处闪动,老胡的诸如"事情做之前想想清楚,要么不做,要做就做好""来,下次让……""现在你们的年纪,和同学,和男生女生之间的关系要处理好"一类的"指示",不知不觉间影响、教导了陆煌蕾,朝气,活力,担当,理想……循着晨晖的光走,陆煌蕾的人生之道渐渐明亮,成型。

一转眼,高中生活就这么忙过去了,走过两年晨晖路,陆煌蕾终究离开了这片土地。"学姐,你从晨晖社获得的最大收获是什么?""收获的话……应该是碰到了很多志同道合的同学,改变了很多吧……当然,最期待的还是每周三去听'指点江山'。"

实践课题,就这么告一段落;三年时光,匆匆而过。晨晖社课题汇编完成后,还举行了一次课题报告,上台发言的也是陆煌蕾。在晨晖,在二附中的时光里,她最大的收获,我想,是与众多性格迥异的"小人物"打交道。

时间如潮,它一来一回,能带走一切,欢乐、忧伤、轻松、沉重、坚定、迷惘……无论什么,最后都将会或已然成为回忆。不过,我想,二附中三年,晨晖社两年,她不会忘,记忆不会暗淡。

陆煌蕾通过博雅计划考进北京大学。"我一直觉得挺幸运的,我一直觉得这是一个挺神奇的过程。"就这样,她从晨晖路上,走到了未名湖畔,进了北大中文系。

其实,当时的学姐一模因数学失利,肩上无形之间背负了许多,晨晖课题的事务也牵扯了她大量的心思。好在才气、坚持和理想为她叩开了北大的门,这,也是缘分吧。

"学姐,你为什么会选择中文系?"从热爱媒体工作,向往新闻行业的追梦者一下子转变为文学研究者、守护者,似是有些突兀。"其实也没什么,就是当时我们讲人文关怀,我认为从事媒体新闻工作需要一定的人文底蕴,所以选择了中文系。"

在北大,陆煌蕾沿袭了一贯的篮球爱好以及出色的体育素养,在与队友的配合之下,取得了北大当年篮球联赛的冠军。"也是大家一起努力的结果吧。毕竟一起训练,一起克服困难,也让我感受到了团队的重要吧。反正我一个人是做不到这些的。"话语中,甚至有着一丝轻松,可当时,想必会有困难、恶战。一场场比赛、一个个进球,她和同系同学、队友一同奋斗,拿下了最后的冠军。

别仅仅活在自己的小世界里

在未名湖畔已经快两年了,陆煌蕾早早地做好全面的学科准备,细细地研究一些文学派别,看看文学的时代特点,加深对于语言的了解,时间就这么一天天过去了。

与此同时,陆煌蕾还在攻读社会学课程,日子也倒充实。来到北京,选了不一样的专业,读了不一样的书,看了不一样的天,前路如何?

"我将来是要考研的,只是到底是社会学还是文学,我也没想好。可能是社会学,也有可能是文学吧。""中文系大三细分系别,哪个方向,我还没决定。"

"我觉得还是看看这个世界在发生什么吧……别仅仅活在自己的小世界里,也别把自己太当回事。"问及在晨晖所学,陆煌蕾给出了这样的一个答案。关注社会,关注外界,关注身边事。而我想,这也正是她的决定。

不得不说,这是一种缘分,陆煌蕾因为学习成绩(尤其是数学),最终放下了校园电视台和新闻部的工作(高三卸任部长),而这,也给她选择中文系提供了契机。也许,正是失落的那段时间,让她看到了作为"小人物"的自己,真正作为一个普通学生来审视自己的不足,以"小人物"的视角看世界。

加入晨晖,令陆煌蕾把视野投向了"小人物",让她找到了不一样的追求,告别晨晖路,她真正成了"小人物":以独特的视野,探寻社会问题,搜寻根源,虚心分析,找寻解决方案。你看到、想到的世界是什么,这个世界就是什么,个性、思想,决定了未来。

学姐加入晨晖最大的收获,是一个新的视野,是视角的转变,把自己当作一个真真切切的"小人物"。那么,视角、言行、心性、才气,不经意间已经超越了同龄人。学姐在二附中是班长,是团学联新闻部部长,我比不上,可路依然要走。晨晖让她看到了前行的路,我呢?

能确定的,是老胡的"指点江山",是晨晖的引领。课题才刚开始,而影响我已经感受到。不过,课题还是要自己做,路还是要自己走。我们都是小人物,不曾青史留名,不曾做惊天动地的事,可我们,一步一步,会走得很稳,走得很远——

采访者简介:

王皓,二附中 2019 届 3 班,晨晖社成员。热爱生物学、医学和历史学。

希望晨晖更着眼于民生热点

——钱莉的故事

采访：黄依颖

钱莉，2009届晨晖社成员。上海财经大学公司金融专业，连续三年获得人民奖学金。毕业后去安永华明会计师事务所做了三年的高级审计员，后去英国圣安德鲁斯大学读金融学硕士。现在安永企业咨询部门就职。

内心最初的思想萌芽开始萌生

说起晨晖，钱莉首先想到的是胡立敏老师，胡老师总能在一连串的问句中带给她深思——那时候，每周五下午放学后，胡老师把大家聚集在办公楼二楼的大会议室里，讨论问题。"会讲一些时事，也会给我们很多教诲。比如他总挂在嘴边的'高考很简单的'，抑或他一直说，人不能只读书，要培养综合素质和各方面能力，要做一个大写的'人'等思想。"

晨晖的经历，对当时中规中矩、一心学习的钱莉起到了启发性的作用。进晨晖社之前，她没有担任任何的职务，也没有参加很多活动。在那之后，她逐渐尝到社会实践的甜头，并对日后的工作影响很大。

有的高中同学聊起晨晖，对每周的晨晖活动表达了困惑：一群人坐在会议室里，不知道是不是在背党章，好像很神秘。其实，晨晖是个充满活力的社团，并不像外界想象得那么死板。我们学习党章并不仅仅阅读材料，而是联系现实，聊天谈地，还要完成社会实践课题。从定题到分组，从实践到最后汇编，每一步都会经过许多次的讨论，严谨而有序。

通过社会课题实践，一个一个子课题，我们切身感受到了祖国在划时代的浪潮中逐渐崛起的身影，内心最初的思想萌芽开始渐渐萌生，这是高中最重要的收获。在高中这个建立人生观、世界观、价值观的时间段，可能正因为有了晨晖社的经历，钱莉的三观树立得挺正，包括之后对一些事情的思考角度都不会过于偏激，都会比较客观、辩证。面对五湖四海形形色色的人，钱莉有时也会觉得自己跟他们的思维方式还是稍微有些不一样的。话语中可以听出她的坚定、欣慰与骄傲。

不能只做螺丝钉

钱莉笑言，加入晨晖的过程也非常有趣："每个班有几个名额，班主任让我们自己报名，举手的人还挺多的，因为我加试政治，选了'国内外时事热点'，对这方面也很感兴趣，觉得晨晖社也是'一道'的，就报了名。后来因为人多就抽签，就这么幸运地加入了晨晖社。"

那是 2008 年伊始，正值改革开放 30 周年，二附中建校 50 周年。新加入晨晖，钱莉就遇上了第一个任务，关于改革开放 30 年的社会实践课题。观察改革开放给中国各行各业经济、文化等方面带来的巨大变化。"我们当时被分配到的采访对象是浦东集装箱公司的一些人员，一开始联系很困难，因为都不认识，而且是比较大型的公司，既没有认识的人，要自己去联系，而且也很担心人家不愿意接受采访。"幸好，之后算是顺利地联系好了。等到实地采访的时候，因为地方很偏远，她和小伙伴坐车花了挺长时间才到达。最后总算采访到了，问他们改革开放有什么受益等一些问题，那时候的她还颇显稚嫩，回忆起这份经历感到新奇，也是一次新的尝试，一种奇妙的体验。后面又有一次采访优秀校友的大型活动，到了那时，她已熟悉流程，建立了自信，能够妥善地处理好学习与采访写稿之间的安排，也能够提前准备好访谈问题，做好联系工作。她说，作为晨晖社社员时，她由懵懂幼稚走向成熟，从自信而有实力的校友身上，看到了敢于做梦、敢于向前冲的精神品质，深受触动。

钱莉申请入党的时候，政治老师屈光泽问她未来想做什么样的人。"那时候我就说，以后到社会上，我要做一颗螺丝钉。屈老师就对我说，不能只做螺丝钉，因为这是大家基本上都能做的，既然要成为党员，就要做更有贡献的人，要比别人更优秀，要做更大的事情。"这对她很有启发，也直接导致了她大一大二在学校参加各类活动，不断挑战自我、突破自我，能够做她以前不可能做的事情。

"虽然现在觉得大学生可能更适合入党，但我觉得在高中更早的有这方面的教育和引导，对三观的建立、对事情的思考还是挺有帮助的，会使你更加成熟、客观。"钱莉这样总结道。她在谈话中不断强调高中时期三观、思想价值体系的建立，可见，晨晖在这方面使她受益匪浅,给她指引了方向。

希望越来越多的年轻人拥有志愿精神

大一时,钱莉对摄影突然很感兴趣,就去买了单反和摄像机,并报名参加金融学院学生会的网络部。除了参加学生会的活动、拍照、做视频之外,她们自己部门里也经常会有一些活动,大家出去拍照、采风。"当时高中里3班是文科实验班,赵欣老师要求我们每周写3篇周记,看了我的周记,赵老师跟我说我很适合幕后记录者的角色,我也因此受了一定启发。"加之对摄影的喜爱,在自己并没有基础的情况下,她毅然报名了学生会的网络部,并在其中学会了诸如剪辑视频等一系列新技能。

大一暑假的时候,她参加了由交大 AIESEC 组织举办的名为"we will shine"的中外英语夏令营活动,举办地在贵州兴义八中。活动预先召集了十几名分别来自芬兰、挪威、德国、印度尼西亚、新加坡、台湾等世界各地的青年大学生,在一周多的时间内,要为兴义八中的初二学生策划举办这场中外志愿者活动性质的夏令营。活动包括由外国学生上课的英语课堂,以及一些大型活动,如 campus running、business simulation 等,她负责的是翻译、助教以及辅助策划活动等工作。钱莉非常不好意思地讲起当时的经历:"其实自己那时候英语口语水平还不是很好,那边环境也不是特别好,比较艰苦,但同学说本来中国人就比较少,又有原先准备去的同学生病了,人手不够,时间很紧,所以我还是义不容辞地去了。"正因为时间紧张,她也没能买到别的票,坐了37小时的硬座过去。"总体感觉,那边虽然条件没有大城市好,但山川还是挺秀丽的,以前也没参加过这种活动,交到了很多朋友,英语水平也见长,看到那些小孩子的笑脸,真的感到一种由衷的快乐、感动。"

大二那年,她做了网络部部长,为了保证学生会一切讲座、路演等活动的影音、灯光正常,她做了很多努力;为了增进部门团结,她在课余抽空参与组织了许多部门内部培训(负责摄影 & 后期)及出游活动。她曾统筹17个部员拍摄各项大型学生活动并进行后期剪辑,作为学院学生活动纪念;主要导演、拍摄并熟练利用工具剪辑招新视频等;与学生会其他六个部门及主席沟通协作,合理安排拍摄需求,所在这届获得了校"最佳学生会"称号。她告诉我:"大二的时候基本上每周有例会,几乎每天都会有一些要去拍摄的活动或者做视频之类的工作。在这期间要做好部员之间、作业与活动之间的协调安排,我觉得对我这样不是很出挑的性格还是蛮有挑战性的。"这对钱莉后来的工作也很有帮助。因为不管在学校还是工作中,想要出色或者能够担当领导者的角色,都需要组织安排协调能力,多参加一些活动是为人生积累经验、履历,也会使你的秉性得到磨练,不论从哪方面来说,无疑都是十分有益的。

大三学业期间,钱莉与其他同学组成小队参加了校级本科生科研创新活动,在前期选题时经历了好几轮选择后,提出针对目前中国的碳金融市场展开研究,并定题为《中国碳金融市场发展现状以及在 CDM 机制下衍生品设计初探》。在当时,研究环境经济的还比较少见。由于具备良好的沟通能力,她在前期主要负责联络课题指导老师、跟进课题进度、搜集数据了解课题背景并进行相关分析。虽然定题时已临近立项申请截止日期,为确保数据准确性,她曾连续两夜泡在图书馆内查阅大量资料以及学术论文,并赴实地考察上海环境能源交易所 CDM 机制下碳交易的情况。最终她们的课题获得了校方的好评,并获得 2000 元人民币的课题赞助基金。

另外,她还曾参与 2010 年上海世博会的志愿者工作,组织和协调展馆的场内秩序,并为游客讲解展馆信息。她着实热爱着志愿服务及公益活动,并希望越来越多的年轻人可以拥有志愿精神。

未来有无数的可能性

工作期间,钱莉所在的公司每年都会给个人综合评分。她一直保持在前 15%,满分 5 分,每年她都拿 4 分。她曾参加过的一个并购项目的审计,荣获团体杰出贡献奖。

"事务所这边一般到第三年就要带队做项目了,而我当时正好因为人员流动等事情,第三年做了第五年的事情,做一个港股上市的大项目,最多的时候带了十多个人,具体有按照财务报表科目,给每一个队员分配任务、督促他们完成任务、跟客户协商等。那个项目很复杂,事情很多,人手很少,很苦,很累,挑战很大,但也得到了很大的锻炼和迅速的提升。"

钱莉入职第一年基本上一直在出差和加班,现在也是。因为客户不可能都在上海,审计工作需要去和客户当面对接、核对,出差最长 3~4 周,有时大项目最后期限晚上一直要加班到凌晨三四点,甚至有一天弄到早上七点,回家睡觉,中午再回公司。

听到这里,我不禁有些震惊。长期出差和加班,那是常人难以想象的奔波和艰辛。可是她依然觉得自己人生道路走得还挺顺畅的,没有太大的磨难。作为日常工作,这样的辛苦能坚持下来,想必钱莉有着十分踏实、坚韧的好品质,有一颗强大的心,同时,也一定收获了很多经验和技巧吧。

讲到自己,钱莉希望自己在这个阶段能够踏踏实实工作,因为做的事情比较有专业度,所以希望自己积累更多的专业知识,包括今年6月要考CFA三级,希望自己认真学习,工作实践,成为某一方面知识上面的"专家"。"因为目前日常工作主要涉及企业并购中对被收购公司的企业价值评估,以及以财务报表为目的的收购价值分摊、资产减值评估等。"

她最希望晨晖更着眼于当下的民生热点、同学思想建立、解除人生困惑等,更多地帮助指引这个阶段的同学去成长,去思考,去建立自己的思想价值体系,向我们的党更靠近,然后通过不同的实践形式,把这份精神传承、弘扬。"同时,也希望有更多更优秀的同学加入晨晖社,在高中努力学习课业知识时,也要多参加活动、多思考,去塑造正确的、成熟的三观,有原则、有是非观、有全局观,这样未来在社会上走入职场或者自己创业的话,都能成为一个更有用的人,找到实现自我价值的方式。"这是她10年后审视自己一直以来走的道路,总结出的最宝贵的东西。

最后,她表达了对晨晖社以及二附中未来的学弟学妹们的祝福:"我希望现在的你们意识到,你们所处的年纪,未来有无数的可能性,一定要珍惜当下,要用力地玩,用力地学,用心去感受每一天的日出与日落!"

对于二附中,她说:"你若安好,便是晴天,愿你始终保持纯净,桃李满天下。"

访谈中,我茅塞顿开。我这才明白,看似平坦、无大起大落的人生道路背后,是一颗"不以物喜、不以己悲"的能承受大风大浪、乐观豁达的心。人生中有许许多多的小事,一定有不少不称心之处。年轻钱莉强大的内心世界,特别是她关注民生的真挚情感,实是令我佩服之极。

在这个竞争激烈、急躁功利的社会中,希望我们及未来的学弟学妹们,能够像钱莉一样,有一颗平和而强大的内心,迎着晨晖,奋然前行。

采访者简介:

黄依颖,二附中2019届1班学习委员,晨晖社成员。

以小人物之心做好平凡之事

——吴越的故事

采访：易悦晟

吴越，2016届晨晖社成员，高三（2）班长，学生会主席，科协部部长。上海交通大学密西根学院电子信息与计算机专业，获吴炯孙洁卓越奖学金。

胡老师的坚守和以身为教

吴越是在高二时加入晨晖社的。晨晖社的活动集中在每个周三的下午，于是每周三下午，社员们一起聚集在办公楼的一个会议室里，聊聊国家大事，聊聊最新的社会焦点问题，有时候指导老师胡立敏老师也会请一些校友或老师给社员们讲一讲党的历史。这对于当时整天在题海里畅游的学长学姐们来说，可以说是个非常好的放松的机会。所有人也是尽情地来发表自己对于这个那个问题的看法。晨晖社成员之间的关系都很好，在活动的时候也是经常会有相互调侃，在这一个多小时中完全从紧张的学习中脱离出来了。指导老师胡立敏也经常和同学们开玩笑。即使是在高三的最后阶段，老胡时不时突然之间蹦出来一些段子。令吴越最印象深刻的就是老胡经常挂在嘴边的那句："高考算什么？"在吴学长看来，这一方面是在为即将走入高考考场的同学们减压，另一方面也是老师觉得以二附中学子的知识面，高考不应该成为他们的阻碍，而更应该是检验他们能力的关卡，是走向社会的一扇门。

在吴越的眼里，晨晖的胡立敏老师和二附中很多老师一样，虽然看上去是个普通的老头，但实际上是个充满活力的老顽童，是一个相当有活力的老教师。尽管他到了退休的年纪，但人老心不老，依然和年轻人一样爱思考，骨子里依然透露着一股青春的气息。用他的话来说，如果把晨晖社比作一艘船的话，老胡无疑就是那个掌控全局的舵手。胡老师对于晨晖社，那可是把所有的心血都注入了进去。当时据说胡老师得了一场大病,去做手术,晨晖社也暂停了一学期,但恢复后胡老师还是回到了晨晖社。胡老师的坚守和以身为教,鼓励着同学们在晨晖去学习,去体会,也激励着吴越无论是钻研学业,还是主持各项活动,一直踏踏实实,恪守本分,力求做到最好。

优秀志愿者王佳军先生

在高三学习生活最忙碌的时候,吴越和他的同伴迎来了挑战。那一年他们完成了社会实践课题"向小人物学习"。向小人物学习,即是向社会基层一线的劳动模范学习,向普通的人民群众学习。学习他们质朴的品质,学习他们做人的为人处事,学习他们"至少应正直、诚实、乐于助人,忠于自己所爱的事业,忠于自己的民族与国家"(摘自俞正声同志给晨晖的回信)。

当时吴越采访的对象是上海市优秀志愿者——老党员王佳军先生。

他依然记得初次采访的时候记错了时间,早去了一个小时,起初以为是老人家记错时间了,不由得有些怨念,甚至还准备给他打电话,后来想到他大概还在午睡,就放弃了这个念头。问了街道的阿姨才知道原来爱心服务站的换班时间是下午两点,才想起来是自己弄错了采访时间。

然而,离两点还有一刻多钟的时候,就见到王老来换班。吴越当时问王老怎么不在家多休息一会儿,王老回答说:"与其在家里,不如在这儿让人安心。"当吴越向他介绍课题的时候,他首先就笑着说自己"和那些劳动模范、道德模范相比,我的的确确只算得上是一个小人物"。

"在访谈的时候,王老也相当的健谈。我印象特别深是在问及是什么特质,让他志愿者工作得以坚持这么多年。王老先生特别提到了自己是一名老党员。自己作为老共产党员,作为老干部,不仅仅要多做一点实事,如居委会工作、志愿者等,还要发挥正能量,起到一些积极的作用。他说现在社会上有太多负面的声音,特别是年轻的一代对社会有许多负面的看法,这时候,需要他们这些老干部传递正能量,引导青年人正确看待社会,正确看待共产党。他接着说,社会上存在问题是必然的,但是要看到好的一面。这么大一个国家是必然会有各种问题的。但是改革开放以来,中国在各个方面,无论是经济、科技、文化、生活水平都有了质的飞跃。作为时代的亲历者,他有责任让年轻一代看到这样的发展,进而看到社会上正的一面。还有的就是当问及他对小人物这样一个身份有什么看法时,他说作为一个小人物首先没有太多的压力,不用去面对各种各样繁杂的事情,因而可以更好更安心地守好自己的本分。其次他知道自己能做的是有限的,因而会更努力地去做这些事情,并且把他们做好,这样当这些小贡献积累起来时也算是对社会做了大贡献。"

从访谈中,吴越强烈感受到了一位基层退休党员在退休后仍然无偿地为社会作贡献,看到了一位老党员对党的独特的认识和对党怀有的深深的情感,以及对社会肩负的责任和担当。吴越深受触动,他现在还记得临行前王老的话:"年轻人好好干,当你们努力做小人物时,你们也会成为大人物。"这句话在之后也经常出现在吴越的作文里,因为关注到了这些社会中默默无闻、始终坚持在自己岗位上的人,他们平凡但又不平庸。现在学校里,吴越也是受到王老先生的影响,参加也并组织了多个志愿者队。

王佳军先生的持之以恒、淡泊名利以及平易近人的品格给吴越留下了深刻的印象,并且引领他从小事做起,积极参与社会实践。

有更多的挑战在等待

晨晖以外的大千世界里,有更多的挑战在等待着他。大学里的社会实践远要比高中困难得多。与高中相比来说,大学校园更加开放,与社会的接触也变得更加频繁,所面对的挑战也越来越多。吴越学长也曾在社会实践的过程中遇到过诸多瓶颈。就像吴越学长现在在学校中担任的学生会事业部顾问,曾经也对一位优秀的企业家进行采访。学长回忆起当时的采访细节,一开始联系了几个月,发邮件,写信,一直没有回应,后来他自己来到他的公司楼下蹲点找人,也跑了四次,最后终于是见到了本尊。其实,在等待的过程中,他和他的同伴多次打算放弃,但晨晖社的社会实践已经带给了他不少经验,再加之老胡以前一直挂在嘴边的"抓住就别放手"支持着他度过了煎熬的等待。他很认真地说,晨晖的指导老师、同学还有那份晨晖精神,都是他毕生的财富。在实践的过程中,老胡很少参与,几乎都是同学之间相互合作,与社会打交道。当然,最后在写实践报告的时候,需要组织语言,这个过程,不仅提升了文笔以及逻辑思维,也培养了他很多能力。特别是看问题的时候,一开始总是抓不住重点,像一个无头苍蝇一样毫无头绪地瞎撞,到后来才慢慢找到了一些感觉,但这个过程,是最为重要的,这样的能力的培养,在日后的待人接物中也是相当的重要。还有的就是,在采访的过程中,也丰富了自己的人脉,这也会为以后的生活带来莫大的帮助。这份收获,还要归功于他那坚持的信念,而究其根源,这份信念是他在高中时就已埋下的"越而胜己"的种子。

志愿服务的意义是"改变"

吴越学长现在在交通大学密西根学院电子信息与计算机专业就读大二,主要学习的内容是计算机科学与技术。上了高中以后,电脑课以及学校开展的选修课强化了吴越对于算法编程的兴趣。说到日后的发展方向,吴越打算从事 AI(人工智能)。"因为现在我们都处于信息化时代,现在的这些信息科技无论是理论还是技术手段都愈发成熟,也可以说是现在的一个新兴的领域,发展的潜力也是非常大的。我身边也有很多同专业的同学都去做这个方向了,我这也是算随大流了(笑)。"

其实一开始吴越还考虑过从事教育事业,这也很受他高中时期的班主任——杨汉昌杨老师的影响。说起杨老师,学长心里还是有点小惭愧的,当时高考的时候离北大分数线就差了三分,就差了一道数学选择题。

谈及未来的打算,因为学长读的交大密院,未来计划出国,当然毕业以后,他也打算回国自主创业。当然在创业的同时,学长还打算从事公益慈善事业,这有很大一部分是受了王老先生的影响,尽自己的一份力,为社会多做一点实事。但个人的力量有限,他也希望以后可以找到知己一起合作,无论是创业还是公益。

不过,这只是现在的规划,他自己也说到"因为未来的一切都是未知数,生活不会总是一帆风顺,顺着既定的方向走,计划总是赶不上变化。或许你们现在还没有这种概念,但是随着你们阅历的增长,你们也会经历这个从没概念到有概念的过程。其实,高中三年在我看来,并不只是为大学的学习铺垫,高中三年对于一个人来说,是他价值观形成的关键阶段。在刷题的同时,社会的资历也相当重要,虽说你们现在高考改革后 3 + 3,比我们当时 3 + 1 的压力大很多,你们也经历了许多变化。但是万变不离其宗的是你们进入了二附中,进入了晨晖社,首先,你们拥有了一个很好的平台,可以开拓你们的眼界,在这个过程中,你们也会接触到很优秀的人,对生活很有野心、很有追求的人,同这样的人一起学习生活,那么你也一定会对自己的人生认真对待。

吴越认为,二附中的学生都是百里挑一出来的。志存高远的高中生,还要经历一次蜕变。始终以小人物之心,脚踏实地做好自己认为有意义的事情。

之前,我们对"志愿服务的意义是什么"心存疑问,吴越学长明确地答复我们,是"改变"。

在吴越看来,志愿服务并非仅仅局限于博雅网上的课时。志愿服务是一个过程,而不是一个结果。志愿者,是小人物。所谓志愿服务,就是以小人物之心,默默地去改变身边的人,然后你便会发现,在改变他人的同时,自己的内心也会得到沉淀,最后你会发现,自己也变成了那个更好的自己。二附中的校训其中有一句便是"越而胜己",我想,这个词用在吴越的身上再好不过。以小人物之心,做好应该做好的事,在改变自己的同时,超越自己,造福他人,造福社会。

最后,请允许我用俞敏洪的一句话来结束这次的采访:"我们这代人最重要的是什么,改变。改变身边每一个人,改变身边每一件事,而唯一不变的就是此时此刻的勇气。如果我们可以做到这一点,我们就可以改变世界。"

采访者简介:

易悦晟,2019 届 2 班,晨晖社成员。第八届"创意、创新、创造"大赛一等奖,对化学学科有浓厚的兴趣。

家国情怀伴我行

许多不凡都起源于平凡

——陆瑶访谈

采访：杨叶欣

陆瑶,2012届晨晖社总联络员,上海交通大学新闻传播学硕士。

躲在被子里写晨晖课题的奇妙经历

陆瑶学姐十分亲切、健谈,访谈过程中她也总会有一些令人惊艳的话语,使我感受到了满满的正能量。虽然访谈时长只有一个多小时,但这短暂的经历对我来说是异常珍贵且受益匪浅的。

"我是在高二加入晨晖社的。"学姐回忆道,"当时总觉得晨晖有着非常浓重的神秘色彩,是社团中很特别的存在。我就去询问当时已经加入晨晖的同学。他们的介绍让我觉得,如果你对自己有更高的要求,追求一份与众不同的高中生活体验,就一定要加入晨晖。下了决心之后,我就去找了时任晨晖指导老师的苏百泉老师,他当天就给我布置了一系列寒假作业。"

虽然离开晨晖已经有五六年之久了,但回忆起晨晖日常的点点滴滴,学姐仿佛仍是历历在目。学姐条理格外清晰,她将晨晖的日常活动分为三部分。首先是学习党章,学习领导人的讲话,探讨国家的政策和政治规范等。这部分的一些内容到现在也还保留着,有时老胡也会给我们请老师讲讲《共产党宣言》。学习的气氛是轻松的、愉悦的、享受的。

其次是亲临实践。"这是我收获最大的一个部分。"她强调道,"因为在此过程中我们深入了社会现实,发现问题。这些是我们平时的学习生活中无法体验到的。我当时带领我们小组做的课题是《浦东归国留学人员创业情况调查》。这个过程让我尤为印象深刻。我当时带着我们小组去走访浦东归国留学人员联合会,跑了好几家留学人员的创业公司去访谈调研。最不容易的就是每天晚上写论文的时候。我是住校生,晚自修的时间都交给了作业,只能在熄灯以后写论文。那时恰好是冬天,躲在被子里写由于电脑没法散热,不一会就热得受不了;在被子外面写不一会就又特别冷,真是有点抓狂。所幸最后结果很不错,当时获得了上外杯的一等奖。"功夫不负有心人,上天总是更加眷顾努力的人。

第三是有关学习方面的。老胡对社员的学习是抓得很紧的。他会请老师给社员开设专题讲座,比如给同学们请各个主科的老师来做相应的学科讲座;他还请心理老师刘希蕾老师给正处高三备考阶段的晨晖人做心理辅导,希望社员们面对高压的学习环境能够调整好心态。他希望晨晖人成为各方面都十分优秀的人。这其中,学业优秀是最基本的。

陆瑶学姐加入晨晖后不久,晨晖就易帅了,她对于晨晖的印象基本上都被胡老师"统治"了。胡老师。胡老师是一个可爱的,有很多大胆想法的老师。陆瑶学姐想了想,用两个字来形容他——"不羁"。

当问到令她记忆深刻的事情的时候,她回忆了当年晨晖的一次学姐交流分享会,那是她第一次了解到晨晖的历史。两位学姐都是2006届的,她们是晨晖的第一届社员。其实当时晨晖社就是胡老师做班主任的那个班,班上的同学都非常有个性,胡老师为了班级整天头疼。为了更好地管理班级,胡老师成立了晨晖社,班上的同学就是晨晖的成员。晨晖社由此成立,并不断发展壮大。到后来已经成为学校优秀学生的聚集地之一了。学姐感叹道:"很多厉害的事物其起源都是平凡的。任何细小的碰撞在老师的带领下都能产生奇妙的和谐。"

在这里思考许多平时不会去想的问题

随着高考的逐步临近,学业与课外活动之间的矛盾仿佛越来越大。即使是高二,学业也不曾对我们施以柔情。老师们常说华二的学生应当是能够顺利地解决课内学习然后在课外活动中更加展示我们的风采。但这让我们感到惶恐和更加地迷茫。课外活动与课内学习之间好像是必须要权衡取舍。我觉得这类问题几乎是所有学生共同的问题,于是我便向学姐询问了有关的问题。

当我问学姐如何在晨晖社活动和学业中找到平衡时,她想了一想回答说:"其实我当年高三时,我的语文老师曾经对我的行为提出过质疑。他说他以为我已经把我自己(学业上的)的事情解决好了,整天见我帮胡老师忙东忙西的,但其实我当时还没有拿到任何高校的优惠条件。在我看来,晨晖与学习并不是对立冲突的关系,对我而言它是一个可以让我在繁忙的学业之余'透一口气'的地方,让自己'换个脑子',和小伙伴们一起讨论各种好像与我们十分遥远的事情。我在这里思考许多平时不会去想的问题。"

当学姐侃侃而谈的时候,我想,这是一个二附中学子真正的样子;这是一名晨晖社的社员真正的样子。一名真正"卓越"的人,他去做很多事情,应当是为了成就自我,而不是为了成就他人眼中的自我。前者是浪漫的、享受的,后者是功利的。功利并不卑劣。人们为着生存,为着这样那样的目的,功利是一条捷径,甚至是必选。但是成就真正的自我是必不可少的。为了别人眼中的自我而努力,结果只是丰满了躯壳,丰满了别人看得见的地方。而为了成就真正的自我而努力,才能由内而外使自己真正丰满起来。我们已经有不少事情都是在为了别人眼中的自己了,而加入晨晖、参与晨晖社的活动,该是为了真正的自己。这样的晨晖,又怎么会和学业相冲突呢?

我羡慕陆瑶学姐加入晨晖时透明澄澈坚定的心。我已经不太记得当初是缘何机遇走进晨晖的。或许是看到很多同学都加入,也或许是觉得晨晖社里的人都很厉害。这开始可能是有点懵懵懂懂的,但是一次又一次参与晨晖的活动之后,我想我一天更比一天喜欢这个地方。我从这里收获了很多感动,就像我从学姐这里收获到的很多感动。这些感动给我被禁锢的思想提供了更多的可能性。我想这可能就是晨晖的迷人之处了。像老胡的光头一样,一天更比一天令人觉得可爱(注:写这句话的你真是特别可爱~)。

并没有被"高考"这一道岭给隔开

在问起给她留下印象深刻的几件事情中,学姐提及高考后的一次晨晖活动。

"高考之后,我们部分晨晖人聚在学校参加入党答辩。"她说,"虽然也邀请了其他不用参加答辩的晨晖成员列席会议,但并不强制。我原以为高考过后,同学们对于非必要活动的积极性不会很高,但那天却来了不少同学和我们一起最后一次以晨晖在校生的名义参加答辩会。到了大学会发现,想要把一批人组织起来是非常困难的事情。"

从学姐的话语中可以感受到,晨晖社是一个有凝聚力的组织。毕业后的晨晖社活动,其他人看起来可能已经没有什么意义了。但是晨晖人并没有被"高考"这一道岭给隔开。大家愿意去做这所谓"无用"的事情,大家的心是纯粹和质朴的。

"我们追求的东西看起来并不明显。它可能对我们目前的生活没有多直接的意义。但是它对于我们的生命是有意义的。"学姐如是说道。

在晨晖这个大家庭中,我们有许许多多优秀的小伙伴,也有敬爱的指导老师。在与他们的交流与讨论中,我们渐渐地也从稚嫩走向成熟稳重。

她提到的最让我自己受益匪浅的一点是:作为二附中的一员,作为晨晖的一员,追求卓越是我们的目标。"这是'立自己'。"她说。在此基础上,她说:"我们要有服务精神。这是'为他人'。"

先"立自己"再"为他人",我们大部分人都曾经或多或少接触过这种观念。于我来说,我只在书本中文字中体会过这种想法。但书中的文字终究是冰冷的有距离的,比不上这眼前的人的话语亲切有温度,更不及这身旁的人的亲身经历更能给人以触动。

弄明白什么是优秀的意义

"晨晖也让我在人生选择上有些其他的看法。"她回忆了当时的一件小事。"当时有一名成绩非常优异、学生工作也很突出的同学,非常坚定地表示在进入高校之后要学医。老胡得知后很是高兴,优秀的晨晖人更需要心系天下。"

大部分人都期望着变得优秀。也有许多人已经变得优秀。但甚少人想过优秀的意义到底是什么。在那天采访之前,我也是属于那大部分人中的一员;但采访之后,我开始思索起"优秀的意义"。

学姐说,她当时在晨晖社的时候也参与过不少的活动,其中有些是给同学们提供帮助的。这些事情都是无偿的,有些也是自发组织的。当问起她的感受时,她说:"我觉得自己身上有着使命感,也许有人会觉得在高中这么紧张的时候去做一些完全无偿的、没有收益的事情是浪费时间,但我觉得晨晖人就是应该有那么一点点的不一样。"

学姐很漂亮,也很亲切。在整个与学姐交谈的过程中,她的想法、她做的某些事总是不经意触动到我。

当她说起她是自己发现、自行了解并决定加入晨晖的时候,我格外羡慕。这是一个多么美好的开始!我时常是被动的,被外力驱使着去做很多事情。我想不少人也是像我这般常常被人潮裹挟着去做这样那样的事。但一切本不该这样的。每个人都应当有每个人的路。这条路找到了,才算是真正有了区别于其他人的特质,这个人才算是"立"起来了。

"立"自己考的是内力。不管外界怎样鼓励或者压制,一个人最终能否"立"起来靠的必是自身。

内力就是内心的力量。就是自信、坚定、顽强。有了内力支撑的人,就像已经搭好骨架的房子,自"立"指日可待。一个内在没有力量的人其往往就是水面上的纸船,随波逐流。而随波逐流的人,又何来自立的勇气?

自己"立"起来了,可以说是在优秀的道路上已经走了一半了。但,也只是一半而已。一个人的优秀有了实际意义,才是真正的圆满。

在整个采访中,印象最深的,当属她讲到有关"优秀的意义"的时候。

有些人觉得自己优秀,有些人认为自己还不够优秀;总是不断有人向着优秀不断努力。但是我们鲜去想优秀的真正意义是什么。我们眼中的优秀,往往是残缺的失去了意义的。

好像也没必要去想。周围的人,尤其我们的父母,对我们的期待就是"优秀"。我们太清楚优秀能给我们自身带来什么。优秀给我们带来赞美,带来财富,带来舒适的生活,等等等等。功利来说,优秀可以带给我们几乎所有物质上的满足。

但是优秀的人注定是少数。优秀的人在某些方面,比如能力方面,肯定是超过甚至是远远超过其他人的。那么,作为少数的优秀者,他们可以给其他人带去什么?

我们时常可以从新闻上看到某某企业家为×××提供了物资/捐款/办基金会等消息。他们是在以他们的方式去回馈社会,去更好地建设我们的社会。但是,不光只有他们有能力去帮助其他人。各行各业每个年龄层都有其佼佼者;而佼佼者也不光是只有一个人。他们都是有能力去为他人做一些贡献的。贡献不分贵贱,再小也珍贵;毋以善小而不为。每个人实际情况不同、能力不同,量力而行。

二附中的同学、晨晖社的同学,可以说都是同年龄中较优秀的人。我们应当是骄傲的。不单单骄傲于自身是优秀的人,而更是骄傲于能够诠释优秀真正的意义。

优秀的意义是什么? 是在能够"立自己"之后,自愿去考虑"为他人"。若是缺少了后半部分,可能究极一生只能体会到物质的、肤浅的、功利的快乐;而真正领悟到优秀的意义的人,他们会体会到那种"身上有光"的使命感与满足感。

采访者简介:

杨叶欣,二附中 2019 届 1 班,晨晖社成员。喜欢听音乐、看舞台剧、出门散步。目前就读于上海交通大学巴黎高科卓越工程师学院。

还是一直被人惦记着的

——陆文君访谈

采访：徐旻怡

陆文君，2007届毕业生，晨晖社成员，毕业于香港中文大学。

在外打拼会有一种孤独的感觉

学姐自我介绍时她说认为自己很幸运——自她们那届起上海高考学子可把香港中文大学填入志愿。凭借优异的高考成绩，她顺利进入这所学府。学姐大学本科念的是新闻专业，但由于机缘巧合，她毕业后进了某个跨国银行工作，做的工作和学的专业并没有对口。她们集团工作的版块是财富管理、资产管理、证券经济以及投资银行，她的工作属于证券这一块。

毕竟已过去了十多年，学姐笑称自己对晨晖的记忆已略有些模糊，有些担心不能提供给我们太多信息。在一个多小时的语音采访中，学姐一直热情耐心地回答我们的一个个问题，虽然没有当面采访，但从学姐的话语中依旧可以感受到她对二附中的那份深厚的情感。

学姐向我们讲述了当时青年党校的情况：由同学们自主报名加入党校，内容主要是上党课，学习党章内容。学完后有考试，还要写很长的报告。党校结业推荐符合入党条件的同学，还要经同学们举手表决。她就是当时被推荐同学中的一员。由于是去香港念大学，这么多年来她的组织关系都留在了母校二附中。也因此，她经常跟二附中的老师联系，每学期都写思想汇报，也会定期回二附中。"其实，我一个人在外打拼会有一种孤独的感觉，但正是因为组织的关系，我感觉到自己出去了还是一直被人惦记着的。"学姐感慨正是这种组织关系才使自己与二附中紧紧联系。由于和蒋建国老师（二附中党委副书记）联系比较多，所以学姐称自己和蒋老师比较熟。

学姐说自己以前是 5 班的,当时分课不分班,这一点使得班级同学之间的感情非常好。她为我们因为选课不同而重新分班感到一丝惋惜。她觉得高中是同学感情最牢靠的阶段,会认识很多一辈子的朋友。

在学生会的时候,她负责文艺方面,和其他同学一起参与了元旦文艺汇演的筹划与安排工作,这是一年一度的大事,所以对她而言印象很深刻。"二附中值得回忆的点还挺多的,就像我刚刚发朋友圈去绍兴玩,可以说是故地重游了。还有,我记得学校毕业前还会集体组织去东方绿洲,在那里也发生了很多事情,毕业前各种表白啊,还有划龙舟同学掉水里……"听得出来,学姐对二附中青春岁月的留恋之情洋溢在字里行间。

当时,她们一开始有晨跑,早上起来先刷个卡到学校外围跑一圈,然后再出早操。她们历史班的学生上课到三四点钟就下课了,然后就可以去洗澡吃饭。六点回来上晚自习,八点多回宿舍。当初的生活节奏就是这样相对比较轻松。她们虽然从周日到校后就不能再出去了,但学姐认为这实际上并没有限制学生的自由,二附中的学生都有很多属于自己的时间,不会有太大的课业压力。学姐认为那时作业也并不多,她们有很多时间去参与社团活动,发展兴趣爱好。她们当时也有选修课,也是在周五下午。她清晰地记得自己选了王乐昌老师的课,而他也是一位很有意思的老师。

学姐继续侃侃而谈,说自己比较爱睡觉。因为在晚自习上她的作业肯定是能做完的,于是她一回宿舍就直接睡觉了。她印象很深的是,她一开始高一高二的室友晚上都是喜欢复习的,到了拉闸的时间还是会有同学偷偷挂个小灯,在那边看书,而阿姨宿舍是会不定期查寝的。"但那个时候,我一般都睡着了。"

与老师保持着良好的沟通和联系

谈及过去的任课老师时,学姐的声音中似乎难掩兴奋之情。

"我们班主任是刘长君,你们认识吗?是物理老师。还有,周来宏认识吗?……我当时选的是历史,你们认识陈明华老师吗?我们当时封他为男神,我们班上有三个女生选历史,加上他名字里有'明'字,所以我们就自封为'日月神教'。到现在我们还用这个称呼。我们会定期回去看他,和他一起吃饭。"

在学姐眼中,二附中的老师都有鲜活的性格,也各有各的特点。就比如陈明华老师。她认为能碰到一个那么洒脱的老师实属难得。陈老师的上课方式和一般老师有所不同,他上课并不拘泥于课本知识,而会对之加以拓展延伸,当时她们上课使用的教材也是一些著名的文明史。当然,陈老师也会讲课件上的内容,但如果最后考试考得不好,他会说是自己的责任。还有一种是上中返聘过来的老师,他们则比较关注学生的学习态度。

二附中老师的共性是都非常认真,而且你有什么需求他们都会帮你。学姐说自己毕业后有一次回去看以前的班主任是在老师忙到了脑血管阻塞的时候:"他每天带高二高三的班,很辛苦,每天过了十二点才回家,所以是累病的。"学姐觉得二附中的老师对学生都很负责任,很重视学生的发展情况。尽管她不选物理,但她在遇到困难时也会主动与班主任老师沟通。虽然已经毕业多年,学姐称自己仍与老师之间保持着良好的沟通和联系。当提到高中老师时,她想到的都是很愉快的回忆。"即使他们当初批评过你或怎么样,你现在回过头来看的时候还是会觉得在人生的路上会碰到他们很感恩,因为他们给了你很多正能量。"

学姐回忆称上学时看到老师们就会很开心,不会因为哪门课,哪个老师而想要逃避,每个老师都会吸引你去听他们好好讲课,这很难得。"我一直觉得二附中的教育是很好的,至少培养出来的我们这些同学这么多年过去了班级聚会时还是可以聚集起一大半的人,大家都是朝着很好的方向在努力着。高中时期对你的三观会有一个很好的塑形。"学姐认为好老师对一个学校来说是最好的资源。

在二附中待了近两年了,也上了各类选修课,我接触到了形形色色的老师。学姐所说的老师各有各的特点我也是深有体会。老师们风格迥异,或温柔,或幽默风趣,或喜欢聊聊人生经历,或喜欢讲讲故事,但每一个老师的课堂都似乎散发着魔力般吸引着你,每一位老师的教学态度都是认真严谨的,甚至有些老师愿意舍弃自己的休息时间,每天留校到晚九点解答学生问题。学生们一个接一个地来,问题源源不断地向他们抛去,而他们凭借一颗兢兢业业的匠人之心,耐心地为每一个人讲解。他们就是一个个值得我们学习的榜样,他们闪烁的人格让人感动,让人敬佩。

在人与人的交流中会冒出很多想法来

根据自己在港中大的亲身经历,学姐向我们介绍了国外的大学体制:学校大部分是学分制(一般一年要求 12 学分),可以根据自己的兴趣去学习,多出的时间可自己安排其他事情;课程的评价体系比较注重实践:"像我读新闻系,考试只占 20%,剩下的都是需要出去和别人沟通、做采访、拍片子或做各种各样的作业,要求你有 critical thinking,并非死板的教材上的内容,而是很多很活的东西。但这要看你是否适应这种节奏。而且与此同时需要一些时间去融入当地的文化氛围。"由此可见,国外或境外的教学体制和国内的应试教育的差别会比较大。由于港中大是两文三语,即粤语国语加英语,学姐刚去时花了一些时间去学去练,以融入当地文化氛围。这使即将面临择校的我们对国内外高校教学有了一些了解,也使我们可以提前思考自己向往的方向。

当被问及在二附中学到了些什么时,学姐这样回答:"每个人追求的生活目标是不一样的。当你对自己有要求、有目标时,很多事情就会有相应的不同的标准。就我而言,我比较偏向于事业上有进步,所以我会对自己的要求比较高。"学姐又反过来问我们现在是否想过以后读什么专业、从事什么职业,提醒我们在高中就应有所规划了。学姐说自己虽然当时读的是新闻系,但现在也没做这个。由此可见,人在成长过程中都会遇到很多变化,所以需要灵活地相应改变。学姐又举了自己的例子:"二附中是一个很好的教育平台。在这里学习的过程中你会接触到很优秀的人,比如说我现在还保持联系的闺蜜,也是对生活很有追求的人,同这样的人一起打拼交往的时候,对于自己的人生也不会去马虎对待了。"学姐认为进入二附中后,老师就会先让学生受一些挫折教育,但在这之后你就会蜕变。学姐向我们分享了这样一则小故事:刚入校时她语文摸底考试刚刚及格,她觉得自己挺不好的,而后来老师说班级一大半都不及格。她现在明白了当时老师就是希望他们能提前多受些挫折,以更轻松地应对以后的挫折。学姐说若是我们现在对自己要求高,以后到了社会就会发现很多事情会容易很多。不管以后遇到的事情是简单还是难,但至少你在成长过程中对自己处于比较高的要求,碰到事情处理起来就会比较顺手一点。

"进二附中都是不容易的,说明你们学习底子都是好的。但除了学习之外,对于目前的社会来讲,读好书很重要但也不能死读书,一定都要有自己一些其他的特长。"在采访的最后,学姐结合自己的经历对即将踏上社会的我们提出了一些建议。首先,鉴于现在上网很方便,学姐建议我们多看看多听听多了解身边事,要"家事国事天下事,事事关心"。比如,可以通过做义工去认识社会,了解外面的世界。学姐称自己在二附中没参加什么义工,但大学到了国外做了很长时间的义工,在人与人的交流中会冒出很多想法来。其次,虽然现在的想法还不大成熟,但是必须要有一些小目标,除了学校里的同学,还可以和校友、老师多聊聊,要尽早规划以后的路。可能我们现在觉得自己还年轻,只有 18 岁,但时间过得很快,一眨眼十年过去了。"我当时在高中的时候对未来设想并没有那么全面,想的都是我现在要考大学,至于在大学干什么呢,到大学再看。但其实你们可以现在慢慢想起来了,等到以后再去规划再去想,可能你会觉得很多事情来不及做了。"高考并不是唯一目标,等高考完了人会觉得很空虚,也不要相信别人说大学就轻松了，或者工作了就好了，每个人生阶段都有需要去努力奋斗的地方。当自己迷茫的时候，可以找人聊聊。以后选工作也要想想自己希望的生活状态是什么，不同的工作 lifecycle 不一样，比如说选记者的话是中午上班，下班就是下半夜，这是一种生活方式。而她自己的工作是以客户为先，针对的是全球的人，可能 24 小时都有人找她，所以下班时间就不定了。也有些工作是很有规律，没有挑战性的。"虽然你们还年轻，但这些事可以多想想多看看，会对你们以后的生活有帮助的。"

我与学姐通过微信语音通话进行采访，都是约在晚八点以后，学姐的工作很辛苦，非常感谢学姐愿意在百忙之中抽出时间接受采访。

学姐已毕业多年，在二附中上学的经历，以及这几年她在香港读大学的经历、走上职场打拼的经历对她的人生观形成产生了很大的影响。与此同时，学姐作为一个过来人，对处于高中时期的我们提出了许多具有实际意义的建议：要提前规划未来的路，目光要放长远一些；人不能只会读书，更重要的事情是要锻炼自身的能力，做事懂得变通，要有所实践，积累经验。

采访者简介：

徐旻怡，2019 届 2 班，晨晖社成员。区三好学生，上海市青少年科技创新大赛一等奖，对英语及课题研究有浓厚兴趣。

本以为晨晖社……

——韩驹东访谈

采访：薛清元

韩驹东,2013届晨晖社学员,复旦大学社会学本科、国际商务专业研究生。

"石破天惊"的一次研讨会

晨晖研讨会上,这样一个标题着实炸开了锅。

台下,同学窃窃私语,而台上发言的却似乎并未察觉。他只是从容地展开了讲稿,念了起来。台下屏息凝神,只有一个男生铿锵之声在会议室里回荡。

"写得很好,真情实感,针砭时弊。"不长的稿子读完,会议室的气氛依然凝固,直到老胡的声音骤然响起,跟着响起的还有掌声。先或是有些胆怯,却又有些惊喜,随后被集体的力量振奋,最终掌声响彻全场。

也难怪,晨晖社学生前往中国浦东干部学院参观学习,回校后举办了一次由同学共同组织的研讨会。台上的那位同学写的文章,题目叫《好大一尊"耻辱柱"》。这样的标题已足够"石破天惊",文章本身的内容却更是令许多人"神经紧张"。文章笔力犀利,写道:"乡下的奶奶还没有社保,很多人还生活在贫困线下,就大把花钱,建起这种高档奢华、好大喜功的建筑……"

台下的其中一人,正是这次受访的学长:韩驹东。

老胡表态了,随之而起的是激烈的争辩。不同的观点、不同的论证、不同的表达甚至不同的情感声调,着实炸开了锅。争辩中,有人认同韩驹东的看法,有人王顾左右,有人提出:干部学院既是人民权利的神圣象征,自然不能过于简陋。简单言其"铺张浪费"有失偏颇。韩驹东学长此时也在台下聆听,直到现在,还对此记忆犹新。

这个场景,不过是发生在晨晖许许多多次中的其中一幕,平平常常却又非比寻常。

时至今日，听学长所语，忆往昔盛况，笔者也不由逸兴遄飞。

这样的晨晖社，果真称得上是一个"徜徉自由风气的先锋社团"。

而晨晖的底蕴不止于此。

传承发扬"敢为人先"的作风

比如当时（以及现在）晨晖的例会，会请来包括李志聪书记（现校长）在内的诸多校领导、干部与优秀教师为晨晖的同学们讲课。就以李校长为例，据笔者采访的学长回忆"书记思想开放、前卫，我十分尊敬他，我估计大多数同学都和我差不多。"即使现在，李校长也坚持在百忙之中挤出时间，为同学们上两节周五的选修课（可惜笔者未抢到名额，没能参加）。据学长说，正是在学长那届，李校长首次改变了以往团委、学生会、社团联合会（现并为团学联）干部的选举方式：原来的选举方式往往是由老师指定学生代表，再由学生代表投票选出学生干部。这种方式的缺陷很明显，也不利于学生组织工作的开展。李校长把这种长久以来的方式改成了"全民普选"，每位学生一票，并加入了宣传、演讲、竞选环节。可以说是关于学校民主进程的生动一课。李校长这样传承发扬"敢为人先"的作风，也为在校学生树立了良好的模范带头作用，使同学们可以真正投入学校的民主进程与学校建设上去，延续至今。

又比如当年学长们一届为撰写完成社会实践课题《党旗映"晨晖"》，采访了以前的校友，认真完成了当年的课题。撰写本文以前，笔者也翻出了这本五年前的"老书"，细细翻看。正巧翻到韩驹东学长约稿一位 2006 届的校友。不知不觉又是七年（笔者是2020 届的学生，与学长正好相隔七年），学长是否也暗地里感慨一二——这样的一份传承，是最好的无言的教诲，可以让人直观感受时间沉甸甸的分量。

晨晖是一个好学生的社交圈子

学长说："我当时自认为啊，晨晖在学生群体里是非常'左'的，我也喜欢关心这类问题，还会自发地去读《共产党宣言》一类的书籍，回来再和同学们讨论。"可以想象，学长在自身可以称作部分理想主义又部分好奇的影响下，加入了晨晖社。没想到等加入以后，才发现"晨晖是一个好学生的社交圈子"（学长语）。

晨晖社团遇到的一些敏感讨论话题，同样折射着社会的风气。校园从来不是封闭的，只有顽固僵化的人内心才是封闭的。学校倘若不能倡正气之风，当然不能阻止外面的"歪风"肆意妄为。诚如斯言,晨晖远未完美,也常常被大环境所裹挟,也有对社会现实无意识的折射与不得不做的妥协。但正是尽心尽力的老师与充满活力的少年一届届不懈地奋斗,充实了晨晖与晨晖的精神。

学长在整个采访中并不总是谈自己;或是睹物思人,他倒是常常谈到高中、晨晖、那些岁月,以及许多可敬可爱的人物与饱含青春回忆的过往。

但这并非意味着从只言片语中不能捕捉到些什么。采访中,笔者获悉了学长曾经的经历:在校努力学习,保研就读金融,在证券公司实习……这一切的背后,都离不开强有力的自我管理与辛勤的耕耘。笔者采访时,就曾问学长:"大学中有什么您印象里特别的活动吗?""刷 GPA(也就是绩点)。"笔者实在被这样的一个答案给惊了,学长却哈哈大笑。当时来不及细想,现在才隐约明白这里面藏着的学长的骄傲与悲伤。这是怎样的一种情感呢,又是一种怎样的背负。或许不过很平凡,但又不凡:因为这其实就是每个人真正面对的没有包装、朴实无华的生活。

这大概确实就是成长吧。当笔者依然憧憬如花如歌般的大学生活时,学长已经以一位先驱者与领路人的身份向笔者揭开了生活真实的一角:毕竟这地上没有天堂。但也同样感谢学长,因为在这揭开的一角中,虽然生活并非处处赞歌,也常布满坑洼与棱角,但也并非如绝望的作家笔下那样阴暗逼仄。

正如老胡所言:"二附中再复杂的事也是单纯的。走出象牙塔,才能直面世界。"此种滋味,只有亲身经历才知。我们在青春岁月悄悄写下的几笔,最后又会以怎样的形式落幕呢?

可以说,大多数人将必然面对的未来,是平常的。或许每个人都可以从很多副透镜里看到很多个光怪陆离的奇幻世界。但,对于每个置身其中的人来说,自己的生活总是平凡的,归于平凡,渐渐沉寂。即使平凡,也不能苟且。

采访者简介:

薛清元,二附中 2020 届 9 班,NOIP 提高组二等奖,志向是考入医学院,当一名医生。

包容，还烙印着不能退缩的底线

——吴费贤的故事

采访：辛约

吴费贤，2011届晨晖社成员，就读于香港中文大学。目前定居香港从事建筑设计。

在接到采访任务的时候，我绝没有想到将会写下这样的一份报告；绝没有想到，会落笔于这样的真实。这个一眼万年的世界正迎来一个迷茫的时代，而万万千千的我们，不过都是其中的一员罢了。我们存在又离世，微笑又哭泣，不过是追求平凡中的火花。

可写到最终的最终，我却发现——那些似乎已经在残酷的现实面前被击败的美好理想，竟总能轻而易举在洪流面前再度汇聚成洪流。于是，星星之火，却可燎原；于是，梦想发芽，震撼生命；于是，我看见，你就在这儿，从未离开。

如果作为采访者，概括一下吴费贤的性格，我会选择"务实""坚毅"。几年社会的磨砺里，她悲哀地说着要丢下，却又在连自己都陌生的心底，守住青葱年代二附中带给她的初心。毕业七年，风风雨雨里，她最终毅然决定来到香港定居工作。在这期间支持着她每个决定，让她不后悔的，只有她知道，不只是功名利禄，甚至也不只是爱情不只是亲情。

那么，是什么呢？

需要有这样一个理想支持自己

"一开始只是觉得，所有优秀的人才都应当入党，才决定来到晨晖社。"

她沉默着，我也不答话。直到采访快要结束时，她似乎才加上那半句未完的话：

"后来才明白，哪怕这是一个优胜劣汰物竞天择的时代，哪怕人类文明再先进也还是遵从着这些自然世界的原始法则,可我也需要有这样一个理想支持自己走下去,去尝试改变。"

"生存很累,尽力活得好就行了。"

这是她第一句话,回答的问题是"晨晖对今天的你有什么影响"。

"小学那时,我就知道二附中是最好的,知道我将来会来到这个地方。"

于是2008年的盛夏,内心仍旧笃定的吴费贤,第一次敲开了二附中的大门。她决定来到只有八个女生的理科班——哪怕知道自己不是这一块的尖子生——可她和父母都清楚,那年的上海还是一等奖保送的时代。她割舍不下这样看似遥远,却又近在眼前的诱惑,最终选择了化学竞赛。

但竞赛是个挤破头的东西,那么多人,那么多竞争对手,她发现自己不得不放下些什么。高一到高二的时间,她在综合成绩上一点点放手,一点点,把全部的精力投入化学竞赛。于是课内的成绩一点点失去了优势,开始落后。但她还是那个入校时坚定的女孩,只是偶尔会在夜晚站到寝室的窗口前,望着无尽的黑夜犹豫。

可她永远不会把太久的犹豫时间浪费给自己的未来,她会转身,去学习。于是最后的失望,便格外难忘。

"我至今都还记得,最后一年的竞赛,放榜的那天,看着自己的名字列在二等奖上,眼泪差点就溢出来。"

这是她第一次开始彷徨。

我去采访吴费贤高三那年的老师时,他们多半都会叹口气——这女孩太拼。

"我必须要做很多题!卷子做完了我就去找别的学校的朋友要。一天一套全科模拟卷,所有错题再整理一遍,有些笔记需要再抄一遍……"

可哪怕她内心在慌乱,她还是入学时那个笃定的自己。怀着一点点最后的骄傲,她拒绝了港大降分。

"可当我从高考考场走出来,填报志愿时,突然,莫大的恐惧涌上心头。北大清华,还是稳妥一点的,香港中文大学。"

最终录取纸上落下的是香港中文大学,全额奖学金。

还给她一个未来全新的世界

这似乎是个寥寥几百字就能结束的寻常故事,这一段简述,一个女孩在现实面前失败又努力,跌倒又爬起。我们的世界在慢慢地磨,磨去她的骄傲,作为代价,再还给她一个未来全新的世界。那是一段很迷茫的时光，就像每一个未来抑或过去的我们。但不久之后，她学会了笃定，就像我们终于发现：自己只能接受。

打开她的朋友圈，已经没有半点曾经青葱少年的意味，没有半点少女情怀的气息，只有这个社会留给她的工作。很务实，很坚毅，似乎过去就没能在她身上留下些什么。

可还是这个人，自诩全不记得高中的她，说起青葱的理想，眼睛不自禁慢慢亮起了光——

在最疲惫的日子里，晨晖成了她思维的避难所。老胡的插科打诨，同学们的嬉笑玩闹，时政的讨论，思维火花的碰撞，一点点打开她孤独的心扉。走访老师，多半都会提起刚入学时吴费贤的内敛，可今天在我面前的学姐——友好开朗，笑点低得毫无顾忌。

我突然问道："学姐，那么您心中，什么是晨晖的精神？"

她大大咧咧笑了起来："哪里记得呀，那么多年，就还记得老胡成天的扯淡了……"

我们瞪大眼，对视了一会儿，突然一起笑了起来。看着对方眼中的流光溢彩，突然明白——

是的，我们在的地方，总有晨晖的影子。与其说晨晖教了什么，倒不如说，晨晖让我们发现了自己的内心深处的理想和抱负，让我们不至于在若干年后后悔叹息，让我们不至于太过匆促挥别青葱岁月，让我们越来越靠近那个年少时梦想成为的自己。聊起晨晖社，她嘴角情不自禁弯了弯——胡老师一边侃大山，边上围着同学插科打诨。玩笑打闹，不自觉就是似水流年。"他从来不好好讲东西，聊天聊地聊山海经，从诗词歌赋聊到人生哲学……"在疲乏繁忙的学习中，晨晖社，胡老师这样的"活宝"为她与同学们减少了不少的压力。

温柔，捎带着坚硬如铁的原则

总为浮云遮望眼。世事纷杂，诱惑横飞。年少许下的心愿，只是不要成为自己不喜欢的人。可那其间艰辛，冷暖自知。

不过，倘或没有那么多的感动，那么多的决心，在狂喜和痛苦的两极徘徊，那么生命，还有什么滋味？

就像《蒂凡尼的早餐》中的霍莉，就像千千万万个妙龄女孩，吴费贤常常会在清晨上班途中驻足于Cartier镶钻手表的专柜前，在夜幕下的傍晚用鼠标轻轻划过华丽网页上漂亮的手表。但价格的高昂让她不得不"wait"，不得不望而兴叹。

因而,当她面带犹疑地打开那个送到家中的奇怪包裹时,几乎惊喜地叫出了声。

——那正是她所梦寐以求的!Cartier镶钻手表!

不过热情迅速就冷却了下来,她几乎是颤抖着手,扯开了包裹怀着希冀去查看收件人的信息。不出所料——寄错了地方。原来,果真不是她的梦想成真。

她定定地坐了好久。其实她很清楚,收件人没收到,又记不得送错的人,店家只会再寄一块。她拿走这块表,只有天知地知。

可甚至压根儿找不到理由,她突然跳起身来,像是害怕反悔一样,迅速又将手表包起来。转身打开了电脑邮箱,她向那位原本的收件人发出了邮件。

两天之后,她将包裹亲手交还给了失主。

我没有问为什么,害怕多说话只会破坏最后一点过去曾带给我们的温暖与信任。但正如同之前我们说的,我和她知道,这不是二附中的谁教给我们的,可在二附中一路走来,不知怎么我们就学会了坚守这些。越成长,要顾虑的就越多,越顾虑,要坚持的就越少。我们感恩二附中,不是因为她曾对我们的温柔以待,只是因为,她的温柔,还捎带着坚硬如铁的原则;她的包容,还烙印着不能退缩的底线。来过,经历过,于是灵魂从未离开。

有时,似乎越简单的事,我们越难下手。但哪怕不知归路,可总有些事,宁愿一生无悔追逐。

我们更珍惜属于自己的

定居香港?

这并不是一个常见的选择。问起为何会这么选择时,吴费贤犹豫了一会儿:"一方面大概要归因于大学就在这里就读,另一方面……可能是因为更喜欢香港的社会秩序?"她微笑着点点头:"我们还有很多需要进步的地方。尤其在每次回上海再回香港会感受得很清楚。"正视问题的她对内地与香港的发展很期待贡献出自己的一份力量——为中华之崛起学习!

说起内地香港的相同与不同,她笑眯眯地承认——作为全世界最自由的贸易市场,香港确实在经济上放得更开。但不可否认,大陆的迅速发展也毫不逊色。从很多方便的细节诸如二维码发展、支付取款等,很是让香港朋友羡慕。不妄自菲薄,不自高自大。

谈论到香港,必定会联系到政治观点。当下香港与内地的关系也是一个热点话题。正是在吴费贤同学一届就读于港中大时,发生了备受争议的文化墙事件。问起对港独的看法时,她直言不讳:"在我印象里港独的就两种人,一是社会底层难以生存对社会对人生怀抱极大怨气的,又因为文化水平不高别人说什么就是什么;一类是急于证明自己'独立人格'的青年人、大学生,极易被煽动,认为反共就是证明自己有思想有深度。"一国两制之下,固然香港的经济可以快速发展,但同时也存在一些文化认知上的隔阂。1841 年的寒冬,更寒冷的是惨痛战争后的人心——这块年轻的土地上第一次迎来了外族的金戈铁马。她被耻辱地割让,又几经易手。可终于,1997 的盛夏,她以当年远超大陆的经济实力荣归故里。

可在我们相离的时光中,她所经历的不仅仅是经济的飞速发展。我们血浓于水,却因历史的不可抗拒而产生冲突。——但是,我们多么明白,哪怕风雨飘摇,我们还是我们,不可分割,永不分离!

像是一个影子,吴费贤的身上折射一整个时代。大多的我们,未来不过成为一个优秀的平凡人,个体也并没有那么伟大崇高以至于足以改变世界,甚至常常疲惫到只愿先顾及生存。那些遥远的过去,遥远的归路,遥远的理想,像曾经年少时一个美好的梦。

可中华崛起也恰恰不是一个人、一句口号或者一本书可以改变或达到的! 曾经拥有的,我们不忘记;不能得到的,我们更珍惜属于自己的,我们不放弃;已经失去的,我们留作回忆。这是我们的态度,这是千千万万中国人的信念,哪怕隐藏在最深处的心底,哪怕常常埋没在生活琐事里。可当奋斗的火焰重新燃烧起来,前进的号角重新被吹响,甚至只是一个小小的契机——那时我们每个人都能够唤醒在内心深处怀揣着的,最美好的梦想,最朴实简单的初心——我们就是一道洪流,一面铜墙铁壁,一片不倒的红旗……这力量汇聚成的中华民族,能走过荒原,越过铁骑,战胜敌人,更足以守护我们的祖国,以及祖国这个词所蕴含的所有的追求!

当然,还有那些,在 18 岁爱做梦的夜晚里,我们为整个世界许下的心愿。

采访者简介:

辛约,二附中 2019 届 9 班,晨晖社成员。兴趣爱好:小提琴演奏 A 级,中国舞九级。

渴望着追寻更高的理想

——杨宇潇的晨晖经历

采访：祝骥越

杨宇潇,2009 届晨晖社成员,北京大学 2015 年学生年度人物,法学学士、哲学学士、经济学学士和教育学硕士。现为上海公务员局选调生。

在青春中体味晨晖

在晨晖的日子里,杨宇潇经历了许多令人印象深刻之事,50 周年校庆采访活动更是令她记忆犹新。当时的杨宇潇和一个学姐被分配到了采访检察官陈余民的任务。没有联系方式,只有单位,她们只能自己联系。杨宇潇和学姐不停地给检察院打电话,每次秘书都斩钉截铁地告诉她们陈检察官不接受采访。联系几次之后,杨宇潇要求秘书让她直接和陈检察官说话,但是秘书依然不同意。后来通过秘书回电的号码,推测出陈检察官办公室转机号的大致范围,并试着一个一个拨出。终于到了一个女检察官接电话"喂找哪位""我找陈余民""不是这个号码""啊我可能拨错了,能帮我转一下吗?""哈哈好!"就这样,杨宇潇终于联系到了陈余民检察官,并在他的盛情邀请下到上海市中级人民检察院采访了他。在采访中,陈检察官给她们讲述了他的法律梦想,讲述了他成为一名法律人的心路历程。正是在他的影响下,杨宇潇大学本科选择了法学专业。可以说,正是那次采访,在杨宇潇的心中埋下了一颗法律人的种子,引领着她在法律的道路上不断前行。

在杨宇潇的眼中,晨晖社是一群有志学生相聚在一起做事情的组织。不同于学生会组织各种大型活动,它更偏向于默默地站在背后,用学生的先进精神引领学校之风。不同于活动类社团,学生不因某一项爱好而齐聚,更不仅仅因为参加某一些活动而获得满足,而是因共同的对于梦想的追求而在一起。也许这个梦想大家各有不同,有的是想为我国的金融事业做贡献,有的是想做一名优秀的法官,但是他们愿意爱我所爱,行我所行,愿聚成一团火,散作满天星。晨晖的大家做着许许多多的工作,联络校友开展参访,聚在一起进行理论学习,深入实践加深对党的认识,而撰写调研的活动又让裤管上常沾泥土。大家用不同的方式诠释着自己的理想,即使迈出校门,依然不会忘却自己是晨晖的成员,愿继续在小小的角落里发光发热。

在执着中走向未来

高中时的杨宇潇,成绩并不是特别出挑,原先从未想过考上北大,但正是晨晖,给予了她这份勇气,"我想去北大",当时的她这样说道。然而,成功路上的阻力总是重重的,班主任认为以她的成绩要去北大挺悬,而她母亲更是觉得去复旦、华师大便足够了,并告诉她不要好高骛远。但这些阻力从未吓倒她,杨宇潇渴望着追寻更高的理想,"我一定要去北京大学,去做一个追求卓越的自己",她这样说道。在高三年级的北京大学自主招生面试前,经过了短暂的犹豫,杨宇潇步入了北大自主招生的面试场,面对着一大批成绩比她好太多的同学,她毫不畏惧地阐述了自己的法律人梦想,阐述了自己的北大梦,对老师们诉说着自己的爱与热情,加之曾经获得过上海市古诗文阅读大赛一等奖、全国作文大赛一等奖等成绩,杨宇潇由此获得了北京大学自招加分。同时,杨宇潇还报名参加了清华大学的自主招生考试,把高中阶段获得的各种文科奖状放在老师面前,老师说"我希望一张张看看",而杨宇潇说"过去的所有都是过去的荣誉,未来是要靠自己去创造的",凭借着自己对未来坚定的信念与直面未来的勇气,获得了清华大学加分。后来,晨晖党章的老师还有校领导经过讨论,认为应当发挥她的文科优势,帮助她选择了北京大学的加分,让她在北京大学中度过了无悔的七年。那一句"过去的所有都是过去的荣誉,未来是要靠自己去创造的",又岂是一般人能说出的? 又有多少人在生活中被过去的荣誉所连累,把荣誉变成了绊脚石而非垫脚石? 是的,说出这句话在某种意义上便是将过去全盘推翻,一切从头再来,只面朝未来,但也正是这宏大的视野,让杨宇潇敢于超越自我,不拘泥于他人的看法,最终收获了成功与喜悦。

在大学时,杨宇潇修得了法学学士、哲学学士、经济学学士、教育学硕士四个学位,目前在上海市公务员局工作,两年后意向单位是松江区政府,希望做出更大的贡献,不辜负北京大学、华师大二附中、晨晖的培养。谈到晨晖,她希望学生能用先进的精神来引领学校之风,着眼于生活,积极思考以不同的形式付诸实践之中,而学校与晨晖也能越来越优秀,培养出一代代为国奉献,追求卓越的人才。

怀揣"心忧天下，心系他人"的情怀

高中时的杨宇潇，在追求自身卓越的同时渴望着为学校为社会的发展尽自己的一份微薄之力，到了大学依然如此。大学时的杨宇潇，曾获国家奖学金、国奖优秀学生、北京市三好学生、北京大学三好学生标兵、吉度国际青年二等奖学金等荣誉奖项，并被评为"北京大学学生年度人物·2015"。大学期间，杨宇潇曾在提案工作时，为了准确而细致地了解北大各个教学楼的关灯、关门、打扫卫生的时间，她偷偷地躲在里面，一守就是一个通宵，终于将每个教学楼各自的时间绘制成表，定制出不同的方案，以自己的坚韧细致不断推动学校发展。除了对学校的发展与同学生活的关心，杨宇潇对于社会也表现出了关怀，并不断实践，努力实现自己的理想，在《人民日报》社实习时，便以农村学生求学困境为主题发表过文章。杨宇潇曾考虑过教师的工作，但在大学毕业后最终选择了公务员的工作，希望能够为更多的人做更多有意义的事，为大家奉献自己微薄的力量。尽管曾荣获"北京大学学生年度人物"，但杨宇潇并不满足于此，而是希望自己能在工作中取得更多更好的成就，怀揣"心忧天下，心系他人"的情怀，并辅以坚韧细致行走在人生的道路上。怀揣着这样的情怀，所做的一切便有了目的，这样的情怀想必是一种推动力，让杨宇潇在前行时不再迷茫。

在交流的过程中，杨宇潇学姐给人的感觉一直都是开朗自信的，也许也正是这种开朗与自信，让学姐得以说出"过去的所有都是过去的荣誉，未来是要靠自己去创造的"这种话语，确实，只有不被过去的荣誉牵绊，才能毫无挂念地朝着未来前行，被过分在意的过去的辉煌只能成为未来道路上的绊脚石。也许，也正是这份自信与开朗使得学姐希望能为他人带去快乐，"心怀四方"的想法便也油然而生，在帮助他人的同时想必自己也收获良多。

这种"勇于开拓未来、心怀四方"的胸怀正是众多晨晖人的共同追求。

采访者简介：

祝骥越，二附中 2019 届 6 班，上海市青少年科技创新大赛二等奖，对历史学有浓厚兴趣，理想是成为一名机械工程师。

将怀揣着初心与梦想联系在一起

——袁晖访谈

采访：琚竞妍

袁晖,二附中 2008 届晨晖社成员,复旦大学。

几经洗涤后最纯净的回忆

谈及晨晖社当初的活动,十几年前的事了,学姐经历了人生一个个重大的十字路口,对于当初晨晖社具体的活动有些忘却,但一些闪光的记忆碎片仍然十分清晰。学姐提到了当初担任课题负责组长,在晨晖社遇到了许多新朋友,大家围坐圆桌探讨问题,一起听老胡妙趣横生地讲故事,一起策划着该如何写好一篇论文……学姐夸老胡是个风趣幽默却又极负责任的领队老师,他身体力行和晨晖社员一起摸索探讨,发挥着正能量。学姐坦言道:"在晨晖社,我认识了很多很有趣的新朋友,直到现在都还保持着联系。"晨晖社作为纽带,将许多怀揣初心与梦想的同学,紧密地联系在了一起。

或许记忆已变得模糊朦胧,那袅娜缥缈的如烟往事悬在半空,轻风将其拂散,但时光雕刻总会留下那么斑驳的痕迹。当刻纹被放大,拼贴出的,是零散的星光和永远的温暖。正如同晨晖社对于袁晖学姐,无论十年、二十年,甚至更久,曾经是晨晖社的一分子的荣耀,是几经洗涤后沉底的最纯净的回忆。

抬头仰望冲向天幕的金钥匙

众所周知,二附中是个自由的大家庭。在学习之余,同学们可以尽情尝试不同领域自己感兴趣的活动。学姐表示每年的元旦文艺汇演都会给大家留下深刻印象,"感觉是枯燥的学习生活的调味剂"。台前幕后的准备与参与过程也让学姐收获了很多。学姐还回忆起高一参加的歌手大赛,虽然遗憾地没能最终进入决赛,但也算体验过二附中的一项特色活动了。最后坐在观众席上为同学们加油助威也是很开心的事情。

袁晔学姐还谈及了老师们开的各种选修课。"印象最深的是骆蔚老师讲的欧洲文学主题,特别赞!"无论是精彩纷呈的艺术节活动,还是文化气息浓厚的选修课,都是学姐青葱岁月里闪耀的难以忘怀的星星。

但在如此轻松的环境中,学姐却从未放松对自己的要求。学姐成绩一直名列前茅,并通过自主招生进入了高等学府复旦大学。被问及如何在缤纷的活动中收放自如时,学姐答道:"谈不上收放自如啦,其实大部分时间还是收的。"学姐还感叹说,高中三年这么一段时间专心读书学习的日子,回想起来以后再也不会有了,感叹"岁月不居,时节如流",并希冀学弟学妹们都珍惜这段青葱岁月,学会掌握自己的方向。

学姐问及二附中的 60 周年校庆,得知具体时间后表示"一定尽力回来的!"学姐说现在仍保持联系的高中好友相约一起"回家看看"。在前几次的回家之旅中,学姐看到了二附中的变化,一样的校园,承载了每个二附中学子不一样的三年青春。二附中的校园,春去秋来,季节更迭,风雨几度,虔诚几许。跑道换了新的红袄,寝室对调了方向,大厅中的三角钢琴换了演奏者,小卖部依旧人满为患,食堂依旧排着长长的队,秋千旁依旧落得满地金黄,依然是最初的姿态,依然是最初的颜色。学姐每次抬头仰望那冲向天幕的金钥匙时,都会默念"卓然独立,越而胜己",不觉热泪盈眶。

二附中春日教室里暖洋洋的阳光,操场到教学楼的路上被踢飞的小石子,夏天晚上操场上的微风,寝室阳台对面灯光闪烁的教学楼,熄灯后压低声音的交谈……从海棠轻舞,到莲花盛开;从满枝桂香,到遍地金黄。无论是十年前,还是十年后,二附中从未变,在学姐心中,在每一个二附中学子心中,二附中——这个温馨的、永远的家——静守岁月深处,等候着每一位游子的归来。学姐是个非常爱笑,笑起来很甜美的女孩。隔着屏幕,我仍能感觉学姐春风化雨的笑容和对晚辈真切的祝福。

记忆中有明灭的光,闪烁着,晕开琉璃般的光彩与朦胧。这些记忆,沉淀在时间的沙漏中,拍拍表面的浮灰,那段记忆,关于自己,关于晨晖,关于二附中,又都发出耀眼的光芒。在晨晖,学姐不仅学习到了如何为人处世,更是获得了永远的真情,这些真情,来自社员,来自老师,来自晨晖,来自二附中。十几年来,晨晖的真情无处不在却又不露痕迹,未来的晨晖路,也定将有真情常伴!

身负真情,岂敢辜负?

采访者简介:

琚竞妍,二附中 2019 届 2 班,上海市第 33 届科技创新大赛一等奖,热爱摄影。

做自己喜欢的事情才是最重要的

——朱茜儿访谈

采访：刘忠宇

朱茜儿学姐，2014 届晨晖社成员，清华大学建筑学院团委副书记，2017 全国高校竹构设计建造大赛第一名。

成长离不了真正辛苦的日子

朱茜儿喜欢造物，喜欢设计，为了实现自己的这一理想，她遵从自己的内心，选择了清华的建筑专业。同样因为自信和轻松的心态，朱茜儿高考时很放松，如愿实现了自己的目标。

一进入大学，学姐就感受到了大学与高中的完全不同。大学的前两年她参加了很多很多社团，非常忙，甚至比高三还要忙。再加上建筑系的课程很紧，是出名的熬夜第一大系，所以她经常会忙到没时间吃饭，没时间睡觉。后来，学姐自己总结自己这么辛苦的原因，觉得主要是因为刚开始进入大学，发现大学里的可能性太多了，平台也很多，不知道如何取舍，每一个都想试一试，所以就很辛苦，而高中相对单纯。到了大学你要开始重新寻找自己的目标，所以要不断尝试再尝试，才能找到自己的方向。然后大学明显感受到了综合实力的重要性，考试分数只是生活一小部分，感觉自己每天都在不断输出，却很难找到时间静下心来输入知识储备。所以学姐觉得大学生还是需要学会平衡好自己的时间。但是也因为如此忙碌，让她在大学里真的成长很快，每个学期末都能感到自己已经离刚开学的自己相当远了。

一个人的成长总是离不了真正辛苦的日子，看似无用的辛苦，却也能得到真正成长。但选择依然是重要的，它能让你优化自己的成长过程。

没有与自己相处的时间

学姐在大学任团委副书记时主要接手了两个大活动。

第一个是建筑学院十四届团代会,这件事情压力还是很大的。因为有很多院领导要来参加,需要提前准备很多材料,比如纸质版会议手册、选票,需要安排选举候选人和代表,安排公示时间,上报学校审批,等等,这些都有严格要求,不能出错,学姐刚上任就负责这个活动,感觉压力很大……所幸后来还是很成功的。

第二个活动是建筑学院甲级团支部评比,这个活动相对轻松,主要工作难点在评比分数上,需要做到严格的透明公正公开,并且有申请复议等机制,当各班团支书对于评比结果有疑问的时候需要加以合理解释。剩下的就是常规工作,请评委,做现场评选材料,准备布置场地,检查各班级 PPT 文件,主持人排练,等等。因为学姐自己大一时候也做过团支书,参加过甲团评比,后来大三作为主要策划者,也能感同身受,内心也是非常理解那些支书的辛苦,所以会尽自己最大的努力,希望能给他们一个满意的结果。

团委副书记的工作内容具体而繁杂,在没有充足准备的条件下依然要成功地完成任务,真的是极大的考验。而评比工作的公平,因为自身的经历,她也能更公正地处理。

学姐在大学遇到的困难之一就是没有与自己相处的时间,没有静下心来输入知识的时间。她在大三的时候开始意识到和自己相处的重要性,退掉很多社工,把心思更多留在阅读和自我思考上面。

然后第二个困难就是发现在大学上课没什么用,学习最终还是要靠自己努力,有时候去上课反而是浪费时间。所以,她选择诚实地面对自己,锻炼自己的自学能力和时间管理能力。

最后一个问题就是学姐一开始太在意别人的想法。刚进大学的时候拼命想得到更多的认可,这同样也是许多理想主义的人容易有的问题。但是后来才发现做自己喜欢的事情才是最重要的,自己开心才是最重要的,生活是自己的,与他人无关。

大学四年的收获非常多,感觉和高中时比已经是另一个自己了。她现在有明确的目标,会根据自己的判断做出适合自己的选择,而不是人云亦云,跟着大部队走,更加明白独立之精神自由之思想的重要性,无论如何她都希望诚实面对自己,知道自己的不足,知道自己的缺陷,希望自己"有意识"地活着。

二附中的大排辣酱面那真的很好吃

朱茜儿对自己将来的学习和职业都有初步的规划。依然遵从自己内心最初的想法做建筑。在毕业之后她会前往苏黎世联邦理工学院建筑系继续深造,之后希望能实习一到两年,然后找到一份最合适的工作。她的理想是希望能在四十岁之前有一个自己的建筑事务所,地点最好是在上海。

建筑师是一个非常需要热爱才能坚持下去的职业,这是一个终身的职业,没有退休的那一天,因为建筑会变成你生活的一部分,渗透进你日常思考的方方面面,会上瘾,做了就停不下来了。

从学姐对未来的规划,可以看出她对美好生活的憧憬,一步步实现自己的目标,最终成长为自己希望的样子。

因为受到晨晖社的影响,学姐在大学里会积极投入社工的工作。同样在一段忙碌的时间之后她选择放弃很多社工的工作,遵从自己的内心,给自己更多的阅读和思考的时间,当她发现上课有时会浪费时间时,她主动培养自己的自学能力和时间管理能力,认清生活是自己的,与他人无关。

虽然 2014 届的晨晖社并没有做什么社会实践的课题,学姐只是和同学们围坐在一起看《信仰》的纪录片,各自谈谈自己的感想。和同学们一起研读《共产党宣言》,然后和老师同学一起在轻松的氛围中,自由讨论。她还记得有一次活动是在电视台举行的,邀请了外校的历史老师一起来。所有这些活动对她的影响巨大,她至今仍然有这份身为党员的信仰。

在学姐看来,与其他社团或学生组织相比,晨晖社有许多与众不同的地方。晨晖社对学生的影响主要体现在,能让人建立一份信仰,建立对祖国的信任,建立对社会的责任感。晨晖社是培养一些具有高度社会责任感,对祖国未来充满信心的学生的地方。她觉得建立一种开放自由的讨论环境非常重要,大家相互交换对时事热点或者社会动态的想法,通过相互交流不断成长,吸纳一些真正有思想深度的同学,自由地探讨,自由地表达自己的思想。

现如今如此复杂的社会环境下,依然能不受社会的干扰,依照自己的理念,能将理想和现实处理得如此好,一定是和晨晖社的思想相互结合最好的说明。

学姐最想念二附中食堂的大排辣酱面,那是真的很好吃,记得她和同学们每次一下课就冲过去买,总觉得中午能吃一碗大排辣酱面真是满满的幸福!

她至今还记得有一年圣诞节学校里举办过的一个圣诞假面晚会。晚会上她和闺蜜去当服务员,穿女仆装,帮忙准备食物迎接客人。每个人都戴着面具,穿一些奇装异服,感觉玩得很开心!

另外还有一次是在学姐这一届高三的时候,为准备元旦晚会,骆老师给大家排练合唱《Amazing Grace》,其中有一段是全年级大合唱,正值高三草木皆兵的日子,当所有人一起唱歌的时候,真的是特别的感人。在那样紧张的环境下做这样一件事情,大家感觉很棒,很青春,心态也随之变得很好,真的是非常美好的回忆。能有这样的高中三年,于学姐而言,真的是一场奇异的恩典。

采访者简介:

刘忠宇,二附中 2020 届 9 班,晨晖社成员。上海市物理竞赛三等奖,对物理学科有浓厚兴趣。

星空下的大地才是真正的漫漫前路

——史旭雯访谈

采访：谢承翰

史旭雯，2012届晨晖社总联络员，就读北京大学生命学院，现在美国。

"爱在华二"的象征意义

在谈到老胡的时候，学姐可谓心有余悸。她记得高三的时候，她和她们年级另一个"老总"（总联络员）一起，被老胡叫过去训了半天，就在说恋爱的事情。这个问题立刻引起了我的兴趣。因为之前我就了解到：学姐已经和自己在二附中的同桌结婚了！对此我早有好奇，此刻又抖出此等猛料，哪有不刨根问底之理？原来，老胡是从班主任那里听到了"风声"，为此震惊不已——这可是牵扯到入党作风问题的大忌啊！于是他二话不说，召两位老总（两位女生，学姐是其中之一，时都处于恋爱之中）前来，劈头盖脸就是一顿说教，说什么入党积极分子都应该严格注意个人问题，作为晨晖社的老总更应该带头表率，接下来的行为自己看着办云云，那架势，直接把学姐吓了个半死。然而，一走出办公室，学姐便将老胡的"谆谆教导"忘到了九霄云外，继续去过自己的"小日子"去了。到了大学以后，二人感情更是迅速升温，最终喜结连理，成就一段佳话。

不过学姐也说到，她们在高中更多的是一种"精神伴侣"的关系，两人的学习任务在互相鼓励下反而完成得更加出色了。她还告诉我，她们班当时六个女生，成了两对，另外一对经历了大学四年的异国，刚刚在美国"相聚"了一年多，估计也快了。

谈论至此，我不禁有些感慨。时至今日，江湖上关于"爱在华二"的流言在依然微风兮兮。无论是在食堂、图书馆还是小树林，都能看到"花前月下"的身影。然而，"在一起"的喜讯时有耳闻，小恋人分手的讯息也多有听闻。在粉红色的烟雾下，真挚纯洁的感情还剩下多少？难道，这真的是90后和00后的纠结吗？

学姐在听了我的疑问后,先没有回答我的问题,而是又简单讲了讲她的故事。她告诉我,他们从高三才开始,属于比较淡的那种感情。自己运气好,一开始就遇到了对的人,然后顺其自然。其实她自己也经常感慨,中间哪个环节缺少或者错了,都走不到现在。但是既然走到了现在,那就好好继续走呗。

我请求她给我们提一些意见时,她说:就是不要老想着换吧,觉得有点什么矛盾了就分手,用换一个来解决。这样其实真正的问题是解决不了的。很多时候不是选择的问题,而是选择了之后如何坚持的问题。遇到了问题,先坚持,想办法两个人一起解决问题,克服困难。很多时候感情也是在一点一点的问题解决中"升华"的。这点可能对于事业、专业的选择也是一样的。

谈到这里,我对"爱在华二"又有了新的认识。值得我们欣赏的,不是血气方刚的荷尔蒙冲动,而是尊重选择的精神之美;不是频繁的花开花谢,而是敢于承担自己选择的勇气与执着。"爱在华二"的象征意义并不仅仅在儿女情感上,实际上是二附中学子人格的象征,更有能力也更有底气在高中时代就做出无悔一生的抉择。培养自己的责任意识,迎难而上,不轻言放弃,才能在事业、爱情上都取得自己想要的成果。

更应该看看星空下的影子

学姐毕业后进入北京大学生命科学学院学习,本科时曾想换方向研究,但因一些阻碍没有实现。最近回到本科的研究方向在一个实验室做志愿者,做实验。之后考虑继续念书。

了解情况后,一个接一个的问号从我心底冒出:学姐本来是在北大的学院学习,坐拥一流资源,又有了4年的积累。为什么会想到转系呢?

原来,这还是与学姐愿意为社会服务、做贡献的情怀有关。她当时觉得,生科的研究方向就是越来越微观,这个蛋白质影响那个蛋白质,然后影响表型什么的。找一种疾病的原因,就找致病基因,导致这个关键蛋白出现问题,然后就生病了。接着再想办法抑制那个蛋白,或者补充类似的功能,来缓解疾病。学姐感觉研究方向不对,因为导致疾病的因素有很多,就算找到关键蛋白,也只是关键而已,并不代表只有它一个,其他蛋白和它的相互作用也是很重要的。还有一个问题是"治标不治本"——一些细胞死了,就加入更多的原料来让剩下的细胞加班加点地做,那么可能在短时间内可以解决一些问题,但是那些加班工作的细胞也是辛苦的,它们更加容易凋亡。

因此,她本科大三之后就想转到公共卫生方向。公共卫生,那是一个比较大的学院,下面有生物统计、流行病学、环境、政策等一系列专业。但是她现在工作的那个实验室,是和疾病关系更近的,老板是医学博士,是可以胜任临床医生的。这也算是学姐人生中的一个小转折,和她之前的生物科研背景有联系,以后可以慢慢往她想要的方向去转变。

在她心中,现在好好做实验才是最重要的:"后面会怎么走,我也不知道,也不需要知道吧。"

这句话引起了我的不解:为什么对自己的未来不用思考? 老师和家长一直希望我们要仰望星空,我自己也觉得只有有了远大的目标,才能更好地勉励自己,做出一番成就。学姐此举又是何故?

学姐道:"因为专注当下更重要。把当下的每一步走好,未来自然会一点点展现在眼前。之前都是想未来想得太多了,畏手畏脚的,反而连现在要走的路都走不好了。"

随后学姐讲述了自己曾经内心的小纠结。

"就拿转方向这个事来说,之前我觉得生物科研有点'没前途',所以不想继续读生物的博,要转方向。咦? 公共卫生看起来很好,了解一下吧。哇! 下面还分那么多细分专业啊,我要去读哪一个呢? 然后又问了一圈师兄师姐,发现要申请各种东西,还有很多需要工作经历……

"啊,怎么弄怎么弄? 还要不要做实验了? 要不要找实习啊? 找什么实习啊? 然后就各种纠结,浪费时间。所以实验到后期也不做了,实习也没找到。当时男朋友(现在是丈夫)要出国读博了,我一个人在国内实习? 不想分开啊……好吧,那就跟着出来吧。出来以后他在读书,我总不能没事干吧……那我做什么呢?"

读到这里,我的看法已经有些动摇了。学姐虽然说得平平淡淡,但字里行间中,我还是能体会到一些她当时的手足无措。是啊,又何止是她转系一事,这样的纠结之事每天发生在方方面面。就拿我们身边的事来说,大至 3 + 3、专业选择,小至选修课、每天中午吃什么……有多少次,我们因为太过看重未来的成效与发展,太在意模仿别人曾经走过的路,却忽视了现在脚底下的、自己想走的路。最终"心若双丝网,中有千千结",一事无成,满盘皆输。回想自己,不是也曾因此懊恼不已嘛?

然而,换一种方式,事情好似便出现了转机——

"嗯。做实验这件事我好像还是挺喜欢的,那就找个实验室做呗。我想,不管怎么样,专注于做实验这件事情吧。然后发现,呀,做实验原来是这样的,和之前的体验完全不一样诶。原来光做实验也能让我感觉到很开心! 那就好好做实验吧,转不转方向的事情,再说吧。"

最后学姐总结道:"还是走自己的路吧。"

听到这里,我心中大有畅快之感。的确,当一个人对自己将要为之付出的事业产生疑虑时,她面对的困难,无疑是巨大的。产生迅速转变等想法,也是可以理解的。但学姐在经历了一些挫折后,最终抛弃了彻底改变自我、一步登天的想法,而是从现有的自己入手,一点一点去改变自己,脚踏实地得去追寻自己的目标。或许,当我们在仰望星空之时,更应该看看星空下的影子,因为那才是最真实的自己;也更应该看看星空下的大地,因为那才是真正的漫漫前路。

看似最远的路才是实际上最近的路

回到实验室,让学姐又回到了她自己的舞台。学姐告诉我,做实验是一件能让她非常专注的事情,这一点让我非常羡慕。从小我虽然爱好广泛,但却如走马观花一般,很难找到令自己真正专注的事情。

对此,学姐表示,一方面,专注力是要练的。另一方面,对于诉诸网络来寻求知识等看似是捷径的方法,要牢记一个道理:有时候看似最远的路,才是实际上最近的路,捷径是没有的。学姐告诉我,这是她受了很多挫折之后的体会。其实这与之前的恋爱问题也有异曲同工之妙:必须吃过某些苦,闯过某些难关,或者瓶颈,才会有真正的提升,而这种提升是全方位的。不然即使事情换了一件又一件,水平本质上仍然无法得到提升。

在和学姐的聊天中,我发现她有一股韧劲。无论是爱情上、兴趣上还是专业上,无论面对什么困难,她都愿意先闯一闯,不被纸老虎吓破胆。而在爱情、理想、事业等方面融会贯通的理念,也是令我感到新奇的,值得我去慢慢品味。

学姐现在的规划,是想在国内做和养老院相关的事情,学姐认为,中国必然面临老年化,因此这一块对未来中国非常重要,而且这一领域也与她的专业相匹配。她现在正在了解有关老年病的知识,比如神经退行性疾病、阿尔兹海默病、心血管疾病、糖尿病,等等。

对于未来,学姐依旧秉持着脚踏实地的态度,大方向是那里,希望将来能有多多少少的贡献。可以看出,学姐不管做什么样的抉择,都蕴含着家国情怀。这或许也是因为晨晖社的熏陶。

学姐说:"在晨晖里的这一个环节是我走过的路的一部分。我一路走到现在,缺不了之前的任何一个环节,任何一个环节也对之后环节有影响。"

　　总的来说,学姐给我留下了三个比较深刻的印象:其一是溢于言表的家国情怀。无论是当初选择进入晨晖,还是未来立志奋斗的事业,无一不是为了给祖国做贡献。其二则是郑重选择、以责入心的执着。这在对爱情、学业和事业的专注中都是一以贯之的。最后则是她脚踏实地、注重当下的处事风格。一味的想象只能成为一个普通的观星者,未来很飘渺,唯有自己走出一道天梯,才可体验到"手可摘星辰"的美妙。

采访者简介:

　　谢承翰,二附中 2020 届 7 班,晨晖社成员。校科协主席,热爱音乐、运动。

留下坚实的脚印

经历过就是最大的意义

——蔡佳雯的"'老三届'故事"与"彩云支南"

采访：沙一洲

蔡佳雯，2017届晨晖成员，复旦大学法学院。

晨晖社"真金白银"中的一位

2016年，通过青年党校考试，蔡佳雯加入了晨晖党章学习社。那时候已经是高二下学期了，晨晖社组织的社会实践课题，需要投入时间，亲自去摸索、实践。面对高三日益增大的学习压力，很多同学选择了放弃，2017届坚守晨晖社的只有7位学员，并且出色地完成了《"老三届"的故事》这一意义深远的课题，被有的老师戏称为晨晖社的"真金白银"。

蔡佳雯是其中一位，而且是仅有的两位女生的一位。

回顾高三的时光，蔡佳雯说起初自己抱有一种年轻人们常有的"理想主义"，有点小"愤青"：在她看来，当生活被一张张扑面而来的卷子围困得透不过气来时，她需要晨晖社这样的地方放飞思想，使生活不至于太枯燥乏味。在晨晖，她可以有机会去做一些更有意义的事情——面对应试题海的苟且，不止安于校园一隅，仰头看看外面广阔的世界。那里上演着更为真实、更加多元的社会百态，去关注他们，或许是对于"诗和远方的田野"的最好诠释。

蔡佳雯是这样想的，而事实也确实如此这般。

怎么把"不可能"变成"可能"呢?

2017届晨晖社的课题叫"'老三届'的故事",旨在记录"文革"中"老三届"这一特殊人群在动荡的十年里的经历。蔡佳雯发现这一课题着实不简单,岂止是不简单,看起来倒像是一个不可能完成的任务。

"就是觉得'文革'这个这么严肃沉重的问题,很多人对这段历史还闭口不谈,我们一群什么都不懂的高中生去做这么个课题,感觉有点是不可能完成的任务,还说不定犯什么很严重的错误。"在采访中,蔡佳雯这样说。

的确,"文化大革命""老三届""红卫兵"……这些听起来分外沉重的历史字眼似乎是白发苍苍、大半辈子与史料为伍的教授学者们才应该去讨论的话题,对于一群十六七岁涉世未深的高中生而言,年代似乎太久远,话题也过"大"。大家对于那个年代、那个事件的了解几乎为零,而关于那个时代的资料也不知从哪考证。更何况,那些当年站在历史风口浪尖上的"老三届",已经是爷爷奶奶辈了,要想采访是难上加难。

大背景不熟悉,两代人之间的"代沟"加上内容的特殊性,要凭学生的一己之力把这样的一个课题做好,谈何容易!无怪乎蔡佳雯将这个课题称之为"不可能",而她,又该怎么把这样的"不可能"变成"可能"呢?

真正的困难一个个地接踵而至

如果将完成这个"不可能"的"大课题"比作是一场恶战,那么要想打好这一仗,"战前准备"是必不可少的。俗话说"知己知彼,百战不殆",在进行课题实践之前,只有真正了解这段历史,才能在采访中问出切中要害的问题,写出深刻的稿件。为此,蔡佳雯和社员们通过种种渠道找到了关于"文化大革命"的资料和书籍,分小组进行阅读并写下读书笔记,做足了采访的功课。

当这动荡十年的历史背景已初现于蔡佳雯脑海之中,且对于"自己想要采访什么"和"想了解'老三届'身上怎样的故事"有了大致的认识之后,紧接着便是要去发掘身边的"老三届",确定自己的访谈对象了。为此,每位社员在寒假里通过自己的老师、亲戚、朋友,一路顺藤摸瓜,找到朋友的亲戚、亲戚的朋友、老师的亲戚的朋友……突破重重复杂的关系网,四处寻找着"老三届"的身影,与他们取得联系。可以说,几乎把能找到的"老三届"全都找了个遍。

如果说获取关于那段历史的记录,在身边寻找、联络"老三届"已经是一桩桩富有挑战的任务,那么随着访谈的开始,真正的困难才一个个地接踵而至。

高三第二学期,距离正式高考只剩下四个月的时间,这是最为紧张和关键的四个月。毕竟,看到周围学霸都在拼命刷题,而自己每周都有这么一个下午参加晨晖社的活动,比别人差了一截的焦虑感确实很令人抓狂。

蔡佳雯也曾焦虑。疏解的方法除了坚守的执着,还有情感的留恋。在晨晖社每周听老胡或者同学们谈人生、谈时政、谈情怀,每一次都是心灵的成长和震撼,蔡佳雯对晨晖社团从内心产生了归属感。凭着与晨晖建立的深厚感情,以及一种年轻人特有的"理想主义",蔡佳雯没有离开晨晖社,她依然选择在这所谓的"人生最关键"半年里去做一些看起来"浪费时间"的事情。

在最困难的境况下考验自己,这或许就是"真金白银"的特质!

蔡佳雯在自己居住的蔡路镇上先后采访了两位"老三届",最后才选择了邱国良爷爷作为采访对象。邱爷爷在"大串联"时期离开家乡去外面看看,选择在兰州打拼,蔡佳雯认为这样励志的故事值得被人们所记住。

对于大部分接受采访的"老三届"来说,一群陌生的高中生来采访自己,让自己讲述那一段不堪回首的往事,更何况这群"愣小子"还要把自己这一段黑暗的经历记录下来,他们往往会回避或者扭曲一些事情的经过,因此对于采访者来说,要取得他们的信任,了解到事情的真实原貌也是一件难事。

老人面对自己的孩子讲述这段动荡的岁月,不愿意将过去一些痛苦的、不堪的、绝望的回忆吐露给晚辈。正是因为这样的关心爱护,所以他会隐瞒一些不令人愉快的真相,他希望将一些过去的事情留在记忆里,留给自己吞下去,而不要再让年轻一辈存有糟糕的记忆。

"一个长辈对陌生人讲出这段不堪的往事就很难,再加对晚辈的疼爱所以因为认识,反而增加了采访的难度。大概是经过这次采访发现的一个道理吧,有时候不一定越熟越好沟通。"

对邱国良爷爷的面对面采访,蔡佳雯进行了两次,再加上微信上的采访,总共采访次数共有四次之多。第一次蔡佳雯只是拟好了问题,按照设定好的一个个问题询问老人,邱国良爷爷依照设定的问题回答。在回家整理完采访稿,并写出了文章的初稿之后,蔡佳雯发现了症结所在:这样的机械问答很难将一个完整的故事串起来,片段与片段之间缺少链条将其链接。除此之外,采访者被限制在了问题的框架之中,很难有所发挥,引出更多的细节和事件。采访者如果没有问到点子上,或许受访者也想不起来有那么一个小细节可以一提。而如果仅仅是依照着访谈提纲进行采访，没有一些随机应变的话，整个故事的发展便被束缚了，局限于一场"戴着镣铐的舞蹈"。

于是，在进行第二次面谈之前，蔡佳雯学习了采访的一些小技巧，并再一次审视了文稿的脉络，记录下一些不连贯的叙事，希望在第二次访谈中能够寻得那些失落的链条。蔡佳雯还做了一个明智的决定：这一次采访不是她一个人前去，她还带上了自己的爷爷。爷爷与邱爷爷是同辈人，有着共同的时代回忆，两个老人可以互相补充对于那段岁月的印象，也可以勾起更多的回忆。这一次，蔡佳雯不再是照着拟定好的问题进行采访，而是顺着老人的思路进行提问。这一次访谈效果不错，补全了邱爷爷"老三届"故事中那些失落的拼图。

虽说困难是一波未平，一波又起，蔡佳雯一路见招拆招，沉着应战，使这"不可能"向着"可能"逐渐迈进。

不带任何偏见地记录一个时代的缩影

晨晖社 2017 届社会实践课题《"老三届"的故事》汇编成书以后，同学们寄给了市委书记韩正同志，韩正书记不久复信，高度评价了晨晖课题的意义，给晨晖社以极大的鼓励。蔡佳雯课题报告《世界那么大，我想去看看——邱国良的故事》收录在文集中。看着手中的书稿，蔡佳雯感触颇深。最直接的当然是内心的喜悦，毕竟手中的这一万多字的成果，完全是靠自己，从零开始，一步步走出来，一个字一个字敲出来的。

原来的"不可能"，终于一点点地化为了"可能"！此中辛苦，此时喜悦，只有真正经历了才能够有所体会。

记录身受一场浩劫而影响到整个人生的"老三届"的故事，讲述他们所经历的苦难，证明他们的清白，对于老人的一生意义重大。有人说，一个人真正的死亡到来之时，是当他完全被这个活着的世界遗忘之时，但是"老三届"们不会，因为一代代的人会活下去，并且记住他们的故事。

而晨晖社的少年们，是历史的记录人，是历史记录人中的先行者。

"现在这个功利的社会，能够真正'随心'的人实在是太少了，有这种敢于'闯'的精神的人也太少了。精致的利己主义者，绝对不会去做不利于自己的事情。晨晖社就体现了当代年轻人需要的这样一种精神和情怀。"

是啊，在日益繁重的学习压力之下，面对变幻莫测的新高考政策，当高考已经成了一种近乎"博弈"的游戏时，作为"3＋3"体系的第一届"小白鼠"，依然有蔡佳雯这样的一批人要去做一些看起来"不合时宜"的事情。去思考,去探索,去触碰像"老三届"这个依然敏感的话题,去为一个群体发声,不带任何偏见地客观记录下他们的故事,记录那一个时代的缩影。哪怕我们只能贡献出自己的绵薄之力,但只要对现状有所改变,能够对周围产生影响,那也是难能可贵的。或许这便是所谓的晨晖精神,一种晨晖人的情怀。

"这一种情怀对我的整个人生也有非常大的影响,因为我现在还是怀着这样一种信念在生活。"

蔡佳雯这样说。

寒假支教前往彩云之南

怀着这样一份信念,蔡佳雯走进了复旦大学的校门。

晨晖的情怀就在我的心里生根发芽,大学有更大的舞台,更多的机遇,唯一不变的是这份坚定:这条路我想一直走下去。

大学的天地更加广阔,活动更加丰富。在五花八门的校园组织之中,蔡佳雯加入了复旦"彩云支南"的支教活动。复旦"彩云支南"是以"走出校园,走进社会,学以致用,服务云南"为宗旨的社会公益型协会,有寒暑假云南支教项目、日常活动项目和高效运作的管理层。蔡佳雯先加入了彩云支南实践部,主要负责支教点联络确定、支教队员招募以及支教后期成果和经验汇总。

在2018年的这个寒假,蔡佳雯通过选拔,成了寒假支教队的一员,前往云南玉溪红侨小学乡村学校少年宫支教。

这是"彩云支南"第一次以兴趣班的形式进行支教活动,在红侨小学,蔡佳雯和其他志愿者们将以兴趣课程的形式为孩子们进行两周的教学。

刚来到这所处于"彩云之南"的学校,蔡佳雯的第一反应是"震撼"。与大多数人们印象里的乡村小学幽暗低矮的房子不同,红侨小学的硬件设施堪称"先进"。除了日常教学用的教室之外,学校还专门配备了各种专业化教室:电子琴教室、葫芦丝教室、素描教室、书法教室……

但是蔡佳雯很快便意识到,这里真正匮乏的,并非硬件类的配置或是金钱,而是师资与家长的教育观念。虽然各类兴趣教室齐全,但是当地缺少专业的师资,因此这些教室也成了摆设,并不能为孩子们带来什么实际的帮助。

而在蔡佳雯进行家访的过程中,通过跟家长的交流,她发现当地的大多数家长并没有认识到让孩子接受教育是可以改变他们一生的事情。大多数家长只是将九年义务教育当做一项既定程序,当孩子完成这九年的学业之后,便万事大吉了。比起学到些什么知识,或许初中毕业之后的当务之急是找一个能够挣钱的工作,养家糊口。还有的孩子非常乖巧懂事,可是因为原生家庭的原因缺少父母的关心与陪伴,过早地体会到了生活的艰辛和人性的复杂,对此蔡佳雯感到非常惋惜。

在进行支教之余,志愿者们还要完成一个"关于乡村少年宫的运营困境"的调研课题,在家访中,蔡佳雯通过与孩子家长的沟通也了解到了当地人对于孩子发展兴趣爱好的普遍看法:我们孩子的兴趣爱好培养需要你们这些志愿者的帮助,但是家长绝不会为了这些爱好为孩子多花一分钱。

这个结果,很残酷,很无奈,但很真实。

经历就是意义——看世界的新眼光

但在支教过程中,蔡佳雯同样收获了许多快乐的瞬间。

为期两周的课程中,蔡佳雯教的是书法、素描和国画。当一个国画班上的小朋友告诉自己,他的母亲看到他的画作后将作品寄给报社投稿时,蔡佳雯有一种自己付出再多的辛苦也值了的感觉。

"知道这件事情非常开心,因为发现他们的家长对于他们的成就也非常关注,那一刻非常感动。"

因为对于书法、素描和国画感兴趣的孩子大多比较乖巧安静,因此在蔡佳雯的班上并没有那种很淘气的孩子。初来乍到的几天,孩子们都老老实实地上课,到了后面几天,他们跟蔡佳雯的关系渐渐熟络,也就大胆起来,开始跟这个"小老师"一起玩。

素描课有三十分钟的休息时间,这时候,小朋友就纷纷跑到蔡佳雯身后排起队来,吵着要玩"老鹰捉小鸡"的游戏。这一队小鸡"浩浩荡荡"地从四楼来到操场上嬉闹。

"感觉跟小朋友们在一起的时候自己也年轻了。"

到了最后一天汇报演出的时候,每一个孩子们都全力地展现自己,蔡佳雯由衷地为他们高兴。孩子们一个个跟蔡佳雯拥抱,"哎我泪点低,当时就泪奔了"。还有跟蔡佳雯关系非常好的小朋友,抱着蔡佳雯就哭了,她说:"老师不要忘记我!"她把自己在素描课上最好的作品、剪纸课上做出的千纸鹤以及一张小纸条全都送给了蔡佳雯。

在此后的几天里,她每天晚上都会给蔡佳雯打一个电话,电话那头的她总是在哭:"老师,我好想你,你不要忘记我。"

蔡佳雯坦言,她最初开始支教时其实是有些失落的,觉得来支教是为了让孩子们明白教育对于他们自己的意义,可是小朋友们只是觉得有那么一群哥哥姐姐来陪自己玩两周,非常开心。有的孩子甚至只是想着自己今天的画作可以拿到几颗星,能收获怎样的奖励,仅此而已,并不会去深究自己在课堂上学到了什么。

"我觉得自己没有实现改变世界的愿景,没有真正给他们带来多大的改变,还是挺失落的。"但后来蔡佳雯就想明白了,自己去或许就是给他们带来一段时间的陪伴,没有必要去刻意追寻意义。人生有些事情,只要去经历就好了,具体的意义上天会在适当的时候告诉你的。曾经经历过就是最大的意义了。

"怀着一堆理想和情怀的我,在失望中也在反思自己,反思我们存在的意义。渐渐明白理想和现实的差异不是世界的问题,而是我该修正世界观,该换一个视角看世界了。社会是复杂的,个人的影响力也有限,太过理想主义反而会让我们失去发现生活中细小感动的眼光。其实,不需要惊天动地泣鬼神,我们经历着,感受着,平凡着,这便是最大的意义。不需要刻意,自然而然才是至高的真理。平凡地一天天走过,蓦然回首时,就会发现最大的不平凡。"

说起为什么会选择参加支教,蔡佳雯说有一句话她特别喜欢:"一个生命去陪伴着另一个生命,并且去感动他,这是人生最大的意义。"

"我非常非常享受支教这个过程,而且这段跟同龄人一起生活的经历也非常难忘。下一次去支教,我想更多的可能是试着换一种方式,根据每个孩子不同的性格去引导他们。"

希望自己能为权益弱者提供帮助

蔡佳雯在大学里的专业是法学,谈及为什么会选择法学,她说这或许也是一种情怀使然。当这个世界上的大部分人都在思考怎样让自己受益更多的时候,她希望可以用自己渺小的力量去努力改变世界,支教如是,学习法律亦如是。

由于律师费昂贵,如今一场诉讼的成败很大程度上取决于双方的经济实力,经济实力强的那一方有能力请到更好的律师。而蔡佳雯则希望自己将来能够为权益弱者提供一些法律上的帮助,使得这个世界能够存有一些正义。

如今的中国在法治社会的道路上还有很长的路要走,蔡佳雯也希望能够为此出一份力,这些便是蔡佳雯选择法学的初衷。

提到未来,蔡佳雯说其实自己还是有些迷茫,还在思考之中。从大的方面来说,自己会先在法律行业从事十年左右,在此之后也想试一试其他自己也感兴趣、适合自己的东西。但无论前路通向何方,她仍将秉持着一份更成熟,却不世故的"理想主义"走下去。

蔡佳雯学姐的经历,体现了一种年轻人的"理想主义",从事法学,去云南支教,这种年轻人的"理想主义"依然存在学姐的身上。

突然想起那句"诗人疾之不能默,丘疾之不能伏",先秦诗人在面对那个"百姓苦"的时代,通过"国风"唱出自己的心声,他们不愿意保持沉默;孔子身处礼崩乐坏的乱世,选择言传身教,而不是归隐山林,消极避世。如今我们面对时代给予我们的重任之时,真的太需要像蔡佳雯学姐这样的勇者,哪怕只是为这个世界做出一点小小的贡献,但如果这样微小的改变切实地发生,千千万万的小改变终将引发大的变革。

采访者简介:

沙一洲,二附中 2019 届 1 班,晨晖社成员。话剧社社长,沉迷文史哲。

精益求精源于自我反问意识的培养

——王志鹏访谈

采访：胡丞皓

王志鹏，2015届晨晖社成员，中国人民大学。

加入晨晖社不是为了入党

"无数经验告诉我们，高中是最辛苦的三年。在二附中，只要有心，你会度过人生中最难忘的三年，因为在自由的二附中，每个人都拥有无限的可能。"

作为2015届基科班班长，王志鹏学长在大一刚刚开学时，未及在大学落脚，便匆匆赶回二附中，在2015届的开学典礼上致辞。王学长对二附中深切的感情已无须多加修饰，谈起在二附中的学习生活，学长如数家珍："当时还是3＋1，我挺喜欢历史的，成绩也不错，老师也'忽悠'过我。但是因为本来在理科班搞物理竞赛嘛，物理成绩实在太好了，所以还是选了物理，反正对选专业也没什么影响。"令我有些意外王志鹏学长是学校MIT街舞社的创始人之一。"原来的街舞社出了点问题，我和吴昕怡（MIT街舞社社长）就把绝大多数人搬了出来，取名字还是很费神的，我们当时反正就想了三个英文单词，开头刚好是MIT，第一个单词是mysterious，后面两个想不起来了，很复杂，哈哈！"

学长于高三加入了晨晖社，对于高三时在晨晖社的一年时光，他也有颇多感慨。"我加入晨晖社不是为了入党，我到现在大三了还没有申请入党呢！"对于青年加入共产党，他很有一番自己的见解。"我认为，你不能单凭你的老师、家长的要求或是一种朦胧、模糊的对党和国家的归属感就选择加入共产党，而应该对党的历史有透彻的了解，对党今后发展的方向与所必然遇到的困难有清晰的认识。"

学长的话语中流露了一般青年所没有的冷静与深思。

　　"因为加入的时候是高三,没有太多的闲暇时间,我们晨晖社员就是每周花半个下午的时间聚在一起,讨论问题,我们当时讨论的问题之一就是香港的占中问题。"王学长回忆说,当时刚刚提出这个小课题的时候,我们就和胡立敏老师聚在一起商量,要从什么角度切入,最后我们提出从香港各党派,比如自由党、民主党以及民建联等的诉求以及各党派之间的经济差距、社会影响力等方面去分析。其实这个小课题,用我现在的眼光来看当然很粗糙,不过那种在准备时,时刻担心对方的质疑从而不断地调查下去,还是蛮有助于问题意识的培养的!"小课题的研究过程中,课题组的成员也学习到了很多知识。"我们深入了解了一国两制、国际法上人民自决权的适用范围,以及回归以来香港的一系列变化,最后以晨晖讲坛的形式将我们研究的结果呈现了出来。"

　　晨晖讲坛是二附中的一项传统,每周三下午放学后,学校都会请到各界精英人士来作报告,开拓学生的眼界。"这在当时是一个十分巨大的挑战,但是这让我们明白了,一项能让自己满意的研究需要明白自己在讨论什么,面对的问题是什么,已有的解释是什么。进入大学之后,在晨晖社培养起的自我反问的意识使得我对于自己所研究的问题一直保持着精益求精的态度,我想这也是我目前为止取得的学习成绩还不错的原因。"王志鹏学长在人大的三年里多次获得各类奖学金,"还不错"着实谦虚了些。

物理、化学方面的人才将会有所缺失

　　"另外,我们当时还讨论了新高考改革的事情,当时政策其实还不明朗,我们没有特别详细的讨论,现在看来,全国都要推行新高考改革了,确实如一股洪流啊!"笔者因为做了一个数学建模课题也是关于"3+3"选科模式下的走班制排课表方案,因此非常想听听王志鹏学长的看法。"我曾经与相关的老师有过交流,他说制定3+3高考新模式的初衷是:确保教育的'公平'和'公正',让学生的兴趣爱好可以得到有效彰显,并同时取消学生文理分科来增加学生自主选择性。""但是这也有些问题,据我了解下来,大多数学生是按学科的难易度进行选科的。由于文科相对简单,再加上考试时间的原因,选择地理、生物的同学激增。这样造成原本较少的地理、生物老师奇缺,而原本较多的物理、化学老师偏多,资源浪费严重,而且学生资源也浪费严重。物理化学难度的大幅下降也会使得让理科人才脱颖而出的难度增加不少。"看得出来,王志鹏学长尽管到了大学,但仍然对高考改革保持着密切的关注。而作为亲身体会这个新制度的笔者,同样在与王学长的讨论中提出了如分层走班混乱且效果不佳、某些高中强制选课以及课业负担几乎成几何级数增长的问题。说到解决办法,王志鹏学长则非常迅速地给出了回答："我之前其实写过几条,比如让各大高中不以升学率作为宣传、重编教材、把各学科组合教学等,但是我现在也觉得太理想化,不现实,确实没什么特别好的办法,'3+1'肯定是回不去了,也没有回去的必要,只能是摸着石头过河了。""总而言之,虽然我们这一届晨晖社的活动是在高三这个十分繁忙的阶段进行,但每周一次的活动可以说是对紧张的刷题生活的有益调剂。在这里我们可以暂时抛下无穷无尽的作业以及无所不在的压力,去探讨、研究现实问题。虽然说受知识积累所限,高中时代肯定是得不出什么十分有价值的结论,但是这培养了我们的问题意识以及自行求索的能力,为进入大学之后的学习打下了良好的基础。"

主要就是真正找到了兴趣

王志鹏学长目前就读于中国人民大学大三,专业是政治学经济学哲学实验班,在被问到大学里获得的荣誉时,学长显得十分谦虚,"目前我除了拿点奖学金以外没有任何成果,人文社科想要出成果是一件需要积累的事情。"

在与学长的交谈中,我了解到,他虽然是基科班的班长,专攻物理竞赛,但早在高二上学期便想好攻读社科专业,对此笔者也是非常好奇。询问之下,王学长的经历也是颇有几分曲折,于我同样有所启发。"主要就是真正找到了兴趣吧,唉这个说来话长,首先是高一寒假按作业要求,看完了《全球通史》,其次我在刚进二附中的时候可以说是很飘了:进了基科班,当了班长,军训的时候还是营长(当时还是一个营几个学校一起在东方绿舟军训),然后元旦文艺汇演也是主持人。反正就是很飘,觉得自己很行,然后可以说就非常痛苦、非常忙。我自己好好反思了几次,思考到底自己想要的是什么。我发现其实我对物理竞赛兴致不高,而且物理竞赛牵扯了我大量精力。"确实,在这个升学体系中,竞赛成绩,尤其是理科竞赛成绩,就是名牌初中、高中、大学的敲门砖,而优异的竞赛成绩就是挂在学生胸前的一张名牌,上面标着"精英"二字。"所以嘛,后来我想想自己也不是特别喜欢理科这条路,就在高二上开学前决定了要读人文社科,之后高三加入晨晖社也是有这方面的考量,想要锻炼一下各方面能力。"

"说到高一寒假后又读过什么书,说来也有些惭愧,高一我在寒假里读完了《全球通史》,后面还是迫于压力参加物理竞赛的培训,高一下学期也没有读什么书。我在高一升高二的那个暑假里,看了哈佛大学的公开课《公正》,之后决定学人文社科,就读了一些比较知名的经典著作,比如《社会契约论》《理想国》等。"王志鹏学长在高二高三两年里从繁忙的学业与工作中挤出时间读书,特别是与学长自身兴趣与志向挂钩的名著,这令笔者自愧不如。

"到大学里,我读的书主要就是和专业相关的了,最近在读《资本论》。"笔者也曾拜读过《资本论》,不过却读了个一知半解,在与王学长交流《资本论》时可以说是"原形毕露"。"《资本论》主要是一部分析资本主义运作方式的书,它几乎没有对共产主义的具体操作方法进行说明,你要是懂了那真是奇才了。"笔者辩驳了两句,待王学长详细解释了一番后,也不得不承认确实未能读懂。"读不懂的,你这个年纪肯定读不懂的,我高中的时候也经常不懂装懂,正常!"谈到选择人大这个三学科合体的实验班,王志鹏学长娓娓道来。"我上的这个政治学经济学哲学实验班的话,对于我一个主要兴趣在政治学方向的人而言另外两门提供了语词分析以及计量的能力。"

在政治学经济学哲学实验班中,王志鹏学长并没有选择辅修物理。"哈哈我当然没辅修物理啊,我课够多了。大二两个学期期末考试都是两周考十门,由于我们这个实验班很特殊,政治学、经济学、哲学这三个专业的基础课我们都是要上的,所以可想而知了,没有多余的时间去辅修别的课。"

不必要疲于奔命地去参加各种活动

"对于在大学参加了哪些活动这个问题,其实我在大学参加的活动很少,现在就是在我们学院当了个体育部部长还有足球队的队长,其实也没有组织什么活动。毕竟我们的院比较小,没有成绩的硬性要求,参加的原则就是快乐为主,报名人数不够就不强求,把个别项目能做好的做好就行了。"之前提到过,王志鹏学长在二附中时既是基科班班长,还是 MIT 街舞社的创始人之一,而对于大学里各种各样的活动,他有一番自己的看法。"我大一的时候也参加了很多活动,也是跟在初进华二一样自视甚高,加入了学校的学生会、国标舞团,还有模特队,后来在大一下学期的时候全退了,就留了一个学院的体育部部长。原因其实很简单,人文社科是很需要积累的一类学科,特别像我选择了政治、经济、哲学三学科同时学习的实验班,学习的科目非常多,要读的书更多。所以我认为大学里最重要的就是对专业学科精益求精地学习,而不必要疲于奔命地去参加各种活动,起码于我而言是这样的。说实话,我现在也不明白参加太多实践活动的意义何在,对于需要尽快进入社会的同学,社会实践可以给他们经验,但是如果说社会实践可以带来更多的知识,那我觉得效果可能不是很好。"笔者与王志鹏学长开玩笑道:"所以学长是属于不需要尽快进入社会的对吗?""是啊,对我来说我并不觉得需要太多社会实践活动,做做志愿者就够了,还是想把重心放在学习上。"

"课余时间的话除了陪女朋友、读书、踢球之外,就是看看新闻和评论员的文章。"学长的女朋友是2016届二附中科创班的学生,现在在北大读大二。笔者向王学长提出现在很多新闻评论都太过主观、哗众取宠。"嗯……其实哗众取宠的现象并不严重,你这个'太过主观'范围就很宽,评论都是带主观因素的。我觉得大多数评论员对于新闻的评论文章都是值得一读的,除非信息来源严重不明完全无法进行多方验证的。总之还是要了解一下各方观点才能形成自己的观点。"

"未来的打算的话,就是想去美国或者英国的高校读研,当然,是政治学专业,我之前不是去伯克利参加了夏校,挺想去伯克利的,但是它没有 Political Science 的硕士学位,其实美国和英国的高校选项不是很多,不过国外政治研究环境据说要宽松一些,因此我也是想去体会一下。之后的职业规划,就是想留在高校任教喽,继续研究工作。反正我是不想和智商低的人讨论问题,这会让人很崩溃,所以还是在高校待着吧,哈哈!"

王志鹏作为二附中基科班的班长,从小学六年级开始便学习物理竞赛,拿了一大串奖,竟然认识到自己真正感兴趣的是人文社科,而在高二暑假发生巨大转变,阅读大量社科类书籍、观看哈佛大学教授公开课,到如今是人大学习成绩极其优异的尖子生。笔者同样是在高一升高二的那个暑假确定了学文的志向,但一学期下来,没有静心读完任何一本著作,多是走马观花为写读后感而读,现在看来,实在是问心有愧!

同时,在与王志鹏学长的交谈中,我也看到了一个优秀的新时代青年所具备的两项品质:理性与睿智。王学长能够冷静的看待青年入党一事,冷静地指出有些青年仅凭一时兴起便高喊入党,这种三分钟热度其实对党、对青年个人都是不利的。另外,王志鹏学长对新高考改革清醒、冷静的分析,让我尽管在局中,但是也能如局外人一样理性地看待这次高考改革。令我耳目一新的是他对社会实践、大学活动的看法,独树一帜,同时也是思考了很久,绝不人云亦云。学长对于晨晖社生活也是有诸多感情,因为学长在初入高中时,班长、文艺汇演主持人、物理竞赛、繁忙的学业都压得王志鹏学长喘不过气来,最后咬着牙关坚持了下来。而在晨晖社的一年,在与同学纵论天下大事时获得的感悟和思想自由,为王志鹏学长在大学中理性看待每一个问题、睿智地处理学习生活中的事情打下了基础,真可谓是潜居抱道,以待其时。

采访者简介:

胡丞皓,二附中2019届2班,晨晖社成员。全国青少年科技创新大赛数学类二等奖、鲁迅青少年文学奖上海赛区一等奖,对数学建模和阅读人文社科书籍有浓厚兴趣。

由一缕晨晖到光芒璀璨

——王幻羽访谈记

采访：莫言

王幻羽,2007届晨晖社总联络员,北京大学政府管理专业,麻省理工学院金融硕士。

生命里难以磨灭的晨晖印记

创办至今,晨晖社记录着12届社员的来来往往,每一个都是同龄人中的佼佼者,每一个都带着青春年少的憧憬和无畏的勇气,正如一缕缕晨晖,最终汇成璀璨的光芒。

我们联系到了参与晨晖社建立的2007届总联络员王幻羽学姐,作为理科班的一员,晨晖社的经历带给她的不仅仅是人文素养的培养,在这里遇见了老胡,遇见了优秀的同学,交流思想,切磋讨论。这些只是最表面的东西,那么更深一层的、晨晖社带给一届又一届的社员的,究竟是什么?

王幻羽学姐12年之后再度回首这段时光,经历了更多的求学和工作经历,对晨晖的理解更上一层,她的生命里刻着难以磨灭的晨晖印记。

在采访之前,学姐先询问了一些关于晨晖现状的问题:"我们当年是党章学习小组嘛,活动内容差不多就是和党章相关的,但是现在的晨晖社和我们那时候应该变了蛮多。"得知现在晨晖社以社会实践代替了书面的学习形式,王幻羽学姐表示赞同,我们也向她介绍了近几年晨晖社的一些实践活动,学姐都表现了很大的兴趣。

王幻羽学姐还特意问到了现在晨晖社的负责人是否还是胡立敏老师,得到肯定的答复之后,学姐的语气一下子就亲切起来,也带着几分感慨:"这些年都在美国,没有回去看过,你们帮我转达一下我的问候,什么时候回上海,我去看看胡老师。这么多年都在外面,真的很惭愧。"

尽管离开晨晖十余年,王幻羽学姐始终心系晨晖,她是对晨晖现状深切挂念,从她的语气中我们能感受到对晨晖的追忆和慨叹。

晨晖的思维模式影响很大

"在学姐您之后的学习和工作经历中,晨晖社的学习给您带来了什么影响呢?"被问到这个问题的时候,学姐略微思考了一下,给出了一个相当肯定的回答:"晨晖的思维模式和活动管理经验,对我影响很大。同时,晨晖社对于'领导力'的培养使我受益至今。"

"当时晨晖社建立就是一个校级的活动,胡老师来找我的时候我还挺激动的。我在晨晖社得到了很多锻炼,要去沟通、协商,把老师的想法课题什么的落实到行动,要去实践,分配任务给每个成员。我现在在美国就职,不同于大部分华人从事的技术领域的工作,我能够在公司里从世界各国的竞争者中脱颖而出,从事管理层面的工作,经手数亿美金的业务,我前段时间也获得了在这个领域中的'美国未来女性领导精英人选'荣誉称号。晨晖社的经历和'领导力'培养对我来说是能够在纽约立足的重要基础,我和客户的一些交流工作、管理模式等我觉得都是受益于在晨晖社的锻炼。"说起自己的职场经历,学姐满是自豪,她正在坚定不移地向当年立下的"做优秀的中国女性"这一志向努力,晨晖社的经历无疑是她工作上的重要砝码。

学姐也提到进入大学后,晨晖社的学习、开放的思维模式能够使得学生更快更好地融入到大学甚至是社会的一些事情中去。"思维模式上的话,因为参加晨晖社的同学都是思维比较活跃,对社会问题都很有自己的想法的人,在晨晖社认识了很多志同道合的伙伴,在和他们的交流当中毫无疑问是受到影响的。我刚入北京大学的时候也去北大团委申请做一些工作,想要延续自己高中晨晖社的这段经历。因为我丰富的各类工作经验,北大校团委给予了我一个他们还挺重视的北京志愿的项目,影响力扩至整个北京城。因为晨晖社的经历,我在这个项目上游刃有余,作为主管把这个项目进行得非常好,受到了北大党委书记、团委书记的表扬。这都得益于二附中、晨晖社给我提供的平台。"

之后我们想了解一些晨晖社当年做过的事情,学姐提到了她对老胡的一些记忆:"老胡他建立晨晖社,从建立到发展都是有一个很明确的想法的,这是一种愿景或者说是蓝图,我只是一个执行者,现在想来当时也许还能执行得更好一些。"学姐说到这里,声音中都带上了些许笑意:"如果你们想了解的清楚一些不妨回去再问问老胡吧。"

我们从老胡这个点出发,想要获得更多的资料,学姐也在不断回忆:"当年胡老师指导我们给上海市委书记写信,胡老师就一直在指导我们怎么沟通怎么措辞,在指导我们这件事上他一直亲力亲为。胡老师是个很有想法也很有执行力的人,怎么说呢——我觉得他是一个很敏锐的人,对,敏锐是一个很好的词。除了他对一些问题的敏锐度,我觉得他这么多年坚持把晨晖社这件事做好,可以说是一个信仰了。"

从学姐充满情感的回忆之中,我们能够描摹出当时晨晖欣欣向荣的,充满活力的样子,她回忆胡老师,回忆晨晖建立,都能够令我感受到有这么一种情感和力量在一代又一代晨晖社员之间传递。

"晨晖"维系着学子的初心

我们把话题扩大到了"对二附中的回忆",学姐显然也是有很多想要分享的事情,"追求卓越"的校训从她口中说出来的时候,跨过 12 年的岁月,我们和她之间依然有一种坚实的纽带维系着。

"'卓然独立,越而胜己'这个校训一直以来都在不断激励着我——对每个二附中学子而言应该都是这样的。"说起校训,学姐滔滔不绝:"在纽约刚入职的时候,我在这个校训的影响下,也在身边伙伴的鼓励下,一直希望自己能够做到更好,做到最好,所以我不断地完善自己的知识储备、知识结构,锻炼批判性思维,思考关于商业模式、未来模式的命题,想要让自己的见解和看法都能达到或者是超过那些世界 500 强企业的决策者的高度。如今我已经能够和世界 500 强企业的首席执行官直接对话,和他们交流企业的发展,他们会从我这里得到建议来改善自己的公司,向我咨询如何能够使公司盈利更多。这些可以说是令我自己很骄傲的成绩,离不开校训对我的熏陶,在我的职业道路上'追求卓越'的精神一直在激励我不断进取。"

"每年的校庆都会有很多学长学姐回华二,几乎每个前辈都会说要好好珍惜在二附中的时光,因为在经历过大学生活,参加工作之后,才能真正体会到要好好珍惜在高中的时候遇到的人和经历的事情,那是我觉得人生中最闪光、最好的地方,走出校园之后才发现最优秀的人、最好的伙伴都是高中的时候遇到的。"学姐毕业于北大,研究生时代远赴美国攻读麻省理工的金融硕士,现在留在美国做金融咨询,但是说出来的依然是同样的话语:"可能我回华二,和学弟学妹交流,说出来的也是当年学长曾告诉我的这些话,我想不到还有怎样的表达。的确,最好的时光、最好的同学、最好的经历都在高中时代。"

回忆起高中生活,王幻羽学姐直言:"帮助最大的应该是在理科班的经历。"学姐就读的是 2007 届理科班,在理科班的三年,她受到了理性的、批判性的逻辑思维训练,有针对性的课程给她如今从事金融咨询打下了坚实的基础。也正是理科班的"理性"使得学姐更珍惜在晨晖社所接触到的"感性",无论是和同学交流时政热点,还是和老师一起筹备大大小小的活动事务,都使她乐在其中。

我们最后聊到了未来规划方面的问题,学姐现在在纽约一个咨询公司工作,"应该说是小有建树吧。"学姐笑着说,"主要接触的是人工智能和区块链相关的企业,之后会想要在咨询方面更进一步,更多地去帮助一些 500 强企业,为他们提供一些建议,怎么说呢,想要做一个咨询方面的'战略者'。我的工作主要是咨询并购方面,也有希望能够结合国内一些热点进行规划投资。"

学姐也给我们提供了一些建议和人生经验,充分利用二附中的资源,将二附中的精神"追求卓越"继续保持下去,好好利用校友网络,等等。在采访结束时,学姐满是遗憾地说:"要讲的实在是太多了,也有很多事情一时半会没办法想起来,只是希望你们好好珍惜在二附中的日子。"

时隔十余年的高中生活,能够采访到如此多的内容实在是令我们十分惊讶,采访结束时美国时间已近晚上 10 点,在繁忙的工作之余还能抽出时间和我们进行一个半小时的交流,我们甚为感动,也希望学姐所展望的工作一切顺利。王幻羽学姐对二附中的热爱,透过她的每一个上扬的音调和感叹词传递给我们,学姐分享的那些人生经验和提出的建议也是意料之外的收获。

我很偶然地读到了王幻羽学姐的《我想成为像吴仪那样的优秀女性》,学姐在那篇文章中述说自己的未来理想、职业目标,我能感受到那种梦想和初心的力量,现在的学姐正在践行自己的理想,在晨晖社培养出的思维模式、管理能力和领导力都是她前行路上的强大助力,在"做优秀的中国女性"这一宏大目标的指引下,她的步伐走得踏实而坚定。

晨晖这个词维系着上下十余届二附中学子的初心,经过晨晖路时,每每在心中默读"晨晖"二字,似乎都能有不一样的触动。经过这次采访,"晨晖"二字在我心中的熠熠闪光又多了一层含义,这些细微的一缕缕晨光正是每一个二附中学子的前行足迹,最终光芒璀璨。

附:

我想成为像吴仪那样的优秀女性

王幻羽

有些同学问我:"你对化学特有感觉,化学是你的强项,为什么会选择政府管理专业呢？"或许有人会误解我想当官，或借此改变家庭境况。其实，我的家境很好，不需要我为它去"战天斗地"。我的选择，也有一个过程，概括地说：是二附中的学习氛围，是晨晖党章学习社团的春风化雨，播下了理想的种子。

我想成为像吴仪副总理那样的优秀女性。这位风靡世界的"中国铁娘子"被美国《福布斯》经济杂志评为全球政界、财界及王室中的"世界前 100 名女强人"第二名。吴仪说："在我年轻的时候，从没有想到要投身政治。那时，我最大的愿望是成为一个企业家。"这话道出了我的心里话，我的专业选择道路，也是经历了这相似的过程。吴仪还常称自己为"小女子"，"小女子豁出去了"，"小女子有泪不轻弹"，这些豪情洋溢的话语，深深打动着我。

二附中如同沃土，给予我养分，使我从一个埋头于题海的书生成长为全面发展的复合型人才。我热爱唱歌，演唱了我班原创班歌《Rainbow》；热爱舞蹈，在元旦晚会上演绎活泼的新疆舞；热爱舞台，参加主持人大赛，从 40 名选手中脱颖而出闯入决赛；热爱运动，在校运会上与团队合作两度夺得女子 4 * 100 接力赛金牌，100m 获决赛第五名。二附中不仅提供展示才艺的舞台，还创造锻炼能力的机会。我是班里的团支书，策划组织了许多有意义的活动。难忘"学会感恩"活动中一个个温暖人心的瞬间，难忘竞相传阅贵州同龄人的感谢信时那份喜悦与辛酸，难忘"情系神州"获得"浦东新区团日活动一等奖"时的兴奋与自豪。从工作中我深刻地体会到管理的重要性，体会到为集体服务的荣誉感。

"晨晖"如同心灵手巧的园丁，照料我的成长，引导我们建立多元文化下的价值取向——社会责任意识。百花齐放的当下，超女的火爆感染着我们，胡戈的恶搞震撼着我们，网络的蔓延冲击着我们，欧风美雨滋润着我们。面对经典文化与草根大众的共存，面对传统美德与西方拜金主义的对抗，象牙塔里的我们，如何应对这"乱花渐欲迷人眼"呢？自由开放的当下，有人质疑党员的动机，鄙夷党员的追求，那我们又该如何思考与选择呢？在"晨晖"举行的交流会上，我们同龄人各抒己见，擦出思想的火花，在老师的指导下，学会用科学理性的思维去看待问题。通过讨论，我形成了自己的观点：不排除少数人入党是为了自身利益，还会有贪污腐败。但我们要坚定信念，在追求事业成功、家庭幸福的同时，也要为别人做点事，让周围的人感到温暖；如果有能力，我还应该让全国人民、全世界人民幸福起来。但我们必须脚踏实地，实实在在做人做事。为此，我参加了一系列的社会实践活动："中共一大会址"志愿讲解，陪同"雪龙号"家属参观上海科技馆，维持地铁文明秩序，慰问张江孤老……"晨晖"引导我们在实践活动中，培养社会责任意识，树立主人翁精神，让我们在多元文化的社会中坚持自我，不迷失方向。

家乡为我带来阳光雨露的滋润。我生活在绸都盛泽,位于江南水乡苏州吴江。这是一个富裕的小镇,家乡人民智慧勤劳,敢闯敢为,富商如云。或许有人会问,有这么好的环境你为什么不选择从商呢? 我想说,从小耳濡目染,让我深深地意识到国家形势、政府政策对经济发展的重要性。大河有水,小河才满,国强才能民富。我的爸爸是一个商人,我眼中的他没有一门心思扑生意场,而是每天都会看报纸听新闻,他告诉我,留心时事,关注政策,才能把握时机,瞄准商机,让国家的政策为百姓服务。正是了解了政府决策的重要性和影响力,我萌发了做官为民的理想,不为权力,不图福利,想真正为家乡、为民众做点事。我希望每一个像爸爸那样准时看新闻的人,能多一些盼头,多一些喜悦,能有更多的老百姓像爸爸那样开上奔驰车。

我初中就对化学情有独钟,喜欢遨游在化学殿堂的那份充实与惊喜。但最终我选择了政府管理专业,这其中有犹豫,但更多的是坚定。我有一个伟大的理想,渴望叱咤风云,做政坛的领袖人物;我也有一颗平凡的心,希望切切实实为人民做好事,谋福祉。我想,是二附中提供肥沃的土壤,"晨晖"充当辛勤的园丁,家乡带来的阳光雨露,播撒下我心理想的种子。

像吴仪副总理那样的优秀女性,她们身上诚挚的爱国精神与卓越的领导才能,她们顽强奋斗的品质与巾帼不让须眉的风范,鼓舞着我在追求理想的路途上,勇往直前。

二附中的舞台,"晨晖"的引导与家乡的启蒙,播下我理想的种子,引导我争取去做一个领袖人物,叱咤国际风云;也引导我做一个平凡的人,为国为民做实事。期待我们下次相见的时候,我可以自豪地说:我是服务国家,服务人民,受人爱戴的人民公仆!谢谢!

（选自《"晨晖"是什么颜色》第149页,华东师范大学出版社2008年版）

采访者简介:

莫言,二附中2019届2班,晨晖社成员。全国高中生物学联赛上海赛区二等奖,上海青少年科技创新大赛三等奖,热爱文学创作,喜欢剑道。有心致力于文化产业管理专业的学习。

青春就在两个一百年奋斗目标这段时间

——潘宇杰访谈

采访：朱海阳

潘宇杰，2015 届晨晖社总联络员，就读于上海交通大学电子信息与电气工程学院 IEEE 试点班。

个人兴趣永远是成长最重要的养分

潘宇杰学长相当健谈，尽管他说自己在高中的时候是一个非常内向的人，但在两个多小时的采访中，他一直在滔滔不绝地讲述自己的故事。(别人都说理科生的逻辑思维清晰，果然不假。)在和他的交流中，三个问题的答案是我们重点讨论的内容：二附中是怎么样的、人生的未来该如何规划、社会实践究竟是什么？

"二附中的生活是相对宽松的。"的确如此。作为 2015 届学长，当时还是 3＋1 的高考制度，对于高中生的压力可能比现在略小一点，尤其对于二附中的优秀学生更是如此。"高一高二会有足够的时间供我们发展个人兴趣，二附中的社团课就是一个非常好的发展实践个人兴趣的平台。"潘宇杰学长曾参加过专攻化学实验社，曾经在班级里也组织过一年的棋牌类社团。"社团活动更多是提供一个给同学个性发展的空间，一群志同道合的朋友在一节课的时间里互相交流感兴趣的东西。""一个社团，无论是否能如模联、辩论社等那样注重专业技能、培养思辨能力，甚至代表学校参加比赛，社员的个人兴趣永远是其成长最重要的养分。"

作为 2015 届晨晖社的总联络员，对于晨晖社的日子，潘宇杰学长相当有感触。"当时选总联络员时完全没有想到会选我，可能是胡立敏老师考虑了大家的综合水平才做出的决定吧。既然当了总联络员，当然得对晨晖社负起责任。"当时晨晖社的主要活动就是大家坐在一起讨论当时的热点事件，比如香港的"占中"事件和新高考改革。

"当时大家的讨论很热烈,倒是我这个总联络员的话有点少。"潘宇杰学长回忆说,"现在想想,当时自己的想法太不成熟了,有些事情可能只有经过了才会真正考虑全面,而不是一味固执在自己片面的看法上。""我们这届晨晖社是有缺憾的。之前包括之后的晨晖都做了社会课题,而我们这届没有。"晨晖社的全名是"晨晖党章学习社团",顾名思义是为高中党建工作及党员培养服务的。当时学长他们的工作一开始也是如往届一样有序开展,结果那年不再批复高中生入党。前两年晨晖社的人数节节攀升,到学长这届后急剧减少。"当时我们就懵了,胡老师可能也没想好晨晖社该如何转型。我们那届晨晖社还是有不少人留下,一是一年的时间使我们成了至交的好友,还有一点也是因为我们志同道合,关心时事,喜欢讨论,这也是给我们在高三的紧张学习生活中一点喘息的机会,所以我们大家都挺愿意参加活动并且在讨论中各抒己见的。"

大二的下半学期成为中共预备党员

谈到加入晨晖社的原因,学长说自己是抱着既"不纯"又"单纯"的动机:"当时加入晨晖社的时候,最主要的原因就是因为想入党。"同时为了增加自己对党的认识,学长在高二的时候报名参加了中共一大志愿者讲解队。"那时候高二的学习压力还是挺大的,但我还是挤出时间花了几个礼拜把那一万字的讲稿背了出来。当时也就是当作任务去背稿子,但是真正在一大会址开始做志愿者就渐渐有更多感悟。所谓天将降大任于斯人也,这话一点不假。在近代屈辱的历史中,中国的仁人志士尝试了许许多多的方法都没有成功,最后是在战火和巡捕的夹缝中诞生的共产党建立了新中国,这不是偶然的。共产党的发展之路不是一帆风顺,中间经历了路线错误、领导错误,面对过白色恐怖时的疯狂,遭遇过从八万人锐减至三万人的湘江战役,这不是共产党成立之初就能预料到的。当时的中共一大十三名代表,到中华人民共和国成立时还活着的、留在共产党内的仅有两人而已。就是这样的一个政党,1921 年的 13 个人,到如今的八千四百多万党员,这样的发展壮大的过程,没有任何一个政党或组织能相媲美。""在一大会址做志愿者的经历,套用一句——不只让我的党性有了大的提升,同时也让我对中国近代史、中国共产党有了更深的了解,也更坚定了我入党的决心。"尽管学长在高中没能入党,到了大二的下半学期(2017 年 6 月)才成为预备党员,但是晨晖社在学长心中种下了这颗种子,也是因为经过了这些任务的磨炼,让学长能以更坚定的信念提交了入党申请书。

"晨晖社的配置跟其他的社团是有很大不同的。学校中的其他社团都是以高二同学为骨干,而晨晖社则更侧重于高三的同学。一年的阅历对于高中生来说的意义是相当大的,能在高三紧张的学习生活中每周抽出一个下午的时间聊聊国家大事,聊聊最近的时政要闻也是一个非常好的放松的机会。同时,晨晖社也是一个由指导老师主导的社团,胡立敏老师在里面起了至关重要的领导作用。平时的工作活动胡老师出了不少点子,在关键的时候也会给我们不少指点。"

谈到胡立敏老师,潘宇杰学长的语气一下子变得严肃起来。"不论你们怎么看,我对于胡立敏老师是相当尊重和感激的,我更愿意叫他胡老师而不是老胡。""胡老师是一个相当有活力的人,尽管他现在已经是退休的年纪了,但他的心态很年轻,还像年轻人一样爱思考。晨晖社前身是晨晖党章学习小组,是胡老师一路把这样一个社团拉扯大,胡老师是把自己的热情与心血全部倾注到晨晖社中去了。当时胡老师据说得过一场大病,但他痊愈后还是回到二附中操持晨晖社,经常是本部、紫竹两头跑。他希望我们二附中人不要囿于高考的框架之内,要多想多看多问多做。"

谈及在晨晖的收获,学长若有所思地说:"至于晨晖社的经历带给了我什么,首先的一点就是自信。原来的我是一个挺内向的人,没有参加学校的任何组织活动,顶多就是组织组织社团。当过一段时间的地铁二号线志愿者队队长,但在这期间与人交流还是偏少的。而在晨晖社里,在胡老师的鼓励之下,我敢于去表达自己的观点,只要是自己认为正确的,而不是考虑说别人会如何去想。这到大学里对我的帮助相当大,当我想去说服别人或是向大家推销自己的观点时,这种说话的底气就是从那时候获得的。同时晨晖社包括那一段为入党而争取的实践经历也提高了我的思辨能力,尽管我不学历史,但这样的能力在日后待人接物的时候也相当重要。看到一件事情后的直觉便是去抓住重点,考虑每一个行为的后果,而不是看到一个繁杂的任务便毫无头绪,做一步看一步地瞎撞。还有一些收获,比较功利一点的,比如说对自己人脉的扩展,你的第一批志同道合的朋友,这对于日后的学习工作生活都是有莫大的帮助。"

社会实践最大的意义就是走进社会

"在我看来,社会实践分为两种,一种是参观性质的社会实践,另一种是服务性质的社会实践。参观性质的社会实践,换种说法就是社会考察,比如二附中一直在做的在高考期间让高一、高二同学出去考察企事业单位和政府机关,这算是组织的比较成功的社会考察。大学里这种社会考察也很多,比如说我有一个同学去年去青岛考察,考察当然是仔细的,但也带着旅游的想法了。这样的参观性、走访性的考察更多的是自己的感悟,比如我有一个同学去过国内一些新区考察,就得出了一些结论:有些新区的建设没有完整规划,'鬼城'现象并不少见;还有的就照搬了一些发展成绩突出的比如浦东新区和深圳,根本没有考虑当地的情况;还有第二、第三产业发展不平衡的问题,等等。总的来说这样的考察想得出一个比较有意义的结果更多是取决于自身的知识与阅历的积累,同时还要有自己对社会现状的独立思考,否则这种考察很容易就变成走马观花,等于出去旅游了一次。当然这种考察是很能开阔一个人的眼界的。毕竟一直坐在学校里是不会知道社会上的形形色色的事情究竟是如何发生的,我们获取的可能就只是一个不吸引人的新闻标题罢了。在开拓眼界的同时,考察活动也让我们了解中国的国情、中国的现状,就比如地方财政问题目前的状况还是积重难返,中国离发达国家的发展水平和富裕水平还相距甚远。除此之外,这些考察有可能会影响到你未来的职业选择,比如我们交大每年都会组织的支教活动,就会有很多学生回来之后改变了自己原来的志向或是明确了自己未来究竟想干什么。"

"在大学中更为普遍的是服务性质的社会考察或者说是课题,类似于高中组织的校内志愿者队,是去解决同学们生活上或者是社会上的一些问题的。这种服务性质的课题往往一个人做不了,需要三五个甚至七八个人形成一个团队,分工合作,还要自己联系老师、寻找工具、设计方案、考虑实践中遇到问题该如何解决,等等,可以说这是对大学生团队协作意识的一个很好的培养机会,而这些素质不论将来毕业找工作还是自己创业都是相当重要的。"

"我们电院里有一个项目,叫 E 军领袖培训营,这可以说是交大电院为数不多的同时面向本科生和研究生的学生领导力培养平台。既然叫领袖营,里面自然是电院里的最优秀的一批学生。我从大二开始成为培训营的负责人,一开始当然很紧张,也觉得底气不足,但是参与了三届的活动设计组织,从中积累经验,我的工作得到了老师与同学的肯定。

"在领袖营中,学生们被分组去做一些服务性的课题。我刚刚带过的一届学员中,有一组的课题是线性代数习题课直播。线性代数在大学是一门相当难的课程,在晚自修的时候就会有助教在阶梯教室开习题课来讲解习题,这种课程往往一座难求,甚至教室的过道里都整整齐齐地摆放了各式各样的占座的物品,于是小组就想通过线上直播来解决同学们的迫切需求。当然这就牵涉到了许多问题,比如如何拍摄、怎么保证画质与音质清晰,还有如何处理网络拥挤问题、视频能否回看以及负责讲解的研究生是否愿意等。小组成员经过两三周的工作,先和助教反复交流征得对方同意;再对拍摄设备方式不断调整,反复尝试之后,最后灵光一现地使用 iPad 录播、百度云上传的方式,最后获得了同学们的一致好评。这个课题后来在贴吧上也有流传,后面对学校的风评的影响就不提了,总之,这个课题应该来说是比较成功的一个课题。现在高中这样的课题比较少,一方面的原因可能是高中生的学业压力更大,没有时间去做这样的事情,也有可能是高中生的资源不够,没有能力去完成这种实践性很强的课题,总之,我认为这种课题对于高中生、大学生去了解社会、适应社会是有一定帮助的,我挺支持高中生的课题向这个方向去发展。"

"我觉得社会实践最大的意义就是走进社会。当下从书本走出去看看世界是什么样的,可能是对于我们学生来说最欠缺的东西,与此同时也给社会带去他们没见过的东西。比如去支教,可能也不是去真正的穷乡僻壤,也不是语数外理化全包的上课,主要就是带着那里的小朋友们看看他们没看过的东西,同时对自己也是一种历练。""社会实践是不图虚名的。比如这个 E 军领袖培训营,办了几届后我的心气就不像开始的时候那么足了。当然可能有学业愈发繁重、热情下降的因素在,但更重要的可能是没有达到自己心里的预期。但其实如果只把它看成一项社会实践活动,它还是挺成功的。社会实践本身就是个人融入社会的过程,加上领袖这两个字可能就俗套了。"

生活不会朝着你设计好的路线一直向前走

潘宇杰学长现就读于上海交通大学电子信息与电气工程学院 IEEE 试点班,主要的学习内容是信息工程和计算机科学与技术。"为何会选择这个专业？就是小时候,男孩子嘛,就喜欢拆拆遥控器之类的东西自己研究,就对这类东西感兴趣了。至于日后的发展方向,我还是想从事通信技术领域的工作,这些东西是偏硬件的,理论、技术都相对成熟,同时国家在这些项目上的人才缺口也很大。我身边很多同专业的朋友都去做人工智能的方向了,比如深度学习、数据挖掘。尽管这几乎是目前最火的行业,就业前景也相当好,但可能我并不打算去赶这一股热潮。当然我相信,人工智能的研究潜力还非常大,它对我们生活带来的改变还有很大的想象空间。"

其实,学长还考虑过读医,考医学院,据他所说是因为小时候做的几次手术让他对医生报以崇高的敬意。但相比生物与化学,学长觉得他自己的优势可能还是在物理、微电子这方面,同时他对通信技术这一块也很感兴趣,于是就确定了专业。"未来发展的话,我这个专业肯定是要继续读研的,但我没有出国的打算,国内就业机会很多,前景也不错,毕业后衣食无忧还是能做到的。"

谈论到专业选择时,潘宇杰学长"在考虑专业的时候,事实上我还有一个考量,大家都说国外的科研环境更好一些,现在留学的人也越来越多。考虑到经济条件,我目前还是计划在国内深造。再说,国家这些年对科研支持力度的提升有目共睹;同时我也希望能够留在国内参与祖国的建设。我们的青春就在祖国两个一百年奋斗目标的中间这段时间,面对建设国家的重担我们当然要挑在肩上前进,这不是什么大话空话,这就是摆在我们眼前的事实。"

"对于人生的规划,可以说我前面所说的这些都是对人生的规划,也可以说都不是,因为生活不会一直朝着你设计好的这条路线一直向前走。不要忘记对自己的期待,这是不忘初心,但也要欢迎生活给你的种种机会,尽管它看上去阻断了你前进的路。就像习主席在十九大上说的那样,不忘初心,砥砺前行,这才是真正对待生活的方式。"

在与潘宇杰学长的交流中,我看见了一个志向,一份坚持。

一腔青年热血,一颗报国之心。这份志向,不只是坚定的加入共产党的信念,更是抓住时代机遇努力报效国家的壮志。这种话说说容易,我们大家都会说,可真正有几个人能去实践崇高的理想呢?在这个全世界互联互通的时代,现在的年轻人离经叛道的多,标新立异的多,踏踏实实实干的人少,真正有报国之志的人少。网上要么是各种批评执政者的言论,要么是一群爱国愤青在摇旗呐喊,充斥着根本不经过大脑思考的言论。在这样的环境下能够坚持自己的信念,向着旁人看来又红又专的道路努力,这是一种坚持。晨晖社能够在二附中扎下根,发展到现在,二附中学生在这条道路上的执着也是至关重要的。如果没有二附中这个平台、没有这么多优秀的学生、没有丰富的教师指导资源,那么晨晖社这样的组织也没有生存的土壤。

现在的学生越来越注重功利,清华大学教授施一公就曾强烈抨击现在的教育体制与学生观念:"清华70%至80%的高考状元去哪儿了?去了经济管理学院。连我最好的学生,我最想培养的学生都告诉我说:老师我想去金融公司。"不是反对现在的学生进入金融行业,一方面是金融行业确实无论是前景还是"钱"景都是相当好的,另一方面也是现在中国大学的学术氛围相比国外还有很大的差距,尤其缺少创新精神与埋头苦干的坚持。但作为中国最优秀的一批高中生,我们理应把目光放得更广阔、更长远:未来的我们,当仁不让地将是祖国的栋梁,所有的栋梁都去搞金融,祖国的发展还有什么指望?李志聪校长在去年的开学典礼的讲话中反复强调"家国情怀"这个词语。到底什么是家国情怀?古人说"修身齐家治国平天下",这大概就是家国情怀的最好注脚。我们是精英,就应该心怀天下,所谓"家国",就是以国当家,为国就是为家。习近平主席在十九大报告的末尾提到:"青年兴则国家兴。"如果连我们这批精英学生、这批国家未来的栋梁都汲汲于功名与财富，那这个国家的未来，可想而知。

回顾共产党成立之初，一个为无产阶级，为了工农大众能安居乐业的政党，在第一次代表大会上的十三个代表里面竟没有一个人属于无产阶级，没来的南陈北李也都是享有盛誉的知识分子。他们本来可以有更好的前程、优厚的报酬，但他们选择为了国家，为了这个国家里占最大多数的无产阶级牺牲自己。这是老一辈共产党人的"家国情怀"，我们理应继承下来。我们的青春，正好是祖国两个一百年奋斗目标的中间的时间，是我们建成富强民主文明和谐美丽的社会主义现代化强国的最重要的时期，这是我们的机遇，也是我们肩上的重担，我们的志向，决定着我们的选择，更决定着我们的未来。

而这一份坚持，比志向更可贵。

为了获得入党的资格，抽出两个礼拜时间硬生生背下了一万字的中共一大会址讲解稿，尽管潘宇杰学长叙述的时候语气非常轻淡，但当我拿到讲解稿粗粗浏览一遍，花了我十分钟时间——高二的学习强度其实已经有很大的提升，学长能坚持把稿子背出来参加志愿者活动，而且不是敷衍了事，而是从中生出上文的这么多感悟，这种热忱，这种坚持，不正应是我们做所有事情的态度吗？

"00后"在社会上常被指责的一点，就是说他们做事只有三分钟热度。静下心来想想，尽管经历了高中一年半的洗礼，自己身上浮躁的性子还是不能磨掉，自己做的虎头蛇尾的事情比比皆是。这份坚持，正是我们这些青涩的少年最需要的。哪一个大家不是靠坚持做出这么多科研成果，又有哪一项研究能够通过几次实验就一蹴而就？冯友兰先生编著中国哲学史，前前后后经历四次改版甚至是全篇重写；《国史大纲》皇皇巨著，没有钱穆先生的坚持，能在抗日战争的硝烟中诞生吗？不仅仅文科如此，所有学科的研究都离不开坚持二字。

志向和坚持，用一句话串起来，就是不忘初心，砥砺前行。晨晖社不是高大上的地方，不是很多人想象中的又红又专的组织，这是一群有理想有坚守的学生聚集的地方。正是这种志向和坚持，形成一股强大的合力，把我们团结在一起。这是每一个晨晖人都具有的特质。晨晖之所以叫晨晖，不仅仅因为我们学校的正门的马路叫晨晖路。晨晖会升起照亮大地，这是志向；晨晖总会出现，每天都会有它的光芒，这就是坚持。这是晨晖人的风骨，也是我将来应该努力的方向。

采访者简介：

朱海阳，二附中2019届1班，晨晖社成员。中国古代简史大学先修考试获得A档成绩，对历史学、军事学和国际关系学有浓厚兴趣。

当初那颗热忱的心是熊熊燃烧着的

——徐心羽访谈记

采访：成嘉敏

徐心羽，2006届晨晖党章学习小组成员，毕业于上海财经大学国际经贸系。

"情怀"说——铺下了坚实有力的石头

转眼间，晨晖社走过了十二年，这次采访使徐心羽有了一次挖掘点滴回忆的机会。身为晨晖社的第一批"老社员"，徐心羽身上洋溢的那一股对未来无限憧憬的幸福，即使是手机屏幕也挡不住。

徐心羽学姐同我们谈起了晨晖社的成立。她表示感到非常意外，晨晖社竟能一直传承下去，至今悠悠已有十二载了，想当初，只是彰显班级独一无二的精神气。在班主任老胡的带领下，这样一个极具神秘色彩的学生社团应运而生。

当被问及成立一个有关于党章学习的社团的缘由之时，她戏说是因为班级里没有很能让人豁然开朗的闪光特长，不像其他班级有的是运动类的，有的是乐器类的，最后就决定了这个主题。她继续说道：其实当初没有敲实地说就是党章学习，否则就失去了许多的趣味性，想着从中学生自我的成长发展出发，就结合起了社会实践的活动。在这届，他们完成了三个社会实践的课题，分别是"高中学生党建可作为——五份调查问卷及数据分析""关注城乡结合部民工子弟学校的孩子们——浦东新区杨园小学学生思想状况调查报告"，以及"'晨晖'是什么颜色"。当笔者问徐心羽学姐有关当初这些课题时，她不好意思地回答道，其实因为时隔久远，许多事情也记不太清，只记得当初那颗热忱的心是熊熊燃烧着的。她说成立这个社团意义就在于党章理论的学习，如果没有社会实践的体验，便失去了一大片的光彩。只有把学习和实践两者紧密结合在一起，于我们自身来说才是成果最大化的状态。

谈及加入的契机,徐心羽学姐笑嘻嘻地说:"我也记不太清了,是不是老胡选了当时班级几名'根正苗红'的好同学啊?"随后又立马补充道,"其实还有一个很大的原因就是当时高中生参与社会实践的机会着实有限,不像现在各处都是提供着的资源,当时我对这样的活动内容感到非常新鲜,便加入了。"她说给她最大的冲击就是一些对当下社会问题的关注,之前都是自行通过电视报纸等获取的,可因为晨晖社,她第一次真真正正地面对这些问题或是现象后,接触到当事人,进行交流,感受便更加深刻了,就像是脱离了 2D 的电视屏幕,跃然于屏上,不再是看似遥远的新闻,而是近在咫尺的身边事,转身就能发现新闻当事人,擦肩而过的人或许就背负着许许多多值得挖掘、引人深省的故事和人物。

提到成立晨晖社功不可没的老胡老师,她显得尤为激动,滔滔不绝同我诉说起来。徐心羽一直提到说老胡很厉害,他的信念和坚持让人不由得钦佩。从她们那届开始,晨晖社的棒子就被他紧紧握在手中,传下了一届又一届,如今十几年过去了,他依旧"战斗在前线",为了学生的发展献策献计尽心尽力,并且他这人总是给大家一种非常自信的感觉,幽默就是他的一大特点。身为语文老师,他的课绝不会让人犯困,总会延伸很多东西出去。

徐心羽说有一件事这么多年她始终忘不了:"印象很深的就是刚进高中的时候,我们是十班,离楼梯最远的一间教室,所以我们每天午饭总是最晚到食堂,没有座位更没有吃的。于是,我和一个同学开始中午一下课就从一条小路旁的花坛直接跳过去,这样就可以走捷径直接到食堂。但那条小路正好在老胡的员工宿舍门口,有一次经过正好被老胡逮了个正着,结果这事儿就被他在课上当事例说了,要我们几个小姑娘淑女一点,反复提及,后来还拿我跳花坛的事儿当作作文案例,教大家如何绘声绘色地描写。"她说老胡的这个特点就非常棒,他上课经常会把课本上的东西、知识点和同学们的实际生活中发生的一些事情联系在一起举点例子,这样大家就会觉得好玩,好玩的东西印象也就自然而然地深刻了。"其实老胡也很适合带领这样一支优秀的学生团队,在严谨的学术研究之上,更多的是结合现实和联系实际,这才是所有一切理论知识最终实现于现实,融会贯通得以取得最优秀最好的成果,在同学成长的路途上,铺下了坚实有力而极具意义的石头。"

"远见"说——按着自己的节奏向上看,向远处看

徐心羽学姐毕业于上海财大国际经贸系。当被问及当初选择这样一个专业方向

的缘由时,她回答道:2006 年考大学,正好是股票市场开始复苏的时候,就思考着进有关金融经济的专业,且相信上海的金融经济类一定会发展得越来越好。然后又因为复旦经管系太高了考进去有点小困难,其他专业又怕和以后想要找的工作不对口,就决定了去考财经大学。她随后又补充道:"我们学校报考财大的还是很少的,当时我们班也就三个,也是纠结了许久,因为有太多的因素要考虑,最终还是选择了实用性。而且那年开始,财大分数开始越爬越高,超过了同济,也就越来越多的人开始选择商科。"

说起工作经历,也是弯弯绕绕。徐心羽财大毕业后,进入 PWC 工作了三年,升到了高级审计师的职位。之后又去了华宝证券,一直到现在快有四年多了,担任的是资管产品的估值经理,负责公司所有资管产品每日净值的准确出具,团队算上她一共三个人。她说,一开始进 PWC 做审计,就知道这个工作很辛苦,起早贪黑经常周末都要加班,但是与此同时,付出换来的回报也是显而易见且极其让自己受益的。对于财务审计的知识的学习速度是别的工作的很多倍,工作三年基本就可以熟悉一般公司的财务流程了,之后跳槽的范围会广阔许多。况且工作了三年,也差不多知道自己到底想要什么,想要做什么,想要达到怎样一个目标。因为事务所的工作经验,有的选择变得很多,所以可以挑一个自己感兴趣的,又因为她自身对那种外面买的基金理财的运作很感兴趣,所以就去了券商做了估值一职,可以用到自己的财物知识,还能接触很多业务方面的各种信息内容,从而成为一个方面的专家。这个行业和工作她还是很喜欢的,不过她现在就职的公司在这个行业里并不属于领先的,所以之后她应该会考虑去行业里的领头公司看看机会会不会降临在她的头上。

从徐心羽从择校到对未来职业发展的期望来看,这是一条"普通人"走出的极为独特的路。能使之异于常人的正是人们常提起却又疲于去做的事情,我们不难看出在徐心羽学姐身上的一个非常重要的品质,抑或说是特点——规划和远见。

在高中时,徐心羽就结合当下的社会大背景,不论是股票市场的复苏还是市场经济的蓬勃发展,思考自己未来的发展,给自己框定了一个大方向。她会从她身处的这一寸土地,放眼前方的可能的路途,做好规划,而不是脚踩西瓜皮,走到哪是哪儿,拓宽思路才能高瞻远瞩。学姐按着自己的节奏向上看,向远处看,一步一步,不急不躁,迈进更高的职位、更高的理想。

当笔者了解到徐心羽学姐这样一个发展过程后,不由得发出感叹,相比之下,许许多多的人仍处于做好眼前的事足矣。然而我们这样一个青春朝气的年龄,实际上已经有能力去进行一些对未来的简单规划,就像先为自己画好到自己目标的线路,然后我们需要做的就是按照这个线路前进,突破重重不可预见的困难,不断向最初的目标迈进。温家宝在总理任上时曾说："一个民族有一些关注天空的人,他们才有希望;一个民族只是关心脚下的事,那是没有未来的。"我们只有不断向前看,向远处看,才会看到更多的契机和发展的潜在可能性,才能拓宽自己的道路,才能更高效率地达到目标,引领不仅仅是个人更是社会,乃至国家的可持续发展。

其实我们从小到大接受的教育都在告诉我们要有远见和规划,可不知怎的,并不是所有人都能做到。究其原因,笔者认为就是旁逸斜出之事太多了。相信每个人小时候都会有一个梦想,不管是否实际有可操作性,但往往小时候的梦想和我们后来为之努力的目标是有天壤之别的。随着每个人的成长,我们接受了许多新的潮流的信息,从而促使我们发生了改变。这是无法抵抗的力,而我们应该在最适宜的时候,心智成熟之时做下决定,并为之拼搏。

"正直"说——不要轻易改变自己所坚信的东西

作为学姐,作为"过来人",她认为即将步入大学、步入社会的高中生最应该具有的精神仍是孜孜不倦。她补充道:"现今许多人都认为只要高中拼完,到了大学就可以放松了,享受人生了。其实大学是一个更高的平台,是最好的不断提升自己的时期,提供的不仅是时间的充裕也是渠道的多样,这是千万不能荒废掉的时候。而迈入社会这样一个鱼龙混杂的大舞台,'正直'二字仍是最重要的,太多太多的杂音纷扰会让人不由得做出不一样的判断,走不一样的路。但一直正直的人,才能走得更远,走出自己想要的样子。"

这不仅仅是徐心羽学姐对于每一个高中生,每一个社会人提出的期望,也是对于自己未来发展立下的标尺。正直二字是亘古不变的话题,我们都说要正直,而很多人混入泥流中也难保自身。我们说的正直也有着太多不同的含义。可以说正直是坚定自己的信念,不是受别人的观点影响,更不是为了正直而正直;可以说是明知道一件事如此做了不好,可也会为了道德去做自己认为是对的选择;可以是不做伤害他人的事情,无论说是多么符合逻辑或是收益多么的丰厚。

徐心羽学姐补充说:"就比如工作中总会有喜欢耍小心眼小心机的人,你肯定会不开心,但你没法用自己的意念去控制他人的行为。如果换做是我,我绝不会同样对待他,我有我自己的处事为人的准则,就是大家一起团结起来把工作做到最好。所以做的所有事的一切出发点都是有利于做好工作的。我不会为难你,但如果违背了工作的利益和效率等,我一定会毫不犹豫地站出来提醒。"

作为学生,或许没有经历过职场上的烟火和纷扰,但在学习生活中,也必定会遇到许多让人犹豫的选项,或许有些对未来发展有很大的帮助但却违背了自己的信念,或许有些会使你只能一步一个脚印踏踏实实地过完学习的生涯,而所有选择后果由我们自己承担,每一个抉择前都是不同的人生道路。学姐继续说:"也可以说是保持初心,你是怎样的人就是怎样的人,如果一个环境不能适应,总能找到适应自己的,不要轻易改变自己所坚信的东西,不要为了周遭而对自己下手,这是不值得的也是不明智的。"其实这样的想法和态度放在人生的哪一个阶段都是有合理的释义的,只是对于人来说,这往往并不是那么容易就能做到的、坚持的。

"精神"说——打开了不一样的世界大门

谈及对晨晖未来和自身未来的展望,徐心羽学姐说道:"晨晖在高中是一个很先进的组织了,开始将学生和社会衔接,也一定会有越来越多的人参与与传承下去,将一种优良的品质传递到各处。"她认为晨晖的情怀,抑或说,最独特的地方就在于这个社团提供了高中生一个接触社会的契机,党章精神可能在新闻里面天天听,自己却不会有很大的感受。亲身学习了实践了,给学生也就打开了不一样的世界大门。

徐心羽的体验令我颇有同感。或许这个学生社团的名字能让一部分人望而却步,相信许多人当初踏进这个社团时都是抱着一种神圣的心态,准备介入更深一步的锻造;然而当真真正正地去用心感受其氛围时,我们不难发现这并不是悬浮于空中,被灌输着需要反复体悟的深奥难懂的理论知识,而是在轻松幽默中在爆发的笑声中,学习、讨论、争辩、互动,在交流中理解一些我们讲的"精神"。当我们在做这样一件事的时候,实际上也是在勾起、传扬过往人的怀恋和对未来人的向往,身体力行,脚踏实地地学习和领悟。

徐心羽学姐说晨晖这样的经历,对她不仅仅是精神的升华,对之后工作生活也提供了莫大的帮助,知道了最基础的调研问卷该如何设计。虽然说是一个非常实际的技能,但对于她自己来说却是特别大的一笔财富,她知道了如何高效地获得想要的信息,如何整理收集到的素材,选取最有代表性的信息来表达主题,一份好的课题调研该如何写如何评价,等等,这些对现在公司里面每年的年终小结等帮助真的很大。在一个社团里参加活动,参与策划组织等,都是在锻炼不同的能力,可能反馈出来的就是这么一个点,而收获的实际上要远远大于这些。

晨晖,这清晨迎着的第一缕阳光,对人的普照不限于能用感官感受到的温暖,更是在潜移默化中不断坚定自己的理想,给予人不可估量的支持。实际上无论是信念还是工作,两者都是紧密结合的,这些也只有在走过一定岁月后才能清晰地体悟到。学姐也希望每一个走出晨晖社、走进社会的人能脚踏实地,感受作为新时代年轻人担负的历史使命和职责,万万不可将过去和当下一刀两断。只有这样一个一个小团体,一个小社会,乃至大到国家才有欣欣向荣的前景和希望,每一位社会人也一定会有所贡献。

"人事有代谢,往来成古今。"人世间的事情更替循环,一届又一届的有志青年加入晨晖这个蓬勃发展的社团组织。"江山留胜迹,我辈复登临。"来来往往的时日已成为过去式。我们要以更加独特的视角审视过去,展望未来。徐心羽学姐身为第一届"晨晖人",是值得骄傲的。晨晖,不仅仅是一个名号,更是一种精神。有越来越多的人在做这样一件事情,更是有人愿意去传承,将一种精神文化植入人们的心中。

采访者简介:

成嘉敏,二附中 2020 届 10 班,晨晖社成员。喜欢电影、文学、音乐。

追求梦想总是需要勇气的

——徐源访谈

采访：陈秋瑞

徐源是 2006 届的二附中校友,是第一批晨晖党章学习小组成员。二附中毕业后,进入上海交通大学安泰经济与管理学院学习,获得了金融学和英语的双学士学位。本科毕业后,以管理培训生为起点进入联合利华工作,三年后成为助理财务经理,在全球、北亚区及中国的不同生意品类和不同部门进行轮岗。2015 年底加入皇家菲仕兰担任商务财务经理,从零开始建立了一个新业务集团的创新商业模型,组建了该业务集团的商务财务团队,并规划及重整了财务团队的发展。2017 年加入可口可乐担任商务财务经理,负责品类战略部署与发展的财务规划及分析,2018 年被公司派往澳大利亚管理南太平洋区域的客户财务。

徐源是当时晨晖社最初的创立者之一,第一届晨晖小组成员。被问到为什么选择参与"晨晖"时,徐源学姐直率地表示,当初参与创立晨晖社主要是响应胡老师的号召。她认为对于晨晖社,印象最深刻的部分莫过于晨晖社打开了她的眼界,在高中时期帮助她更好更广阔地看世界。尤其是当时晨晖社组织了几次与中欧商学院的交流活动,在这些活动中,通过与中欧商学院校友的互动,她得以早早地开始观察和了解学校外面的世界,并学习如何更全面客观地看待世界。这对学姐日后的发展也产生了很大的影响,也让学姐更加坚定了自己的志向。学姐还提到,在后来进入大学参加 CFA 研究挑战赛时,她还曾经与中欧商学院的校友同场竞技,产生了一种与多年老友比拼的亲切感。

在学姐眼中,二附中最大的特点就是自由,因为在学习之余,可以尽情尝试自己感兴趣的事物,并为之后的发展打下基础。在二附中的日子里,学姐参加过辩论队、马林巴打击乐团和赛智社,这绝对是一段丰富的经历。这些经历都成了她之后自我发展过程中的"点",使得她能够更好地"连点成线",她把这些经历带来的感悟联系在一起,从中渐渐找到了自己的兴趣所在,这对她之后的人生选择产生了很大的影响。学姐特别提到,正是参加了赛智社的经历,帮助她发现了自己对商业的浓厚兴趣和各种发展潜能,并最终选择了投身商业世界。而被问到二附中对她影响最大的老师是谁时,尽管已经毕业了十多年,但学姐仍旧能够不假思索地表示:"胡老师。"看来作为晨晖社的指导老师,胡立敏老师即使已经退休,改变了模样,也依旧有着极强的人格魅力啊。

学姐还提到,从二附中毕业后,她进入上海交通大学学习金融学。这也是许多二附中学子毕业后都选择的学校。在大学生活中,她遇到过许多二附中毕业的同学,有一种油然而生的亲切之感。这大概也是在二附中这样人才辈出的学校就读所得到的一种意外收获吧。

当然了,即使学姐有如此丰富多彩的经历,她的生活也不可能总是一帆风顺的。二附中的学习绝对不轻松。作为过来人,学姐在面对挫折方面的经历自然比我们丰富得多。在新高考改革的大背景之下,作为学习压力较大的理科班学生,我身边的许多同学都很关注如何面对学习生活中遇到的挫折这个话题。她告诉我当时的确会有一些自己看来的所谓"挫折"发生,尽管很快就振作了,但是现在想起来,才觉得"那都不算事儿"。她觉得,一些不如意的事情发生的时候,情绪或多或少会受到影响、出现波动,可以花一些时间让自己感受这些情绪,但不要在其中沉浸太久,想一想未来的人生,还有很长呢。提到这里,学姐直截了当地说:"毕竟还有很多目标和理想需要你去实现嘛。"从这里,我感到了学姐的乐观、开朗。

学姐也是一个严谨认真的人。在采访结束后,我出于个人好奇心询问她高中生毕业后立即出国留学的利与弊。这本来不是采访的内容,学姐对此也毫无准备,但是经过认真思考后,学姐的回答有理有据,条理清晰,从多个角度进行论述的同时还提出了许多中肯的建议。若非有清晰的头脑和理性的思维,是绝对说不出这样一番话的。这给我留下了十分深刻的印象。作为学生,作为我们国家的下一代,我们更应该有这样的品质。无论是在学习、生活中还是未来走上工作岗位之后,这种品质都是必不可少的。

学姐在二附中的经历也给了我许多启示,比如,我应该确立自己的人生目标,找到自己感兴趣的东西,并为之不懈努力,去追求更高更远的境界。再比如说,在如今学习压力较大的情况下,我更应该摆正心态,踏踏实实地走好每一步。在日常的学习生活,我应当去培养自己严谨踏实的态度,为日后更好地发展早做准备。与此同时,学姐的回答也让我对于自己的未来充满了期待。高中生活的点点滴滴,最后都会成为我未来人生中的基点,为我的进步提供动力,打好基础,帮助我去追求更高更远的目标,实现自我追求。因此,我们更应该抓住时机,充分利用身边的各种资源,为将来做好准备。

最后,她表达了一个毕业多年的学姐对我们的期盼:"作为高中生,好好享受这段时光,多多尝试不同事物,尽情探索自己的无限可能,让高中生活成为一段美好的回忆!"字里行间,充满了美好的祝愿。这大概也是学姐毕业多年以后再回看自己当年在二附中的学习经历,对它的一个总结吧。这短短的一句话,蕴涵了学姐的期待:我们能够确立自己的目标,向前一步,敢于有为,去勇敢追逐自己的人生理想,走在追逐梦想的路上。这不恰恰是晨晖社培养"脚踏实地,敢于摸天"的人才的理想吗? 这不也正是青年一代的权利与义务吗?

对徐源学姐的采访延续了很久,学姐为了回答我的问题也是着实费了一番心思。要感谢学姐能够在百忙之中抽空出来,接受我这样一个普普通通的学弟的采访。在采访的过程中,我感受到在二附中学习的学姐是一个乐观开朗,积极向上的人;毕业后进入大学学习的学姐是一个目标明确,不断进取的人;而工作后的学姐依旧保持了这种品质,在追求梦想的道路上越走越远。在二附中时,学姐通过参加各种活动,确定了自己的兴趣点所在,并为之不断努力,最终才有了今天的成就,这就是梦想为她带来的动力。学姐为了自己的梦想坚持不懈,奋斗不止,作为青年人,我们更应该如此。谁没有梦想呢? 可是许多人因为压力和负担而放弃了自己的梦想。每个人的人生都只有一次,为梦想奋斗了,努力了,才不会留下遗憾,也许这样说有点幼稚,但追求梦想总是需要勇气的。我想,有梦想,并敢于去努力地追求它,正是"追梦"的含义。在这个科技日新月异、社会飞速发展的时代里,为了赶上时代的发展,走在时代的前列,我们更应该努力把自己培养成一个有目标、有理想,敢为人先的人才,为这个世界做出自己的一份贡献。从创立到现在十几年的时间里,晨晖已经培养出了一大批这样的优秀人才,我们自然也不应该落后。希望每一个正奋斗在追梦路上的人,都能够实现自己的梦想,成为自己想要成为的那个人。

采访者简介:

陈秋瑞,二附中 2020 届 8 班,晨晖社成员。上海市化学竞赛一等奖,对药学专业有浓厚兴趣。

脚踏实地,逐梦晨晖

——杨筝访谈记

采访:张雨照

杨筝,2010 届晨晖社校友,本科就读于北京大学历史学系,硕士就读于北京大学教育学院,曾于北京大学经济学院从事两年专职学生工作。现为 2018 级上海市选调生(在职攻读北京大学教育学院高等教育学专业)。我们对学姐的基本资讯、业绩、成果以及对晨晖的感情记忆进行了访谈了解,希望能够通过她的事例,弘扬晨晖"育才先育人"的宗旨和"脚踏实地,敢于摸天"的精神,激励自己成为有理想、有本领、有担当的一代新人。

晨晖往事,扎根于心

杨筝学姐当初加入晨晖社的动机,是出于她对社会现实的关注和对马克思主义的兴趣。据学姐介绍,高一高二时期,她选修了李志聪老师开设的《国际热点问题研究》和《国内热点问题研究》两门课程。孟祥萍老师、屈光泽老师(两位政治老师在当时的课堂上经常会穿插一些对于时事热点的解读)对她的指点都激发了学姐对社会现实的关注。(对马克思主义的兴趣,也是源于深厚的爱国情怀。)可以看出,学姐当初是受到了二附中教师们的影响与点拨,对时事和国家产生了关注,满怀着进一步了解社会现实与马克思主义的欲望,带着青春美好的情怀加入了晨晖社,成为了 2010 届晨晖大家庭中的一员。

在晨晖社的那段生活中,学姐在晨晖"育才先育人"的宗旨下,同时通过自身的努力,一点点磨练了自身的意志,逐步培养出"脚踏实地,敢于摸天"的精神。对学姐的一大激励,是老胡在第一次晨晖新老社员见面会上,鼓励成员们要"敢于摸天"。学姐称自己是比较脚踏实地的类型,所以第一次听到要"敢于摸天"而不只是"仰望星空"时,给她带来了极大的震撼。不过她渐渐地发现,自己其实也是一个很有勇气的人,在老胡的激励之下,这种内在的潜质逐渐被激发了出来。晨晖社对于社员春风化雨般的感化,使得不少社员开始完善自身的品质,发掘内在的潜力,激励自己成为祖国未来的顶梁柱。

当然,在这段生活中,学姐被晨晖社独特的魅力感染,她也一点点发现了晨晖社与其他学生组织的一些不同之处,晨晖社最大的独特之处浓缩起来即四个字:和而不同。"和"指的是晨晖社通过共同的信仰把社员们凝聚在一起。社员们都对马克思主义有学习和了解的愿望,也都对社会现实有着深切的关注。"不同"指的是晨晖社员有着各自不同的发展领域。学姐认为,晨晖社在每位社员心中埋下了一颗信仰的种子,它会随着之后人生经历的铺展而发芽、开花,这也正是其魅力所在。晨晖社在春风化雨的同时,不忘对每一位社员进行单独的有针对性的教导,发掘每一位社员内在独一无二的品质,指引他们走向最适合他们的一条人生之路。

说到在晨晖参与课题的经历时,学姐认为,最大的收获其实是意识到了自己的无知:一旦跳出高中所学的范畴、跨越学科之间的界限,就会感受自己知识的单薄、思维的浅表、经验的缺失,等等。一方面,缺少足够的知识积累,思考缺乏深度和厚度,另一方面,也缺少必要的实践,从而难以形成有效的经验感和敏锐的问题意识。因此参与课题,像是为自己打开了一扇窗,让她看到了更大的世界,也意识到了自身的无知。即便如此,还是要尽可能地去探索和思考,愈挫愈勇,争取做到当时所能做到的最好。

最后,我们详细询问了晨晖社对于学姐最大的影响。学姐称,她是在晨晖社期间逐渐了解并确立了马克思主义信仰,并在今后的日子里不断地进行了思考与实践,丰富和拓展了对于马克思主义的认识,坚守和捍卫了自己的信仰和原则。同时激发自己想要系统学习人文社科的愿望,以及敢于摸天的勇气,最后也产生了对于社会现实的关注与思索。可以看出,在那样一段满怀青春美好的情怀的晨晖时光里,这段学习经历促使学姐树立了正确的信仰,找到了属于自己的那一条道路,也为未来打下了根基。

拼搏在北大,找寻人生路

高考选考时,学姐选考的是政治。而她本科专业就读的是历史学系。(毕业后,学姐就读于北京大学历史学系。然而高考选考时,学姐选择的是自己擅长的政治。对于她的选择,学姐并没有详细说明原因。)据学姐介绍,由于没有扎实的史学基础,她起初学习时有些不得其法,成绩也并不是很突出。但她凭借着四年坚持不懈的努力,最终毕业论文取得了优异的成绩。在大学的学习过程中，学姐还逐渐领略了历史学质朴高洁的境界。学习历史的过程中，她不仅获得了充足的历史积累和历史感，在爬梳史料的过程中，她也真正潜下心来，尝试着去理解、思考和想象，从而对历史和当下充满敬畏，拥有一种定力和判断的眼光。学姐对于当初大学专业的错选，并没有遗憾和放弃，而是秉承着晨晖精神，脚踏实地地完成了大学四年的学业。本科毕业后，学姐选择了北京大学教育学院高等教育学专业。选择这样一个专业，正是学姐有着俯瞰天地的视野，以及脚踏实地的做事经历给她带来的人生经验。

在此之后，学姐进入北京大学教育学院高等教育学专业继续学习，这段经历也带给她由内而外的影响：一方面，教育学所关注的是人之所以为人，注重人的内在生命与价值，这使她对人生有了更深刻的思考。一方面，相比历史学，教育学与现实更密切，这也使她对当前社会形成了更深入的认知。并凭借着这样的精神，培养了自身优秀的品质。

我们相信，有着在晨晖社时树立的马克思主义信仰，以及本科四年得到的深厚历史积淀，教育专业给她带来心灵的感悟，定会为学姐无限可能的未来打下根基。这就是"脚踏实地，敢于摸天"的晨晖精神给社员带来的人生收获。

浓缩半生的精华品质

在本科毕业后，学姐之所以选择成为一名选留学生干部，是由于她在大学期间感受到自己和身边同学的个人特质或人生轨迹所发生的改变，从而逐渐开始思考高等教育对人的影响。后来对于高等教育学的选择，是由于学姐在大学期间感受到自己和身边同学的个人特质，或是人生轨迹所发生的改变，从而逐渐开始思考高等教育对人的影响。学姐希望通过教育学的专业视角，去观察和思考一代代不同的个体如何在高等教育的领域之中成为自我，又会因不同的际遇而发生怎样的改变。学姐向我们分享了一件小事：她在从事学生工作的过程中，遇到过上了大学才知道如何发送电子邮件的同学，也遇到过来报到时身上只有几十元钱的同学。因而即便学姐之前工作很忙，但她始终都把一部分注意力放在那些家庭经济情况不是太好的同学身上，努力去帮助他们，去体谅他们的困难，鼓励他们平衡好学业和勤工助学的关系，也始终在默默关注着他们的成长。即使能力有限，学姐依然希望通过自己的努力，能让他们在成长的道路上感受到真诚的尊重、支持和陪伴。学姐也在这过程中感悟到：说到底，教育学关注的是"人"。在晨晖的感召下，学姐也选择了一条育人育才的道路。学姐最终的选择，可以理解为一种传承,是对晨晖"育才先育人"宗旨的传承。在这过程中,学姐学会了尊重、发掘和弘扬生命的意义。在领略质朴高洁的境界的同时,学姐学会了弘扬生命的意义,通过育人育才,尽自己所能燃烧着生命至高的价值。终于,在晨晖的感召下,学姐成为了博学、博爱、成熟、善良、有理想、有本领、有担当、勇于拼搏、值得尊敬的晨晖人。

"对于今后生活需要具备的精神品质,我比较看重的是勤奋与谦逊,坚毅与平和,担当与奉献。勤奋的重要性自不待言,特别是在大学期间,需要通过勤奋自律来筑牢知识基础,增强思想的深度,提升界限与内涵。与此同时,精神的谦逊格外重要,我们需要认识到自己的限度,学会聆听与内省,才能更好地实现自我的超越。

坚毅也是一种很重要的品质,对于自己的目标要不懈地去追寻,要在自己内心拥有一种定力,坚守自己的原则。而对于事物的结果则拥有平和淡然的心态,对待社会更需有理性平和的视角。

要勇于担当,不仅在工作中担当起自己的职责,在家庭中也要扮演好自己的角色。同时要心系社会中的弱势群体,通过点滴努力去帮助他们改善目前的境况,避免成为精致的利己主义者。"

期望展望

有着这样深厚的知识积淀,有着这样稳重的品行性格,有着如此丰富的人生经历,我们已经可以看到杨筝学姐充满无限可能的未来。不仅仅是这些积累,学姐选择的高等教育学专业也响应了十九大报告中"决胜全面建成小康社会,夺取新时代中国特色社会主义伟大胜利"的集结号,旨在为中国教育做出伟大贡献。当然通过杨筝学姐的亲身经历,我们也可以确信,在晨晖"育才先育人"的宗旨下,在晨晖"脚踏实地,敢于摸天"精神的感召下,在老胡的陪伴和鼓励下,每一个晨晖人都能像杨筝学姐一样,努力成为有理想、有本领、有担当的一代新人。晨晖追梦在路上,晨晖人,在路上。

采访者简介:

张雨照,二附中 2019 届 3 班,晨晖社成员。摄影社副社长,热爱摄影。

我就喜欢一边哭一边追求的人

——薛尔清访谈

采访：朱海阳

薛尔清，2017届晨晖社学员，就读于北京大学国际关系学院系。

印象中的薛尔清学长一直是在讲台前侃侃而谈的形象，无论是高三最后一次出操的告别，还是在去年模联暑期营与高一新生的交流，那种从容不迫、温文尔雅的君子气质都深深地刻在我的脑海里。

和身边一帮有活力有情怀的家伙们在一起

高二下学期末，从期末考试中"解放"出来的薛尔清学长在机缘巧合之下聆听了2016届晨晖社学长的宣讲会。聆听学长娓娓道来与"小人物"接触、交流的经历以及从他们身上感悟到的人生哲理，起初对晨晖社抱有"又红又专"偏见的他为之深深着迷。于是，眼界宽阔的他加入了这样一个"脚踏实地，敢于摸天"的社会实践社团，全然没有因高三学习生活即将面临的繁重的课业而却步。薛尔清学长回忆说："其实当时选择加入晨晖社也没有什么过多的想法，只是觉得趁着还在高中，趁着年少，和身边一帮有活力有情怀的家伙们在一起，哪怕在高三，做一些什么也是好的。"

加入晨晖社需要自己对于课余时间的把握与取舍。因为晨晖社与其他社团不同，是以高三同学作为中坚力量的，对于高三的紧张的学习生活来说，从一方面看是对宝贵时间的占用，从另一方面看也是给我们一个放松的机会，一个从茫茫题海中溜出来喘口气的地方。晨晖社的成员们关系都很好，在两周一次的例会上也经常是互相调侃，完全从学习的压力中释放出来。老胡也经常拿我们开玩笑，老总（总联络员）陈沛庆，就是老胡最经常调侃的对象。胡老师口头禅"高考算——什——么——？"为我们减压是一方面,另一方面也是他觉得以二附中人的视野与知识面,高考不应该成为困扰我们的障碍,而应该是检验我们水平的一个关卡,是我们走入社会的一扇门。晨晖是一个轻松却又严肃,自豪而又不失内敛的一个集体。这种气质既是老胡注入的,也包含着二附中开放自由的氛围,以及二附中人们忙而不乱的生活态度。

"晨晖社可以算是二附中的名片之一,二附中也给了晨晖社一片适宜发展的土壤。别的学校的学生,相对差的可能受到学习的压力会更大,在题海里挣扎无法挣脱;相对好的也可能因为学校的学习氛围影响,这样的活动无法组织,或者找不到志同道合的朋友,或者没有老胡这样有智慧的老师带领。从这个角度来看,二附中与晨晖社也是一种互相成全。

课题的艰难与晨晖社的冷清

"老三届"这个课题,我最早了解是在我进入二附中后的第一次晨晖讲坛中。这次宣讲中给我印象最深的就是薛尔清学长的发言中提到的"上海最美的夜景",尽管这跟主题关系不大,但当时的我就开始憧憬这样的经历,后来晨晖社招新时我毫不犹豫地加入,这次体验是一个很关键的原因。当我真正加入晨晖社,翻开《"老三届"的故事》这本书时,我才体会到这段历史背后的意义,以及每一页文字背后老人们的心酸与学长学姐的辛勤奔波。提到这个课题,薛尔清学长是自豪且满足的。"对我来说,晨晖社的经历的意义之一就是这本书。"这是薛尔清学长的评价。

"我们这届晨晖社最大的成果就是'老三届'这个课题了。当时做这个课题也是历经磨难的,首先是选题。这个题目是老胡首推的,一开始说是想整理国内外五十位'老三届'前辈们的生活经历,后来发现国外的根本没有联系渠道,就算有也不可能跑到国外去跟他们交流;在国内的也有这个问题。最后只能把范围缩小到上海市之内,寻找我们身边的'老三届'们进行采访。

由于新高考改革,学业压力加大,对我们来说更是雪上加霜的现实。高二暑假有北大清华的学科营,又是进入冲刺备考状态的最后机会。要同时做"老三届"这个课题,是一种挑战。晨晖社社员大量流失,从原来的二三十人的喧闹,锐减至只有五六个人的冷清。社员的心态,当时的现状,老胡心里焦急,我们既理解,也无奈。

在这种困难的境况中,开展"老三届"课题探究,难度可想而知。

对于现在的高中生来说,"老三届"已经是一个陌生的话题了。"文革"那十年究竟发生了什么,现在各个版本的记录也是语焉不详,或许只有等待机密档案解密才能得窥全貌,另一种方式便是走访那些亲历者们。但这毕竟是十年动乱时期,给人们的回忆或是痛苦,或是怨怼,或是不堪回首,或是抵触情绪,真正能愿意接受采访的老人是凤毛麟角,更不要说把他们说的经历故事编纂成文成书了。一些老人由于身体原因没有办法长时间讲述,或是听力原因使得交流起来相当费劲;一些老人或是误解了我们的意思,或是不再想回忆起这段遭遇,拒绝了我们的采访。

谈到做课题最困难的地方,薛尔清学长说那段过程是"痛并快乐着的"。"每当碰到困难,我们所想的总是如何解决而不是觉得这是个难以逾越的障碍,也正是抱着这样的想法,课题才能最后坚持下去。""当时最大的困难还是怎么和被采访者交流。首先被采访者多是年近古稀的老人了,本身记得就不会非常清楚,不过我采访的那位史先生本身一直有记录当时事情的习惯,所以是个例外;他们身体也不太好,如何约到采访时间、寻找合适的采访地点都是问题。其次,'老三届'这段历史太过于敏感特殊,如何能够让他们说出当时的故事而又不伤害他们的感情也是需要费尽心思的。这不仅需要语言的技巧,更需要去设身处地地理解那些老人的心理。后来我们决定以高三带高二的形式去采访,先了解老人的背景,我和陈沛庆他们几个还提供了一些基本'题库'和采访方法的培训供大家来参考。"

想起自己采访的史老先生,薛尔清学长的语气中透露着一些小得意。"我的运气还算不错,我负责采访的那位老先生令人意外地相当健谈,又有随手记录的习惯,使得我们的采访省去了不少麻烦。当时因为一些政治成分原因,在他的班主任重重阻挠之下,老人与自己理想中的名校失之交臂,只得去稍差一点的中学。他当时还清楚地记得自己老师对他说的每一个字,尤其是一句'你不能去',一辈子都忘不了。'这件事太恶心了,我五十年还记得',这是老先生的原话。老先生也是一个相当较真的人,对文字要求非常高,而且一定要亲自过目。我们单是当面和他讨论稿子,不算采访,就有三次。

"采访时的奔波的确辛苦,但当时我并不觉得。在一次次的交流中,我看到了老人们当时的态度,那种对生活充满希望,不因为外界强迫而放弃理想的精神,这也是给我继续坚持把课题进行下去的最大动力。

"采访时的一些特别的经历我还记忆犹新,记得有一次和老先生讨论到很晚,出校门后看到灯火璀璨(那里是上海体育场,靠近徐家汇),满足的感觉让我觉得这是见过的上海最美的夜晚。那种夜景,我想可能此生都难以见到了。

晨晖打开了解世界的另一个方式

"这次采访的收获,或者说我在晨晖社点点滴滴积累的收获,大概就是:老胡、一群同样热爱思考的伙伴、一本书以及无比的满足感了。我想再补充一点就是,老胡其实是个内心很年轻的人,而且思想很开放,和他一起做事情能够沾染很多有意思的气质,比如严肃又不失幽默的文笔,或是看上去老成、谨慎的文字却又有自己独特的印记。这是一种阅历与年龄的融合。晨晖为我打开了了解世界的另一个方式,不仅仅是通过书本;晨晖也告诉了我高中生活的真正意义,不只是为了高考。如果让我在高三再选择一次,我还是会选择加入晨晖社。"

"晨晖对我最大的影响是让我意识到了高中,哪怕是在高三,还有除了学习以外的别的选择。人生不应当只存在标准化统一的样式,选择的富裕(Free From Choices)是很重要的。只有阅历更丰富,知识面更广阔的人才能拥有相对充裕的选择。接触得更多,思考得更多,面前的道路自然也会更多。一个两耳不闻窗外事的人,很容易受自己的知识面局限,而做出不太适合他的选择。所以我觉得二附中这个平台是相当重要的,别的学校不一定有这个时间和人力萌生出晨晖这种组织让我们走近社会,体验其中的酸甜苦辣。对于我们来说绝对的选择富裕是不存在的,所谓的选择富裕都是相对而言的,但对于我们来说,二附中的三年就是给我们拓宽自己的视野的最好机会。选择的富裕并不代表我们不能持之以恒,而是意味着我们的人生会更多元,我们的思维能够更广阔。晨晖在高考之外给我们开辟了一个新的天地,在高中的时候就能接触社会,触摸历史,这对我们的成长和成熟都是很有帮助的。

"在大学里印象最深的课程就是思想道德与法律修养课的讨论课了,北大是一个兼容并包的地方,我也由此认识了大量来自各个院系的同学们,思想交流的火花是非常难得的,甚至我觉得它会是我大学四年值得怀念的一件事。

"二附中和北大都是让人境界升华的地方,看看别人在做什么在怎么想,对自己是有莫大的裨益的。"

学会磨平这股傲慢的心气

大学是更高一等的学府,这不仅给了薛尔清学长更多的知识,也给了他更多阅历,更多思考的时间。"以前听老胡的话有些是一知半解的,到了大学这样的环境就一下子豁然开朗了,这还是阅历的差距。"

"讲到胡立敏老师,他教给我的东西其实很简单,一个人不论做人还是做学术,严谨很重要;但人如果要成为一个不一样的人,关键要会放得开。放得开,是指能够跳出纯粹理性的方式去思考问题,很多时候事情是并没有那么多道理可言的。在不可能的地方找到可能的道路,在合理中间寻觅不合理的存在,无论做学问做研究,瓶颈总是会存在的,而跨越瓶颈,就需要跳出理性思考的圈子去进行天马行空地想象,这就是所谓'放得开'的意义,不囿于过去的理论,不拘于现有的规则。

"所以,我首先认为正确的高中生,在我眼中应当是一个自由的人。所谓自由不是指不守规矩,而是在守规矩的前提下最大可能地发挥自己。同时,自由还指一种独立的精神,不受偏见和时代的淤泥裹挟,能够拥有独立思考的自由,享受理性的乐趣,这是我赋予"自由"一词最大的期望。最近刚看完方纳先生《美国自由的故事》一书,其中关于自由的讨论让我深受感动,由此,我明白自由还有第三个内涵:正视自己的不完美,并且为这个不完美而奋斗,这是我认为高中生最应该学会的。高中生,尤其是二附中学生,人人都是天之骄子,不免会带有一些傲气,而学会把这股傲慢的心气磨平正是高中三年应当完成的任务,把自己的位置降低,肯虚心去请教他人,找出自己的不足并且努力,这样的生活态度不仅在高中生活有用,以后也要受益一生的。

"其次,我以为高中生应当是一个可爱的人。可爱在于不论遇到什么事,都能乐观去面对,不怨天不尤人。其实你们到大学,回首自己的高中生涯,就会发现,没有什么坎是不能克服的,哪怕是高考,很多事情想想都只是过眼云烟,当时怎么会如此难以释怀呢?因此,遇到事情乐观一些,多往好处想想,多努努力,便过去了,既不会让自己原地踏步,又不至于伤了和同学之间的感情,后者才是整个高中生涯最大的财富。可爱还代表一种为人态度,我见过太多的人不论要做什么事情都会语气强硬、态度生硬,充满了不友好,这样即使你同意为他做事,闹到最后也会不愉快。所以我希望高中生可以礼貌一些、多用一些敬语谦辞,让你的行为不那么有棱角,让你的生活得以畅快地流转。可爱还意味着保持一定程度的天真,天真在高中包括以后的大学阶段都是无比难得的品质。这世上的确很多事情需要理性思考,但并不是所有事情都可以或者需要斤斤计较,适当糊涂天真一些反而会有意想不到的收获。

"最后,我希望高中生应当是一个勤奋地懒惰的人。也就是说,高中生活要知道哪些是对自己最重要的,有的放矢,不要试图面面俱到,此谓之懒惰,不要在没有用的事情上花太多精力。而认准的目标和必须完成的任务就要坚定不移,付出极大的努力,哪怕摔得鼻青脸肿也不要放弃,我很喜欢帕斯卡尔的一句教诲'我就喜欢一边哭一边追求的人',的确如此。所以,在高中生涯中应当勤奋地懒惰,贵在永恒,贵在用巧。"

从他人不可为的地方开辟出一条路

采访完薛尔清学长,突然有种"朝闻道,夕死可矣"的感觉,再在这些话后面写一篇自己的手记,简直是班门弄斧了。不过这是职责所在,不能不写,只能作狗尾续貂之想了。

我的最高目标也是北大历史系,所以会经常找薛尔清学长聊聊天,打探打探北大的情况,给自己心里再多加几分憧憬。平时聊天的学长,显得诙谐、幽默,但一到回答采访的问题时,就变得认真而细致,我不禁也这样问问自己,经历二附中这三年的培养,我能不能这样收放自如?

一个优秀的人,首先得是一个收放自如的人。

这样的人,是不会手忙脚乱的。每天都会有计划,不光是学习,也包括娱乐,也包括锻炼。他们不是那种一天到晚趴在桌前刷题的学痴,而是张弛有度。即使再忙的工作也能忙里偷闲,再多的任务都能安排得井井有条,而不会在DDL前的那个晚上拼命赶完上周欠下的工作。

二附中的学习压力相对别的学校是较轻的,校内文艺活动也是多姿多彩的。二附中学生能在这样密集的活动安排中间做好自己的学习工作,同时显得忙而不乱,还能抽出时间去操场上跑上两圈,这就是二附中学子的一种沉稳的气质。

收放自如的另一点,也体现在自己的努力与坚持上。无论数学考了几分,每天晚上都要花上半个小时研读《中国古代简史》,这就是一种坚持;不因生活中令你高兴或是令你沮丧的事情影响了你的志向、你的梦想,这是挺难为的。无论生活怎么糟糕,始终坚持住向着你的志向去努力;但这也不是你不去补上你的短板的理由。现在的社会更要求平衡全面发展的人,如何平衡好自己的理想与自己的短板的关系,这是一个通往成功路上的重要课题。

一个优秀的人,还得是个不羁于时的人。

收放自如,只是在已知的条条框框中安排好自己,向着自己设计好的未来努力;那如果有一天你走到了设计的终点,或是在学术研究或者工作上走不下去了,这就需要所谓"放得开"的思维了。"所谓自由不是指不守规矩,而是在这个前提下最大可能地发挥自己。同时,自由还指一种独立的精神,不受偏见和时代的淤泥裹挟,能够拥有独立思考的自由,享受理性的乐趣,这是我赋予自由一词最大的期望。"这是学长的原话,也道出了我们突破自我的真谛。我们是人，那些前辈们也是人，我们为何一定要在他们设定的理性思考框架中苦苦挣扎呢？

这些"放得开""跳出理性思维"不是指反对现有的理论，而是去一个新的领域开创一个新的世界。这的确是困难的，因为我们的思维就是经过这样的框架培养出来的。只有经过丰富的阅历，经历世界上这个规则之下的种种不合理才会有跳出这个框架的勇气与理论基础。胡立敏老师说："晨晖要敢为他人不敢为。"首先我们要知道他人为何不敢为，然后才能从他人觉得不可为的地方，开辟出一条属于我们自己的路。

一个优秀的人，最后还得是个能表达，也能接受的人。

能表达，是你的思考；能接受，是你的气度。北大之所以会成为一个兼容并包的学府，最重要的一点就是它有它的气度。只有对自己的内质，自己的文化高度自信，才不惧怕外来的想法涌入。若是没有这点自信，对于外来的东西避之不及，生怕它改变了自己，何谈兼容并包呢？

同时，这种自信带来的是沉稳的气度，也是对自己的坚持。这是表达自己的第一步。有自由的人格，有自信的观点，有清晰的表达，才能使别人信服。连自己的观点都推销不出去，又何谈开创一个新世界呢？

这也就是高中生参加社会实践的意义：通过接触这个社会的角落，丰富自己的阅历，扩展自己的知识面；学会跟别人打交道，学会如何向别人提出自己的想法；在从这个过程中积累自信，积累理论，形成自己独有的世界观，独立的见解，独立的人格。这是一个优秀的高中生努力进入的世界，不是那些只顾低头刷题的人所看到的世界。

采访者简介：

朱海阳，二附中 2019 届 1 班，晨晖社成员。中国古代简史大学先修考试获得 A 档成绩，对历史学、军事学和国际关系学有浓厚兴趣。

回顾篇

"晨晖"走过的路

各类拔尖人才和各行业领袖型人才,在一定程度上将决定国家发展和民族复兴的走向。立德树人,理想信念培育,培养中国特色社会主义合格的建设者和接班人的问题,已成为中国社会共通共识的具有时代性紧迫性的大课题。少年强,则国强;青年兴,则国兴。人才培养必须从基础教育抓起,而高中阶段是青年学生世界观、人生观、价值观形成的关键时期,如何引领高中生自觉树立正确的理想信念,是每个教育工作者的责任和使命。

华师大二附中以培养"追求卓越"的拔尖人才为办学宗旨。建校60年来,取得了令人瞩目的教育教学成果。教育的终极目标是育人。在教育教学实践中,我们愈加感到下列问题的必要性和紧迫性。

——青年学生一辈子怎样做人?

在卓越人才的人格培育中,特别是我们这样连年获得数理化和科技竞赛金牌的中学,认识到这个问题尤其重要。

我们的理解是:育才先育人。做人底线的自律、品质气节的修养、理想信念的培育,是不会像"芯片"一样植入人体大脑的。知识可以教授,财产可以继承,情感可以传承,但价值观是无法拷贝的,引领学生确立正确的理想信念,是高中教育的第一要务。

生活阅历平淡的年轻学生,只有融入到真实的甚至近于严酷的磨练中,领悟到那种极其强烈的发自内心的感觉,才能寻找到行为的原动力。这种"极其强烈的发自内心的感觉",往往是直观的、朴实的,甚至是糙性的。与形形色色流行的教育模式所造成的畸形后果截然不同的是,这种具有震撼人心的内驱动,一旦根植于人的灵魂,就会爆发出巨大的思想力量和行动力量,推动个体和社会整体的文明进步。

华东师范大学第二附属中学作为中国基础教育的排头兵,承载着中国基础教育改革和创新实验的使命。追求卓越,为培养拔尖创新人才奠基是学校的办学追求,而培养什么样的人,引导学生自觉树立正确理想信念、价值追求必然成为学校的责任和不断探索的主题。

二附中的地理位置,处于浦东张江科学园区的核心——晨晖路。晨晖,寄寓着青年人的朝气蓬勃和对美好未来的愿景。于是,以"晨晖"命名的"晨晖社"应运而生,为引领资优高中生自觉追求成为有理想信念的领袖型人才,开启了一项探索新时代拔尖人才"育才先育人"的教育实践课题。我们的探索既要有"育才先育人"思想的传承,脚踏实地,求真务实,又要融入改革开放新时代的丰富内涵,与时俱进,不断创新。其实践富有鲜明的二附中个性色彩和独创先河的挑战性。

晨晖社的实践,即是与"卓越教育"理念相契合的一种全新的实践探索,与二附中拔尖创新人才培育体制相互支撑,是二附中实施"卓越教育"着力培养德才兼备领袖型人才的有机组成。

晨晖社的实践,又是在改革开放时代的大背景下起步的。高中校园文化多元渗透,理想信念博弈日趋激烈,教育内容、教育手段和教育目的面临严峻挑战,教育对象发生巨大变化,传统教育模式难以适应现实。我们必须根据当代高中学生的身心特点、思想实际转变教育理念,拓展教育视野,设计新的教育实验。

晨晖社十二年的实践探索,在引领高中生自觉确立理想信念方面取得了可持续的递进性成果。成果把"育才先育人"作为核心理念,引领学生思考"一辈子怎样做人"问题。成为有理想、有本领、有担当的有志青年,自觉攀登做人的"珠穆朗玛峰",一直是我们抓住不放的引领目标,也是每一位学员的自我追求目标。晨晖社力求建构以学习经典理论为内涵核心,考察社会热点现象为外延课题的内容框架,形成"脚踏实地,敢于摸天"的晨晖精神。十二年来坚持开展极具个性的深度社会考察,撰写富有时代特征的社会实践课题报告,引领学生以遵循做人底线为基础,自觉追求个人愿景和社会价值的"契合",在"校园—社会"学习实践中确立立大志、做大事、勇于追求、敢于担当的理想信念,树立正确的世界观、人生观、价值观。晨晖团队是师生行为规范的标杆,晨晖精神届届传递,一代新人崭露头角,保证了成果持续的递进性。

习近平同志和俞正声同志、韩正同志,在上海工作期间,都曾给予晨晖社热情鼓励和积极评价。

晨晖社的教育实践,起步于2005年,历经从"小组—社团—学院"三个阶段。

晨晖社的教育实践,立足发挥在立德树人中的价值引领作用,通过匹配整合各类教育资源,实验自主开放型的学生自我教育模式,引导学生深入理解和践行社会主义核心价值观,引领学生自觉追求成为有理想信念的领袖型人才,为建设新时代中国特色社会主义培养具有强烈社会责任感和担当精神的接班人。

晨晖社的教育实践遵循动态开放性原则,从学生的真实生活和发展需要出发,在实践课程设置上,注重校际顶层设计,充分调动整合课内外、校内外、师生、家长与社会的有效资源,构建"育才先育人"的纵横立体教育网络,确保社团实践不断汲取新时代的政治养分,在动态发展中不断变革创新。

晨晖社在教师团队引领下,形成开放性的先进学生群体自我教育的社团,以自由宽松、自主管理、自我磨砺、自觉提升为活动原则,探究开创课题型"实践育人"的新模式。具体思路:凝聚心怀社会的青年学子,搭建自主探索的平台—配备校内支持资源,形成实践团队—围绕核心理念与目标,完善引领形式与内容—形成阶段性实践成果,在校内外进行汇报,获得反馈—进一步凝聚青年学子,深化实施。

晨晖社的教育实践,历经"小组—社团—学院"纵向发展过程,实质上是"立德树人"教育理念和综合实践活动课程不断深化的过程。长达十二年的实验和实践,取得了可持续的递进性成果。

2005 年—2007 年：成立晨晖小组

——从学生群体变化走向教育模式变化

——习近平高瞻远瞩、特嘱回信，指明"晨晖"前行方向

进入新世纪后，随着多元文化渗透，理想信念博弈日趋激烈，2005 年 2006 届 10 班，在班主任胡立敏老师的启发指导下，凝聚部分追求进步的学生，自发成立了"晨晖小组"。在老师引导下，课余学习党章，学习经典，学习时事政治，讨论交流。并且利用暑假，开展社会实践，实地调查进城农民工集中的郊区工厂，走进民工子弟学校，探访公安警署，拜访退休老校长老教师。为了了解和继承红色传统，得到了上海市委有关领导的帮助，走进中国浦东干部学院，开启了红色学院和二附中的党建共建，拓展了社会实践活动的视野和信心，推动引领理想信念活动登上一个新平台。值得关注的是，即使是学习任务繁重的高考期间，晨晖小组的学习实践也没有中断，坚持做到大学开学之前。由此，得到了上海市委有关领导的赞赏。《文汇报》等新闻媒体，报道了晨晖小组的暑假社会实践活动，给予了积极评价。

在晨晖小组的实践探索中，我们敏锐地意识到：生活阅历平淡的高中生，迫切期望也切实需要融入到真实的社会磨练中，挖掘发自内心的成长动力。由一个班级顺应时势自然诞生的晨晖党章学习小组，开启了确立高中生理想信念引领内容和形式逐渐延伸并扎根于深度社会考察的探索，开创了课题型"实践育人"有效途径的新探索。

晨晖，是时代的产物。

习近平同志委托上海市委办公厅给"晨晖"同学回信,高瞻远瞩,明确了"晨晖"的精神内涵,指明了"晨晖"前行的方向。

习近平在回信中说:

你们积极学习党章和党的理论、立志成为青年马克思主义者很有意义,值得肯定。

我们后人特别是青年一代有责任把老一辈无产阶级开创的事业不断推向前进。青年时期是人生的起步阶段。相信同学们一定会努力学习马克思主义中国化的最新成果,牢固树立正确的世界观、人生观、价值观,自觉把道德、学识和事业统一于人生实践,努力成长为中国特色社会主义事业的合格建设者和接班人。

(2007. 8. 22)

2006 届高三(10)班晨晖党章学习小组成员

1. 杨珺文(复旦大学)　　2. 晏　麟(复旦大学)　　3. 敢旭玫(复旦大学)
4. 王安琪(北京大学)　　5. 赵文清(北京大学)　　6. 张思齐(上海音乐学院)
7. 武　萍(上海大学)　　8. 徐　源(交通大学)　　9. 范圣垠(同济大学)
10. 徐心羽(上海财大)　　11. 徐智怡(上海外贸)　　12. 夏　波(复旦大学)
13. 王奕挺(复旦大学)　　14. 张惠俊(复旦大学)　　15. 叶希娴(复旦大学)

高三(10)班"晨晖"党章学习小组课余活动(2005.10)

晨晖小组在中国浦东干部学院上党课(2006.5)

晨晖小组暑假与民工子弟学校的孩子们座谈(2006.7)

晨晖小组参加复旦大学党建理论学习座谈会(2006.4)

暑假赴浦东公安分局指挥中心社会实践(2006.8)

杨珺文向中央教育督察组汇报晨晖小组活动获好评(2006.5)

2006 年 6 月 26 日《文汇报·教科卫新闻》(第七版)

2006 届开学典礼入党宣誓(领誓人华师大党委副书记林在勇)

晨晖小组党员校友座谈会（右为晏麟、杨珺文，2011.10）

晨晖党章学习小组指导教师胡立敏（2006）

晨晖小组党员校友一直和学校保持联系和沟通
（右为李志聪校长，左为晏麟，2018.4）

2007 年—2017 年：建立晨晖社团

——从学生自主探索走向学校层面引领
——俞正声语重心长，和"晨晖"探讨"一辈子怎样做人"

"晨晖小组"的探索得到了校内师生的一致认可。这种通过经典理论学习、考察红色基地、暑假社会实践等方式开展丰富多彩的活动，在实践中思考社会、思考人生，引导学生确立正确的价值体认和责任担当的新模式是可行有效的。

2007 年起，晨晖活动扩展到学校层面，发展为晨晖党章学习社团。通过推荐选拔的方式，集中各班一批优秀同学，以党建为引导，学习党章，开展在课题主导下的社会实践，每学年有数十名优秀学生递交入党申请，经过严格审查培养程序，由华东师范大学党委批准入党，"晨晖社"党建实践开展得有声有色，颇有生气。

2013 年以来，出现了新问题。高中学生入党政策调整，以及学业压力增大，让晨晖社的活动出现了波动。2014 学年，坚持下来的晨晖同学不到 10 人。学校有老师不无幽默地说："不是为了一张党票能坚持下来的晨晖，才是真金白银！"

问题的出现，对晨晖党章学习社团的宗旨和思路提出了挑战。关键还是对"引领"的理解出现了偏差和误读。如果只是渲染政治功能，片面将党建引领理解为培养几位学生党员，恰恰脱离了学校和学生现实，偏离了晨晖社立德树人的根本宗旨。

近一学期的讨论磨合，调整工作思路。立足以习近平总书记为核心的党中央描绘的民族复兴"中国梦"，引领资优高中生自觉追求成为有理想信念的领袖型人才，是晨晖社坚定不移的实践方向，因此，学校在晨晖党章学习社团的基础上正式改名为晨晖社，把其定位为华师大二附中以实现中华民族伟大复兴"中国梦"为宗旨的精英学生社团。

晨晖社顺应当下高考改革，开拓新思路，积极引导高中生树立正确的世界观、人生观、价值观，关注时代，关注社会，关注世界风云，开展形式多样的社会实践活动，下基层，亲民众，知国情，以课题研究为主线，边实践，边探索，边思考，讲真本领，立大追求，为培育中国特色社会主义事业的传承者和接班人，为二附中培育巨匠型大师型领袖型人才营造温暖园地。与此同时，也积极鼓励晨晖社员向党组织靠拢，做好学生入党积极分子的培养考察工作。成员以高二高三优秀学生为主，每届 30 人左右，由学校党委委派指导老师，校团委主持常务，实行总联络员（学生）负责制。

问题的症结找到了，思路端正了，解决问题方法有了，晨晖社的实践探索得以顺利进行，不断有新的尝试、新的突破、新的成果。

俞正声同志和"晨晖"同学谈心，探讨青年学生"一辈子怎样做人"的问题，谆谆教诲，拓展了"晨晖"的视野。

俞正声在信中说：

我不知道你们将选择什么道路，因为未来之艰辛，诱惑之复杂，使信仰之坚定绝非易事。我希望你们成为立志为大多数人利益献身的人（当年去延安的青年大多如此），至少应正直、诚实、乐于助人，忠于自己所爱的事业，忠于自己的民族和国家。

（2012.10.26）

2007 届晨晖党章学习社团在中国浦东干部学院人才树下合影
（后排左一袁军、左二胡立敏，右一王洪水、右二蒋建国）

与中国浦东干部学院共建党的理论学习平台（2007. 5）

寒假走访二附中第一任校长毛仲磐先生(2007.2)

看望老教师汤文鹏先生(2007.2)

请"维和英雄"钱文俊讲故事(2007.5)

与复旦大学共建党建座谈会(左为复旦学院许平博士,2007.3)

走访华师大党委副书记林在勇谈理想(2007.7)

2008届裘丽同学深入农民工车间进行社会调查(2007.7)

2008 届顾佳雯同学暑假到郊区工厂采访农民工(2007.7)

晨晖师生学习评议座谈会(2007.10)

胡立敏老师讲述晨晖社的发展历程

"华东师大二附中杯"学生社会实践课题论文
评选颁奖大会发言 （2010.1.24）

特级教师孟祥萍指导晨晖同学研读《共产党宣言》(2012.11)

暑假赴延安枣园、杨家岭考察学习(2012.7)

在枣园、杨家岭重温革命传统，朗读入党申请书(2012.7)

晨晖在中国延安干部学院学习"求是"精神(2012.7)

2012 届开学典礼入党宣誓(领誓人党委副书记蒋建国)

晨晖"五四"校园志愿者活动后在金钥匙广场合影(2009.5.4)

晨晖党章学习社团课题结集：

《"晨晖"——向党的十八大致敬》

《"90 后"一代主体价值观探究》

《亮点、焦点、凹点——推动力、向心力、辐射力》

《重视建设培养青年马克思主义者的创新型环境》

《关注城乡结合部民工子弟学校的孩子们——浦东新区杨园小学学生思想状况调查报告》

《高中学生党建可作为——五份调查问卷及数据分析》

《"十七岁·十七大"社会实践课题报告汇编》

《"晨晖"满园》

《"风雨三十年"社会实践课题报告汇编》

《"老三届"的故事》

《向小人物学习》

《党旗映"晨晖"》

《"晨晖"是什么颜色》（校本课程）

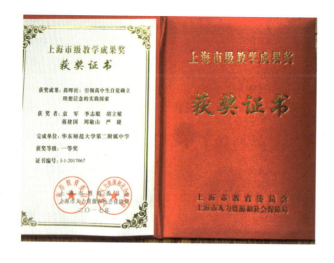

校本课程——《"晨晖"是什么颜色》

参观延安中学校史馆,聆听红色历史(2012.7)

2017 年—2018 年：组建晨晖学院

—— 从校内蓬勃发展走向社会辐射影响

—— 韩正谆谆教诲，鼓励"晨晖""把青春梦融入中国梦"

晨晖社在实践探索中形成"脚踏实地、敢于摸天"的晨晖精神。遵循价值导向的引领，突出确立理想信念的"国家认同意识"、"社会规则意识"、"志愿服务意识"、"工匠平民意识"和"思辨创新意识"，通过营造自由宽松、自主管理、自我磨砺、自觉提升的氛围，以"选择、追求、担当"为关键词，面对复杂的社会现实和多元价值观的博弈，引导学生确立正确的价值体认和责任担当，学会选择，学会做人，回答"一辈子怎样做人"的问题。引导和鼓励学生脚踏实地，解放思想，敢于联系社会实际，敢于展望世界未来，敢于挑战大师权威，说真话，说实话，说心里想说的话，尊崇"各美其美，美人之美，美美与共，天下大同"的学术境界。追求为大多数人利益献身的人生境界，营造维护一方年轻人思想自由碰撞的园地，在宽松有序的氛围中，熏陶呵护立大志、做大事、一辈子做大写的人的信念萌芽。

在主题课题的引领下，开展富有时代气息的有针对性的社会实践。开展红色基地考察、专题社会调查、创新型领袖型人才论坛、志愿者服务和社区共建。引导并辅导撰写课题报告、制作成果板块、开展心理辅导、共享社会资源、搭建网络平台、微信组群、EFZ 校友会联系等。晨晖社的教育实践，立足张江校区，积极推进闵行紫竹校区和海南乐东县黄流中学的教育实践。

"晨晖社"扎根具有时代感的社会课题，心系具有推动力的社会人物，获得了来自社会各界的关注和助力。各位前辈热情接待学生，并赞许身居校园而闻天下事，走出校园而访天下人。收到来自习近平同志和俞正声同志、韩正同志的亲切回信，更是让同学们备受鼓舞，激励他们前行。这些都是对学生自觉确立理想信念过程最暖心、真实、有效的评价。

"晨晖社"的主要创新点：

第一，价值导向创新：对拔尖人才的培养，应当把"育才先育人"作为核心理念。

晨晖社始终联系学生思想实际,引领思考"一辈子怎样做人",自觉追求做人的"高度"。把道德、学识和事业统一于人生实践,做有理想、有担当的一代新人,是晨晖社坚持十二年实践探索的引领目标,也是每一位晨晖社学员引领成长的自我追求目标。

围绕"一辈子怎样做人",在价值引领上遵循自主开放性原则,从学生发展的实际出发,关注学生个体发育生命状态,摒弃简单的说教和强制性"植入",在宽松有序氛围中,营造维护一方年轻人思想自由碰撞的园地。熏陶呵护立大志、做大事、一辈子做大写的人的信念萌芽。

晨晖的总联络员负责制,晨晖小组最初成立时五份调查问卷,晨晖命名的过程,以及每一届晨晖课题的选择确定,都是同学自我选择、自主管理、自我磨砺、自觉提升的结果。自己去看,自己去想,自己去做,让学生自己意识到源于内心的理想信念,需要自己去磨砺、去寻找、去定位,才是立德树人的核心内容。

在价值引领上遵循做人的基本原则,引导学生思考"一辈子怎样做人",不讲大话,不讲空话,批评假话。价值引领的高端是造就有理想信念的各类人才,价值引领的基础应该明确做人的底线,培育有理想信念的建设者和国家公民。正如俞正声同志所说:"我希望你们成为立志为大多数人利益献身的人(当年去延安的青年人大多如此),至少应正直、诚实、乐于助人,忠于自己的事业,忠于自己的国家和民族。""一辈子怎样做人",一直是晨晖社抓住不放的大课题。2016 年《向小人物学习》的社会实践,围绕这个主题,深入到社会基层,向各行各业的"小人物"请教,同学们从中思考许多发人深省的问题。

第二,引领内容创新。建构以学习经典理论为内涵核心,考察社会热点现象为外延课题的内容框架,晨晖社的发展过程,是引领自觉追求理想信念的过程,也是不断创新引领内容的探索过程。面对世界迅猛复杂的变化,面对大数据时代各种信息的碰撞,面对校园每天涌现的新鲜事物,晨晖社的内容建构突破了一般传统模式,有三个鲜明特点:一是务实。贴近时代,贴近学生,贴近生活。二是思辨。敢于质疑,敢于挑战,敢于问一个"为什么"。三是请进来,走出去,形成"脚踏实地、敢于摸天"的晨晖精神,十二年创作编撰了十本社会实践课题汇编,引领学生将个人愿景和社会价值"契合",寻找自我成长的需要和原动力。

正确价值观的树立,仅仅靠说教和灌输难以做到。脚踏实地,不断调整,与时俱进,才能确立个人符合时代发展的理想。晨晖社以研读经典理论为核心,每一年策划实施具有时代感、挑战性的社会课题作为理论学习的外延,身居校园而闻天下事,走出校园而访天下人,形成独具个性的"脚踏实地、敢于摸天"的晨晖精神。这种关注社会现象的敏锐和洞察事件走向的磨砺，引领学生学会思考、善于分析、正确选择，做到稳重大气、从容自信、坚韧自励，为处于青春期的高中生，树立正确的世界观、人生观、价值观，提供了贴近生活、更为开阔、更有远见的视角和纯正丰厚的精神滋润。

晨晖社在课题引领上遵循动态开放性原则，强调思辨性，提倡换位思考，以"脚踏实地、敢于摸天"的精神，身居校园而闻天下事，走出校园而访天下人，在动态的社会实践中增强抵御喧嚣功利的免疫力，培育远离庸俗的气质。晨晖社敢于选择具有时代感的有挑战性课题，敢于碰撞思考社会敏感话题，洋溢着"初生牛犊不怕虎"的青年人的朝气。

如《对改革开放三十年若干社会现象的思考》(2009 年)是透过亮点、焦点、凹点看三十年改革开放，视角新鲜有深度。

《"90 后"一代主体价值观探究》(2010 年)是冷静的自我解剖自我提升。

《"老三届"的故事》(2017 年)是"文革"半个世纪后的思考，立足于面对时代漩涡，如何走好脚下路。这样独特的视角，给人焕然一新的感觉。

课题的完成，对同学们思想高度的提升，产生了很大的影响。这种关注社会现象的敏锐和洞察事件走向的磨砺，培育了晨晖学生一种特殊的气质。所以，有人戏说"晨晖看问题蛮灵的蛮准的"。这种源于深厚功底的敏锐气质，对培育各类领袖型人才极其重要。

第三，引领方式创新。实施教师团队顶层设计、倾力参与和学生自觉自主发展的引领方式。

晨晖社由内到外，有三个密切联系的团队群体。晨晖社实行总联络员(学生)负责制，成员以高三、高二学生为主。晨晖社是学校行为规范的标杆，社团"学友兼导师"的团队辐射力。将"脚踏实地，敢于摸天"的晨晖精神，届届相传，高三同学经过学习实践的磨练，成为潜移默化自觉影响小学友的学长和导师。二是校党委委派指导老师，校团委主持常务，形成党、团共管、全员参与的教师引领团队。一大批具有朴实正直品质和淳厚大气人格的指导教师、党员联系人和班主任作为晨晖社的同行者，活跃于晨晖社内外，善于理解学生内心的纠结与软弱，以对理想信念的纯洁度和做人品质的淳厚度，形成了无比温暖的亲和力。晨晖社能够坚持十余年的实践探索，离不开校园文化的全员引领。三是社会各界的模范人物，作为释放正能量的社会群体，产生了强大的辐射力。对晨晖社产生影响的有高层领导、科学院士、劳动模范、大国工匠、维和军人、"老三届"学生、盲人作家、私营理发师等社会著名人士和普普通通的小人物。

晨晖社在榜样引领上遵循相融性原则，将育德树人融入内心深处。高智商学生对老师的城府心机和小聪明常常不感兴趣。教师朴实正直的品质和淳厚大气的人格，才能融入学生的灵魂。提升教师的理想信念的纯洁度和做人品质的厚度,营造积极向上的校园文化,是中学德育教育的基础。理想信念的传承是一代一代永不停歇的追求,榜样的力量是无穷的,没有任何一种教育模式,比激发学生自发自觉的探索更具推动力。晨晖社十二年坚守、传承的引领形式,得益于不断变革创新的开放性动态发展。遵循自我选择、自主管理、自我磨砺、自觉提升的原则,突出发挥晨晖团队的师生标杆作用,凸显团队的影响力,增强榜样的感染力,让晨晖精神届届相传。

十二年来创作编撰的十本社会实践课题汇编,在从形成课题框架和选定主旨题目、组织团队、选取考察目标和对象、制定计划和进程、撰写报告汇编、分享研讨成果、网络追踪反馈等繁复而艰难的环节中,阅历平淡的青年学子经受真实而严酷的磨练,增长了发现问题解决问题的才干,寻找到自我成长的需求和原动力,这种根植于学生内心的驱动力,带给了晨晖社源源不断的生命力。

"晨晖社"的成效与反思:

晨晖党章学习社团历经十二年的实践探索,每一年、每一届,学校领导变了,校园变了,学生变了,校园社团也形形色色变化。晨晖社坚持引领高中生自觉确立理想信念的宗旨始终没有改变。虽然,遇到过困惑困难困境,但一直努力地坚持,一直得到优秀学生和家长的坚定支持。

"育才先育人"的社团理念和"脚踏实地,敢于摸天"的精神,进一步辐射到其他校区和学校。据反馈得知,已经有一大批晨晖学子在国内外各个领域崭露头角,成果喜人。实践证明:引领高中生自觉确立理想信念,关键在社会价值和个人愿景的"契合"。重视"契合"的品质,才会涌现可喜的成果,才能保证实践探索的递进性。其成效具体体现在:

1. 引领学生将探索视角扩展至校外,落实"心系社会"的具体内容和做法

将引领青少年树立核心价值的发展任务,落实在真真切切的社会热点、事件和现象考察中。将学生能够"心系社会"的期许,从对学生主动关注社会落实到学生主动投身社会环境、社会制度、社会人物。通过访谈、展览、分享会等形式,将晨晖学生"脚踏实地、敢于摸天"的精神,关注社会现象的敏锐洞察力和内化的价值观具象化。

2. 撰写高质量的社会实践课题汇编,填补中学生主导社会调研类课题稀缺

实践探索十余年来,形成众多高质量课题汇编,包括:《重视建设培养青年马克思主义者的创新型环境》(2008 年)、《对改革开放三十年若干社会现象的思考》(2009年)、《"90 后"一代主体价值观探究》(2010 年)、《向党的十八大致敬》(2012 年)、《党旗映"晨晖"》(2013 年)、《向小人物学习》(2016 年)、《"老三届"的故事》(2017 年),等等。

得到习近平、俞正声、韩正等同志的肯定,得到了社会各界很多有识之士对二附中学生坚持多年开展深入社会调研的热心鼓励,为"晨晖"不断臻于完善,提供了坚实的政治基础和丰厚的精神滋养。

3. 促进学校全员引领的校园文化,涌现出一批坚守理想信念的接班人

全体师生国家意识和社会责任感增强,自觉追求理想信念得到充分激发。实践探索十余年期间,从学校党委、各党支部、团委、年级组、班主任群体等各领域党员教师作为"师友"陪伴晨晖学员各方面成长。共培养 200 余名高中生党员及入党积极分子,"晨晖"学员在高校的深造学习中继续践行"晨晖"精神,涌现出一批高校及社会具有影响力的校友。一代代晨晖人,在离开晨晖平台的同时,以自己的践行与成长引领又一批晨晖新人在自觉追求理想信念的道路上不断前行。晨晖社的教育实践十二年来,多次得到领导同志的肯定,得到了社会各界很多有识之士的热心鼓励,为"晨晖育苗"课程健康发展和不断臻于完善,提供了坚实的政治基础和丰厚的精神滋养。

韩正同志在得知晨晖社完成了《向小人物学习》和《"老三届"的故事》的暑假社会实践课题后,分别于 2016 年 5 月 4 日和 2017 年 7 月两次给"晨晖"回信,高度评价晨晖社的社会实践成果,期望同学们"把青春梦融入中国梦,在社会实践中积累经验、增长才干,为今后走出校园报效祖国、服务人民打好基础"。

"把青春梦融入中国梦",是对晨晖党章学习社团实践探索成果最暖心的评价。

晨晖社十二年的实践获得了可喜的成果,收获校内外及社会各方认可,但也存在值得反思和进一步探索的问题。

第一,如何建立初中—高中—高校相互衔接的引领平台,在确立学生理想信念的形式上增强传承性和延续性。学生理想信念的确立,根据不同年龄段的心理及认知发展应有相应的形式和目标。在高中阶段引领学生探索和树立核心价值观,一方面基于中学早期形成的家国情怀,另一方面更需要在高校阶段有体系化的平台供有抱负的青年学子进一步牢固信念、施展本领、发挥能力。因此,各学龄段如能形成相互衔接的引领平台,将对学生理想信念确立的阶段性任务和目标有更清晰的指引和启示。

第二,如何推动更多教师自觉参与晨晖社的探索实践,在保障引领团队人员充足的基础上,提升覆盖面和责任担当。学生能够自觉追求理想信念,离不开在校构建积极的学习动力、人际关系、解决问题的能力等优势。晨晖社导师需要了解学生日常校园生活的困扰并与其同行,进而能够找准成长契机引其前行,这是在校各学科、各年龄段、各领域老师都可以发挥的作用。因此,我们需要探索能够推动更多教师自觉参与晨晖探索,发挥引领作用的激励机制和文化。

韩正同志两次给晨晖党章学习社团批复。

鼓励同学们:"把青春梦融入中国梦,在社会实践中积累经验、增长才干,为今后走出校园报效祖国、服务人民打好基础。"给予晨晖党章学习社团十二年实践探索成果最暖心的评价。

韩正在复信中说:

社会是一个大课堂,是一本活的教科书。希望你们在青年这个黄金时期,始终胸怀理想、志存高远,既要学好科学文化知识,更要积极投身社会实践,在实践中学真知、悟真谛、加强锻炼、增长本领,积累更多社会知识和人生经验,为今后成长和发展打下坚实的基础。

(2016.5.4)

学习无止境,实践无止境。希望你们珍惜韶华、奋发努力,通过学习党的理论、党的历史坚定理想信念,把青春梦融入中国梦,在社会实践中积累经验、增长才干,为今后走出校园报效祖国、服务人民打好基础。

(2017.7.27)

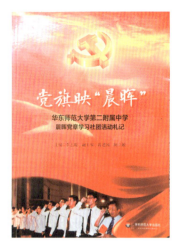

《党章映"晨晖"》由华东师范大学出版社出版（2013.5）

《党章映"晨晖"》新书首发座谈会（2013.5）

校领导向晏麟赠送《党章映"晨晖"》（2013.5）

2013届学生入党审批会(2013.6.3)

晨晖学习座谈会畅所直言,历来热闹(2014.5)

晨晖与新校长戴立益共话学校发展大计(2015.4.15)

2015 届王志鹏同学被评为晨晖优秀学员(2015.6)

复旦大学陈琳博士为晨晖开讲座(2015.9)

纪念习近平总书记对邹碧华同志先进事迹作出重要批示一周年
人民日报社上海分社邹碧华先进事迹宣讲团给晨晖上党课，
二附中党委书记李志聪致辞(2016.1.6)

邹碧华先进事迹宣讲会上，晨晖社陆煌蕾同学(当年考进北大中文系)提问上海人民出版社社
长王为松(右三华师大党委副书记任友群，右四二附中校长戴立益，2016.1.6)

《上海教育》有关晨晖的报道(2017.6)

"共话成长路，喜迎十九大"——文科党支部和晨晖党章学习社团座谈会(2017.10)

文科党支部与晨晖学习十九大精神座谈会(2017. 10)

学习解读十九大党章修改内容(主讲：胡立敏, 2017. 11)

学习十九大新党章(主讲：华厦, 2018. 1)

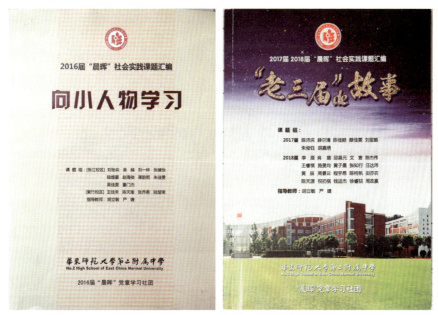

晨晖社会实践课题新成果

晨晖同学社会实践自我展示（2017.10）

周三下午 5—6 点是晨晖社团集中活动时间

午后咖吧聊天是工作常态(2018.5)

咖吧碰头时有新鲜想法(2018.5)

2018 届高三(4)班柳叶老师联系入党积极分子李辰和陈杰伟同学(2018.5)

袁军书记主持晨晖学院成立仪式（2018.5.30）

李志聪校长致辞并宣布晨晖学院成立（2018.5.30）

晨晖总联络员、2019 届学生张若欣发言（2018.5.30）

上海人民出版社向晨晖学院赠送《马克思的 20 个瞬间》（2018.5.30）

团市委书记王宇、校长李志聪为晨晖学院揭牌
(2018.5.30)

团市委书记王宇讲话(2018.5.30)

与会领导、嘉宾与晨晖学院学生合影留念(2018.5.30)

让"晨晖"闪耀民族复兴的伟大征程

华东师范大学第二附属中学校长　李志聪

在我校迎来校庆 60 周年的时候,我们酝酿已久的晨晖学院正式成立了。

二附中人对"晨晖"耳熟能详,情有独钟。2002 年我们东迁浦东张江,校门口的路就叫晨晖路。2006 年我们成立的党章学习小组,名字就叫作"晨晖"。

华东师大二附中自创校以来,致力于为国育才,坚持为培养德才兼备的创新拔尖人才奠基。2006 年,晨晖党章学习小组,就是在这样的校园氛围中,由师生自发产生,经过十多年的传承坚守,直至由一个班级的一个小组发展壮大成全校性的"晨晖学院"。"晨晖"的成长,一直得到习近平和俞正声、韩正等党和国家领导人,以及各级领导、社会各界的亲切关怀和热情鼓励。

晨晖学院是我们为顺应时代的新要求,践行拔尖人才培养必须育才先育人的核心理念,贯彻落实好立德树人这一根本任务而进行的德育实践新探索,是对优秀学生进行理想信念教育和社会主义核心价值观教育的重要载体,也是积极引导优秀高中生树立正确的世界观、人生观、价值观,为培养青年马克思主义者育苗的重要渠道。如果问"晨晖"学院和原先的"晨晖"社团有什么区别,我认为可以理解为"晨晖"学院就是"晨晖"社团的升级版,区别在于一个"更"字,"晨晖"学院的培养目标将更明确,内容将更丰富,形式将更多样,学习将更系统,覆盖面也将更广。

晨晖学院将汇聚和整合校内外各类优质资源,创设形式多样、富有内涵、贴近时代、贴近社会、贴近青年学生的系列专题课程和社会实践活动,以党章学习社团成员和优秀学生干部为主体,面向全体学生,通过价值导向的引领,坚定理想信念,进一步确立国家认同意识、社会规则意识、志愿服务意识、工匠平民意识和思辨创新意识,努力使青年学生成为追求卓越、志存高远的一流人才,成为中国特色社会主义事业的坚定传承者和可靠接班人。

习近平总书记在党的十九大报告中指出,青年兴则国家兴,青年强则国家强,青年一代有理想，有本领，有担当，国家就有前途，民族就有希望。把自己的前途命运和祖国的前途命运结合在一起，把个人奋斗和为祖国奉献结合在一起，把青春梦融入中国梦，以青春之我肩负起国家民族之希望，这样的人生最精彩。

我们相信，有各级领导的亲切关怀，有二附中全校师生矢志不渝的共同奋斗，在实现中华民族伟大复兴的征程上，在建设新时代中国特色社会主义的壮丽事业中，今天的绚丽晨晖，明天一定会如日中天，光照华夏。

（本文摘自作者 2018 年 5 月 30 日在晨晖学院成立大会上的讲话）

附录：2006 届—2020 届晨晖党章学习社团学员名单

2006 届—2020 届学员共 394 人,发展党员 120 人,培养入党积极分子 14 人

2006 届高三(10)晨晖小组校友名单(14 人)：

组长：杨珺文

指导教师：胡立敏

赵文清(北大)　王安琪(北大)　杨珺文(复旦)　晏　麟(复旦)　敢旭玫(复旦)

王奕挺(复旦)　夏　波(复旦)　张惠俊(复旦)　叶希娴(复旦)　徐　源(交大)

范圣垠(同济)　徐心羽(财大)　张思齐(上音)　徐智怡(上外贸)

2006 届晨晖小组新党员名单(4 人)：

王安琪(北大)　杨珺文(复旦)　晏　麟(复旦)　敢旭玫(复旦)

完成社会实践课题：

高中学生党建可作为——五份调查问卷及数据分析

关注城乡结合部民工子弟学校的孩子们——浦东杨园小学思想状况调查报告

"晨晖"是什么颜色?

2007 届晨晖社校友名单(38 人)：

总联络员：王幻羽

指导教师：胡立敏

王幻羽(北大)　蔡一帆(北大)　盛立彦(北大)　倪　鹏(北大)　沈佳驹(北大)

褚　杨(北大)　应罕泽(北大)　吴筱君(清华)　和　悦(清华)　曹大海(清华)

沈蔚杰(清华)　袁瑞颖(清华)　陈　涵(复旦)　张立峥(复旦)　俞慧倩(复旦)

赵谌洁(复旦)　戴思远(复旦)　张思佳(复旦)　任　毅(复旦)　唐传晔(复旦)

张佳羽(复旦)　张　萌(复旦)　张　惠(复旦)　董晶晶(交大)　曹雯磊(交大)

秦梦婷(交大)　胡盈莹(交大)　王　璨(交大)　贺钟慧(交大)　薛　超(同济)

郑　哲(财大)　杨　帆(南大)　陆文君(港大)　汪　杰(法国理科预科班)

王谧路(华师大)　邬忆萍(上师大)　马慎捷(北二外)　孙光磊(立信会计)

2007届新党员名单(22人)：

王幻羽(北大)　沈佳驹(北大)　蔡一帆(北大)　胡嘉仲(清华)　曹大海(清华)

吴筱君(清华)　李洲远(清华)　袁瑞颖(清华)　和　悦(清华)　张立峥(复旦)

俞慧倩(复旦)　任　毅(复旦)　张思佳(复旦)　张　惠(复旦)　杨含雪(复旦)

张佳羽(复旦)　董晶晶(交大)　曹雯磊(交大)　薛　超(同济)　陈　吟(人大)

杨　帆(南大)　陆文君(港大)

完成社会实践课题：重视建设培养青年马克思主义者的创新型环境

习近平同志特嘱上海市委办公厅给晨晖社回信

2008届晨晖社校友名单(43人)：

总联络员：顾嘉雯

指导教师：胡立敏

顾嘉雯(北大)　厉潇渊(北大)　刘漪文(北大)　徐　祺(北大)　吴　颢(清华)

边竹儿(清华)　刘一凡(清华)　胡韫雯(复旦)　戴婉君(复旦)　袁　晔(复旦)

夏　凯(复旦)　邵必为(复旦)　李明昆(复旦)　李　婪(复旦)　刘　浩(复旦)

沈文杰(复旦)　卢丽媛(复旦)　倪　远(复旦)　王柳依(复旦)　樊文博(交大)

李　乾(交大)　薛玉洁(交大)　刘子奇(交大)　黄可健(交大)　胡廷伟(同济)

黄毅骏(同济)　周岱蒙(华师大)　赵　莹(华师大)　李　夏(华师大)

王眉果(华师大)　马　成(华师大)　庄婷婷(华师大)　裘　丽(财大)

朱　伟(财大)　蒋诗卉(财大)　季　节(上外)　杨林锋(华理)　黄红露(东华)

葛婷超(上外贸)　徐培馨(工技大)　吴骏坤(武大)　戚得信(南大)

何哲妍(美国西北大学)

2008届新党员名单　(14人)：

刘漪文(北大)　厉潇渊(北大)　吴　颢(清华)　李明昆(复旦)　戴婉君(复旦)

袁　晔(复旦)　倪　远(复旦)　胡蕴雯(复旦)　樊文博(交大)

王眉果(华师大)　裘　丽(财大)　朱　伟(财大)　黄红露(东华)

吴骏坤(武大)

完成社会实践课题：重视建设培养青年马克思主义者的创新型环境

2009届晨晖社校友名单(28人)：

总联络员：靳驰

指导教师：胡立敏

孙唯羚(北大)　张嘉俊(北大)　孙逸超(北大)　徐慕文(北大)　邵子剑(北大)

吴溢慧(北大)　李子悦(北大)　孙佳俊(清华)　丁大卫(清华)　范诗然(清华)

黄瑞瑾(复旦)　靳　驰(复旦)　洪以韵(复旦)　黄天一(复旦)　张毛培(复旦)

王伊冰(交大)　成佩洁(交大)　朱毓兰(交大)　楼博文(交大)　李迪铭(交大)

钱　莉(财大)　杜煜杰(东华)　李闻英(人大)　嵇雅娟(中科大)

彭肖凌(中科大)张骏超(华中科技)　巢艾伦(港大)　丁怡然(港大)

2009届新党员名单(17人)：

孙逸超(北大)　张嘉俊(北大)　邵子剑(北大)　徐慕文(北大)　孙唯羚(北大)

范诗然(清华)　丁大卫(清华)　孙佳俊(清华)　黄天一(复旦)　张毛培(复旦)

靳　驰(复旦)　洪以韵(复旦)　王伊冰(交大)　成佩洁(交大)　李迪铭(交大)

钱　莉(财大)　肖　凌(中科大)

完成社会实践课题： 对改革开放三十年若干社会现象的思考

2010届晨晖社校友名单(27人)：

总联络员：吴佳俊　俞帆

指导教师：胡立敏

黄译旻(北大)　张浩宇(北大)　杨宇潇(北大)　董轶婷(北大)　王文君(北大)

杨　筝(北大)　吴佳俊(清华)　蒋林浩(清华)　谢寅玺(清华)　郭伟健(清华)

夏晓莉(复旦)　俞　帆(复旦)　沈昕怡(复旦)　胡耀澄(复旦)　孙宜静(复旦)

林璐怡(复旦)　钱　能(复旦)　黄水清(交大)　冯辰栋(交大)　徐亦潇(交大)

许梦婕(财大)　沈琪诚(财大)　金　琳(华理)　张怡雯(华理)　马怿恺(南开)

潘雯怡(港大)　孙登辉(马卡莱斯特学院)

2010届新党员名单　(9人)：

黄译旻(北大)　董轶婷(北大)　杨宇潇(北大)　王文君(北大)　谢寅玺(清华)

胡耀澄(复旦)　孙宜静(复旦)　钱　能(复旦)　黄水清(交大)

完成社会实践课题： "90后"一代主体价值观探究

2011届晨晖社校友名单(24人)：

总联络员：龚文妍

指导教师：胡立敏　苏百泉

陆　天(北大)　王　未(北大)　田明昊(清华)　龚文妍(清华)　王　静(清华)

曹怡依(清华)　许倩雯(复旦)　刘怡珺(复旦)　黄家颖(复旦)　周龙飞(复旦)

张黄沁(复旦)　顾乐佳(复旦)　王皓然(复旦)　王斯宇(交大)　顾一东(交大)

金　珂(交大)　宋子甲(交大)　田乐敏(交大)　龚忻怡(华理)　王浩宇(华理)

卞志文(浙大)　曹　鑫(北航)　陈凯帅(武大)　吴费贤(港中文)

2011届新党员名单(17人)：

陆　天(北大)　王　未(北大)　龚文妍(清华)　王　静(清华)　田明昊(清华)

许倩雯(复旦)　黄家颖(复旦)　张黄沁(复旦)　顾乐佳(复旦)　周龙飞(复旦)

王皓然(复旦)　王斯宇(交大)　宋子甲(交大)　龚忻怡(华理)　卞志文(浙大)

曹　鑫(北航)　陈凯帅(武大)

完成社会实践课题：(无)

2012届晨晖社校友名单(31人)：

总联络员：陆瑶　史旭雯

指导教师：胡立敏

杨　翔(北大)　尤之一(北大)　蔡　阳(北大)　周舟航(北大)　刘　易(北大)

程嘉颖(清华)　周杰沁(清华)　史旭雯(清华)　王可心(复旦)　安开森(复旦)

梁鑫旭(复旦)　黄佩俐(复旦)　郑　越(复旦)　胡圣博(复旦)　宋兴宇(交大)

朱宇轩(交大)　陆　瑶(交大)　骆　慧(交大)　夏浩瀚(交大)　郭弈天(交大)

陈思佳(交大)　陈一哲(同济)　邬　远(同济)　曹鼎贤(华师大)

吉嘉茜(财大)　沈柳择(财大)　陈杨莹(上外)　刘润雨(华政)　沈一新(华政)

贺骊印(南大)　胡　尘(出国)

2012届新党员名单(15人)：

杨　翔(北大)　史旭雯(清华)　周杰沁(清华)　程嘉颖(清华)　梁鑫旭(复旦)

胡圣博(复旦)　黄佩俐(复旦)　郑　越(复旦)　朱宇轩(交大)　陆　瑶(交大)

陈思佳(交大)　夏浩瀚(交大)　曹鼎贤(华师大)　吉嘉茜(财大)

陈杨莹(上外)

完成社会实践课题：向党的十八大致敬

俞正声同志给晨晖社亲笔回信

2013届"晨晖"社校友名单(43人)：

总联络员：周凝　梁赋珩　胡天恒

指导教师：李志聪　严婕　胡立敏

唐轶一(北大)　刘　晨(北大)　刘仲源(清华)　傅宇杰(清华)　张世轩(清华)

高梦扬(清华)　陆　苇(清华)　竺鹏程(清华)　梁赋珩(清华)　张逸玮(清华)

郑贤文(复旦)　　张徐莹(复旦)　　顾恺丰(复旦)　　周　凝(复旦)　　刘　媛(复旦)

王斐彦(复旦)　　徐剑涵(复旦)　　施意雯(复旦)　　高圣历(复旦)　　王季尧(复旦)

张　成(复旦)　　韩驹东(复旦)　　朱隽妍(复旦)　　吕　尤(交大)　　胡天恒(交大)

张嘉诚(交大)　　瞿晓凯(交大)　　叶　磊(交大)　　陈菲儿(交大)　　潘斐然(交大)

张嫣婷(交大)　　林逸凡(同济)　　童兰轩(华师大)　　徐　婧(华政)

毛丹蕾(上理)　　蒋泽裕(海洋)　　顾　盛(上纽大)　　李思遥(上纽大)

于凌帆(人大)　　周凯翔(武警学院)　　杨亦君(港中文)　　李怡雯(日本东北大学)

祝　越

2013届新党员名单(12人)：

唐轶一(北大)　　梁赋珩(清华)　　傅宇杰(清华)　　陆　苇(清华)　　高梦扬(清华)

王斐彦(复旦)　　周　凝(复旦)　　顾恺丰(复旦)　　高圣历(复旦)　　张　成(复旦)

陈菲儿(交大)　　周凯翔(武警学院)

完成社会实践课题：党旗映"晨晖"

2014届晨晖社校友名单(25人)：

总联络员：周翔

指导教师：孟祥萍　严婕

俞明雅(北大)　　张梦晓(北大)　　潘岱松(北大)　　曹　铄(北大)　　马燕婷(清华)

朱茜儿(清华)　　周　翔(清华)　　曹毅杨(复旦)　　胡鉴倪(复旦)　　陈韵菲(复旦)

蔡　多(复旦)　　高舜涵(交大)　　高兴昀(交大)　　居心怡(交大)　　吴佳雯(交大)

戴　磊(交大)　　周梵晨(交大)　　施佳庆(华师大)　　王美心(财大)

周砚杉(财大)　　郑　悦(上外)　　张祎婧(东华)　　张奕奕(上纽大)

张怀远(南大)　　闫　格(港大)

2014届新党员名单(10人)：

曹　铄(北大)　　张梦晓(北大)　　潘岱松(北大)　　朱茜儿(清华)　　周　翔(清华)

蔡　多(复旦)　　高兴昀(交大)　　高舜涵(交大)　　周砚杉(财大)

张奕奕(上纽大)

2015届晨晖社校友名单(17人)：

总联络员：潘宇杰

指导教师：胡立敏　严婕

俞辰捷(北大)　　钱智泓(清华)　　罗楚惟(复旦)　　陈光耀(复旦)　　陈一凡(复旦)

潘宇杰(交大)　　张亚智(交大)　　吴矢瑀(交大)　　曹依蓓(交大)　　王　延(交大)

殷　瑛(同济)　张瓅天(华师大)　李瀚崧(财大)　李嘉晖(华东理工)
张睿祥(上外贸)　王志鹏(人大)　金致静(港大)

2015 届入党积极分子(7 人)：

陈一凡(复旦)　张亚智(交大)　吴矢瑀(交大)　曹依蓓(交大)　潘宇杰(交大)
殷　瑛(同济)　王志鹏(人大)

2016 届晨晖社校友名单(14 人)：

总联络员：刘张奕

指导教师：胡立敏　严婕

陆煌蕾(北大)　刘一林(清华)　陆楚珺(复旦)　吴佳雯(复旦)　吴　越(交大)
刘张奕(交大)　王佳禾(交大)　陈天瑜(交大)　蒋韵哲(交大)　张婧怡(交大)
张乔柔(交大医学院)　董门杰(东华)　朱佳雯(上大)　赵海俊(上政)

2016 届入党积极分子(5 人)：

陆煌蕾(北大)　刘一林(清华)　陆楚珺(复旦)　刘张奕(交大)　蒋韵哲(交大)

完成社会实践课题：向小人物学习

韩正同志"五四"给晨晖社回信

2017 届晨晖社校友名单(7 人)：

总联络员：陈沛庆

指导教师：胡立敏　严婕

陈沛庆(北大)　薛尔清(北大)　陈佳颖(北大)　刘笙鹤(北大)　胡嘉琇(复旦)
蔡佳雯(复旦)　朱俊钰(交大)

完成社会实践课题："老三届"的故事

韩正同志给晨晖社回信

2018 届晨晖社校友名单(20 人)：

总联络员：李辰

指导教师：胡立敏　严婕

程宇昂(北大)　钱运杰(北大)　田亦农(清华)　文　言(清华)　陈柯帆(复旦)
祝礽祺(复旦)　李　辰(交大)　邱昌元(交大)　陈杰伟(交大)　王睿祺(交大)
汪达玮(交大)　黄　辰(交大)　陈天源(交大)　周政赢(交大)
施旻均(交大医学院)　张知行(华师大)　肖　璐(华师大)　黄子晨(上科大)
周景云(西南财经)　徐睿喆(多伦多大学)

2018届入党积极分子(2人)：

李　辰(交大)　陈杰伟(交大)

完成社会实践课题："老三届"的故事

2019届晨晖社同学名单(27人)：

总联络员：张若欣　曹劼

指导教师：胡立敏　严婕

黄依颖　朱海阳　沙一洲　杨叶欣　琚竞妍　徐旻怡　曹　劼　莫　言

顾未易　易悦晟　张若欣　梅宇杰　王嘉宁　鲍光鑫　张雨照　王　皓

梁乐宁　高翊菲　杨欣怡　韩易蓓　祝骥越　胡丞皓　萧子瑄　陈　诺

陆冰婕　荣雪滢　吴　珂

2020届晨晖社同学名单(36人)：

总联络员：叶艾婧　陆顺吉

指导教师：胡立敏　严婕　石超　潘捷

叶艾婧　陆顺吉　谢承翰　桂　格　汪　淳　梁钊源　杨哲远　毛天晟

林嘉洲　许多乐　周子竣　邵可欣　陈秋瑞　迟　迅　郭依贝　金楚彤

施珍妮　忻元玲　成嘉敏　樊梓儿　涂梦亭　吴与伦　李中瀚　刘牧晨

王子骐　张至善　施文远　刘彦祺　隽大泷　朱文妮　薛清元　辛　约

单佳铭　刘忠宇　陈骏雄　王　桢

拟完成社会实践课题：

师说传薪火(60年校庆暑假采访老教师)

"晨晖"满园

期待"晨晖"

落脚在基层——真如镇街道社会实践课题

图书在版编目(CIP)数据

期待"晨晖":华东师范大学第二附属中学"课题引领型育人实践"探索纪实/袁军主编. —上海:上海三联书店,2020.2
ISBN 978-7-5426-6700-7

Ⅰ.①期… Ⅱ.①袁… Ⅲ.①高中生-思想政治教育-社会实践-教学研究-上海 Ⅳ.①G631

中国版本图书馆 CIP 数据核字(2019)第 133295 号

期待"晨晖"

——华东师范大学第二附属中学"课题引领型育人实践"探索纪实

主　　编 / 袁　军
副 主 编 / 胡立敏　严　婕

责任编辑 / 吴　慧
装帧设计 / 徐　徐
监　　制 / 姚　军
责任校对 / 王凌霄

出版发行 / 上海三联书店
　　　　　(200030)中国上海市漕溪北路 331 号 A 座 6 楼
邮购电话 / 021-22895540
印　　刷 / 上海展强印刷有限公司

版　　次 / 2020 年 2 月第 1 版
印　　次 / 2020 年 2 月第 1 次印刷
开　　本 / 710×1000　1/16
字　　数 / 550 千字
印　　张 / 29.75
书　　号 / ISBN 978-7-5426-6700-7/G·1532
定　　价 / 96.00 元

敬启读者,如发现本书有印装质量问题,请与印刷厂联系 021-66366565